Guía del Madrid mágico

Clara Tahoces

Guía
del
Madrid mágico

mr · ediciones

Primera edición en esta presentación (revisada y ampliada): marzo de 2008

© 1998, Clara Tahoces
© 2008, Ediciones Martínez Roca, S.A.
Paseo de Recoletos, 4. 28001 Madrid
www.mrediciones.com
ISBN: 978-84-270-3437-2
Depósito legal: M. 4.694-2008
Preimpresión: J.A. Diseño Editorial, S.L.
Impresión: Brosmac, S.L.

Impreso en España-Printed in Spain

Ediciones anteriores en otra presentación:
Primera edición: mayo de 1998
Segunda impresión: mayo de 1999

Índice

PRIMERA PARTE
MADRID CAPITAL

Segunda parte
SECRETOS, ENIGMAS Y MISTERIOS
DE LA COMUNIDAD DE MADRID

A mi familia,
a quienes más quiero.
Pero en especial a mis abuelas, Blanca y Pura,
que por los avatares de la vida
no podrán ya leer estas páginas.

Agradecimientos

A Javier Sierra, sin cuya ayuda este libro no existiría.

También quiero dar las gracias a las siguientes personas:

Asociación Ateneo (José Ramón Yuste), Borja Aznar, Kike Balari, Virginia Bazán, Miguel Blanco, Jesús Callejo, Manuel Carballal, Bruno Cardeñosa, Gabriel Carrión, Carlos Coloma, Ana Cumplido, Facultad de Medicina (doctor Reverte Coma), Isabel Fernández Hearn, Emilia Fernández Rega, Susana González, Josep Guijarro, Laura Hernando, Magdalena Mancebo, Museo Antropológico (Pilar Romero de Tejada y Picatoste), Museo de Ciencias Naturales (Jesús Martínez Frías), Museo Geominero (Isabel Rábano, Rafael Lozano, Alfonso Arribas), Geni Martín, Jacinto Molina (Paul Naschy), José Juan Montejo, Enrique Padial, Patricia Respuela, Sonia Sanz Gavilán, TURBO (Jaime Sornosa, padre e hijo)... También a las siguientes publicaciones: *Año/Cero, Enigmas, Más allá* y *Karma 7*.

Introducción

Uno no puede hablar acerca del misterio,
debe ser cautivado por él.

RENÉ MAGRITTE

Carpentum, Viseria, Ursarias, Osaria, Ursalias, Mantua Carpetana, Mayrit, Magerit, Magerid, Magerito, Majirit, Magderit, Maiorito, Madorico, Magerido, Mandrit, Matry, Majdrit, Maydrit, Matrice, Manjerit, Maiedrit, Majedrit, Madride, Madriles, Matrit, Madriz... Todos estos nombres, y posiblemente alguno más, han sido atribuidos a Madrid.

Como todas las grandes ciudades, su historia aparece entremezclada con lo legendario, de tal manera que es difícil establecer qué fue lo que ocurrió. Desde luego, se tienen datos arqueológicos suficientes como para saber a ciencia cierta que lo que hoy se denomina Comunidad de Madrid ya estaba habitada por el hombre desde el Paleolítico inferior.

Sin embargo, los amantes del misterio no quedarían satisfechos si no se hablara aquí del príncipe profeta Ocno Bianor, al igual que cuando visitamos otras ciudades esplendorosas como Roma, por ejemplo, se nos cuenta —sin ningún reparo— que Rómulo y Remo, tras ser amamantados por una loba, llegaron a ser los fundadores del Imperio romano.

13

Nadie duda del carácter mítico de estas narraciones, pero no por ello deberíamos desechar la posibilidad de conocerlas, porque podrían ayudarnos a despertar nuestra curiosidad y el lado mágico que todos —más o menos conscientes— anidamos en nuestro interior. Y desde luego, si de leyenda se trata, Madrid no desmerece de otras ciudades en derroche de fantasía e ilusión.

> En la vida se repite todo: lo
> único que se mantiene eternamente
> joven es la fantasía; tan sólo aquello
> que nunca sucedió en lugar alguno
> no envejece jamás.
>
> SCHILLER

El príncipe Ocno Bianor y los sueños proféticos

Una vez acabada la terrible guerra de Troya, sus moradores sufrieron suertes bien distintas: unos fueron condenados a la esclavitud, otros murieron, mientras que los más afortunados pudieron huir por mar o por tierra, como fue el caso del príncipe Bianor, que después de recorrer un largo camino plagado de contratiempos alcanzó al fin lo que hoy serían tierras albanesas y fundó allí un reino.

Tras unos años murió, siendo heredero del reino su hijo Tiberis (también llamado Silvio), quien parece que alcanzó gran fama por su benevolencia. Tiberis tuvo dos hijos, uno de ellos ilegítimo, al que llamó como su abuelo Bianor, que fue enviado con su madre Manto al norte de Italia, donde fundaron una ciudad del mismo nombre, llamada hoy Mantua.

Un día, cuando Bianor ya había crecido lo suficiente como para reinar en Manto, su madre quiso entregarle las riendas del poder, a lo que él se negó, aduciendo que había tenido un extraño sueño en el que se le había aparecido el propio Apolo, explicándole que debía abandonar su reino o todos morirían a causa de una gran epidemia.

Debería dirigirse a un lugar indeterminado donde moría el sol, y allí recibiría nuevas instrucciones a través de los sueños. Su madre no dio crédito a sus palabras. Determinó que el sueño al que hacía referencia Bianor no tenía fundamento, hasta que comprobó días después que su hijo podía ser un oniromante,[1] cuando fallecieron de un extraño mal tres personas del reino.

Rápidamente Bianor obtuvo el permiso para viajar que antes le había sido denegado. Además, su madre le cambió el nombre, indicándole que debía anteponer el prenombre Ocno, que daría cuenta de su talento para ver los acontecimientos del futuro en los sueños.

De este modo tan extraño, Ocno Bianor, a fin de salvar a su pueblo, se lanzó a la aventura, con tan sólo el interminable «mapa» de buscar una tierra donde muriera el sol. Su viaje resultó tan accidentado como lo fuera el de su antepasado Bianor cuando dejó Troya. Tras la guerra hubo de pasar varias noches en una cueva, con tan sólo la compañía de un oso, que le proporcionaba el calor necesario para no perecer de frío. Otros animales (para los que se desprende que tenía un don especial), como un cuervo y un jabalí, le ayudaron en su largo peregrinar, que duró más de diez años.

En este tiempo aprendió muchas cosas sobre la vida, la muerte y la naturaleza, hasta que finalmente llegó a un lugar donde se dispuso a pasar la noche. Durante el sueño tuvo una nueva revelación de Apolo, que le indicó que ese emplazamiento en el que reposaba era la tierra en la que debía fundar un reino, pues en el suyo su madre había fallecido y ya no le pertenecía, por haber sido ocupado por los romanos. No obstante, no sólo debía crear una ciudad, sino que tenía que dar su vida (en sacrificio) por ella, para que sus moradores pudieran ser felices.

Cuando a la mañana siguiente el oniromante despertó de su charla con Apolo, pudo ver con claridad la zona que le había sido destinada, que estaba repleta de madroños, tenía abundancia de agua y buenas tierras. Al adentrarse en ella descubrió algunas pequeñas chocitas habitadas por pastores que, al ser interrogados sobre su origen, se autodenominaron carpetanos.

Estos hombres «casualmente» esperaban una señal proveniente de los dioses desde hacía largo tiempo, aunque cuando Ocno Bianor los puso al corriente de sus sueños recelaron, creyendo que el forastero quería apropiarse de las tierras que tanto les había costado conseguir.

El príncipe explicó que debía morir por ellos y los carpetanos aceptaron su propuesta, alzando en poco tiempo una ciudad con un palacio y un templo. Tras terminar la obra, surgió una polémica, pues algunos de los poblados anteriores a la llegada del príncipe profesaban otros cultos y negaban la autoridad divina de Apolo. Ocno Bianor volvió a requerir la ayuda del dios a través de sus sueños. Se acostó después de hacer un ritual en busca de una respuesta que no se hizo esperar, ya que Apolo se presentó nuevamente y explicó que la ciudad en cuestión debía ser consagrada a la diosa Metragirta (también denominada Cibeles). Ordenó al príncipe que se autoinmolara, zanjando de esta forma la disputa surgida entre los carpetanos.

Así se lo comunicó al pueblo, al tiempo que pidió ser enterrado vivo y que se colocase una pesada losa sobre su improvisado sepulcro. Después de una complicada ceremonia se hizo lo que el joven pedía. Los carpetanos permanecieron alrededor de la tumba durante una lunación, hasta que la última noche se desató una increíble tormenta, como nunca antes se había conocido en aquel lugar... De pronto, en medio de la noche, una «nube» con forma de carro descendió entre los rayos y relámpagos; fue respetada, sin ser alcanzada. Sobre el «carro» se avistaba lo que parecía una figura femenina... «¡Metragirta!», gritaron todos. La tormenta se hizo tan intensa que los hombres se refugiaron en sus casas temiendo por sus vidas, aunque sin razón, porque al día siguiente la naturaleza se había calmado y la tumba del gentil Ocno Bianor había desaparecido dejando un rastro de flores.

Cuenta el mito que Metragirta empezó a denominarse con el tiempo Magerit y que de ahí nació la ciudad que hoy conocemos como Madrid.

Madrid es una ciudad en la que se entremezclan grandes contrastes. De las prisas y el bullicio de la Gran Vía podemos trasladarnos al recogimiento y al silencio del Retiro en un día lluvioso, pero no por ello menos apetecible. De todo esto son conscientes tanto madrileños «gatos» como aquellos que lo son de adopción y que, por circunstancias de sus vidas, tuvieron que desplazarse a la capital. Estos últimos no ignoran que Madrid puede tornarse tanto hostil y hasta ermitaña como destaparnos su cara amable y hospitalaria. Los cambios se producen en un abrir y cerrar de ojos, con pasar de un barrio a otro, cruzando de una calle a la siguiente...

Sin embargo, ¿somos conscientes de todo su encanto y misterio? A veces se nos antoja que no, que circulamos en nuestros vehículos o caminamos apresuradamente sin detenernos siquiera un instante a observar los lugares por los que en cientos de ocasiones transitamos y que creemos conocer bien. No obstante, quizás no les prestemos la debida atención, ya sea por falta de tiempo o por aquello que nos decimos mentalmente de que «ya volveremos en otra oportunidad, cuando nos desliguemos de nuestros deberes».

Todo ello nos obliga forzosamente a perdernos las partes más arcanas y atrayentes de esta ciudad que, como todo, requiere su momento.

Cuando viajamos a una ciudad que nos resulta extraña, posiblemente agudizamos mucho más nuestros sentidos, preguntamos a los nativos aquellas cosas que nos llaman la atención y que nos rodean: fachadas, pequeños detalles; pistas, en definitiva, que podrían conducirnos a desempolvar viejas leyendas o antiguos episodios secretos que envolvieron a sus moradores y que, si buscamos en los recovecos de la memoria, probablemente nos recuerden a otros que en su día, quizás un abuelo o un viejo maestro, nos contaron hace años y que habíamos «archivado», aunque no conseguimos desligarnos de estas evocaciones por completo.

Por ello, con Madrid sucede algo similar: hay que tomarse un respiro para descubrir su auténtica faz mistérica, para reencontrarnos con los viejos enigmas de hoy y de siempre.

Ésta es la razón de que este libro nos proponga numerosas rutas tanto de Madrid capital como de su Comunidad, adaptables a todos los gustos: desde las más increíbles o fantasiosas hasta las que tienen su base en un acontecimiento real, pasando por las que no requieren apenas esfuerzo por nuestra parte y aquéllas sólo recomendadas para los más aventureros. No se trata de recorrerlas todas en unas horas, resultaría imposible. Por ello, el lector encontrará las propuestas alineadas por *zonas de influencia*. Esto quiere decir que, partiendo de un monumento importante por su pasado mágico o misterioso, la persona interesada podrá recorrer «armado» con esta guía aquellos enclaves más próximos en los que también existan cosas interesantes que no sería recomendable descuidar. Creemos que bajo esta estructura se ganará tiempo y capacidad para asociar unos emplazamientos con otros y comprobar si existen o no paralelismos, más allá de la pura proximidad entre ellos, que en ocasiones nos sorprenderán y despertarán nuestro afán de conocer más cosas sobre unos u otros lugares.

Ejemplo: PALACIO DE LINARES

Zona de influencia: la Cibeles-Café de Lyon-Puerta de Alcalá...

MONASTERIO DE SAN LORENZO DE EL ESCORIAL

Zona de influencia: El Escorial-Navalagamella-Robledo de Chavela-Fresnedillas-Valle de los Caídos.

Además hemos incluido una completa relación de estaciones de metro y carreteras que nos ayudarán a ubicarnos una vez hayamos emprendido la ruta escogida.

Esperamos que esta guía les sirva de ayuda.

Los orígenes de Madrid

PREHISTORIA	
Fechas aproximadas	**Períodos**
300.000	Paleolítico inferior
100.000	Paleolítico medio
35.000	Paleolítico superior
4.000	Neolítico
2.000	Culturas del bronce
500	Cultura del hierro

TIEMPOS HISTÓRICOS

Siglo	Acontecimiento de interés	Período
II a. C.	153- conquista celtíbera	República romana
I a. C.	Asentamiento de *Complutum* (Viso)	

ERA CRISTIANA

I-II	Asentamiento de *Complutum* (V. Henares)	Alto Imperio romano
III-IV	Villas romanas	Bajo Imperio romano
V	Invasión suevos, vándalos, alanos	
VI-VII	*Complutum* visigoda y Talamanca	Época visigoda

El Paleolítico

Según se sabe, las terrazas de los ríos Manzanares y Jarama estuvieron pobladas desde hace al menos trescientos mil años (véase mapa *Madrid prehistórico*). Para conocer qué pudo acontecer durante este largo período, debemos limitarnos —evitando caer en la fantasía— a los análisis que los arqueólogos han hecho de los restos encontrados, tales como vasijas, hachas de sílex y enterramientos, en lo que hoy se denomina Comunidad de Madrid. Estas culturas, hasta la expansión del islam hacia el siglo VIII d. C., están consideradas como antiguas.

En el Paleolítico se tiene constancia de que el clima (al menos durante los primeros doscientos mil años) era cálido. La vida era más sencilla para el hombre, que subsistía básicamente de la pesca, la caza y la recolección de frutos. Casi todos los poblados se asentaban en las cercanías de los ríos y no se aprecia la práctica de la agricultura.

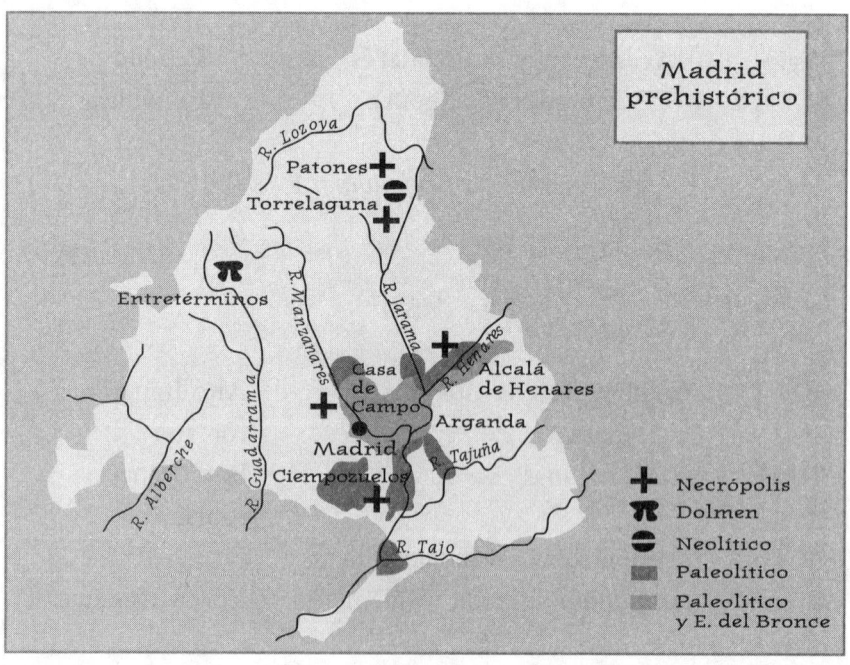

A pesar de que no se han encontrado restos humanos pertenecientes a este período, sí se sabe de la existencia del hombre por la abundancia de objetos de sílex hallados, por ejemplo, en el Cerro de los Ángeles, el Cerro Almodóvar o los areneros del Manzanares, tan denostado por los visitantes, que afirman que se trata de un minirrío, y que tanto ha aportado al desarrollo de la vida que hoy podemos conocer gracias a los estudios arqueológicos. Cuenta Josefa Otero Ochaíta que «el Manzanares tuvo una lozana juventud, en la que inundaba una amplia llanura cubierta de praderas y rodeada de árboles. Atrajo durante más de doscientos cincuenta mil años a pueblos recolectores de frutos y cazadores de elefantes, hipopótamos y rinocerontes que merodeaban en sus cercanías...».[2] En efecto, en el Museo Municipal de Madrid se custodian los vestigios de la mandíbula de un mastodonte, varios colmillos de mamuts y hasta restos de hipopótamos —por increíble que nos resulte hacernos a la idea—, entre otras curiosas piezas.

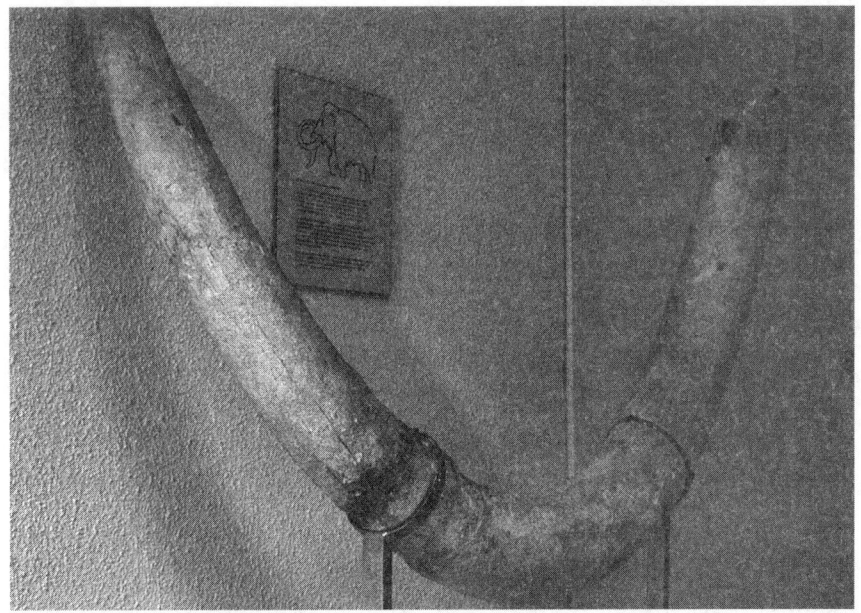

Colmillo de mamut hallado en Madrid (Museo Municipal).

Sin embargo, hace cien mil años el clima cambió. Se hizo más frío y muchos animales abandonaron la zona en busca de alimentos. Lo mismo tuvo que hacer el hombre, que se vio obligado a seguirlos para no perecer. Aun bajo esta circunstancia, algunos pueblos tomaron la determinación de permanecer allí, cobijados en cuevas y cubriendo sus cuerpos con pieles.

De esta etapa tan dura no hay tantos restos, aunque los que se han hallado son técnicamente más avanzados (Paleolítico superior). Las puntas de las flechas estaban confeccionadas con mayor eficacia y había gran diversidad de utensilios. Se hablaría ya de cultura Solutrense.

Volviendo a los areneros del Manzanares, cabe señalar que las primeras hachas de sílex fueron encontradas durante un estudio geológico emprendido por Casiano del Prado en 1862, en el Cerro de San Isidro. Estos descubrimientos revolucionaron muchas de las teorías reinantes en aquel tiempo.

En la actualidad, la calidad de los instrumentos desenterrados hace que este yacimiento esté considerado como uno de los más relevantes del Paleolítico inferior de todo el continente europeo.

El Neolítico

De este período no se conservan tantos vestigios como los descubiertos en el Paleolítico. Hoy en día sólo se pueden considerar pertenecientes a esta cultura la cueva del Aire, sita en Patones de Abajo, y un enterramiento en el arenero de Valdivia hallado en una fosa, en el que apareció un brazalete de piedra y un vaso de cerámica.

Se cree que la cultura que habitó en la cueva del Aire hacia finales del cuarto milenio a. C. empleaba la ganadería y utilizaba la cueva como habitáculo y a la postre como enterramiento.

Además, los arqueólogos creen que los hombres del Neolítico madrileño estuvieron influidos por otros, mucho más avanzados, que conocían el uso de la metalurgia.

La Edad del Bronce

A partir del segundo milenio —como ya hemos explicado— llegaron a la provincia de Madrid pueblos tecnológicamente más desarrollados que venían en busca de estaño y cobre. Algunos permanecerían durante cierto tiempo para extraer los metales. Estas culturas se denominan de los vasos campaniformes, por la forma que daban a sus vasijas.

Se tiene constancia de que se asentaron principalmente en las cercanías de Torrelaguna, Villalba y Patones, así como en los valles de los principales ríos madrileños. Trajeron la metalurgia del cobre y enterraron a sus muertos junto a vasijas, aunque no a todos. Parece ser que había clases más acomodadas que desarrollaron esta costumbre. La mayoría de los enterramientos eran individuales, aunque en la necrópolis de Ciempozuelos, las cuevas de Patones, Torrelaguna y en el dolmen de Entretérminos (Collado-Villalba),[3] había varias fosas juntas.

Vestigios propios de esta cultura han sido hallados en lugares tan dispares como Hungría, Gran Bretaña, Portugal o el norte de África. Esto intrigó sobremanera a los investigadores, que rápidamente hicieron sus cábalas intentando explicar su origen. Por ejemplo, Castillo sostuvo en 1928 que la génesis estaba precisamente en Ciempozuelos, aunque hoy en día, gracias a la prueba del carbono 14, se sabe que la mayoría de los pueblos prehistóricos se difundieron ampliamente en varios lugares.

La Edad del Hierro

En torno al año 500 a. C., varios pueblos celtas de génesis indoeuropea cruzaron la sierra madrileña. Así lo atestiguan los enterramientos de incineración, la cerámica hecha ya con torno y los útiles de hierro descubiertos.

Los celtas observaron que ésta podía ser una buena zona para asentarse por las óptimas condiciones para el desarrollo de la ganadería, su principal actividad. Todo ello no impidió que siguieran siendo nómadas, puesto que su forma de vivir dependía en gran medida del clima. En verano buscaban los lugares más altos, mientras que en las estaciones invernales se desplazaban a las márgenes de los ríos y los valles.

El hecho de que los celtas se asentaran en tierras madrileñas no fue óbice para que los pueblos levantinos (llamados íberos) pudieran también compartir este espacio vital. A consecuencia de esta cohabitación se produjo un sincretismo[4] entre ambos pueblos que se puede apreciar examinando los objetos hallados, tales como broches y cerámicas célticos y cerámicas con círculos concéntricos y hebillas levantinos.

Los poblados más relevantes son los de Ecce Homo y El Viso en Alcalá de Henares; el enterramiento de incineración de mayor datación es el de La Torrecilla (Getafe). La existencia de ofrendas por voto, sacrificios y banquetes de carácter funerario demuestra un complejo sistema de creencias. Es decir, existían componentes ritualísticos. En

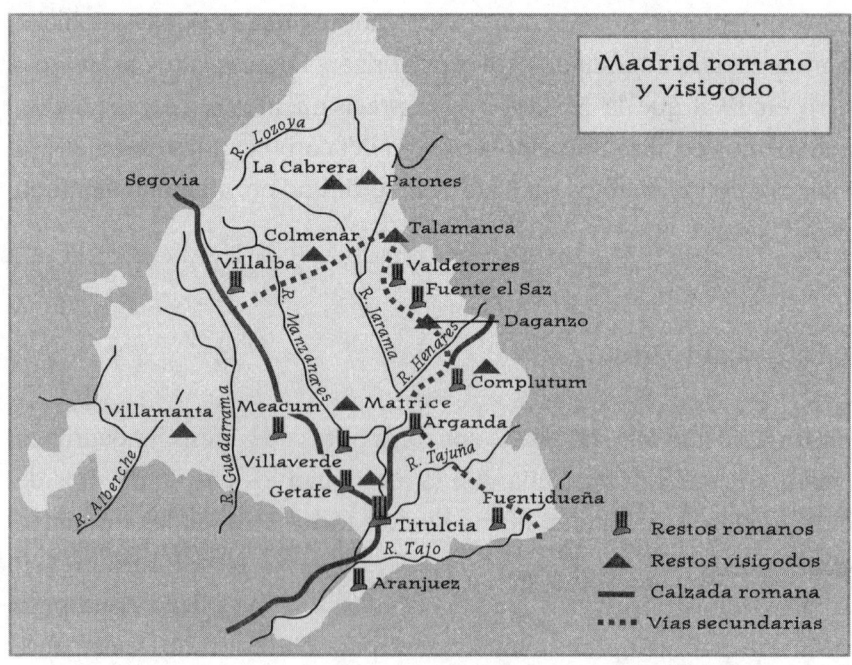

La Torrecilla se encontró una urna con huesos quemados, varios trozos de metal, un punzón, vasos de cerámica y dos ollas. Además, en este mismo emplazamiento se halló un brazalete de oro de veinticuatro quilates que se ha convertido, sin lugar a dudas, en la primera joya de la orfebrería madrileña.

La época romana

Varias legiones romanas que buscaban riquezas y tesoros se adentraron en la Celtiberia hacia mediados del siglo II a. C. Pese a sus métodos abusivos, no les resultó sencillo instalarse: tardaron alrededor de veinte años en llevar a cabo la dominación. Estas huestes fijaron sus campamentos cerca de las acrópolis carpetanas, tales como Titulcia, Patones o El Viso, y buscaron la ayuda de los mandatarios de cada lugar para la recaudación de impuestos, que se hizo de forma taxativa.

Los romanos crearon una compleja red viaria para facilitar el desplazamiento de sus legiones. A pesar de que Madrid y sus alrededores carecían de interés económico para ellos, las vías romanas se dirigían a Madrid, ya que su situación geográfica así lo exigía (véase mapa *Madrid romano y visigodo*).

Una de las vías pasaba por Titulcia para dirigirse después a Segovia y desembocar en la Ruta de la Plata. También atravesaba Meacum (la Casa de Campo) y Torrelodones.

La segunda vía unía Mérida con Zaragoza siguiendo las márgenes del río Tajuña hasta Arganda, para dirigirse hasta *Complutum* (Alcalá de Henares) y continuar por el valle del Henares hasta dejar los límites de la provincia. La principal ciudad romana en Madrid fue sin duda *Complutum*.

En el resto de la provincia son de destacar las villas como las de Carabanchel, donde quedó al descubierto un mosaico de tema dionisíaco alegórico de las Cuatro Estaciones,[5] la Casa de Campo, La Torrecilla o Villaverde Bajo, donde se encontró una cabeza de sileno[6] del siglo III-IV d. C.

Con la romanización se hizo patente el desarrollo de la propiedad privada en detrimento de la pública. Los antiguos pobladores vivían bajo el yugo romano, no exentos de numerosas incomodidades debido a las malas cosechas y los tributos que debían pagar. Éstos fueron motivos suficientes para hacerles vender sus tierras y obligarlos a trabajar, en condiciones infrahumanas, como asalariados en las villas romanas. No obstante, la crisis del Bajo Imperio trajo consigo el despoblamiento, que afectó a la propia *Complutum* a partir del siglo V d. C. y que provocó un largo periodo de letargo en todos los sentidos.

Los visigodos

Del siglo VI d. C. datan los primeros vestigios visigóticos hallados en la provincia de Madrid. Cercana a *Complutum* se estableció una avanzadilla que se cree estaba situada donde en la actualidad se halla la iglesia de los santos Justo y Pastor. Este lugar fue tremendamente importante porque allí estaban emplazadas siete necrópolis, lo que da una idea de su numerosa población en aquel tiempo.

Los cuerpos se colocaban en fosas excavadas y se cubrían con losas de piedra. Junto a los muertos, en la mayoría de los casos se han encontrado objetos de poco valor —cuchillos, anillos, etc.—, a excepción de los enterramientos de Daganzo de Arriba, donde parece que los muertos eran de cierta alcurnia, ya que los objetos descubiertos, tales como anillos de oro y plata, armas, platos metálicos... así lo atestiguan.

El segundo emplazamiento de importancia, después de la *Complutum* renovada por los visigodos, era Talamanca, donde también se han descubierto restos, como un templo bajo la ermita de los Milagros.

Otros vestigios dignos de mención se han encontrado en La Torrecilla (Getafe), así como en el lugar que ahora ocupa la actual Casa de Campo, en Colmenar Viejo, la sierra de Guadarrama y Torrelaguna, entre otros.

El Madrid del islam

En 711 comenzó la expansión del islam por la península Ibérica. Según parece, los habitantes de las zonas montañosas del norte de África llegaron a la región de Madrid sobre esta fecha, ya que se ha encontrado en el yacimiento de Los Navalvillares, en Colmenar Viejo, una moneda acuñada en el citado año. Además, existen restos del siglo VIII en La Pedriza y La Cabrera.

Puesto que al comienzo de la invasión tanto los recién llegados como los pueblos invadidos no tenían autoridades con las que desarrollar pactos de rendición, tuvieron que entenderse con la nobleza y los dirigentes eclesiásticos. Los musulmanes exigieron tributos y tierras a cambio de tolerar la religión imperante y las costumbres de los cristianos.

La mayor complicación surgió cuando a mediados del siglo VIII el emirato andalusí se separó del Imperio islámico y se organizó como Estado. Entonces, las provincias se subdividieron en *coras* o *distritos municipales*, con excepción de las áreas cercanas a los territorios cristianos, consideradas como peligrosas, por lo que se creó una división en *marcas* o *provincias* vigiladas por los militares.

En lo referente al objeto de esta guía, la Marca Media tenía su capital en Toledo y se extendía por las actuales comunidades de Castilla-La Mancha y Madrid. La principal misión de los militares era la vigilancia de las fronteras naturales como la sierra de Guadarrama y Somosierra, para evitar las incursiones cristianas. De este modo, podían dar la voz de alarma a Toledo.

Por ello, existen pequeñas atalayas levantadas por los musulmanes en muchos puntos de la Comunidad de Madrid con fines defensivos, como la de Torrelodones, una de las que mejor se han conservado (véase en la página siguiente mapa *Marca Media, siglo XI*).

Además se renovaron las calzadas construidas por los romanos. Todo ello requería dinero, que los musulmanes obtuvieron principalmente de los tributos impuestos tanto a los mozárabes[7] como a los judíos, que no aceptaron de buen grado estas imposiciones, lo que desencadenó importantes revueltas.

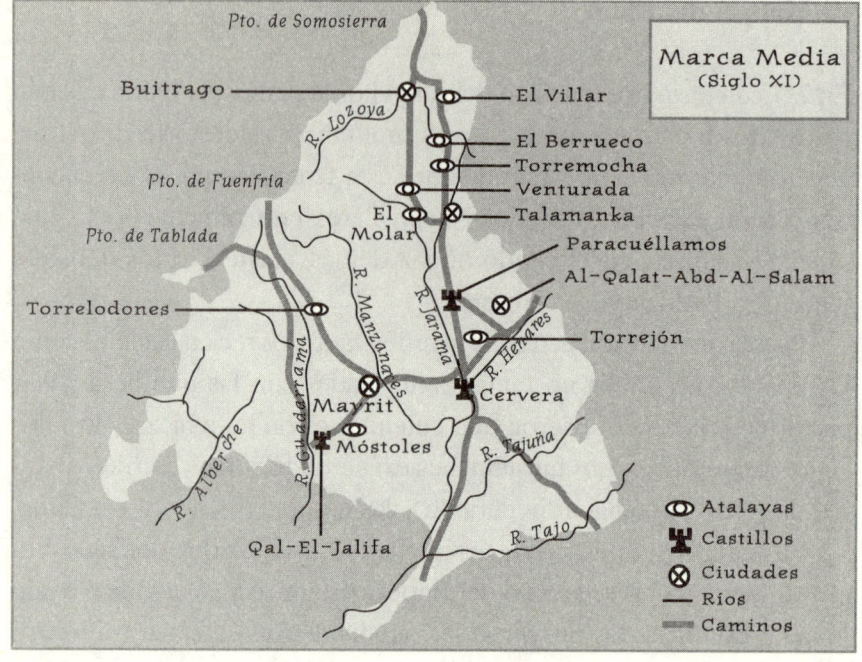

Mayrit y Magerit

Entre la gran cantidad de nombres que ha recibido Madrid a lo largo de su historia, figuran dos que han perdurado en la memoria colectiva.

Mayrit: parece ser que son los musulmanes los que inicialmente llaman así a Madrid. Se trata de un nombre compuesto por la palabra *mayra* (madre, matriz) y el sufijo *it* (lugar): el lugar de la matriz, o el arroyo madre. La evolución se habría producido al haber dos núcleos de población, el mozárabe y el musulmán. A la postre, habría prevalecido el nombre de Madrid, derivado del Matrice latino, por parte de los mozárabes. Para Javier Oliver Asín, Matrice habría sido el primer nombre de la Villa, el nombre del Madrid premusulmán. Según parece, Matrice aludiría al arroyo «madre» que fluía por el valle de la actual calle de Segovia, bajo el Viaducto.

Magerit: Madrid derivaría del árabe Magerit, «el fortificado», sin que esté clara esta etimología, aunque podría deberse a una evolución de Matrit, Madrit, hasta llegar al actual Madrid.

La villa de las siete estrellas

Madrid ha recibido este calificativo por su escudo. Según parece, las siete estrellas figuran en él como recuerdo de las siete escuelas de astronomía que había en la ciudad durante la dominación musulmana. También se cuenta que las estrellas hacen referencia a las siete necrópolis y/o colinas que antaño al parecer había en la Villa.

En efecto, hubo siete escuelas de astronomía durante el siglo X, período en el que el califato de Córdoba desarrolla su mayor esplendor. Los eruditos musulmanes estudiaron varias materias, como medicina, matemáticas, astronomía y química.

Entre estos estudiosos, dos son los personajes que destacan del resto: el historiador y jurisconsulto Abu Y. Yusuf y el astrónomo y matemático Abu-I-Qasim Maslama, apodado «el Madrileño». Este último falleció en 1007 tras escribir importantes obras como una adaptación de las tablas de Al-Juarismí al meridiano de Córdoba o un tratado sobre astrolabios.[8]

Ramiro II

Los cronistas no tienen, en general, muy buena opinión de Ramiro II. No se sabe a ciencia cierta cuándo nació este rey de León, pero lo cierto es que llegó al trono siendo muy joven. Su reinado se prolongó desde 931 hasta 951.

Hijo de Ordoño II, al fallecer su padre fue nombrado gobernador del territorio Portucalense por su hermano Alfonso. Poseía un fuerte carácter y llevó al reino a la gloria y expansión, aunque parece ser que fue durante su reinado cuando empezó a percibirse el movimiento separatista que terminaría por dar nacimiento a Castilla como reino independiente.

En lo que respecta a la historia de Madrid, el hecho por el que se recuerda a Ramiro II sucedió en el verano del año 932, cuando realizó una incursión que causó grandes destrozos. Regresó años después, en el 950, junto con el conde castellano Fernán González.

Fue la antesala de la Reconquista, protagonizada, después de muchas otras intentonas, por Alfonso VI.

El fuero de Madrid

Otorgado por Alfonso VIII a principios del siglo XIII (1202), el fuero compila una serie de leyes y privilegios que afectaban a los madrileños.

El Fuero Viejo y la Carta de Otorgamiento se custodian en el Archivo General de la Villa. Está compuesto de veintiséis hojas de pergamino en medio folio que forman cuatro cuadernillos (falta el segundo), de ocho hojas cada uno, más dos hojas añadidas posteriormente. Está escrito en caracteres góticos y los epígrafes y capitales son de color rojo.

El texto comienza así:

«Ésta es la carta foral que elabora el Concejo de Madrid para honra de nuestro señor, el rey Alfonso, y del Concejo madrileño, a fin de que ricos y pobres vivan en paz y seguridad.

»¡La gracia del Espíritu Santo nos asista! Comienza el libro de los fueros de Madrid, para que ricos y pobres vivan en paz...»

De entre las ciento cuarenta y dos leyes que se recogen en el texto, algunas de las más curiosas tienen su origen en ofensas y agresiones. Por ejemplo, estaba penado «mesar» (tirar de la barba o pelo) los cabellos de alguien. En este caso la pena era una multa pagadera en maravedíes.[9] Sin embargo, otro tipo de actos estaban penados con castigos físicos o incluso con la muerte. Por ejemplo, a «quien tuviera la obligación de pechar [pagar] caloña [multa]» y no pudiera hacerlo se le cortaban las orejas. De esta cruel forma el infractor quedaba expuesto a la vergüenza pública.

Además estaba prohibido el duelo o incitación al mismo. En este caso parece que los madrileños hacían caso omiso, porque ha sido una costumbre muy extendida hasta hace bien poco. Es interesante observar que el insulto estaba también penado, haciéndose referencia a varios en concreto. Veamos qué dice el fuero al respecto: «El hombre que a un vecino o a hijo de vecino, a una vecina o a hija de vecina, que a una mujer llamase "puta" o "hija de puta" o bien "leprosa"; también quien aplicara a un varón alguno de los vocablos vedados, "sodomita" o "hijo de sodomita" o "cornudo" o "falso" o "perjuro" o "leproso" [...] peche medio maravedí...». En este caso, sobra todo comentario.

Existen otras curiosas disposiciones como la prohibición de lavar tripas en las alcantarillas (entiéndase como puente), la obligación de entregar y declarar al Concejo el hallazgo de halcones, o las ordenanzas que prohíben arrojar estiércol «dentro de la Villa, por las calles».

Éstas son algunas de las ordenanzas más curiosas entresacadas del amplio texto que es el fuero de Madrid. En muchas de ellas el castigo era excesivo. No obstante, fueron redactadas con el ánimo de preservar la paz y la concordia entre los habitantes de la Villa.

Las Cortes se reúnen por vez primera en Madrid

En el transcurso de la Edad Media los reyes no tenían una capital estable. Marchaban de un lugar a otro forzados por las campañas militares de la Reconquista. Con ellos se trasladaba también todo su séquito, compuesto por secretarios, nobles y otros cargos de importancia.

Uno de los hechos más trascendentes para la Villa se produjo a comienzos del siglo XIV (1309), cuando el rey de Castilla y León Fernando IV el Emplazado (1295-1323) decidió celebrar las Cortes allí. El rey buscaba los apoyos necesarios para la conquista de Granada.

A este importante acto asistieron su madre, María de Molina, los infantes, sus propios hijos, además de los grandes maestres de las órdenes de caballería de Santiago y Calatrava, los nobles y los miembros del Concejo de las ciudades relevantes en aquel tiempo.

Allí se gestó la conquista de Granada, pero no prosperó, ya que fueron los Reyes Católicos quienes consiguieron llevar a cabo este objetivo casi dos siglos después.

Con posterioridad las Cortes volvieron a reunirse en Madrid en 1329 y 1335, bajo el reinado de Alfonso XI el Justiciero (1312-1350), que convirtió la Villa en capital cultural y fundó una escuela de gramática.

Madrid pierde la corte

Si existe un hecho irónico en el devenir de la Villa, ése sería la decisión de Felipe III, el primer rey nacido en Madrid, de trasladar la corte a Valladolid. Cuentan que en realidad no fue él quien la tomó, sino su valido el duque de Lerma, que tenía tierras por aquellos andurriales y había recibido una buena oferta por parte del concejo vallisoletano de obtener más beneficios si convencía al rey para que se trasladase.

En cualquier caso, lo que en principio comenzó como un rumor se convirtió en una triste realidad para los madrileños, que vieron como el 12 de septiembre de 1600 la decisión ya estaba tomada.

Don Diego de Barrionuevo —procurador de Madrid en las Cortes— ya había dado la voz de alarma unos días antes al enterarse de que el duque de Lerma había adquirido (seguro de salirse con la suya) dos villas en Valladolid, donde ya poseía con anterioridad otras tres. Además había comprado a los dominicos, por ochenta mil ducados, la Capilla Mayor de San Pablo, donde deseaba ser enterrado.

El 11 de enero de 1601 se publicaba el decreto del traslado de la corte y el rey marchaba a su nuevo destino, aunque lo hacía sin su esposa, a la que el cambio no le agradó y que iría días más tarde.

El traslado fue difícil, costoso y no se tomó de buen grado por los madrileños, que habían soportado los gastos que suponía albergar a la corte y que en ese momento se sentían tristes y engañados. Temían que la ruina se abatiera sobre Madrid... y no iban desencaminados.

Las rentas comenzaron a bajar. Nadie quería los recintos grandes, que tuvieron que ser cedidos gratuitamente con tal de que fueran cuidados por sus moradores. El comercio también cayó y la vieja capital se sumió en la tristeza y el abatimiento.

Afortunadamente para la Villa, el cambio duró poco tiempo, ya que el 4 de marzo de 1606 se decide el regreso de la corte a Madrid. Los habitantes de la Villa volvieron a recobrar la esperanza. Y es que el Ayuntamiento nunca desistió en su empeño de recuperar la corte; tuvo que negociar nuevamente con el duque de Lerma, al que ofrecieron una calle, y doscientos cincuenta mil ducados al rey para que regresase. El duque, aprovechando la baja de los precios de la Villa, compró nuevas propiedades a las que esperaba dar mayor rentabilidad.

Madrid volvió a ser la misma ciudad acogedora, festiva y bulliciosa, donde la leyenda se entremezcla con la historia. Esta fecha pudo haber sido decisiva para la Villa, aunque por fortuna para los «gatos» las aguas, en este caso del Manzanares, volvieron a su cauce.

Las zonas astrológicas madrileñas

Podría resultar muy interesante conocer algunos datos más sobre Madrid desde una perspectiva totalmente diferente: el caleidoscopio que nos ofrece la astrología. Por ello, pedimos a la astróloga Isabel Fernández Hearn que nos elaborara un «mapa astrológico» por barrios. He aquí algunas de sus conclusiones:

«Me he permitido una primera aproximación, experimental, no exenta de horas de trabajo. He tomado como centro el Palacio Real, verdadero núcleo embrionario de la ciudad y ancla histórica de su desarrollo como capital de primer orden. A su alrededor, radialmente, he dispuesto sectores astrológicos basados en la carta astral del día en que se puso la primera piedra de la reconstrucción borbónica. A continuación he procedido, con variable minuciosidad, al recuento en cada zona astrológica de los lugares más relevantes [...]».

ZONA ARIES

Barrios: Campamento, Casa de Campo sur, Pozuelo de Alarcón sur.

Simbolismo: Exteriorización, energía, acción, lo que empieza, el arranque, la mañana, la primavera, el mando, la energía, el impulso, la violencia, la virilidad, la juventud, las armas, el hierro [...].

Comentarios: Teleférico, Casa de Campo sur, Albergue Juvenil Richard Schirmann, Hospital Brinzal de Aves Rapaces, Parque de

Atracciones, Zoológico, estanque de la Casa de Campo (lindante con Piscis), Puente del Rey, ferrocarril suburbano.

ZONA TAURO

Barrios: Puerta del Ángel, Los Cármenes oeste, Lucero, Aluche, Las Águilas, Cuatro Vientos, Alcorcón.

Simbolismo: Voluntad, obstinación, materialismo, bellezas de la naturaleza, terrenos, vida campestre, la acción física y tangible, las cosas estables, la logística, la resistencia [...].

Comentarios: Hospital Militar Central Gómez Ulla, paseo de Extremadura, Parque Regimiento de Artillería n.° 71, Escuela de Aplicación de Ingenieros, Agrupación Intendencia Reserva General, conjunto residencial Prado del Rey [...].

ZONA GÉMINIS

Barrios: San Isidro oeste, Puerta Bonita, Vista Alegre, Los Cármenes este, Aluche este, Buenavista, Cuatro Vientos este, Puerta del Ángel este, Leganés.

Simbolismo: El trabajo intelectual, las relaciones, el comercio, los viajes cortos, los amigos de la infancia, los escritos, los vecinos, las publicaciones, la asimilación [...].

Comentarios: Parque de Atenas, cementerio y parque de San Isidro, barrio de Goya, Prisión Provincial de Carabanchel, cementerio de Carabanchel, colonia Pan Bendito, cocheras de autobuses, Sanidad Militar, Hospital de Incurables [...].

ZONA CÁNCER

Barrios: San Isidro este, Opañel, Comillas suroeste, Moscardó suroeste, Pradolongo, Zofío, Abrantes, Orcasitas, Orcasur suroeste, Los Ángeles, San Andrés, Buenavista este, San Cristóbal.

Simbolismo: El agua, los líquidos, lo fértil y fecundo, lo materno,

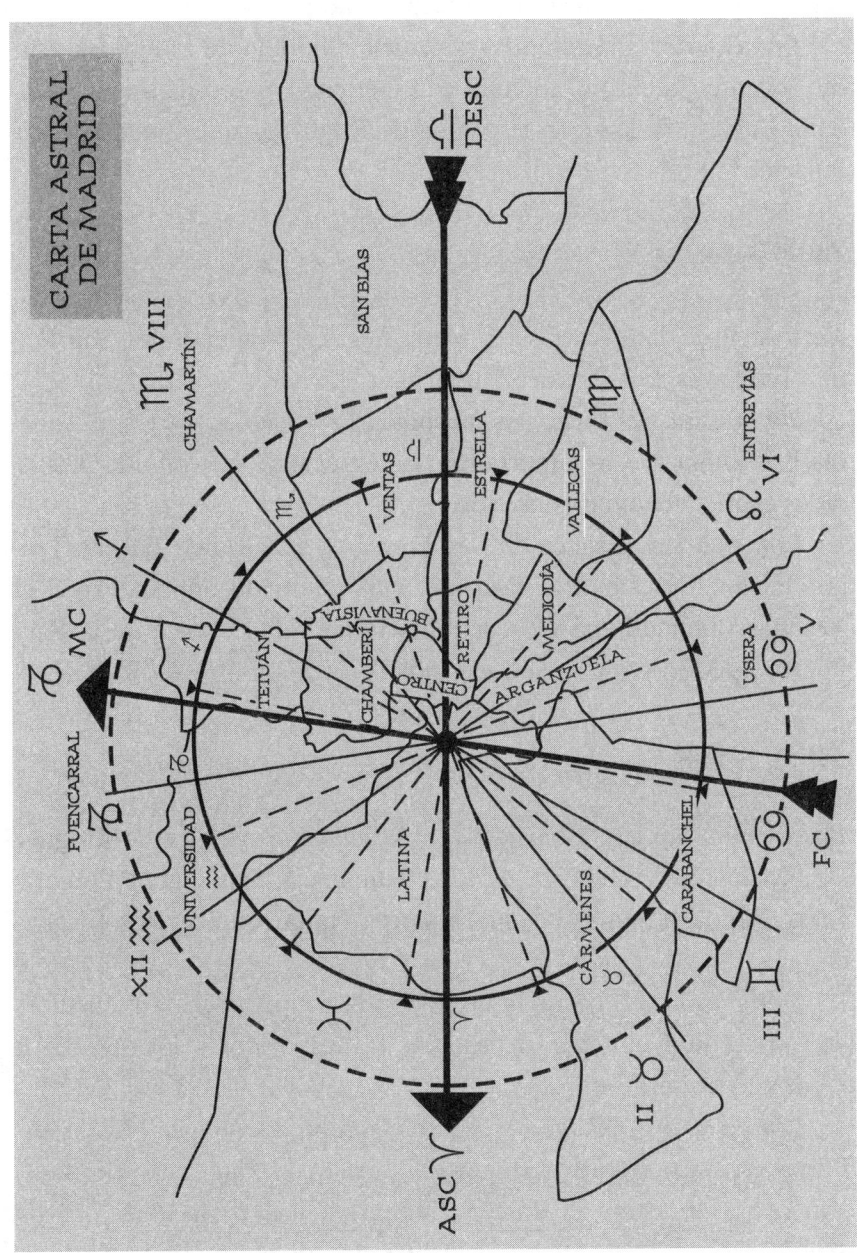

CARTA ASTRAL
DE MADRID

la familia, los padres, los ancestros, las masas, la imaginación, la susceptibilidad, el autoengaño, la receptividad [...].

Comentarios: Parque de Arganzuela, Glorieta de Pirámides, estadio Vicente Calderón (lindante con Géminis), paseo de Santa María de la Cabeza, Federación Española de Rugby, parque Ciudad de Los Ángeles [...].

Zona Leo

Barrios: Imperial, Acacias, Chopera, Legazpi, Almendrales, San Fermín Entrevías, Los Rosales, Butarque [...].

Simbolismo: El fuego, los incendios, los caciques, los jefes, las fieras, la dominación, la importancia, las especulaciones, orgullo desmedido, lujuria, voluntad, ambición [...].

Comentarios: Basílica de San Francisco El Grande, parque Tierno Galván, Mercamadrid, Pozo del Tío Raimundo, antigua cárcel de Yeserías (lindante con Cáncer), Puerta de Toledo, plaza de la Paja, Puerta de Moros, plaza de San Andrés [...].

Zona Virgo

Barrios: Palacio sur, Embajadores, Acacias norte, Palos de Moguer, Pacífico, Atocha, Delicias, Adelfas, Numancia, Sandiego, Palomeras Bajas, Portazgo, Santa Eugenia, Vallecas, Fontarrón, Pavones, Vicálvaro [...].

Simbolismo: La tierra, la honradez, la cooperación, la meticulosidad, la rectitud, el deber, la castidad, los trabajadores, los obreros, la modestia, los servicios [...].

Comentarios: Mercado de la Cebada, Lavapiés, Museo del Ferrocarril, Cooperativa Hogar del Taxista, el Planetario (lindante con Leo), La Latina, el Rastro (lindante con Leo), la Plaza Mayor, Antiguo Hospital de San Carlos, Centro de Arte Reina Sofía, el Retiro sur, plaza de Tirso de Molina, Observatorio Astronómico Nacional [...].

Zona Libra

Barrios: Jerónimos, Ibiza, Goya sur, Fuente del Berro, Niño Jesús, Estrella, Media Legua, Ventas, Pueblo Nuevo, Marroquina, Vinateros, Simancas, Canillejas [...].

Simbolismo: Asociaciones entre iguales, aire, llanuras, contratos, ecos de sociedad, buen gusto, ocio, lo racional, los ritos sociales, la seducción, el afecto amistoso, amor por el lujo [...].

Comentarios: Museo del Prado, el Retiro norte, Casa de la Moneda, parque de la Fuente del Berro, el Pirulí, cementerio de la Almudena, Puerta del Sol, Chicote, Ateneo (lindante con Virgo), las Cortes, Cibeles, Círculo de Bellas Artes, Colón (lindante con Virgo), las Salesas (lindante con Escorpión), Biblioteca Nacional, Puerta de Alcalá, Banco de España, Casa de las Siete Chimeneas, zona gay de Chueca, Montera [...].

Zona Escorpión

Barrios: Justicia, Sol, Cortes, Castellana, Recoletos, Goya noroeste, Lista, Guindalera, Concepción, Quintana, Alameda de Osuna, Aeropuerto de Barajas, Prosperidad, Canillas [...].

Simbolismo: Fuerzas ocultas, magia negra, destrucción, muerte, regeneración, vicio, el sexo, la venganza, el poder patente y oculto, la mafia, las multinacionales [...].

Comentarios: Zona Ballesta, plaza de toros de Ventas (lindante con Libra), Embajada de EE.UU., colegio El Pilar, Parque de las Naciones, jardines Eva Duarte de Perón, el Tanatorio, Malasaña, Alonso Martínez, plaza de Santa Bárbara, Audiencia Nacional, Ministerio de Justicia [...].

Zona Sagitario

Barrios: Palacio norte, Argüelles, Universidad, Arapiles, Ríos Rosas, Vallehermoso, Cuatro Caminos, Valdeacederas, La Paz, El Viso, Costillares, Apóstol Santiago [...].

Simbolismo: Lo extranjero, los viajes, navegación intercontinental, las aventuras, el comercio al por mayor, el ejercicio físico, danza y deportes, jerarquía política/eclesiástica, filosofía, el pensamiento elevado [...].

Comentarios: Zonas adyacentes al barrio de Argüelles (estudiantes de fuera de Madrid y especialmente extranjeros), Reina Victoria (colegios mayores), plaza de Castilla (Juzgados), zona Azca, estadio de fútbol Santiago Bernabéu, Nunciatura Vaticana en Pío XII, colegio de los Padres Jesuitas, Templo de Debod [...].

ZONA CAPRICORNIO

Barrios: Ciudad Universitaria este, Fuentelarreina, Peña Grande, Mirasierra, barrio del Pilar oeste, Valdezarza.

Simbolismo: Los lugares elevados, aislados e inaccesibles, las cimas rocosas, las luchas, obstáculos e impedimentos, las carreras brillantes, la política, la experiencia, la seriedad, el deber cívico, método, frialdad [...].

Comentarios: Campus Complutense (lindante con Acuario), Paraninfo, La Vaguada, Ciudad de los Periodistas, Monte Carmelo, Sanatorio López Ibor, Dehesa de la Villa, parque del Oeste (zona Este), Cuartel General del Aire (Moncloa), paseo del Pintor Rosales, Delegación de Hacienda (lindante con Sagitario) [...].

ZONA ACUARIO

Barrios: Casa de Campo norte, Ciudad Universitaria, Aravaca, Valdemarín, El Plantío, El Pardo.

Simbolismo: El aire, lo mental, la fraternidad, la cooperación, la electricidad, lo nuevo, imprevisto y desconcertante, lo excéntrico, lo colectivo [...].

Comentarios: Escuela Nacional de Cerámica, la Rosaleda, Club de Campo, palacio de la Moncloa, Hipódromo de la Zarzuela, monte de El Pardo, Pista de Aeromodelismo, Tejar de Somontes, CESID [...].

ZONA PISCIS

Barrios: Casa de Campo, Aravaca sur.

Simbolismo: El mar, el océano, la variabilidad, el silencio, la discreción, lo apacible, el disimulo, la hospitalidad, la compasión, el engaño, la adicción, los paraísos artificiales, la generosidad, los venenos, el contacto con otros mundos, los médiums, lo mórbido [...].

Comentarios: Paseo de la Florida, Casa de Campo norte, Somosaguas, Húmera, La Florida (lindante con Acuario), El Plantío (lindante con Acuario) [...].[10]

Primera parte

Madrid capital

Zona 1

El Real Sitio del Buen Retiro
y el *Ángel Caído*

෧෨

El Retiro, el simbolismo del Ángel Caído y otros misterios

El Real Sitio del Buen Retiro fue edificado en el siglo XVII bajo el reinado de Felipe IV, para disfrutar de un lugar tranquilo, cómodo y bello donde poder retirarse cuando el monarca lo creyera oportuno. En 1630 se realizaron las primeras obras. Poseía palacio y jardines. Actualmente sólo quedan estos últimos. Consta de ciento cuarenta y tres hectáreas[11] y posee varias entradas, como las de la calle de Alcalá, la puerta de la plaza de la Independencia y la de la calle de Alfonso XII (llamada también Puerta del Angel Caído). Si entramos por esta última atravesaremos un paseo que nos conducirá directamente al monumento dedicado a Luzbel, el Ángel Caído. Esta estatua fue inaugurada el 29 de abril de 1880 y aunque se dice que, por su temática, es única en el mundo, en realidad existe otra en la localidad de Tandapi (Ecuador).

La fuente fue diseñada por José Urioste y es obra del escultor madrileño Ricardo Bellver. Resultó premiada en la Exposición Nacional de 1870 y posteriormente fue adquirida por el Ministerio de Fomento.

Luzbel es el único personaje que aparece en el monumento, a excepción de la serpiente, que representa el pecado de la soberbia y que puede contemplarse enroscada en su brazo, pierna y torso. De esta

El Ángel Caído *(Retiro).*

forma lo inmoviliza. Los entendidos en arte afirman que la originalidad del *Ángel Caído* se encuentra en que Luzbel aparece solo.

Desde el punto de vista esotérico, Luzbel o Lucifer simboliza el conocimiento de lo arcano. Del griego proviene precisamente el nombre y su significado: el encargado de portar la luz. Lucifer se asocia al mito griego de Prometeo, que sustrajo el fuego de los dioses para acercarlo a los hombres.

Manuel Seral Coca, profesor de ocultismo en Barcelona, se refiere a este personaje del siguiente modo: «[...] Lucifer, o hacedor de Luz, es, en cambio, el impulsor ígneo en contraposición a la congelación y cristalización de Satán. Es la fuerza primordial que nos hace evolucionar, que nos empuja a lo alto. Es la fuerza generadora tanto en el sentido más primario como en el sentido de fuerza que impulsa la creatividad y la genialidad [...]».[12]

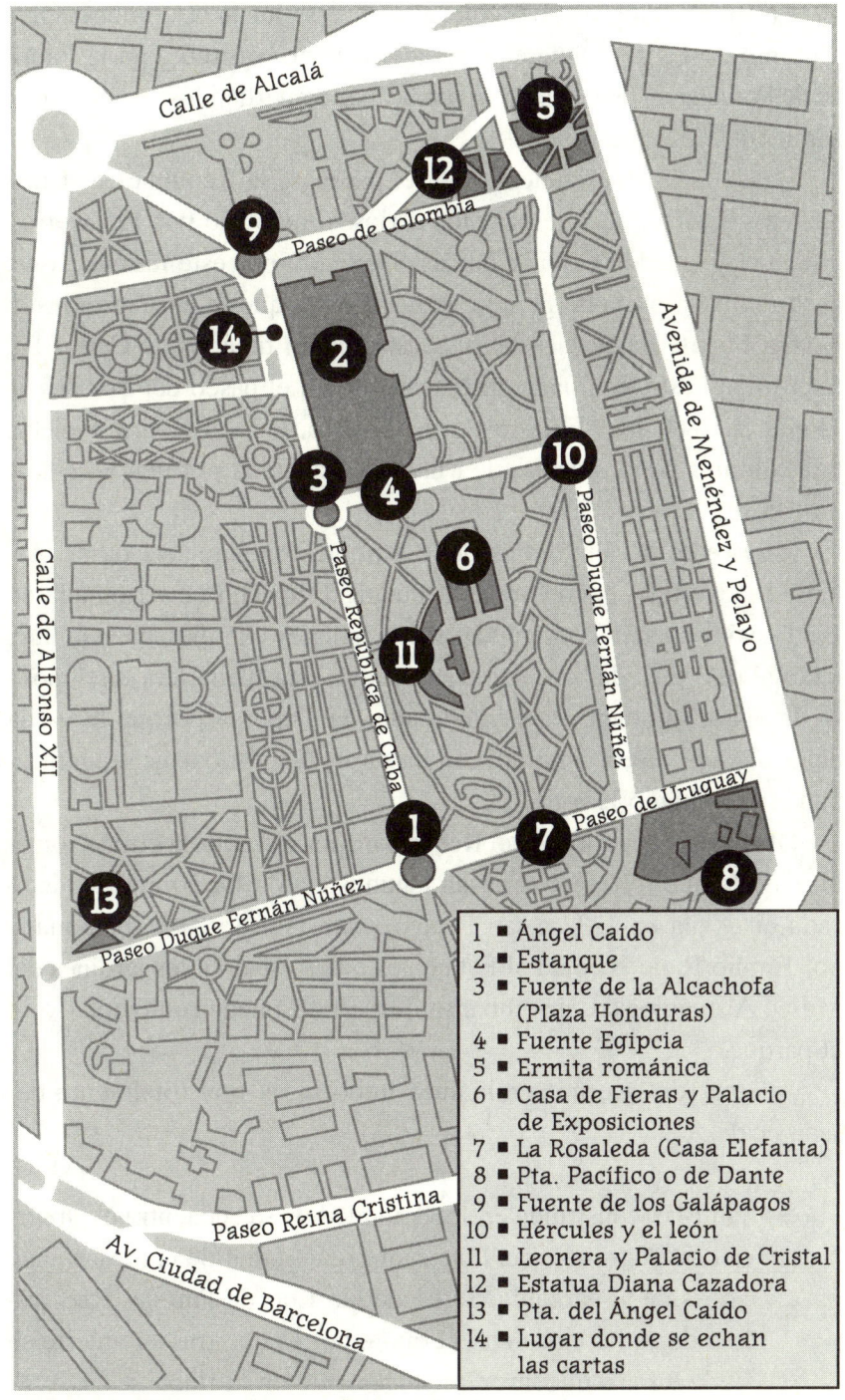

1 ▪ Ángel Caído
2 ▪ Estanque
3 ▪ Fuente de la Alcachofa
  (Plaza Honduras)
4 ▪ Fuente Egipcia
5 ▪ Ermita románica
6 ▪ Casa de Fieras y Palacio
  de Exposiciones
7 ▪ La Rosaleda (Casa Elefanta)
8 ▪ Pta. Pacífico o de Dante
9 ▪ Fuente de los Galápagos
10 ▪ Hércules y el león
11 ▪ Leonera y Palacio de Cristal
12 ▪ Estatua Diana Cazadora
13 ▪ Pta. del Ángel Caído
14 ▪ Lugar donde se echan
  las cartas

En un principio estuvo colocada en este lugar la ermita de San Antonio de los Portugueses y posteriormente se situó aquí la Fábrica de Porcelana «de la China», para acabar convirtiéndose en el emplazamiento del Ángel Caído.[13]

Desde la estatua, subiendo por el paseo de la República de Cuba se llega al estanque, que para los curiosos mide 250 por 125 metros, y donde se pueden alquilar barcas. Siguiendo por este mismo paseo, alcanzamos la plaza de Honduras, lugar en el que se encuentra instalada la Fuente de la Alcachofa, construida en tiempos de Carlos III. Esta fuente estuvo situada anteriormente en el paseo del Prado hasta que en 1880 José Urioste[14] ordena su traslado al Retiro. En ella, una columna con las armas de Madrid es sujetada por una nereida y un tritón.

Muy cerca de allí, detrás del estanque, aunque suele pasar bastante inadvertida, puede verse la Fuente Egipcia. Fue terminada en 1850 y sólo pueden contemplarse dos esfinges laterales, pues falta el ídolo al que custodiaban. Pocos saben que esta fuente era un depósito de agua. También era denominada «la Tripera» porque la vasija del agua tiene cierta similitud con los vasos funerarios que se empleaban en el antiguo Egipto.

Otros lugares curiosos del Retiro son, por ejemplo, la ermita románica, de la que sólo se conservan algunos restos. La ermita fue dedicada en Ávila en 1232 a san Pelayo y san Isidro y, tras ser donada por Emilio R. de Nicolau al Estado, éste la trasladó a los jardines del Museo Arqueológico. Sin embargo, desde 1897 puede contemplarse en el parque.

Además de la ermita románica hubo otras, hoy totalmente desaparecidas:

- San Blas: construida en 1588 donde hoy se encuentra el Observatorio Astronómico. Este santo tenía fama de curar las afecciones de la garganta. Su fundador, Luis de Paredes Paz, gastó toda su herencia en la ermita, por lo que tras su muerte su viuda e hijos quedaron prácticamente en la ruina.

- San Pablo: se sabe que ya estaba construida antes del año 1663, pero se ignora cuándo y por quién. La portada imitaba en cierta forma a las de las villas romanas. Poco después fue devastada por el fuego y tras su reconstrucción en 1745 cambió su funcionalidad y fue utilizada como vivienda de don Isidro Nicolás de Montúfar, el intendente del Sitio.

- San Juan: emplazada donde hoy se encuentra el Palacio de Comunicaciones, era la más grande de todas las ermitas del Retiro. Fue concebida para servir de vivienda del alcaide y se terminó en 1634 por Juan de Aguilar. En realidad la ermita formaba parte de la residencia donde Gaspar de Guzmán (conde duque de Olivares), valido de Felipe IV, organizó su biblioteca privada y hospedó, según explica M.ª del Carmen Simón Palmer en *El Retiro. Parque de Madrid,* a un alquimista llamado Vicenzo Massimi, para que ejerciera sus artes transmutatorias.

- San Bruno: acabada en 1635, tenía una fuentecilla a la entrada. El mecenas de esta construcción fue un judío portugués, Manuel Cortizos de Villasante, que anhelaba ganar los favores de la Corona.

- San Jerónimo: se hallaba justo delante del estanque grande, y muy cercana a San Bruno. Juan de Aguilar fue el artífice (1634-1635). Antonio Herrera construyó además un grupo de Reyes Magos y otro dedicado a Venus y Adonis.

- San Isidro: no muy lejana al palacio. En la parte trasera había un estanque con el mismo nombre en el que se pescaba. Incluso tenía una isleta a la que había que llegar en barca. En 1637 la condesa de Olivares organizó un concierto de música y los propios monarcas llegaron en barco.

- San Antonio de los Portugueses: fue terminada en 1637 y puede afirmarse que era la más importante. El nombre[15] nos da idea de que nuevamente fueron nuestros vecinos del oeste quienes costearon la construcción de la ermita. De planta cuadrada y chapitel, poseía columnas de mármol y alabastro. Dos altares dedicados a santa Isabel y san Gonzalo podían ser contemplados en su interior.

-   Santa María Egipciaca: sabemos poco de ella, pero parece que estaba cercana al convento de Atocha y a San Antonio de Padua. Más tarde se convirtió en almacén.

Muchas de estas ermitas estaban situadas cerca de grutas o cavidades artificiales. Ello no parece casual, aunque se ignora la razón de esta circunstancia. Tal vez, además de la función religiosa, se persiguiera algún otro fin, como el de crear un ambiente misterioso a la par que romántico.

Además de las numerosas ermitas también cabe destacar otros lugares como la llamada Casa de Fieras, construida bajo el reinado de Fernando VII. En este lugar, ocupado actualmente por las oficinas del parque, tenía el monarca su gabinete, forrado de raso y decorado con gran cantidad de animales disecados. También poseía algunos animales vivos, como monos, llamas peruanas, gacelas, cabras egipcias o una elefanta que se encontraba frente a lo que hoy es la Rosaleda. En 1863, *Pizarro* —que así se llamaba la elefanta por un error no subsanado a tiempo— logró burlar a sus cuidadores y escapó, llegando hasta una tahona donde comió a placer, hasta que fue nuevamente reconducida a sus «aposentos».

También descubrimos la Puerta de Pacífico o Puerta de Dante Alighieri (1265-1321), dedicada al famoso poeta florentino que escribió la *Divina Comedia*.

Otra de las fuentes que conviene mencionar es la Fuente de los Galápagos o de Isabel II. Algunos ignoran que este segundo nombre es el que en realidad le corresponde, ya que el monumento fue construido en honor al nacimiento de esta reina. Inaugurada en 1832, en un principio estuvo enclavada en la Red de San Luis, pero a finales del siglo XIX se instaló definitivamente en el Retiro. En ella pueden verse dos ranas, dos galápagos, una iguana y unos niños rodeados por delfines, entre otros elementos decorativos.

En el paseo de Fernán Núñez, muy cerca de la Casa de Fieras, se puede observar la estatua de Hércules y el León. El héroe introduce su mano, sin expresión de temor, entre las fauces del león de Nemea, que se resiste a devorarle. Independientemente del mito ya conocido del poderoso Hércules, conviene señalar un aspecto simbólico que aparece reflejado en uno de los arcanos mayores del tarot. Se trata del arcano número VIII, «la Fuerza», llamada también la hija de la espada incandescente. Se asocia con el signo de Leo.

La Fuerza, aunque aparece representada por una figura femenina, tiene cierta analogía con Hércules. ¿Por qué? Si observamos este arcano descubrimos a la Fuerza como una mujer que introduce sus manos en la boca de un león con el fin de cerrársela. El animal, lejos de revolverse contra ella, no opone resistencia, lamiendo incluso mansamente una de sus manos. La meditación de esta carta nos ayuda a conocer el verdadero significado de esta acción: «[...] *La Fuerza*, una mujer *espiritualmente disciplinada*, cierra con *facilidad* la boca de un león con las manos. Por darse cuenta de que ella es un *espíritu eterno*, es capaz de vencer todos los *obstáculos* y *resistencias* que encuentra en su camino. No está limitada por la *carne* [...]».[16] Hércules (el lado masculino) y la Fuerza (el femenino), pese a sus diferencias tienen grandes similitudes y se complementan, ya que ambos son poderosos por el desempeño de la disciplina espiritual, que es la que les confiere el poder para luchar contra la adversidad.

En el patio de entrada al palacio se construyó la «Leonera», ubicada en este lugar para que los monarcas pudiesen observar desde las ventanas las constantes peleas entre los animales allí confinados. A este respecto, M.ª del Carmen Simón Palmer comenta: «[...] El príncipe Baltasar Carlos tuvo preferencia por este local y era una de las exhibiciones que se celebraban en honor de los extranjeros ilustres que llegaban a la corte. El 31 de octubre de 1631 lucharon un león, un tigre, un oso y un toro, con triunfo del león; el mes de octubre de 1638, en las fiestas por el bautismo de la Infanta, hubo sortijas, estafermo[17] y el tercer día peleas de leones y tigres [...]».[18]

Actualmente, este enorme parque es una especie de colonia donde se pueden encontrar toda clase de colectivos que desarrollan infinidad de actividades, como los echadores de cartas, que colocan sus pequeñas mesitas al pie del estanque y atienden a diario a los curiosos que desean «atisbar» lo que acontecerá en los años venideros. Pero no son los únicos, también los titiriteros, los vendedores ambulantes, los hombres estatua, los artistas, entre otros, eligen el Retiro como punto de reunión.

RELIGIÓN

En Madrid, como en otras muchas ciudades del mundo, han surgido toda clase de grupos que pretenden promulgar su «verdad» frente a una sociedad que consideran deshumanizada y carente de valores éticos.

Muchos de estos grupos (denominados por los expertos *sectas*, entendiendo este término como una parte de una clase o de una colectividad que presenta caracteres peculiares) han adoptado la capital como su centro de operaciones e incluso han acuñado algunos lugares para ellos «sagrados» por transmitir determinadas vibraciones que, según dicen, les son propicias para combatir el «mal».

Carlos Coloma es un conocido sociólogo y activo investigador de estos grupos. Gran parte de sus trabajos, publicados tanto en revistas especializadas como en otras de información general, tienen relación con las sectas. Gracias a su valiosa ayuda hemos descubierto aquellos puntos del Retiro en los que dicen que se concentran «poderosas energías»...

Estos emplazamientos, de los que ya se habló con anterioridad (monumento al Ángel Caído, el estanque en la zona donde se colocan los echadores de cartas), vuelven a cobrar protagonismo a causa de Willy Contreras[19] y sus seguidores, que consideran estos lugares como centros de evangelización en los que, según dicen, hay mucho trabajo por hacer.

En su opinión, es una deshonra que exista en el Retiro un monumento dedicado a la figura del diablo y que para colmo se consienta a los echadores de cartas trabajar junto al estanque durante todo el año.

Según sus propias declaraciones a Radio Amistad en el verano de 1996, el motivo de elegir el Retiro es muy concreto y fácil de comprender: «[...] Sí, porque era un trono de Satanás, donde tenía asentado [...] y digo tenía porque creemos que realmente han sido quebrantados los yugos. Tienes ahí por un lado el *Ángel Caído*, tienes el centro donde están los que echan las cartas [...], el punto equidistante era el sitio donde nos hemos puesto [...] para eliminar la influencia. Y en aquello que era el trono del diablo estamos levantando el nombre de Jesucristo [...]». Suponemos que los echadores de cartas tendrán mucho que decir al respecto, entre otras cosas porque su clientela se ha visto mermada, y es que Contreras afirma: «[...] Nos sentimos cada vez con más autoridad. Estamos quitando autoridad a aquel lugar. La policía, cuando vino el otro día y nos dijo que ellos [se refiere a los echadores de cartas] protestaban por la clientela que les quitábamos, tuvimos la oportunidad de declarar y no tuvimos absolutamente ningún problema [...]».[20] Desde luego, ésta es su versión de los hechos, pero ante todo lo expuesto nos preguntamos si más que un centro de evangelización, el Retiro no está a punto de convertirse en un auténtico campo de batalla.

Otro grupo que considera el Retiro como lugar «sagrado», aunque por motivos bien distintos, es la Iglesia de la Unificación, liderada a nivel mundial por el Reverendo Moon, un surcoreano que tiene por costumbre elegir en cada ciudad donde se instala un «centro de poder» energético. En Madrid el lugar escogido ha sido el Retiro, al que se desplazan sus seguidores —según comenta Coloma— para realizar ciertos rituales destinados a recoger la «energía universal», además de ejercer en él una importante labor proselitista y de captación. De hecho, en otras ciudades este grupo ha llegado a comprar emblemáticos emplazamientos, lo que aún no han conseguido en

Madrid, y es que el parque fue concebido para el disfrute de todos los madrileños.

Tampoco faltan las personas interesadas en la figura del diablo que se acercan al monumento en espera de recibir su inspiración.

FENÓMENOS ACTUALES

Sólo basta darse un paseo por el Retiro para darse cuenta de que allí confluyen toda clase de nacionalidades, razas y creencias. Asimismo, es un lugar propicio para los rituales, y de hecho tenemos constancia de que en la actualidad se están realizando, pues hemos podido asistir al levantamiento, por parte de la Policía Municipal, de curiosos y extraños objetos hallados justo donde la noche anterior se había celebrado un ritual propio de los cultos sincréticos, que cada vez con mayor frecuencia, producto de la llegada a nuestro país de inmigrantes procedentes de países como Cuba, Brasil o la República Dominicana, se llevan a cabo en España.

El 28 de enero de 1997 encontramos por casualidad restos de maíz mezclado con trozos de coco, puros, arroz y plumas que habían pertenecido a seis palomas a las que se les había arrancado la cabeza, además de haber decapitado a varios gallos.

Tras estudiar atentamente el improvisado escenario del ritual nos fijamos en que el lugar no parecía haber sido escogido al azar, ya que los restos se encontraban justo en una bifurcación de caminos, a los pies de una estatua que allí se alza, la de Diana Cazadora, además de estar muy próximos a un canalillo por donde fluía el agua.

Todo ello hace sospechar que los oficiantes eligieron el sitio ex profeso. El cruce de caminos o encrucijada es el lugar destinado para depositar ofrendas tras haber realizado alguna petición a los *orishas* o dioses, lo cual, evidentemente, ese día requería el sacrificio de animales. También es importante, en algunos casos, que la ceremonia se celebre cerca del elemento Agua, ya sea mar, lago, río o canal, como

*Estatua dedicada
a Diana Cazadora
en el Retiro.*

en este caso. Parece ser que este tipo de restos se encuentran de vez en cuando en el parque. El hecho trasciende sólo si se da la circunstancia de que pase por allí algún investigador que dé cuenta de lo sucedido.

Zona 2

El palacio de Linares

ॐ

El palacio de Linares

«¡Mamá!, ¡mamá!... ¡Nunca oí decir mamá!», era una de las supuestas psicofonías[21] que se difundieron a bombo y platillo a finales de mayo de 1990. La polémica estaba servida: ¿habitaba un fantasma en el antiguo y medio derruido palacio de los marqueses de Linares?

Al poco tiempo una multitud de madrileños, curiosos y ávidos de fuertes emociones, se agolparon a las puertas del magnífico edificio que albergara en su día a los enigmáticos marqueses. La noticia dio la vuelta a la Península y llegó a traspasar nuestras fronteras. ¿Qué estaba ocurriendo en aquel lugar?

Inmediatamente el palacio se convirtió en un circo por el que pasaron pretendidos videntes e investigadores de lo paranormal de dudosa reputación. Todos anhelaban aclarar el misterio para cobrar así fama nacional. Sin embargo, ante tanto revuelo, el supuesto fantasma de Raimundita se negaba a hacer acto de presencia.

Todo saltó a la palestra a causa de unas supuestas psicofonías que se habían obtenido en el interior de este recinto. Voces desgarradoras empezaron a ser difundidas en todos los medios de comunicación:

«Yo también estoy aquí, como tú.»

«Mi hija descansa.»

1 ■ Palacio de Linares
2 ■ Plaza de la Cibeles
3 ■ Café Lyon
4 ■ Puerta de Alcalá
5 ■ Quemaderos de la Inquisición

«Mi hija Raimunda, nunca oí decir mamá.»

«Perdón.»

«¡Asesinos, asesinos!»

«Estamos aquí para la eternidad.»

Para las personas acostumbradas a escuchar este tipo de registros, las voces resonaban demasiado claras y precisas. Algo no encajaba...

Rápidamente comenzaron a aparecer leyendas de un morbo cada vez más acusado relacionadas con la vida de los marqueses. Algunos «expertos» querían explicar las fantasmagóricas psicofonías obtenidas al hilo de la historia oculta y olvidada de los marqueses.

La leyenda oculta de los marqueses

Según lo que se especuló aquellos días, don Mateo Murga Michelena, más conocido como el Indiano por amasar gran fortuna en América, tuvo un hijo con doña Margarita Reolid Gómez, al que llamaron José de Murga y Reolid. Éste fue educado en un ambiente liberal y se le aconsejó que cuando se casara lo hiciera por amor, sin importar la condición económica de su futura esposa.

Al crecer, José se enamoró de una joven de condición humilde. Ya que sus progenitores parecían muy abiertos, se decidió a comunicárselo a su padre, que para su sorpresa se opuso radicalmente a la relación y envió a José a Inglaterra de inmediato.

Según prosigue la leyenda, no había llegado el joven a aquel país extranjero cuando fue informado de la repentina muerte de su padre. Poco después, sin el consentimiento paterno, contrajo matrimonio con la joven que tanto le había encandilado, que no era otra que Raimunda de Osorio y Ortega. Sin embargo, ordenando los papeles de su difunto padre halló una carta dirigida a él (que el marqués nunca llegó a enviar), en la que le explicaba por qué se oponía a esa relación. Y es

El palacio de Linares en una imagen antigua (obsérvese el detalle del coche de caballos).

que su amada —con la que acababa de casarse— era en realidad su hermanastra, fruto de las relaciones del marqués con una cigarrera de Madrid.

Cuando el matrimonio tuvo conocimiento de este hecho, quedaron abatidos y se dirigieron al papa León XIII, que les concedió una bula denominada *Casti Convivere*, que autorizaba a los jóvenes esposos a vivir bajo el mismo techo, pero en castidad. Como los infortunados marqueses no habían tenido descendencia, decidieron prohijar a una niña a la que llamaron Raimundita y que se apellidaba Avecilla y Aguado.

En 1873, el rey Amadeo I de Saboya concedía al matrimonio por Real Despacho los títulos de primeros marqueses de Linares y vizcondes de Llanteno. Ese mismo año, el marqués mandaba construir un palacio en la madrileña calle de Alcalá, a la altura del número 55, donde se trasladaron a vivir los tres una vez acabado.

Sin embargo, ésta es sólo la leyenda, porque la realidad es muy distinta. Cuando en la hoy desaparecida APCM (Asociación Parapsicológica de la Comunidad de Madrid) decidimos llevar a cabo una investigación sobre el olvidado palacio, lo primero que quisimos desentrañar fue qué había de cierto en la leyenda y sus variantes, a cuál más estrambótica. Así pues, nos pusimos en contacto con el Centro de Estudios Parafísicos Hynek de Jaén, que ante todo lo publicado habían elaborado un interesante trabajo titulado *La leyenda al descubierto* que recogía con datos fidedignos la vida de los marqueses y sus familiares.

En este trabajo se desmontaba la leyenda punto por punto. Por ejemplo, se exponía que doña Raimunda de Osorio no pudo ser hermanastra del marqués por sus apellidos y su probado linaje (no era hija de una cigarrera). Lo que sí parece claro es que en la época en que vivió don Mateo Murga Michelena se especuló acerca de sus amoríos con una estanquera de Madrid. Fruto de esa relación nació una niña que en modo alguno podía ser Raimunda de Osorio.

También queda explicado que tras la muerte de don Mateo el 10 de junio de 1858, don José y doña Raimunda contrajeron matrimonio. Después de quince años de convivencia sin tener descendencia decidieron prohijar a una niña de nombre Raimunda Avecilla Aguado. Sería entonces cuando don José mandó construir el famoso palacio.

Raimundita era visitada por otra niña cuatro o cinco años más pequeña y ambas eran conocidas como las «señoritas de Avecilla», pero ninguna era hija natural de don José.

En cuanto a la bula papal que se cuenta en la leyenda que recibieron de León XIII los marqueses, se trata de otra invención, entre otras cosas porque las bulas no se concedían por escrito, sino *vivae vocis oraculo*, es decir, de viva voz.

Sin embargo, la pregunta seguía estando en el aire porque, independientemente de la leyenda, ¿estaba embrujado aquel gigantesco y destartalado lugar? ¿Había algo de cierto en lo que contaban algunas personas que habían tenido acceso al recinto? Lo ignorábamos. Sin embargo, para poder sacar conclusiones había que adentrarse en el «recinto encantado», como fue bautizado por la prensa.

LA INVESTIGACIÓN DE LA ASOCIACIÓN PARAPSICOLÓGICA DE LA COMUNIDAD DE MADRID

Los órganos competentes del Excmo. Ayuntamiento de Madrid (Departamento de Conservación de Edificaciones, dependiente de la Gerencia de Urbanismo) expidieron la correspondiente autorización de investigación (con carácter de exclusividad para la APCM), que comprendía desde las nueve horas del 21 de julio hasta las doce horas del 22 de julio (veintisiete horas en total).

Si una investigación parapsicológica se rigiera por las sensaciones de los miembros del equipo investigador, la verdad es que los resultados habrían sido muy positivos. Pongamos en situación al lector: imagínese que se le presentase la ocasión de investigar un caso del que se hubiera dicho de todo (recordemos que se llegó incluso a afirmar que los «marqueses hermanos» habían tenido una niña discapacitada, que había sido ahogada en una bañera de mármol y posteriormente emparedada o enterrada en los jardines del palacio), que el recinto a investigar fuese un palacio del siglo XIX de estructura neobarroca, con cuatro plantas con agujeros en el suelo por los cuales uno se podría precipitar varios metros abajo, sin luz eléctrica y alumbrándose con linternas. Que para colmo el edificio estuviese lleno de espejos de grandes dimensiones, muchos de ellos más grandes que usted y colocados en lugares estratégicos para darle más de un susto, y que justo ese día se desencadenase una tormenta propia de una película de terror...

Las pruebas que realizamos fueron las siguientes:

a) Una detallada inspección visual de todas las dependencias del palacio.
b) El reconocimiento radiestésico de las diversas estancias y pasillos.
c) Un barrido fotográfico de las dependencias.
d) Una sesión de meditación/concentración acompañada de práctica de vasografía.
e) Una experimentación psicofónica.

La *inspección visual* se realizó durante la mañana del primer día para familiarizarnos con los espejos y demás objetos raros, puesto que en aquella época no había luz en el palacio y no queríamos recibir impresiones innecesarias durante la noche, ya que los enormes espejos podían inducirnos a confusión. Incluso una estancia, el «salón de baile», poseía tantos espejos que al situarnos en ciertos puntos de la habitación no éramos capaces de vernos de frente. El juego de los reflejos lo hacía del todo imposible... Cosas como éstas eran las que tratábamos de evitar, aunque la inspección visual también nos sirvió para constatar que en una de las paredes del pozo situado en el jardín no se encontraba la teleplastia[22] (formando la cara del marqués) que se había mencionado en casi todos

Supuesta teleplastia con la cara del marqués, en el interior de un pozo en el jardín.

los medios de comunicación, sino que la pretendida efigie era en realidad una caprichosa mancha de humedad... Eso sí, muy bien formada.

La *prospección radiestésica* realizada por Sebastián Rodríguez proporcionó algunas respuestas anómalas en dos estancias del increíble palacio. Una de ellas en un cuarto contiguo a la alcoba de la marquesa, donde se encontraba una bañera, y la otra en una habitación circular del ático. No obstante, en nuestro informe concluimos que justamente en la vertical del palacio y en toda la plaza de la Cibeles existen corrientes subterráneas de agua que pueden interferir en los campos magnéticos, alterando las oscilaciones de los instrumentos empleados por Sebastián.

El *barrido fotográfico* fue una de las pruebas más interesantes e intensas, ya que se realizaron doscientas ochenta y ocho exposiciones fotográficas, de las cuales en un primer momento sólo un seis por ciento merecieron un análisis exhaustivo. Posteriormente descubrimos que de ese seis por ciento, un cinco por ciento correspondía a fotogramas defectuosos pero explicables. Quedaba un uno por ciento sin explicación plausible y aclarada después por fotógrafos profesionales. Sin embargo, hemos de remarcar que las posibles soluciones que se nos dieron eran casi tan complicadas como conseguir obtener la foto de un «fantasma»...

Durante la sesión de *vasografía* que realizamos en la capilla obtuvimos datos de escaso interés. Sólo quizás comentar que mientras realizábamos la experiencia la grabamos en cinta de audio. Al escucharla posteriormente aparece una voz, que ninguno de los asistentes reconoció como suya, y que dice: «Número seis».

En cuanto a las *pruebas psicofónicas,* pusimos especial cuidado en ellas, ya que toda la polémica se había desencadenado a raíz de las psicofonías difundidas por radio y televisión. A pesar de que todos los componentes del equipo llevábamos nuestras propias grabadoras, decidimos que los sonidos captados por éstas no serían considerados válidos. Sólo daríamos por buenos los registros provenientes de una cámara de Faraday construida a propósito para la investigación. Tenía el interior forrado por dos capas insonorizantes: una de poliuretano expandido y otra de espuma de plástico, todo ello dentro de un recipiente metálico cerrado. También empleamos un micrófono con doble insonorización, consistente en una cápsula microfónica introducida en un recipiente de plomo, con un relleno de espuma de plástico para inmovilizarla y con un cable que salía por un agujero lo más ajustado posible a su diámetro. Este conjunto se introdujo a su vez en un recipiente construido con plancha de gomaespuma de varios centímetros de espesor.

Los «fantasmas», en caso de residir en el palacio, hacían caso omiso a nuestros reclamos y se negaban a dar pruebas de su existencia. No obstante, con las grabadoras que cada uno llevaba sí obtuvimos algunas curiosidades, pero que no pueden ser valoradas como pruebas científicas. Resultó que después de haber pasado toda la

Interior del palacio de Linares (la sombra que podía ser interpretada como algo paranormal resultó ser humo de cigarrillos).

noche en el interior del palacio, con las claridades del día decidimos salir a respirar aire fresco, pues el calor era asfixiante. Subimos todos a la azotea y dejamos tres grabadoras en funcionamiento, dispuestas en la habitación de la marquesa. Dos de ellas grabaron hasta terminar la cinta. La tercera estaba en la posición de activación por voz. Es decir, que sólo se activaría en caso de producirse algún sonido. Cuando bajamos, a los treinta minutos, observamos con sorpresa que la tercera grabadora había registrado algo. Sólo podemos decir que al reproducir la grabación sonó con claridad meridiana algo que nos pareció como tres fuertes «latigazos». Nos quedamos muy intrigados porque el único grupo investigador que se hallaba en el palacio era el nuestro.

Éstos son los resultados resumidos del amplio informe que realizamos con motivo de nuestra visita al palacio de Linares. No sería justo afirmar que, aunque la APCM no obtuvo conclusiones verdaderamente significativas, las investigaciones de otras personas o grupos no sean válidas. De hecho, nos consta que los resultados obtenidos por el equipo del padre Pilón en 1989 son muy interesantes y dignos de mención. Ellos tuvieron la fortuna de estar allí en al menos siete ocasiones antes de que saltara la polémica. Por ejemplo, el barrido fotográfico efectuado por la periodista e integrante de aquel grupo Sol Blanco-Soler dio como resultado once fotogramas con características paranormales. Obtuvieron psicofonías, pero distintas a las que se habían divulgado, como una en la que se repetía la palabra *Susi* tres veces, seguida de una especie de silbido. Además, registraron otra en la que se escucha música de órgano de género sacro. La vidente Paloma Navarrete, con la ayuda de la bola de cristal, visualizó personajes y escenas correspondientes a la vida de los marqueses.

Asimismo el profesor Germán de Argumosa obtuvo psicofonías de sumo interés, aunque la que se hizo más conocida es una en la que se escucha la frase «¡quítame la falda!».

Ante lo expuesto sólo nos atrevemos a afirmar que las psicofonías reproducidas en su día en los medios de comunicación parecían un montaje. Pero lo que sigue siendo un misterio para los investigadores es quién o quiénes fueron los autores y por qué lo hicieron.

CIBELES, DIOSA PAGANA DE LA VILLA

Junto al palacio de Linares está ubicada la Cibeles. Tanto la estatua como la fuente fueron construidas durante el reinado de Carlos III, según idea del corregidor de la Villa don José Antonio de Armona y Murga, a finales del siglo XVIII. Al principio estuvieron enclavadas en el paseo de Recoletos, cerca del palacio de Buenavista. En 1791, Juan de Villanueva propuso poner un dragón (como antiguo símbolo de la Villa) y un oso (que representaba al moderno). Las figuras heráldicas, si bien se llegaron a colocar, fueron suprimidas después, quedando tal como la conocemos hoy. En 1895 se decidió su traslado a su actual emplazamiento, junto al edificio de Correos.

La estatua se realizó según el diseño de Ventura Rodríguez, bajo los auspicios del escultor Francisco Gutiérrez; los leones son obra de Roberto Michel. La diosa y los leones son de mármol blanco de Montesclaros, mientras que el resto es piedra de Redueña.

Como anécdota se puede añadir que durante la guerra civil, a modo de protección, se cubrió la Cibeles con sacos de tierra y cemento, por lo que los madrileños empezaron a denominarla «la linda tapada».

Y otra curiosidad: cuando visitamos Ciudad de México, uno de los lugares que nos llamó poderosamente la atención fue una plazoleta que nos hizo creer que éramos víctimas de una alucinación, porque en ella está ubicada una réplica exacta de la Cibeles, sólo que sus dimensiones son más reducidas y la diosa aparece un poco más ennegrecida. No recordábamos el emplazamiento y Eva García, de la Casa de América, que nos atendió amablemente, nos aclaró que se encuentra cercana a la Colonia Durango, no lejana de la conocida avenida de los Insurgentes.

Sin embargo, además de los avatares de su creación como monumento, la verdadera historia de Cibeles es otra, más romántica y mágica.

La fábula

Cibeles residía en el Olimpo ostentando el cargo de madre y diosa de la Naturaleza. Dicen que era muy ociosa, hasta que un día conoció a un pastor de Celenes llamado Atis, que acabó por subyugarla, aunque castamente. Cibeles nombró a Atis guardián del templo con la condición de que no mantuviera relaciones sexuales con nadie. Pero pasó el tiempo y el pastorcito conoció a una ninfa zalamera (Sagaritis) que le enamoró, olvidando así su promesa, aunque luego se arrepintió y se castró. Cibeles, implacable, no tomó a bien el engaño y lo convirtió en árbol. De este modo trágico termina la leyenda de Cibeles y comienza la de los leones que la acompañan en su periplo hasta Madrid.

Atalanta, que también era vecina cercana del Olimpo, era hija de Iassos, que desde siempre había deseado tener hijos varones. Al nacer una niña, el despiadado padre la llevó al monte Partenio y la abandonó a su suerte. La niña vivió gracias al cobijo de una osa y a unos cazadores que la ayudaron a sobrevivir en estado prácticamente salvaje.

Cuando la joven creció, su padre la reconoció con el fin de casarla, pero Atalanta no quería, porque un oráculo le había revelado que si llegaba a casarse se convertiría irremediablemente en animal; así que puso toda clase de trabas y excusas para evitar ser desposada. Sentenció que sólo uniría su vida a la de aquel hombre que fuese capaz de ganarle corriendo en una prueba. Desde luego no era tarea sencilla, porque la joven era una gran atleta.

De este modo, aunque inicialmente surgieron muchos pretendientes, el número descendió a medida que Atalanta les ganaba. Entonces se presentó un joven llamado Hipómenes, que estaba terriblemente enamorado de ella. Por este motivo consultó a una de las diosas del Olimpo sobre cómo ganar a la hija de Iassos. Ésta le explicó que el único defecto de Atalanta era la codicia y que si sabía cómo jugar sus cartas, conseguiría ganarle. Dicho lo cual, le condujo al jardín de las Hespérides, donde le entregó tres manzanas de oro que pendían de un árbol.

Comenzó la carrera y cada vez que Atalanta se acercaba, Hipómenes le tiraba una de las manzanas hasta que la joven, perdida por la codicia, terminó por despistarse y perder la prueba. La hija de Iassos tuvo que cumplir lo prometido y se casó con el astuto Hipómenes, percatándose en seguida de que había tomado la decisión adecuada.

Pero la suerte estaba echada, y un día en que se hallaban cazando y el calor era asfixiante, se vieron obligados a cobijarse en el templo de Zeus. Allí, llevados por la pasión, mantuvieron relaciones sexuales, con tan mala fortuna que fueron sorprendidos por el propio Zeus, que, enojado con los esposos, los transformó en leones hasta el final de los tiempos. Cuenta el mito que Cibeles, misericordiosa, los ató a su carro para que pudieran estar juntos, aunque fuese bajo la forma de dos fieros leones.

El café Lyon y las tertulias de la Ballena Alegre

Subiendo por la calle de Alcalá, en la misma acera en la que se encuentra el palacio de Linares (la actual Casa de América), en dirección a la Puerta de Alcalá, se halla el viejo y olvidado café Lyon —hoy convertido en una taberna irlandesa en la que, por cierto, algunos afirman que habita un fantasma—. En sus sótanos tuvieron lugar las llamadas tertulias de la Ballena Alegre, relativas al *affaire* Ummo. Este caso, conocido sobradamente por los aficionados a los ovnis, tuvo gran parte de su protagonismo en Madrid.

Para aquellos que no han oído hablar nunca de los «ummitas», y resumiendo la historia, todo comenzó con la recepción de unas cartas, enviadas a un grupo de personas afincadas en distintos puntos de la geografía española. Estas misivas fueron supuestamente remitidas por unos seres procedentes de Ummo. Todo ello desencadenaría uno de los casos más apasionantes del contactismo español.

Tomando como referencia el trabajo del investigador Manuel Carballal titulado *El día que llegaron los ovnis a Madrid*, tenemos conocimiento de curiosos datos sobre los comienzos del «contactismo» ovni español y madrileño.

Uno de los mayores protagonistas con los que se inició el tema Ummo en Madrid fue Fernando Sesma Manzano (1908-1982). A pesar de iniciar estudios de Derecho, nunca llegó a concluirlos. Fue funcionario de Telefónica, pero su auténtica vocación era el ejercicio de la mente y llegó a escribir libros como *La brújula psíquica* o *Problemas detectivescos y lógicos,* además de ensayos poéticos.[23] Sin embargo, poco a poco se sintió interesado por los «platillos volantes»; condujo una sección, de más de treinta capítulos, en el diario *Madrid*, con el definitorio título «Los platillos volantes vienen de otros mundos».

Además, publicó numerosos artículos en revistas, siempre sobre esta temática, y libros. En uno de ellos, *¡Sensacional!, hablan los extra-terrestres*, confesaba que el 9 de julio de 1961 había sido protagonista del avistamiento de un platillo volante, aunque no sería hasta el 1 de febrero de 1965 cuando recibiría —según él— su «autorización» para divulgar sus mensajes. Consciente o inconscientemente se había convertido en un «contactado» en toda regla...

A raíz de los artículos publicados por Fernando Sesma en 1954, otros curiosos e interesados en el reciente fenómeno de los platillos volantes entraron en contacto con él y se organizaron acaloradas tertulias sobre el tema cada tarde de martes en el célebre café Gijón, laureado punto de encuentro de todo tipo de intelectuales del Madrid de los años cincuenta. Así pues, no es extraño que entre el círculo de contertulios ufológicos de Sesma se encontrasen intelectuales posteriormente tan relevantes como el escritor Alfonso Paso o el dramaturgo Antonio Buero Vallejo, en aquella época también fascinados por el enigma de los «platillos».

Pronto surgió la Sociedad de Amigos de los Visitantes del Espacio BURU,[24] la primera agrupación de carácter ufológico organizada en nuestro país. Las tertulias de Sesma y la sociedad BURU recalaron en el café Lyon, sito en la calle de Alcalá, 59.

El 5 de febrero de 1955, el periódico *El Alcázar* de Madrid publicaba el siguiente titular: «Marte coloca en Madrid su primera piedra. Yo he visto un platillo volante y un ser de otro mundo en la carretera de La Coruña». El artículo, firmado por Arcadio Baquero, describía un pretendido contacto con seres de otro mundo supuestamente protagonizado por un enfermero llamado Alberto Sanmartín.

Este hombre sostenía haber mantenido «contacto» con un marciano. Este «ser» le habría regalado una piedra de doce centímetros de largo, cuatro de ancho y dos de grosor, repleta de misteriosos símbolos grabados. Esta historia (bastante increíble, por cierto) produjo en Sesma y en los miembros de BURU una honda impresión. Poco después, el propio Sanmartín ingresaría en esta sociedad. Entre los años 1955 y 1958, Sesma publicó monografías sobre el tema, como *Esquema de la filosofía de la Piedra del Espacio*.

De los libros de Sesma se desprendía la siguiente filosofía: creerlo todo mientras no se demuestre lo contrario, lo cual no parece una postura excesivamente sensata. Ante tales planteamientos, no es de extrañar que en 1961 Sesma fuese elegido receptor de unas cartas anónimas, procedentes de varias ciudades, que contenían mensajes, por definirlos suavemente, un tanto rocambolescos, a los que Sesma dio crédito desde el principio. Después, en 1962, el «contactado» español recibió una llamada telefónica de un tal Saliano,[25] que decía ser un extraterrestre procedente del planeta Auco.

Los mensajes continuaron y fueron atendidos con sincero interés por Sesma, mientras que otros asistentes a estas tertulias más jóvenes se burlaban abiertamente del «contactado». Existen grabaciones que lo prueban, como la emitida el 6 de diciembre de 1997 en el programa radiofónico *Mundo Misterioso,* de Radio Voz.[26]

El caso es que todo ello dio origen a uno de los sucesos más increíbles de la ufología española: el enigma UMMO.

MISTERIOS DE LA CORTE

La Puerta de Alcalá

Siguiendo desde el café Lyon calle de Alcalá arriba, es decir, hacia los números altos, se tarda unos cinco minutos en divisar la Puerta de Alcalá, sita en la plaza de la Independencia. Muchos madrileños, acostumbrados a pasar por allí diariamente, no se han percatado de una peculiaridad que tiene esta puerta.

La Puerta de Alcalá fue mandada construir por Carlos III, «el rey alcalde» (1759-1788). Sabatini fue el encargado de la obra, que se llevó a cabo entre 1769 y 1778. Sin embargo, la puerta es totalmente distinta por sus dos caras. ¿Por qué? En este caso, el misterio tiene explicación: Sabatini realizó dos proyectos para que Carlos III eligiera el que más le agradara. Sin embargo, el rey —se ignora por qué motivo— eligió ambos. Sabatini, hombre sabio, en lugar de contrariarle

Vista de la plaza y corrida de toros en Madrid, Antonio Carnicero, 1791 (Museo Municipal).

y hacerle notar el error, decidió usar las dos caras de la puerta para desarrollar sus diseños. Efectivamente, si el interesado se desplaza hasta este lugar, comprobará que la puerta es asimétrica.

Una de las acciones más trágicas que tuvo que presenciar esta puerta fue el asesinato de Eduardo Dato (1856-1921),[27] abatido a tiros desde una motocicleta. Quedaron algunas señales en el lado norte de la puerta.

INQUISICIÓN

> ☙ Asimismo muy cerca de esta puerta, entre las calles Claudio Coello, Conde de Aranda, Serrano y Columela, estuvo ubicado uno de los quemaderos de la Inquisición, hasta que en 1743 fue trasladado a la glorieta de Ruiz Giménez, dado que se pensó en construir una plaza de toros, que fue edificada en 1749, aunque se clausuró en 1873.

71

Répide deja entrever una posible relación de la fiesta de los toros con las ejecuciones de la Inquisición. A este particular señala: «[...] donde tan pronto había una procesión de azotados y emplumados, como una pista para correr sortijas y estafermos y una ejecución capital o un auto de fe, como una estupenda corrida de toros. Se ignora si podía haber alguna relación entre las fiestas de toros y la ejecución de la última pena; pero no deja de ser curioso el detalle de que cuando se edificó la Plaza de Toros de la Puerta de Alcalá, tenía el verdugo de esta Audiencia reservado un asiento a la izquierda de la meseta toril [...]».[28]

El quemadero de la glorieta de Ruiz Giménez estaba situado entre las calles de Alberto Aguilera y Santa Cruz de Marcenado, y allí permaneció hasta que el Santo Oficio fue abolido en 1820.

Esta glorieta antiguamente era la de San Bernardo, y aunque se le cambió el nombre en la década de los cincuenta en memoria del político Joaquín Ruiz Giménez (1854-1934), se la sigue conociendo popularmente por su antiguo nombre, sobre todo porque la estación de metro que allí se encuentra es la de San Bernardo.

Como nota anecdótica añadiremos que Giménez aparece en los planos y callejeros escrito con «j», cuando en realidad debería ir con «g».

ARQUITECTURA CURIOSA

- ❧ Cabe resaltar la fachada de la calle de Alcalá, 11, concretamente el edificio que alberga al Ministerio de Economía y Hacienda. Allí, dos monstruos amenazantes de mirada penetrante observan al paseante. El arquitecto, Francisco Sabatini (1769).

- ❧ En Alcalá, 12, lo que puede contemplarse, en cambio, son unos viejos elefantes de pestañas desarrolladas, cuyos colmillos parecen haber sido aserrados, lo que les da un aspecto de honda tristeza. El artífice, José Grases Riera (1882), aunque el edificio fue reformado por Joaquín Saldaña (1920-1921).

ﳲ En la plaza de Cibeles, en el edificio del Palacio de Comunicaciones, la cabeza de un fiero león ruge desaforadamente tratando de impedir el paso al viandante. Su creador, Antonio Palacios Ramilo (1904).

ﳲ En la calle Columela, 3, se observan varias Venus petrificadas, que tratan de escapar de sus míticas conchas. En la planta baja, rostros de leones nos contemplan con timidez. El arquitecto, José Urioste y Velada.

Zona 3
Jardines del Descubrimiento

🐦

Jardines del Descubrimiento

La plaza de Colón ha sido escenario de importantes acontecimientos de la vida madrileña. En este lugar se celebran actos reivindicativos y colectivos procedentes de toda España eligen este punto neurálgico de la capital para iniciar sus protestas.

En la plaza se alza una estatua dedicada al visionario y osado marino. Mide más de diecisiete metros de altura, base y pedestal, más otros tres sólo la estatua. Está dividida en tres partes; sobre la primera, de forma cuadrangular, se erige otra piramidal que hace las veces de base para sustentar la columna coronada por Colón.

El pedestal, realizado por Arturo Mélida, pertenece al gótico florido. En sus cuatro caras pueden verse representaciones alusivas a la historia del «descubrimiento».

La verdad es que si se estudia detenidamente la historia del monumento podría pensarse que fue perseguido por una larga «racha de mala suerte». Para los curiosos apuntaremos que la estatua quiso alzarse, inicialmente, como homenaje al matrimonio de don Alfonso XII con doña María de las Mercedes de Orleans, el 23 de enero de 1878. Hasta ahí, todo bien. Sin embargo, como es sabido, apenas cinco meses después ésta fallecía, sin que se hubiera avanzado en la construcción, con lo cual el sentido original quedó desvirtuado. Para colmo, el monu-

1 ▪ Plaza de Colón
2 ▪ Jardines del Descubrimiento
3 ▪ Biblioteca Nacional
4 ▪ Museo de Cera (P. de Recoletos)
5 ▪ Museo Arqueológico
6 ▪ Calle Villanueva

Calle de Génova

Calle de Goya

Bárbara de Braganza

Paseo de Recoletos

mento aún no había sido acabado cuando el rey volvió a desposarse. Tuvo dos hijas y finalmente murió el 25 de noviembre de 1885.[29]

En la plaza de Colón se hallan los llamados Jardines del Descubrimiento. Unos enormes bloques de piedra los presiden. En ellos puede leerse una inscripción extraída de los *Libros de Chilam Balam* (Profeta del Jaguar): «A la distancia de un grito. A la distancia de una jornada están ya, ¡oh, padre! Recibid a vuestros huéspedes, los de Oriente, los hombres barbados que traen la señal de Ku, la deidad».

Desde luego, la frase se presta a múltiples interpretaciones. Sin embargo, parece poseer un sentido profético. Es cierto que la llegada de los españoles a tierras americanas no fue excesivamente sorpresiva para muchos de los pueblos que habitaban aquella extensa tierra. Los propios mexicas esperaban la llegada de Quetzalcóatl o la «serpiente emplumada». El pueblo maya no era una excepción.

Para aquellos que desconozcan el significado de los textos, podemos apuntar que estos libros fueron descubiertos en las tierras bajas pero frondosas del Yucatán a mediados del siglo XIX, y su contenido versa sobre diversos aspectos muy relevantes para los amantes del misterio: explican cuestiones del calendario maya, conocimientos oraculares y ritualísticos, entre otros. Por ejemplo, se sabe que el calendario maya estaba formado por dieciocho meses, divididos en veinte días, más otros cinco adicionales. Este período de trescientos sesenta días era denominado *Tun* y es el pilar del calendario. Sin embargo, también encontramos múltiplos: veinte *Tun* se convertían en *Katún* (siete mil doscientos días), y así sucesivamente.

Tampoco se ignora que los mayas dominaban la estadística y las matemáticas con gran maestría, a base de la observación del «año venusino».[30] Sustentados en un ciclo de observaciones de más de 384 años, los mayas establecieron la duración media de la órbita en 584 días. Pues bien, lo sorprendente es que los conocimientos actuales fijan este cálculo en 583, 92 días, lo que significa un margen de error de ¡tan sólo seis minutos al mes! Se trata de todo un enigma, puesto que se trata de una cultura que no había desarrollado ningún método para medir el tiempo, ni siquiera disponían de relojes de arena o de la clepsidra o reloj de agua.

En el paseo de Recoletos está la Biblioteca Nacional. Si hacemos referencia a ella es porque, además de ser una de las seis mejores bibliotecas del mundo,[31] en ella se custodian toda clase de interesantes manuscritos, libros y publicaciones relacionados con las diferentes áreas del saber y, por supuesto, con el misterio. Fascinantes textos han

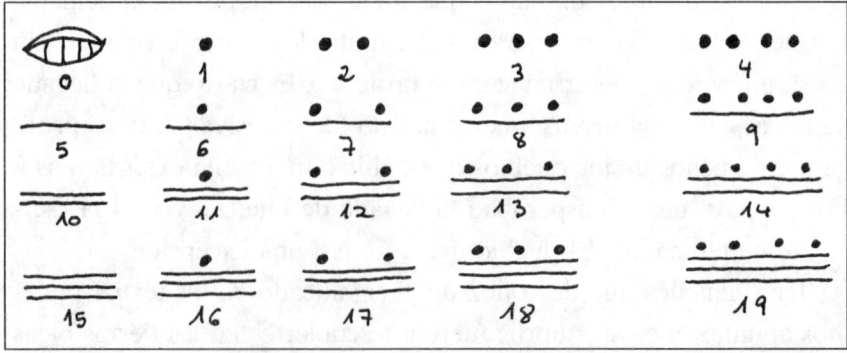

Ejemplo de aritmética maya.

sido hallados tras sus gruesos muros —todo es saber y querer escudriñar—, como uno fechado en 1566, titulado *Relación de las cosas del Yucatán*, de Diego de Landa, gracias al cual se encontró la clave para la resolución de los códigos que encierran los enigmáticos dibujos de la región del Yucatán. Sobre todo sirvió para descifrar la aritmética maya.

MUSEOS

El Museo de Cera

Justo frente a la Biblioteca Nacional, en el paseo de Recoletos, 41, se halla el Museo de Cera. En él encontrarán a los personajes más relevantes de la historia universal, española y madrileña. Sin embargo, lo que el amante del misterio no debe dejar de ver en este recinto es la llamada «Cámara de los Horrores», en la que aparecen representados todos los grandes mitos del terror: Drácula, el hombre lobo, la momia y aquellos personajes imbuidos ya en nuestros temores más ocultos de la niñez.

El Museo Arqueológico Nacional

Se encuentra en la calle de Serrano, 13. En él pueden observarse relevantes piezas que cubren diferentes áreas de interés para los curiosos atraídos por otras culturas, como la egipcia.

Fue inaugurado por don Amadeo I el 9 de julio de 1871. Por aquel entonces ocupaba una sala del Museo de Ciencias Naturales, hasta que en 1892 se trasladó hasta su actual emplazamiento, donde dispone de mucho más espacio para los nuevos objetos que se han ido incorporando a las colecciones ya existentes.

Pueden verse algunos vestigios del pasado madrileño descubiertos en el Cerro de San Isidro correspondientes a la Prehistoria madrileña, la sala egipcia con numerosas momias llegadas de aquel país,[32] bronces y sarcófagos romanos, vasos griegos, urnas funerarias, la lámpara de Orán, que trajo Cisneros después de la Reconquista, y un sinfín de piezas de inusual contemplación.

MISTERIOS DE LA CORTE

El general Serrano anuncia la muerte de Alfonso XII

La calle de Serrano debe su nombre al general Serrano. Pues bien, ya que hablamos de él, debemos señalar que muy cerca de esta calle, concretamente en Villanueva, 14, se encontraba un hotel cuyo solar ocupa actualmente un moderno edificio. Allí vivió y murió el general Francisco Serrano y Domínguez, duque de la Torre, que fue proclamado regente del reino por las Cortes Constituyentes el 15 de junio de 1869. Lo que pocos saben es que poco antes de morir, el 26 de noviembre de 1885, tuvo una extraña experiencia que puede ser calificada de clarividente. Cuenta Camille Flammarion[33] en su último libro, *Les maisons hantées (Las casas encantadas)*, que cuando este militar se quedó sin respaldo político marchó con su esposa a Jaén. Sin embargo, nada más llegar le sobrevino una dolencia cardíaca que le obligó a regresar a Madrid para consultar a los especialistas de la época.

Poco después, en la madrugada del 24 de noviembre de 1885, Alfonso XII empeoró considerablemente al tener un nuevo ataque de disnea, o dificultad para respirar. Esa noche no durmió nadie en palacio. Junto a su lecho permaneció su esposa, María Cristina. También, en la habitación contigua, estaban su madre y su hermana. El doctor Reiedel, el cardenal Benavides y el conde de Morphi también se encontraban allí, pendientes en todo momento del estado del monarca, que empeoró hasta fallecer.

El parte médico, extendido por el doctor García Camisón, dice lo siguiente: «Tengo el profundo sentimiento de comunicar a V. E. que, después de la remisión del acceso a que se hacía referencia en el último parte, el estado de Su Majestad el rey volvió a agravarse, falleciendo a las nueve menos cuarto de la mañana».[34]

Paralelamente a este triste suceso cuentan que Serrano, que seguía enfermo en su casa de Madrid, se incorporó de un salto de su sillón y con voz fuerte gritó pidiendo su espada y su uniforme, exclamando que el rey había fallecido. El general todavía no había escuchado oficialmente la noticia de la muerte de Alfonso XII. ¿Tuvo Serrano una experiencia clarividente? Nunca llegaremos a saberlo. El hecho es que al día siguiente de la muerte de don Alfonso moría el propio Serrano, aunque su desaparición pasó casi inadvertida.

ARQUITECTURA CURIOSA

↝ Jorge Juan, 20-22: Esta calle está dedicada al marino, matemático y astrónomo, entre otras profesiones, que vivió en el siglo XVIII. En los números citados hallamos en los balcones unas caras femeninas, aunque aviejadas por el mal estado de la fachada, que destilan profunda tristeza. El edificio es del siglo XIX.

Zona 4
La Casa de las Siete Chimeneas

❧

El enigma de la Casa de las Siete Chimeneas

Uno de los fantasmas más populares de Madrid es el de la llamada Casa de las Siete Chimeneas, que recibe este nombre porque efectivamente cuenta el inmueble con este número de chimeneas en su tejado.

Este edificio, que hoy alberga el Ministerio de Cultura, se alza entre la calle Infantas y la plaza del Rey y fue de los primeros que se construyeron en Madrid, en los traseros del convento del Carmen, que muy cerca de la calle de Alcalá, en aquel tiempo (siglo XVI, hacia 1548) estaba lleno de huertos y jardines. Se trataba, por tanto, de una casa de campo.

La historia y la leyenda sobre el edificio y sus moradores vuelven nuevamente a entremezclarse y es difícil saber qué fue exactamente lo que allí aconteció. Pero en cualquier caso, lo poco que se conoce está marcado por el amor y la muerte... La versión más aceptada es como sigue:

Los jóvenes esposos

Un montero[35] del rey Carlos I ordenó construir la casa para su hija Elena, aunque en el Madrid de casi mediados del siglo XVI el pueblo

1 ■ Casa de las 7 Chimeneas
2 ■ Oratorio Caballero de Gracia
3 ■ Calle Barbieri
   (antigua calle del Soldado)
4 ■ Parroquia de San José
   (c/ Alcalá, esquina Gran Vía)
5 ■ Calle Belén (SEDP)
6 ■ Calle Libertad

murmuró que lo del montero era una treta del príncipe Felipe (nos referimos al enigmático Felipe II) para dar domicilio a esta joven con la que habría tenido un romance. Dice la leyenda que, seguidamente, el capitán Zapata quedó embelesado por su belleza y se casó con ella de buen grado.

Contrajeron matrimonio en San Martín, rodeados de todo tipo de fastuosidades, y fue una boda muy comentada por los habitantes de la Villa. Los jóvenes esposos se instalaron en la famosa casa que nos ocupa.

No pudieron disfrutar de una luna de miel en condiciones, pues al poco de instalarse el capitán Zapata fue requerido para ir a Flandes con motivo de la batalla de San Quintín. De esta forma, la joven se quedó sola en la enorme casona...

Pasaron algunas semanas y llegó la penosa noticia a Madrid. El capitán Zapata había fallecido durante el combate en la puesta de la bandera sobre los muros de San Quintín. La desvalida doncella quedó sumida en un profundo abatimiento. No quería comer, apenas dormía y los días se volvían interminables. No hallaba consuelo para su desgracia y nadie supo de la joven por mucho tiempo. Algunos —suponemos que los sirvientes y el vecindario más próximo— afirmaban que se pasaba los días encerrada en la casa llorando.

Al poco tiempo de enviudar, Elena fue encontrada muerta por la servidumbre en su alcoba. Las versiones son contradictorias: unos afirman que la mujer había fallecido a causa de la inmensa pena que embargaba su corazón. Otros, más suspicaces, argumentaban que la esposa del capitán Zapata había sido ¡asesinada!, ya que se habían encontrado signos de violencia y varias heridas de arma blanca... Sea como fuere, lo que hay que destacar es que el cadáver desapareció, dando pie a toda suerte de especulaciones. Se llegó a inculpar hasta al propio padre de la joven viuda, que poco después decidió —no se sabe si por remordimientos o por no poder aguantar más la presión popular— suicidarse colgándose de una de las vigas de la polémica casa.

Casa de las Siete Chimeneas.

Todo lo concerniente a la desgraciada vida de los habitantes del inmueble de las siete chimeneas se convirtió en un serial por capítulos en la Villa. Sólo casos como el del palacio de Linares han sido tan comentados... Ello provocó que el príncipe Felipe, que se encontraba en el extranjero, mandase abrir una investigación a fin de esclarecer los hechos, pero no llegó a ninguna conclusión. No se pudo saber dónde estaba el cadáver y si fue emparedado (como muchos madrileños creían) en la misma casa.

Había transcurrido algún tiempo desde la muerte de la doncella. Aunque se seguía hablando de la tragedia, parece que las aguas habían vuelto a su cauce. Caía la noche y los madrileños más prudentes ya se habían refugiado en sus casas a dormir. La iluminación era muy deficiente y el viento arreciaba tocando con sus finas «manos» las ventanas y puertas de las alcobas... Había algo fuera que no invitaba a pasearse por las cercanías de la casa encantada que tantas extrañas muertes había provocado. Fue entonces cuando se oyó un toque de ánimas seguido de una espectral aparición vislumbrada por los más osados: una figura femenina de gran belleza ataviada con ropajes vaporosos y blancos[36] se paseaba alumbrándose con una antorcha por el tejado del edificio de las siete chimeneas. No parecía que fuera a caerse al vacío, andaba con paso firme y sin mirar hacia abajo. Realizaba un corto trayecto hasta quedar orientada al Alcázar para después ponerse de rodillas y darse golpes en el pecho, sumiéndose luego en las mismas sombras de la noche que la habían hecho aparecer...

La noticia de la aparición del espectro nuevamente se extendió como un reguero de pólvora. Era el nuevo tema de conversación en todos los mentideros de la Villa. Se presentaba todas las noches sin faltar a su cita... ¿Quién era esta misteriosa mujer? Las especulaciones y leyendas fueron aumentando, pero nadie supo explicar el fenómeno. Los más escépticos concluían que la joven que habitaba la casa era en realidad hija ilegítima del rey, que se volvió loca al enterarse de su procedencia y de ahí sus paseos nocturnos por la azotea en los que se lamentaba y maldecía a su padre (por ello siempre acababa mirando hacia el Alcázar). La verdad nunca se desveló y probablemente nunca la sepamos, aunque el tiempo y el azar vinieron a poner nuevos datos objetivos sobre la mesa...

Reformas en la casa

Pasó el tiempo, estamos en el siglo XIX y ya nadie hablaba de la aparecida de la antorcha. El inmueble fue destinado a albergar la nueva sede del Banco de Castilla, pero había que realizar algunas reformas, por lo que las obras comenzaron sin dilación. Cuando le tocó el turno a los sótanos, los obreros se quedaron de piedra al empezar a picar en el suelo de la casa: ¡había un esqueleto humano —que resultó ser de una mujer— y varias monedas de oro del siglo XVI!

¿A quién pertenecían estos restos? ¿Eran de la mujer del capitán Zapata, cuyo cuerpo —dicen— desapareció enigmáticamente? ¿Había matado el padre de Elena a su propia hija para después enterrarla en el sótano? Lo ignoramos. Sólo podemos concluir que las muertes en extrañas circunstancias que se produjeron en este inmueble tal vez fuesen el detonante que desatara la imaginación popular y, al igual que ocurriera con el palacio de Linares siglos más tarde, las cosas se exageraron y se generó un mito que aún permanece vivo en pleno centro de Madrid.

EL AFORTUNADO CABALLERO DE GRACIA

Muy cerca de la Casa de las Siete Chimeneas se encuentra la calle del Caballero de Gracia. Esta calle debe su nombre a un famoso caballero sobre el que se han gestado varios mitos. Tanto es así que en su día hubo un convento (hoy desaparecido) y un oratorio (1786-1832), que se encuentra en esta calle a la altura del número cinco.[37]

Dicen que lo de Gracia viene de Jacobo de Grattis, un caballero prendado de una mujer que no debía de corresponderle, por lo que, ni corto ni perezoso, intentó que una sirvienta de la dama —so pago, claro está— le diese una droga a fin de conseguir sus objetivos. Sin embargo, la leyenda insiste en que el execrable acto no llegó a producirse, y que, en cambio, el arrepentido caballero se hizo sacerdote, fundando la congregación del Santísimo Sacramento, más conocida como el Oratorio del Caballero de Gracia.

Otra versión sostiene por contra algo totalmente distinto: el Caballero de Gracia debería su nombre a que su madre, años antes de que él naciera, tuvo la desgracia de «fallecer». No obstante, cuando iba a ser depositada bajo tierra recobró el sentido de pronto.[38] El despertar dejó a cuantos allí se encontraban sobrecogidos y atónitos.

Una vez repuestos de la impresión, interpretaron el hecho como que el niño que naciera del vientre de la «muerta» debía de estar necesariamente colmado de «gracia». De ahí procedería, supuestamente, el apodo.

La cabeza parlante de la calle del Soldado

Encaminamos nuestros pasos desde la Casa de las Siete Chimeneas, y subiendo hasta el barrio de Chueca encontramos la calle Barbieri. Sin embargo, éste es el nombre actual. Antiguamente se llamaba calle del Soldado, y tenía este apelativo por un motivo bien concreto y trágico (aunque no fechado en el tiempo): había un soldado enamorado de una joven que (como en el caso del Caballero de Gracia) no le correspondía. El soldado trató de convencerla para que fuese su prometida. A pesar de todo, las motivaciones de la joven iban encaminadas al matrimonio con Dios.

El soldado, despechado, hizo suya la expresión «si no es para mí, no será para nadie» y le cortó la cabeza. No contento con ello, la metió en un saco y se la entregó a la madre superiora, argumentando que se trataba de un «regalo» de la joven novicia. Cuando la superiora abrió la bolsa, observó horrorizada el macabro contenido y vio como la novicia abría los ojos y, llorando, gritaba: «¡Madre!». Por supuesto, el soldado fue ejecutado y su mano derecha se depositó, ensartada en un palo, en la calle donde se cometió el brutal crimen pasional.

El fantasma de la Dama del Carnaval

Justo en la calle de Alcalá, a la altura del número 43, en la esquina con la famosa Gran Vía, se alza la parroquia de San José. En ella se habría producido un hecho que por más vueltas que se le dé nos hablaría (en caso de ser cierto) de una aparición fantasmal.

Tuvo lugar a mediados del siglo XIX, hacia 1853, en la época de carnaval, cuando las gentes tienden a transformarse por completo, cubriendo sus caras con máscaras y antifaces. Y allí, en medio de todo aquel jolgorio, se encontraba solitario un joven diplomático. Su escaso castellano le distanciaba un poco del resto de los invitados a la fiesta que daban en su domicilio unos aristócratas. De pronto, una joven completamente ataviada de negro que tapaba su rostro con un antifaz se le acercó y comenzaron a bailar. Debieron de hacer buenas migas, puesto que la joven insistió mucho en que ambos fueran hasta un lugar que ella tenía especial interés en enseñarle. El sitio, como habrá supuesto el lector, era la citada parroquia.

Una vez allí, el diplomático (al que ya todo le parecía un tanto sospechoso, pues la broma no tenía gracia ninguna) quiso regresar a la fiesta. Pero la enigmática mujer, a pesar de que hasta el momento no había aportado dato alguno sobre su persona, parecía ejercer sobre él una poderosa influencia. Sólo le había revelado que se trataba de una condesa. Con antifaz y todo, la mujer se acercó hasta un catafalco cerrado que se encontraba allí depositado y sentenció que quien yacía en él ¡era ella misma y que al día siguiente se celebraría su funeral! Sin que el diplomático tuviese tiempo para reaccionar, la bella joven se despidió y desapareció de la iglesia.

El caballero no dio crédito a sus afirmaciones y las achacó, tal vez, a una broma pesada, mezclada con los efectos del alcohol. Sin embargo, su sorpresa fue en aumento cuando al día siguiente, o mejor dicho, pocas horas después, volvió al lugar para cerciorarse de que todo cuanto le había acontecido la noche anterior había sido una extraña pesadilla, y observó una gran concentración de personas enlutadas. Al preguntar en su paupérrimo castellano qué ocurría, alguien le contestó que se oficiaban los funerales por la muerte de una joven condesa. ¡La misma con la que había compartido aquella fría noche de carnaval junto a su propio catafalco!

FENÓMENOS ACTUALES

La SEDP

Muy cerca de la calle de la Libertad se encuentra la Sociedad Española de Parapsicología, SEDP (concretamente en la calle Belén, 15), presidida por el periodista Ramos Perera. Conviene hacer mención de su existencia, pues es la agrupación más antigua de todas cuantas se han ido creando con el tiempo en la capital y la que más ha pervivido sin disolverse.

ENCLAVES MASÓNICOS

En el mismo barrio de Chueca, muy cerca de la calle Barbieri, se halla la calle de la Libertad. Antaño aquí estuvo situado un local convertido en templo masónico a partir de 1868, fecha en la que la actividad masónica se desarrolló con más continuidad. Este tipo de locales eran alquilados o comprados por los propios masones y acondicionados según los principios masónicos.

Los templos estaban constituidos por dos columnas situadas en la entrada, como símbolos de las que fundó Hiram, broncista de Tiro, para el templo de Salomón. Además, debían estar presentes las «tres luces», cuyo significado era el de iluminar la mente de los presentes en los actos. Obviamente, también se encontraban la escuadra (regular las acciones) y el compás (espíritu y justicia, raseros con los que se debería medir a los hombres). Las paredes estaban decoradas con los signos zodiacales. En el techo se representaba la bóveda celeste (la apertura hacia el infinito).

ARQUITECTURA CURIOSA

❧ Calle Barquillo, 8: Monstruos mitad peces, mitad hombres, parecen cubrirse la cabeza ante nuestra presencia. Pero no lo hacen con manos, sino con alas, a la vez que gritan de horror, tal vez al sentirse descubiertos. El edificio es la casa del duque de Sueca. El arquitecto, José Urioste (1904).

Zona 5

Neptuno, el señor de los mares

ॐ

MISTERIOS Y LEYENDAS

Neptuno, el dios del mar

Bajando por el paseo del Prado, pasada la plaza de la Lealtad, nos topamos de frente con la portentosa fuente de Neptuno. En realidad se encuentra en la plaza de Cánovas del Castillo, pero casi todos los madrileños llaman a esta plaza Neptuno, ya que alberga una fuente asociada, por cierto, al signo zodiacal de Piscis, pues Neptuno es su planeta dominante.

El diseño original de la famosa fuente fue realizado por Ventura Rodríguez en 1782. Este arquitecto (1717-1785) fue delineante en las suntuosas obras del Palacio Real y del de Aranjuez. Era director de la Academia de San Fernando y maestro mayor del Ayuntamiento. Madrid se encuentra plagado de obras suyas, como el palacio de Liria y la iglesia de San Marcos. Allí estuvo enterrado hasta que sus restos fueron trasladados hasta la capilla de la Virgen de Belén, en la parroquia de San Sebastián.

La fuente está situada en un lugar estratégico, entre el edificio de la Bolsa y el Museo del Prado. En principio, el monumento iba a ser más grande, pero se quedó tal como hoy puede contemplarse. Está ejecutado en mármol blanco por Juan Pascual de Mena.

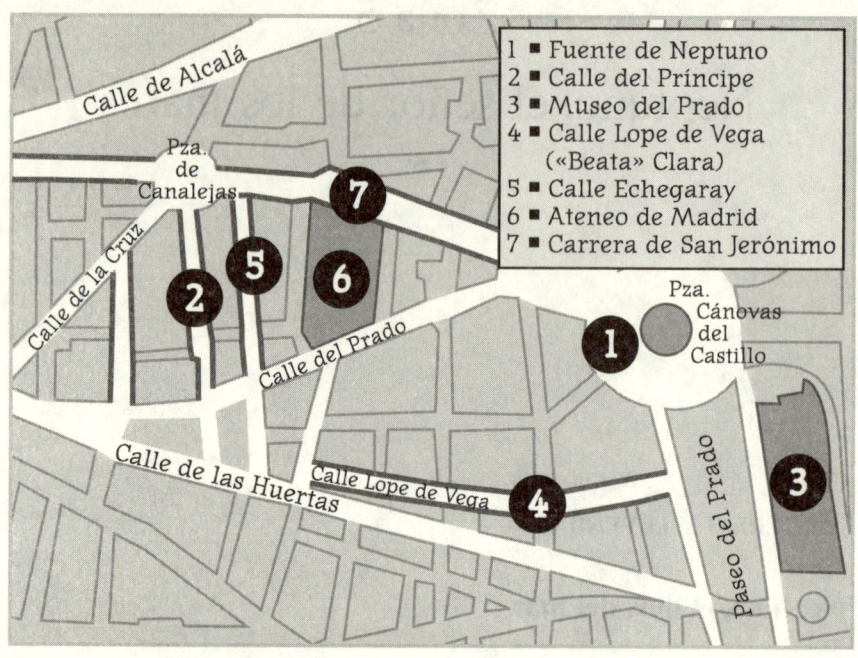

1 ■ Fuente de Neptuno
2 ■ Calle del Príncipe
3 ■ Museo del Prado
4 ■ Calle Lope de Vega
   («Beata» Clara)
5 ■ Calle Echegaray
6 ■ Ateneo de Madrid
7 ■ Carrera de San Jerónimo

EL DIOS QUE FUE ALBAÑIL

Cibeles y Saturno residían en el Olimpo. Allí concibieron a Neptuno, un niño ya desde pequeño conflictivo. Era alocado e inquieto. Pronto desarrolló un carácter ambicioso, hasta el extremo de llegar a tramar una conspiración contra su propio hermano, Júpiter, que al enterarse de la traición que hacia él preparaba le desterró del Olimpo, relegándole a la condición de mortal. Neptuno no sabía que a raíz de este acto su vida iba a cambiar por completo.

En aquel tiempo, Laomedón, que estaba alzando los muros de Troya, le pidió a Neptuno que le ayudase. A Neptuno no le quedó más remedio que aceptar el trabajo, pues todos los favores del Olimpo le habían sido negados. De este modo se hizo albañil y se dedicó a levantar diques que pudieran contener la furia de las olas. Tuvo que soportar toda suerte de vejaciones hasta que pudo reconciliarse con su hermano, quien, sin rencor, le entregó el reino del Mar. Neptuno, que había aprendido a trabajar duramente, supo

Neptuno.

rodearse de astutos y válidos ministros que acertaron a cumplir sus sabias leyes. Su gobierno fue de los más aplaudidos. Justo, comprensivo y bondadoso, su carácter había dado un giro, encauzándose hacia terrenos positivos. En aquel momento lo tenía todo... excepto el amor.

Un día conoció a la joven Anfítrite, hija del Océano, que era una ninfa de extraordinaria belleza de la que se enamoró profunda y sinceramente. Tras pedir su mano, el padre de la joven ninfa accedió gustoso. Sin embargo, ella —una vez que lo conoció personalmente— no quiso aceptarlo, argumentando que no era demasiado agraciado: su piel curtida por las largas horas de trabajo, su ensortijado pelo y la viscosa barba que lucía fueron las causas.

Neptuno, abatido, no insistió más y se retiró a su reino. No obstante, mientras se hallaba cavilando sobre su infortunado destino un delfín vino a su encuentro. El sabio animal entendió su pesar, quiso ayudarle y habló en su favor ante la ninfa. Se dice que la elocuencia del delfín consiguió conmover a Anfítrite, que finalmente aceptó ser desposada con el rey del Mar. No en vano los biólogos marinos consideran al delfín uno de los animales más inteligentes que pueblan los mares.

Neptuno era un personaje muy poderoso, puesto que no sólo dominaba los mares, también los ríos, lagos, fuentes, penínsulas, islas, montañas y continentes. Se dice que los temblores de tierra son obra suya. Además, se le atribuye la creación del caballo.

Puede afirmarse que fue un dios temido y respetado. En Libia estaba considerado como una de las divinidades centrales. En Grecia, Asia Menor e Italia se le alzaron estatuas y templos. Los animales que se inmolaban en su honor fueron los caballos y los toros. Los tritones[39] eran parte de su cortejo, aunque no deben confundirse con Tritón,[40] que ocupa un lugar más elevado en la jerarquía. Los tritones sólo obedecen. Todos aparecen representados de forma híbrida: mitad hombres, mitad peces. Neptuno, fuera de su hábitat, dirige el tráfico de Madrid con soltura.

EL ESCRITORIO TE ANUNCIARÁ MI MUERTE

Subiendo por la Carrera de San Jerónimo hacia la plaza de Canalejas se ve la calle del Príncipe. En este lugar sucedió en 1588 una curiosa leyenda, aunque nos resistimos a calificarla como tal, ya que se ha repetido incesantemente a lo largo de los años a través de los numerosos relatos que los investigadores hemos tenido la oportunidad de recoger de labios de los propios testigos.[41] Con matices, todos relatan lo mismo: seres fallecidos que anuncian, de diferentes formas, su muerte.

Algo así sucedió con un alférez y su prometida. El militar había sido llamado a filas. Debía incorporarse a la Armada Invencible. La dama no se resignaba a esta desafortunada situación, pues temía no volver a verle nunca más...

El alférez prometió —sobre todo por «tranquilizarla»— que si moría en combate ella, su amada, sería la primera en tener conocimiento de la noticia. De este modo, señalando un escritorio que había en la estancia, afirmó que si alguno de los cajones caía por sí solo (sin intervención de mano humana) significaría que había sido herido de muerte.

Pasó el tiempo: días, semanas, meses y, afortunadamente, ¡nada ocurría! Sin embargo, una gélida noche, mientras la joven dormía, el fatídico cajón se abrió violentamente y cayó al suelo junto con su contenido. La muchacha temió lo peor, que acabó por confirmarse semanas más tarde: su amado, en efecto, ¡había muerto aquella noche! La desconsolada mujer, empujada por la fatalidad, decidió ingresar en un convento. Nunca pudo olvidar la promesa de su amado alférez y el ruido sordo de la caída del cajón.

MUSEOS

Misterios del Prado

Si existe un personaje que haya dedicado buena parte de su tiempo a retratar monstruos, brujas y demonios, ése era, sin lugar a dudas, el genial Goya. Lo hizo con la intención de decorar su casa de campo —la Quinta del Sordo— entre los años 1814 y 1822. Gran parte de estas pinturas se encuentran en la Sala de Goya del Museo del Prado.

Nos pareció interesante descubrir algo más sobre la personalidad de este pintor y qué pudo motivarle a reflejar tanto horror, por lo que recurrimos a Isabel Fernández Hearn, que nos facilitó un completo dossier —sólo de este pintor— de unas treinta páginas, que lógicamente no podemos incluir completo, aunque sí extractar algunas de las partes más curiosas, que tienen que ver con su carta natal en la etapa en la que concibió sus pinturas de brujas y monstruos.

Carta astral de Goya

«...Quede clara mi repulsa al dogmatismo astrológico: insisto en que las apreciaciones aquí expuestas *no son definitivas*. Constituyen *el estado de la cuestión* al que he llegado tras cierto trabajo, pero como todo quehacer humano permanecerán inacabadas, sujetas a error, a correcciones, a descubrimientos y refutaciones posteriores [...].

Goya tenía un temperamento a menudo brutal y violento. De carecer del don de una exquisita sensibilidad artística, podría haber sido una verdadera *bestia* humana, un ser insoportable. Su carta astral muestra rasgos que rozan el sadismo, la crueldad.[42] Afortunadamente pudo *sublimar* en su arte estos instintos.

No voy a añadir nada nuevo a lo que ya todo el mundo ha visto en su producción de la etapa de los *Caprichos*, de los *Seis Asuntos de Brujas*, los *Sueños*, las *Pinturas Negras*, etc. Sí que intentaré, sin embargo, revisar, siquiera de modo rápido y en bosquejo, el sustrato caracterial del que nacen tales manifestaciones plásticas: la semilla de la creación no siempre es luminosa; de hecho, es a menudo patética y pestilente.

Aunque la cuestión de la brujería y prácticas negras afines estuviera muy de moda en aquel momento, sus obras muestran que Goya tenía, como poco, una imaginación calenturienta y sombría, por encima de las modas. Goya *sufría* estas visiones pesadillescas de modo involuntario y frecuente, incluso en medio de una fiesta frívola y alegre. Era un rasgo de su carácter. Hay factores astrológicos que confirman tal peculiaridad.[43]

[...] Goya, sintiendo como sentía, actuó como vehículo del sentir de *las masas*; pintó *el destino* de las gentes y, pintándolo, cumplió con el suyo propio; reflejó aquello que obsesionaba colectivamente a sus contemporáneos al reflejar aquello que *a él* le obsesionaba.

Y si hoy en día seguimos adorando, mundialmente, a nuestro pintor aragonés [...], ¿no será porque, en el fondo, las sociedades del siglo XX han sido como aquel pueblo madrileño en aquel albor decimonónico, torturado por oscuras premoniciones de violencia y horror que, a intervalos, estallarían en toda su crudeza? [...]».[44]

¿Astrología en *Las Meninas*?

A pesar de los numerosos cuadros que se hallan en el Prado, hemos querido destacar uno en concreto que no por tratarse de un lienzo conocido de todos deja de esconder un simbolismo secreto. Al menos, esto es lo que defiende Ángel del Campo Francés en su libro *La magia de* Las Meninas.

Se trata de un lienzo de grandes dimensiones —trescientos dieciocho centímetros de alto por doscientos setenta y seis de largo—. Su título original era *La familia de Felipe IV* y en él aparece reflejado el propio pintor.

Comenta Ángel del Campo a propósito de la afición de Velázquez por la astrología: «[...] Catorce obras de astronomía o cosmografía y nueve de astrología y artes adivinatorias pudieran servir para confirmar lo que digo [...] Pero hay también otras pruebas para con-

Detalle de Las Meninas *en el que se señala la identificación de las cabezas de los personajes con la* Corona Borealis, *cuya estrella más brillante se llama* Margarita Coronae, *identificada con esta infanta.*

firmar el interés de don Diego en el estudio del cielo. Cuando a poco de su muerte hubieron de reconocerse e inventariarse, en presencia de su testamentario, los objetos que estaban guardados en los diversos aposentos que tenía asignados en palacio —y que hubieron de ser abiertos ex profeso— halláronse [...] dos anteojos de larga vista, con los cabos de marfil, en sus cajas carmesíes [y] tres anteojos de larga vista, los dos en pergamino y el otro colorado con cabos de marfil [...]. Que Velázquez contemplaba el cielo desde esa torre sirviéndose de alguno de esos cinco anteojos, parece tan lógico [...]».[45]

Para este autor queda claro que las consecuencias de ocupar un trono pueden simbolizar virtudes y bondades. Sin embargo, también opina que pueden atraer peligros, maledicencias o traiciones. Se trataría de una rueda integrada por una dualidad entre lo positivo y lo negativo que rige el destino humano. Por ello, defiende que tras *Las Meninas* hay escondido un horóscopo secreto, tal vez de carácter protector.

Defiende que los personajes que aparecen en el cuadro no fueron colocados al azar, sino que existiría una identificación entre la *Corona Borealis* y la posición de las cabezas de los personajes representados en el cuadro, cuya estrella más brillante, que coincide con la cabeza de la infanta Margarita, se denomina precisamente del mismo modo.[46] Para Ángel del Campo «el nombre de "Margarita", con el que juega la coincidencia velazqueña, es el que por su correspondencia con el significado de "perla" denomina a la "Más bella" de la constelación [...]».

El desarrollo de esta teoría es más que interesante si estudiamos con detenimiento el cuadro y la citada constelación. Tal vez, cuando volvamos a observar *Las Meninas* lo hagamos con otros ojos.

INQUISICIÓN

Los fraudes de la «beata» Clara

Muy cerca de la plaza de Cánovas del Castillo hallamos la calle de Lope de Vega. Allí habitó la llamada «beata» Clara hasta que fue detenida junto con su hija por la Inquisición, el 14 de julio de 1803, no sin antes haberse ganado el respeto de unos pocos y el temor de muchos. Ambas fueron acusadas de hechicería.

Esta mujer tenía una especie de consulta, quizás uno de los primeros gabinetes adivinatorios de la capital, aunque en aquel tiempo no podía hablarse de mancias o adivinaciones porque la Inquisición estaba atenta a todo cuanto acontecía en Madrid, y de ahí... al tormento había un trecho y no muy largo.

Así pues, la «beata» se hacía pasar por una «iluminada», y no lo debía de hacer mal, porque lo cierto es que atrajo a numerosas personalidades de la corte de Carlos IV, que le pedían consejo ante los problemas de Estado.[47] Pero aun así tenía la consulta de la calle Cantarranas (la actual calle Lope de Vega, 6) repleta de gente.

Decían que era una experta en bebedizos amorosos y se llegó a especular incluso que ¡ponía huevos de gallina! Pero la «beata» no sólo atendía a los funcionarios de la corte, también despachaba a mujeres descarriadas, que no dudaron en seguir acudiendo a su nueva casa cuando se mudó a la calle de los Santos, junto al convento de San Francisco.

Su fama se hizo tan grande que incluso las autoridades eclesiásticas arroparon sus andanzas y sus supuestos milagros, hasta el extremo de que el nuncio, monseñor Gravina, habló en su favor ante el papa para rogarle que le permitiera exponer en su consulta el Santísimo Sacramento.

Pero todo terminó cuando su sirvienta, descontenta por alguna causa y conocedora de sus montajes, la acusó de fraude ante el párroco de San Andrés, Rafael Oseñable, que no dudó, ante lo grave del asunto, en delatarla a la Inquisición.

El Santo Oficio ordenó precintar la casa de la «embrujada», pero a muchos madrileños, desoyendo la prohibición, les faltó tiempo para acudir al lugar e intentar hacerse con un pedazo de yeso de las paredes, a modo de improvisada «reliquia». Y es que tanta había sido la fama de la «beata» que cuando seis meses después, el 13 de enero de 1804, se produjo un terremoto en la Villa, algunas personas argumentaron que los temblores eran una especie de venganza a razón de la detención de la «beata» Clara. Ni la mismísima Inquisición supo terminar con la devoción hacia la mujer de los «éxtasis divinos».

ENCLAVES MASÓNICOS

&» En la calle Echegaray,[48] 10, en el hotel Inglés (desaparecido actualmente), se realizaron importantes banquetes masónicos. Este hotel tenía un gran salón con capacidad para más de quinientas personas.

Los banquetes masónicos tenían una triple finalidad: por una parte eran reuniones de carácter festivo, pero también servían para extender las leyes y costumbres masónicas y para estrechar lazos con otras logias españolas y extranjeras.

Existían dos fechas durante el año en las que los banquetes eran ineludibles: en diciembre, coincidiendo con el solsticio de invierno (san Juan Evangelista) y entre mayo y julio, el solsticio de verano (san Juan Bautista).

La logística del banquete podía ser realizada por una sola logia, por varios talleres o incluso por el Gran Oriente. Eso sí, quienes lo organizaban debían acudir ataviados con los atributos masónicos. En estos eventos se seguía un ritual y se desarrollaba un vocabulario distinto que no podía ser comprendido por los profanos: el pan era denominado «piedra bruta», el agua «pólvora blanca», etcétera.

Para terminar el banquete se realizaba una «cadena de unión», constituida por los presentes en el acto, que simboliza la solidaridad y la fuerza de la unión entre los hermanos. Si moría algún hermano, consideraban que la cadena se había roto.

&» El Ateneo de Madrid: calle Prado, 21. Cercano a la Carrera de San Jerónimo, tuvo cierta relación masónica: Emilio Reus Bahamonde (1858-1891), diputado del partido democrático de

Cristino Martos, perteneció durante varios años a la logia Fraternidad Ibérica. Entre otros relevantes cargos fue vicepresidente de la sección literaria del Ateneo de Madrid.

El Ateneo Científico y Literario de Madrid se fundó el 14 de mayo de 1820. En sus locales se celebraban importantes tertulias, conferencias y clases a las que asistían toda suerte de colectivos: científicos, literatos, periodistas, profesionales libres, artistas, profesores, entre otros. En 1823 fue cerrado y no volvería a abrir sus puertas hasta doce años más tarde.

Entre los muchos personajes que por allí pasaron encontramos, por citar algunos ejemplos, a Ángel Ganivet (al que incluso se le rindió un homenaje en el citado recinto cuando murió ahogado en 1898), Miguel de Unamuno, Francisco Navarro Ledesma, José Martínez Ruiz y Ramiro de Maeztu.

≈ Carrera de San Jerónimo/esquina calle de la Victoria: aquí estaba situado el café La Fontana de Oro. Este café (ya desaparecido) era uno de los lugares preferidos por los masones en el siglo XIX y ya existía en la segunda mitad del siglo XVIII. Sin embargo, cuando mayor relevancia adquirió fue en 1817, porque en su interior se desarrollaron tertulias de carácter político: los discursos eran muy frecuentes. Contaba con una especie de tribuna a la que se subían los acalorados partícipes de los mítines, que a menudo discutían encendidamente. La Fontana de Oro fue uno de los símbolos y lugar de encuentro de las personas de signo liberal. Además de la tribuna existían unos pequeños reservados donde se celebraban las conversaciones de signo político más comprometidas. El propio Benito Pérez Galdós escribió una novela inspirada en este café que lleva el mismo nombre. Sin embargo, poco después, con la llegada de la ola de absolutismo que provoca el duque de Angulema y los Cien Mil Hijos de San Luis,[49] el café pierde fuerza y termina por ser cerrado.

Zona 6
Lavapiés
(el barrio judío)

᪥

Persecuciones a los judíos en la Villa

Como es bien sabido, Madrid tuvo su barrio judío. Tras la invasión musulmana, los hispano-hebreos se encontraron conviviendo entre dos religiones: la cristiana y la islámica. Al principio, no hubo choque entre ellas. Sin embargo, la llegada del tribunal del Santo Oficio propició el odio racial y el desprecio por los judíos, que tuvo su momento más álgido cuando fueron expulsados en 1492. Sin embargo, todo había comenzado mucho antes...

El clima de odio no surgió por casualidad, sino que se fue orquestando poco a poco. Después de la reconquista de Magerit por parte de los cristianos, la comunidad judía quedó confinada en las cercanías de la sinagoga del Avapiés, a la que daba acceso la actual calle de la Fe.

Los primeros discursos contra los judíos, que empezaron a causar mella entre la población, procedían de orillas del Guadalquivir,[50] de la mano del arcediano de Écija, Fernán Martínez, que se dedicó a predicar contra ellos. En sus sermones exigía la demolición de las sinagogas sevillanas y que los judíos fuesen encerrados en su aljama para evitar el contacto entre éstos y los cristianos.

En 1391, como explica Juan Antonio Cabezas en su documentado libro *Madrid y sus judíos,* el discurso se extendió de Sevilla a Cór-

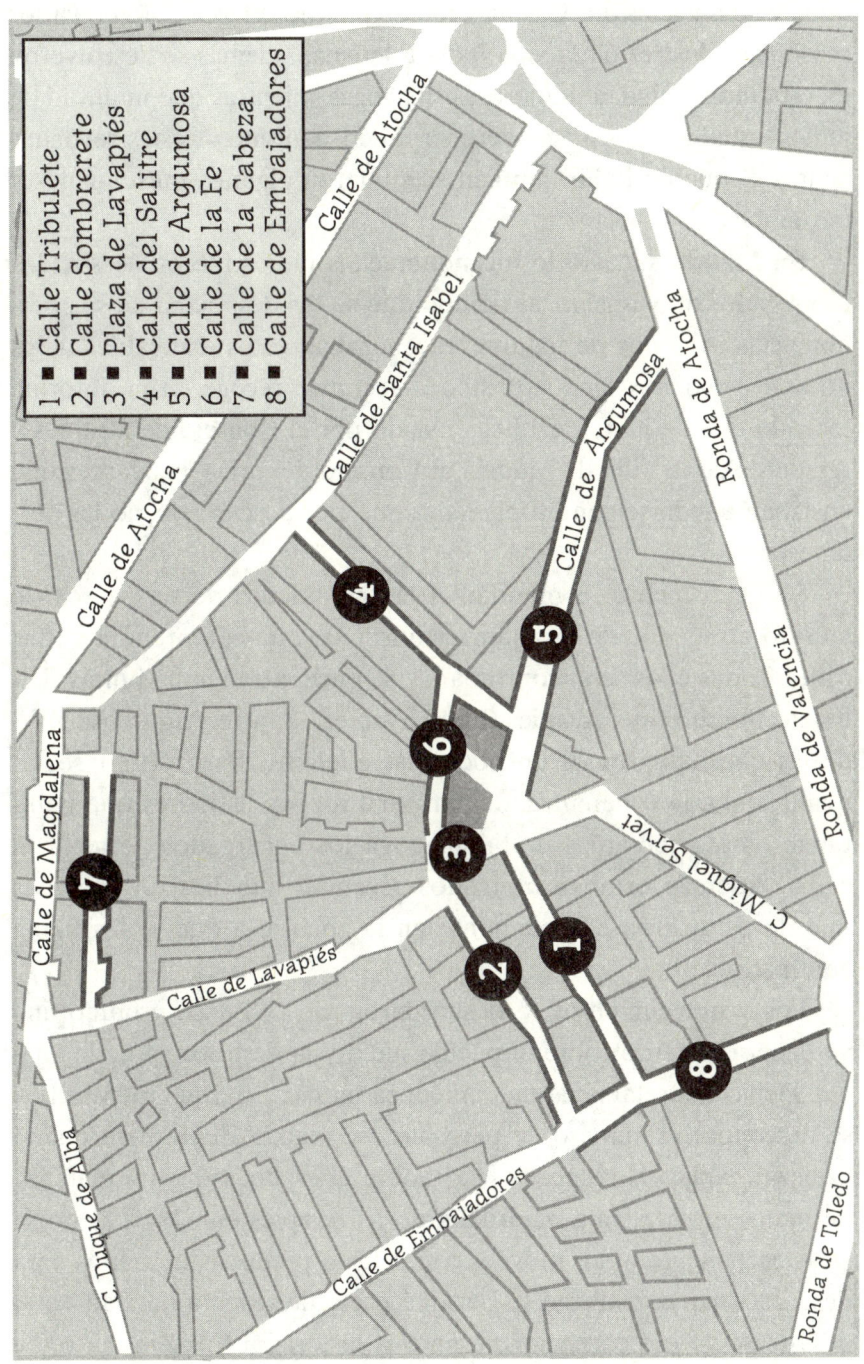

1 ■ Calle Tribulete
2 ■ Calle Sombrerete
3 ■ Plaza de Lavapiés
4 ■ Calle del Salitre
5 ■ Calle de Argumosa
6 ■ Calle de la Fe
7 ■ Calle de la Cabeza
8 ■ Calle de Embajadores

doba y de allí a las dos Castillas, lo que provocó el asesinato de varios personajes ilustres de la vida judía toledana. Además se destruyeron en esta última ciudad numerosas sinagogas, mientras que multitud de judíos eran forzados a «convertirse» al cristianismo. A estas revueltas contra el pueblo judío también se sumaron algunos musulmanes y mozárabes.

En Madrid sucedió lo mismo: muchos judíos fueron asesinados u obligados al bautismo, al tiempo que se los despojaba de sus pertenencias. Algunos de los que encabezaban estos execrables actos no eran cristianos fanáticos, sino —según se recoge en un informe fechado el 8 de junio de 1392, enviado por el Consejo de alcaldes y regidores de la Villa de Madrid al Consejo del rey— maleantes que ansiaban quedarse con propiedades que, por descontado, no les pertenecían.

Se llegó incluso a mandar el levantamiento de una cerca de ladrillo alrededor de la aljama madrileña, que comprendía varias calles. Todas ellas se encontraban, y se encuentran, muy juntas: Tribulete, Sombrerete, Avapiés (hoy Lavapiés), Salitre, Argumosa y Fe, de las que hablaremos un poco más adelante. Para colmo, según manifestaba la ordenanza, debían ser los propios judíos que habitaban en las cercanías de la sinagoga los encargados de alzar la cerca. Además, estaban obligados a vender aquellas propiedades que no estuvieran estrictamente en la zona a la que se les había confinado.

Los acontecimientos se desbordaron en 1391 y se produjo una verdadera matanza sobre el pueblo judío y la destrucción de la aljama. Debió de tratarse de una auténtica masacre, porque todavía hoy se desconoce el número de personas asesinadas. El ya mencionado Cabezas explica al respecto: «[...] Sobre el asalto, saqueo y matanza de judíos en la aljama madrileña de El Avapiés en 1391 [...] no se sabe ciertamente ni los móviles concretos o pretextos utilizados para desencadenar la matanza [...] ni qué parte de responsabilidad en el desastroso suceso correspondió ante la historia al Consejo del rey y al Concejo de la villa, así como en la impunidad de tales hechos que debieron ser aclarados y no lo fueron; ya que la única fuente para aclararlos hubieran sido los libros de acuerdos municipales, desaparecidos a mediados del siglo XV. Sólo se ha podido averiguar algo a través de dos documentos, casi coetáneos de los sucesos, en los que se habla de la destrucción de la aljama de Madrid en 1391...».[51]

Después de estos lamentables sucesos hubo una especie de tregua en las persecuciones entre los años 1419 y 1422 y se rescindieron muchas de las ordenanzas que previamente habían sido dictadas contra ellos. Sin embargo, poco antes de que se casaran Isabel y Fernando, Alonso de Espina, confesor de Enrique IV el Impotente (1454-1474), volvió a azuzar los ánimos al expresar ideas nefastas en relación a los judíos. Para él sólo existían dos vías para acabar con los «demonios»: expulsarlos fuera de España y perseguir a aquellos «marranos» que falsamente se habían convertido al cristianismo. Se estaba gestando la creación de la Inquisición.

Isabel y Fernando

Isabel I la Católica nace en 1451, en Madrigal de las Altas Torres. Muerto Enrique IV, su testamento señala como heredera del trono de Castilla y León a su hija Juana la Beltraneja. Pese a ello, se proclamaría reina a Isabel I,[52] que haría su entrada en Madrid en 1477. Anteriormente, en 1469, había contraído matrimonio con Fernando V de Aragón.

Con respecto al pueblo judío desarrollaron una política de gran fanatismo. Expusieron al papa Sixto IV la necesidad de crear una inquisición que ayudara a terminar con la gran «herejía» reinante, para lo que se les dio luz verde mediante una bula papal extraordinaria en 1478, gracias a la cual podían nombrar inquisidores.

Aunque los Reyes Católicos decretaron la expulsión del pueblo judío en 1492, lo cierto es que el problema no se resolvió ni mucho menos, porque en España y por supuesto en Madrid permanecieron los judaizantes, que serían igualmente perseguidos.

꙳ No muy lejos de la plaza de Lavapiés hallamos la calle de la Cabeza. Allí se encontraba la cárcel de la Inquisición, también denominada Cárcel Eclesiástica de la Corona. Lo que antes eran calabozos en los que el sufrimiento y la angustia fueron la tónica dominante, ahora se ha convertido en la Taberna del Avapiés.

En esta cárcel, en la época fernandina (1814), fueron confinados diputados liberales, y en 1821 el cura de Tamajón, don Matías Vinuesa, fue asesinado por las turbas (que entraron en la prisión sin que pudiesen impedirlo) por suponérsele planes absolutistas.

Con relación a esta calle existe una leyenda curiosa y muy reveladora sobre el concepto que se tenía de los judíos en la Villa.

La narración de los supuestos hechos nos llega a través de un escrito publicado en 1717 por Domingo María Ripoll, pariente cercano de las personas que compraron la casa donde aconteció lo que sigue.

Durante el reinado de Felipe III habitaba en esta calle un hacendado sacerdote acompañado de un ama y de un sirviente portugués converso. El empleado determinó un día robarle y asesinarle con tanta saña que llegó a separarle la cabeza del tronco. Después de recoger el botín huyó a Portugal sin que fuera capturado. Días más tarde, el vecindario se extrañó de no ver al sacerdote ni al sirviente haciendo sus menesteres, mas cuando el ama fue a entrar, al ver que no podía avisó a las autoridades, quienes echaron la puerta abajo y descubrieron el horrendo crimen. Sin embargo, el asesino no apareció.

Quiérase que pasara cierto tiempo cuando el portugués decidió que sería difícil que alguien le reconociera y asociara con el asesinato, por lo que volvió a Madrid. Y un día, paseando por el Rastro, le entraron ganas de comer carnero y compró allí una cabeza, que ocultó debajo de sus ropajes. No obstante, el rastro de sangre que iba dejando detrás de él alertó a un alguacil, que le dio el alto y le preguntó de dónde salía tanta sangre. El portugués replicó que de la cabeza del carnero, al tiempo que se la mostraba. Sin embargo, para sorpresa de todos, ¡la cabeza que apareció no era la del animal, sino la del cura! Ante lo extraño del suceso, el portugués, desconcertado, confesó el crimen y fue conducido a la cárcel de la Villa, juzgado y condenado a la horca. Su ejecución se llevó a cabo en la Plaza Mayor, tras lo cual la cabeza volvió a ser la de un carnero.

Parece ser que Felipe III ordenó colocar una cabeza de piedra en la fachada de la casa del cura, que hubo de ser retirada con posterioridad puesto que los vecinos alegaban espanto cada vez que debían pasar ante ella. Sin embargo, sugirieron que se edificase una capilla para la Virgen del Carmen y allí nació la Venerable Orden Tercera de Penitencia de Nuestra Señora del Carmen. La capilla de la Cabeza, tras ser vendida la casa del crimen, fue trasladada a la calle de la Cruz, 3, ya desaparecida.

- ﷽ Calle de la Fe: esta calle conducía a la sinagoga que se hallaba emplazada en el lugar exacto que después (tras la expulsión) dio origen a la iglesia de San Lorenzo. De hecho, si se eligió este simbólico nombre es en recuerdo del acto de expulsión, que para los Reyes Católicos era de fe.
- ﷽ Sombrerete: el auténtico nombre es Sombrerete del Ahorcado, y le viene por un proceso contra el pastelero de Madrigal Gabriel de Espinosa, que finalmente fue condenado a muerte por haberse hecho pasar por el rey Sebastián de Portugal.[53]

Junto a él se acusó como cómplice al religioso agustino portugués, fray Miguel de los Santos (que había sido entre otros cargos, predicador del rey don Sebastián, por lo que se supone que lo conocía bien físicamente). Todo lo acontecido tuvo lugar bajo el reinado de Felipe II, a quien Espinosa le estorbaba.[54] Miguel de los Santos, en cambio, sí estaba convencido de que Espinosa podía ser el rey. Tanto es así que, tras pasar por la famosa cárcel, el 15 de octubre de 1595 fue degradado por el arzobispo de Oristán, se le colocó un sombrerete y posteriormente sería ahorcado en la Plaza Mayor el día 19 de ese mismo mes, y con el sombrerete puesto fue paseado en la punta de un palo (se da a entender que lo que se exhibió fue su cabeza) y después se le colocó sobre unos montones de estiércol que había en los corrales del escribano llamado don Antonio Cros y Estrada.

- ❧ Argumosa: don Diego de Argumosa fue un eminente cirujano nacido a finales del siglo XVIII. Fue uno de los precursores de la cirugía moderna y publicó un *Resumen de la cirugía* (1856). Este médico fue uno de los que examinó a sor Patrocinio (la monja estigmatizada). Concluyó que las llagas no tenían por qué tener carácter sobrenatural y que podían ser curadas si se ponía empeño en no abrirlas de nuevo. Murió en 1865.

- ❧ Plaza de Lavapiés: el origen de este barrio es, como se sabe, hebraico. Era el lugar donde vivían los judíos conversos. También se lo ha conocido como el barrio de los manolos o de la manolería, porque era obligado que en las familias conversas el primogénito fuese siempre llamado Manuel. Sobre la denominación Lavapiés, comenta Répide: «[...] Es muy probable que tuviese su origen en alguna fuente o pila de abluciones, en la que, tal vez, fuera costumbre mundificar los pies de quienes, no perteneciendo a esta secta, iban al barrio de la judería, y al salir practicaban esa forma de purificación [...]».[55]

No hay que olvidar que, dentro de los grupos étnicos, los judíos —en la época inquisitorial— estaban considerados como los más poderosos hechiceros. Se les tenía mucho respeto, porque se les confería, en el fondo, la sabiduría. Todo ello fue propiciado por libros tan populares como *La clavícula de Salomón*, tantas veces prohibido, quemado y, al mismo tiempo, reproducido. A propósito de lo que comentamos explica Caro Baroja: «[...] El judío no pierde con los siglos, como el moro, el prestigio cultural [...]. El judío sigue siendo considerado como un sabio, aunque un sabio demoniaco, en el siglo XVI, y se convierte su figura en un lugar común literario [...]».[56]

Si bien, dentro de los procesos inquisitoriales, los perpetrados contra los judíos fueron en su mayoría ejemplarizantes, a veces se hacía la vista gorda cuando se sabía de alguna persona que tenía en su poder la citada *Clavícula de Salomón*, como en el caso del bachiller Esteban López de Yecla, procesado entre los años 1551 y 1552 (aunque hay que reseñar que López de Yecla no era judío).

Era un vecino de Torrejón de Ardoz de unos treinta y dos años, enfermizo y cumplidor con la Iglesia. El 17 de noviembre de 1551 se le ordenó que se presentara, en un plazo de seis días, en Toledo, cosa que no cumplió, pues debía de encontrarse gravemente enfermo. Al menos eso alegó cuando por fin pudo asistir. Efectivamente, se observó que tenía síntomas de extrema delgadez y muy mal aspecto.

Reconoció haber tenido en su poder el libro en cuestión, que le habría regalado un fraile antes de embarcarse para las Indias, aunque él se lo había dicho a su confesor y lo había comentado con el doctor Macario (que era su médico), que se habría quedado con el ejemplar, del que se habrían hecho nuevas copias.

El fiscal, Pedro Ortiz, quiso ver no sólo delito por tener un libro que figuraba en las listas inquisitoriales como prohibido, sino apología de extender el delito mediante la transmisión del mismo a terceros, lo que le hacía sospechoso de herejía. La sentencia, de 16 de febrero de 1552, no fue excesiva: en el plazo de ocho días tenía que mandar decir una misa del Espíritu Santo, oírla de forma devota, pagarla al clérigo y hacerse cargo también de los gastos de las costas del proceso.

Zona 7
Calle Hospital

ॐ

MISTERIOS Y LEYENDAS

La leyenda del niño perdido

Se trata de una de las historias más bonitas de cuantas se cuentan sobre la Villa, y en ella se entrecruzan dos narraciones, la del niño perdido y la de fray Bernardino de Obregón, que tuvo una curiosa trayectoria marcada —según dice la conseja— por los milagros, aunque de él daremos cuenta cuando lleguemos a la Zona 10, que enmarca la calle de Postas, que es el lugar donde, según cuentan, se produjo su curiosa conversión...

El hospital de las Mujeres Perdidas

En 1587 Felipe II decidió suprimir algunos hospitales y anexionarlos al Hospital General. Con motivo de esta decisión uno de los centros que iban a resultar más perjudicados era el llamado hospital de las Mujeres Perdidas, que se cree fue fundado en el reinado de Enrique IV.

En este hospital se ocultaban muchas tristes historias de mujeres mentalmente desahuciadas y otras tantas que sin haber perdido la cordura se hallaban en este lugar por motivos diversos. Una de estas últimas era una viuda que, tras perder a su marido, había sido incapacitada por su propia familia, a fin de quedarse con todas sus propiedades y bienes. En este infierno era acompañada por su hijo de corta edad, que la ayudaba a soportar el tedio y los tratos injustos que recibía diariamente. Sin embargo, un día, hacia el último cuarto del siglo XVI, llegó la orden de cierre del centro y los enfermos fueron trasladados a otros lugares. La madre, con todo el revuelo, perdió de vista al niño, que estaba jugando en un desván. Ella advirtió lo que pasaba al personal del centro y pidió que lo buscasen allí, pero los encargados tomaron este requerimiento como una manía de la enferma, desoyeron sus gritos, y cerraron el hospital para siempre. Otra versión defiende que el niño fue buscado en el desván pero no apareció, por lo que los celadores pensaron que el pequeño había escapado a la calle, cuando en realidad estaba dentro del recinto. Sea como fuere, el caso es que el niño quedó encerrado, ajeno a lo que estaba pasando. Transcurrieron tres largos días y la madre, desesperada,

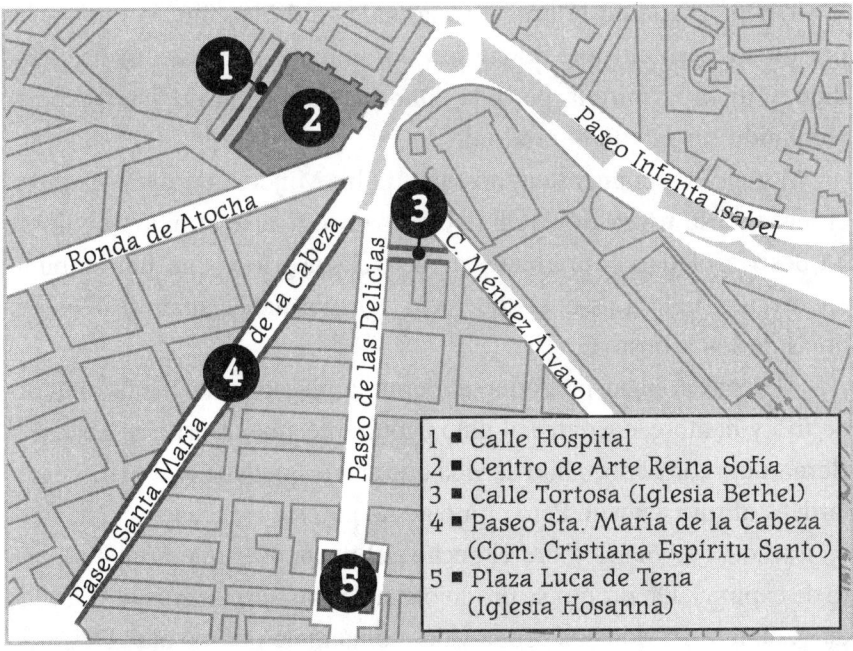

1 ▪ Calle Hospital
2 ▪ Centro de Arte Reina Sofía
3 ▪ Calle Tortosa (Iglesia Bethel)
4 ▪ Paseo Sta. María de la Cabeza
　　(Com. Cristiana Espíritu Santo)
5 ▪ Plaza Luca de Tena
　　(Iglesia Hosanna)

seguía pidiendo ayuda sin éxito. El pobre niño, una vez había reparado en su situación, se había puesto a llorar pidiendo auxilio. Las noches habían caído como losas sobre su pequeño cuerpo. Al terror ahora había que sumar también la falta de alimentos, el frío reinante y el miedo a los roedores que por allí empezaban a hacer acto de presencia. Gritó y gritó hasta desgañitarse pero nadie parecía escuchar sus ruegos... Mientras tanto, fray Bernardino se encontraba en su celda durmiendo. Se había acostado pronto —según su costumbre— tras una frugal cena y varias horas de rezos. Pronto se sumió en un profundo y angustioso sueño. En él escuchaba los gritos, lloros y lamentos de un niño. Eran tan intensos y lastimeros que le provocaron gran malestar, obligándole a despertarse sobresaltado y empapado de sudor, aunque la noche era bastante fría. «¡Qué sueño más extraño! —pensó—. ¡Parecía real! ¿Será un aviso del Señor?» Rápidamente comenzó a orar pidiendo a Dios que le iluminara sobre el significado de su pesadilla. Si había algo que debía hacer, necesitaba saber de qué se trataba. Después de rezar el resto de la noche, fray Bernardino se calzó su hábito y se dirigió a la puerta de salida del convento... Alguien le vio y sorprendido le preguntó adónde se dirigía tan de mañana y presuroso, pero el fraile no contestó. Caminaba con paso firme, decidido, y tenía la mirada perdida. Daba la sensación de estar experimentando un estado alterado de conciencia.[57]

Marchó directamente al hospital de las Mujeres Perdidas. Ése era el lugar de su revelación. Allí debía de encontrarse el niño que lloraba desconsoladamente en sus sueños. Hacía frío y una fina neblina envolvía la Villa. Las gotas de rocío aún permanecían frescas en las hojas de los arbustos...

Al llegar al lugar pidió que abrieran la puerta y allí, medio muerto de frío y hambre, encontró al niño agonizante, que al verle se abrazó a Bernardino con el poco hilo de vida que aún le quedaba. «¡Es demasiado tarde!», afirmó alguien. Pero el monje no parecía escucharle. Se dedicaba a colocar su mano sobre el pecho del pequeño,[58] que estaba a punto de expirar... De pronto, se produjo el milagro —según cuenta la leyenda—, el niño volvió en sí con la vida asomándole por los ojos. Después, reunió al pequeño con su madre, que sufría en soledad y que casi había llegado a enloquecer de verdad a causa de la tristeza.

Enterado fray Bernardino de lo que pasaba, consiguió que el rey mandara revisar el caso de la viuda, y así se supo del cruel montaje y de la injusticia que la familia había cometido con esta mujer, que ahora se deshacía en agradecimientos hacia el monje. Sus bienes le fueron devueltos y por fin consiguió llevar una vida normal con su hijo. La historia conmovió una vez más a la Villa. Y cuenta la leyenda que los madrileños, estremecidos por estos hechos, empezaron a llamar a una calle adyacente al Centro la del «Niño Perdido», aunque actualmente ha cambiado su nombre por calle del Hospital.

Fray Bernardino de Obregón seguiría con su labor de atención a los necesitados hasta que, tras dedicarse al cuidado de los enfermos de una epidemia de peste,[59] cayó él mismo presa de esta terrible enfermedad y falleció el 6 de agosto de 1599. A su entierro acudiría el rey Felipe III.

CASAS ENCANTADAS

Los fantasmas del Reina Sofía

Pegado a la calle del Hospital se encuentra el Centro de Arte Reina Sofía, en el que se dice que habitan sus particulares fantasmas. El asunto saltó a la palestra el 21 de abril de 1995, fecha en la que *Diario 16* hacía público un informe al que había tenido acceso (no se sabe cómo) referente a un estudio realizado por un grupo de investigadores que habían obtenido un permiso especial para penetrar en el recinto el 1 de marzo de aquel año.

Anteriormente, el Reina Sofía había sido el Hospital General de San Carlos, inaugurado el 1 de octubre de 1787 bajo el reinado de Carlos III, sobre un proyecto de Francisco Sabatini. Desde entonces, el hospital sufriría diversas modificaciones y es interesante reseñar que el recinto sirvió también como depósito de cadáveres.

Fueron muchas las voces que pidieron su demolición debido a su mal estado, aunque afortunadamente en 1977, mediante un Real Decreto, fue declarado monumento histórico artístico.

Volviendo a lo que allí afirman que sucede, el informe recogía una serie de fenómenos extraños que estaban teniendo lugar en el interior del museo: «[...] La puesta en marcha de los ascensores una vez desconectados, puertas cerradas con llave que se abrían solas, ruidos de pasos e incluso "presencia de unas procesiones de entidades con hábito religioso a lo largo de los corredores". Todo ello, al parecer, observado y corroborado por los vigilantes nocturnos [...]».[60]

Se localizaron también unos enterramientos en uno de los sótanos. Las pruebas psicofónicas se realizaron en las paredes de las lápidas. Los resultados más significativos de éstas fueron secuencias de *raps*.

A través de una sesión de ouija se habrían producido varias supuestas comunicaciones con el más allá, como la de una mujer llamada «Male», que dijo ser judía y que había habitado en ese lugar en 1594, o la de «Aldonza de los Ángeles», que aseveró haber sido priora de la comunidad del citado hospital, y posteriormente la llegada de un personaje bautizado como Ataúlfo, que explicó que había sido un enfermo mental que asesinó a cinco personas... Aunque para los vigilantes, Ataúlfo podría ser un monje que habitaba en el mencionado hospital.

La verdad es que, una vez que este informe se hizo público —no desde luego por parte del grupo investigador—, el asunto tuvo cierto eco, especialmente entre la comunidad parapsicológica, pero esta repercusión no fue nada parecida a la que desarrolló en su día el controvertido palacio de Linares.

Sin embargo, cuando el asunto parecía ya olvidado, en febrero de 1998 surgieron nuevos testimonios de personas que sostenían que allí continuaban sucediendo cosas extrañas. Algunos trabajadores afirmaron haber escuchado lamentos y ruidos cuya naturaleza no pudieron determinar. Asimismo, manifestaron haber visto una «comitiva de monjas fantasmales» que paseaban por el museo. No obstante, con el tiempo los rumores cesaron y todo volvió a la normalidad. ¿Estará realmente encantado este museo?

RELIGIÓN

El triángulo «antisatánico» de Atocha

En la zona de Atocha, en el sur de la ciudad, muy cerca del Centro de Arte Reina Sofía y de la glorieta del Emperador Carlos V, se asientan, formando un triángulo, una concentración de curiosos locales en los que se realizan con frecuencia rituales denominados por sus ejecutores como «exorcismos».

Con un poco de interés y dedicación podrá contemplar desde «visiones» de hechos prodigiosos, pretendidas curaciones de enfermedades incurables, «posesiones» y un largo etcétera. La proximidad de estos lugares de «liberación» con la estación de Atocha los hace además accesibles, gracias a las líneas de cercanías, a los madrileños que residen en el extrarradio, que se desplazan hasta allí con fervor y asiduidad. Estos lugares se detallan a continuación:

- Iglesia Evangélica Pentecostal «Bethel»: calle Tortosa, justo a la salida de los subterráneos de la estación de Atocha. Lleva asentada más de veinte años. Pertenece al pentecostalismo clásico. Aquí los «exorcismos» sólo se realizan cuando surge algún caso de «posesión» que, según los dirigentes, puede recomendar la celebración del ritual.
- Comunidad Cristiana del Espíritu Santo (sede española de la Iglesia Universal del Reino de Dios, de origen brasileño): bajando por el paseo de Santa María de la Cabeza. En este caso, los exorcismos se realizan todos los viernes. Así pues, es fácil poder contemplar toda suerte de manifestaciones «demoníacas», tales como forcejeos entre «exorcistas» y «posesos», revolcones en el suelo, pataleos, gritos histéricos con insultos,

vómitos... No es de extrañar que ante tales morbosos espectáculos cada día sea mayor el número de curiosos (más de mil quinientos) que se agolpan a sus puertas...

- ☙ Iglesia Hosanna: en la plaza Luca de Tena (no lejana a la Comunidad Cristiana del Espíritu Santo). En dicha congregación, liderada por un predicador chileno de origen sueco, Henry Svensson, también se realizan «exorcismos». Esta iglesia se ve forzada a compartir la fachada con un bar de copas, que dista mucho de sus creencias. Sin embargo, ello no desanima a sus miembros, ya que el carismático predicador ha convertido este local en la segunda iglesia pentecostal más importante de la capital.

ARQUITECTURA CURIOSA

- ☙ Atocha, 14: en la fachada del Teatro Calderón nos sorprenden los esbeltos cuerpos de mujeres que, a la par que sujetan el edificio, parecen dormitar ante nuestra presencia. No sienten reparo de su desnudez, pues son bellas. Sin embargo, sus piernas les han sido arrebatadas y fundidas con la propia fachada, por lo que su desnudez no es completa, sólo sugiere... Arquitecto: Eduardo Sánchez Eznarriaga (1915).

Zona 8

Basílica de Atocha

པ

La Virgen de Atocha y su devoto caballero

No lejana a la estación de Atocha se alza la Real Basílica de Nuestra Señora de Atocha. Los orígenes de esta Virgen no están del todo claros. Existen varias hipótesis sobre por qué se denominó así. Tampoco se sabe por quién y cómo fue traída a Madrid. A pesar de todos estos misterios, y quizás a causa de ellos, se trata de una de las imágenes más veneradas por los habitantes de la Villa.

Cuenta al respecto Pedro de Répide, que recibió en 1923 el título de Cronista de la Villa: «[...] Otorga la tradición un importante origen a la imagen de la Virgen de Atocha, a la que hace obra de San Lucas y de Nicodemus, traída de Antioquía por uno de los apóstoles, queriendo suponer como etimología de su nombre el mismo de Antiochia, leyéndolo tal como de este modo se escribe [...]».[61] Sin embargo, le parece más razonable a este autor que el origen provenga del atochar o campo de esparto donde, según reza la tradición, fue escondida la imagen por los cristianos al producirse la llegada de los musulmanes. Una tercera posibilidad para este apelativo se nos ofrece en el término griego *Teotokos* (Madre de Dios), que tenía grabado el manto que portaba la imagen y de cuya evolución tendríamos: *Teo-*

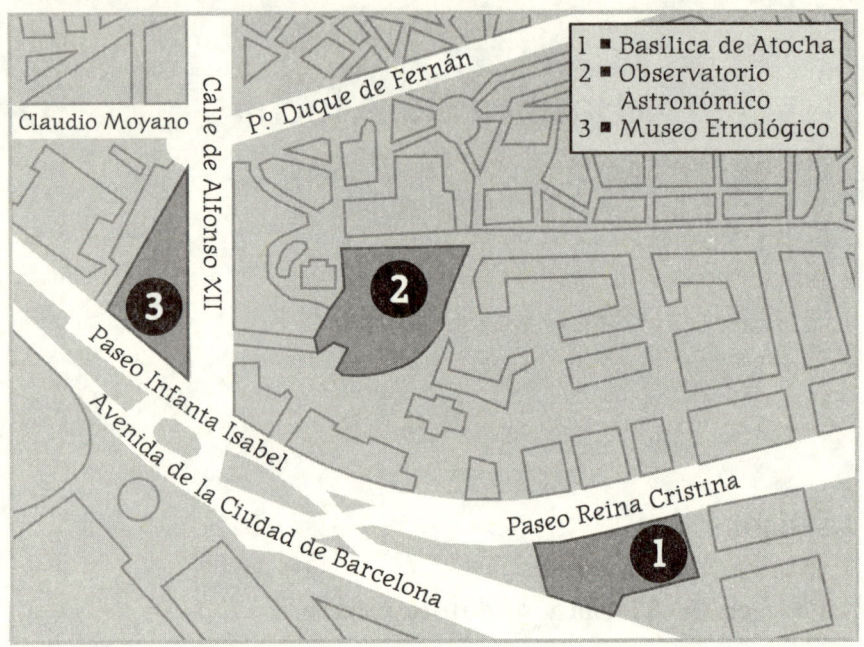

toka-Toca-Tocha = Atocha. No obstante, como puede observar el lector, todo lo expuesto son meras conjeturas. No hay datos fiables que puedan esclarecernos su origen.

Estas hipótesis han propiciado numerosos mitos alrededor de la imagen, aunque sin duda existe una leyenda que puede ser calificada como la más sobrenatural y misteriosa. Esta historia ha sido atribuida a Gracián Ramírez y habría comenzado a circular en el año 720, aunque algunos autores datan el supuesto milagro más tarde.[62]

El caballero Gracián Ramírez

Si complicado había sido dejar su hogar y sus posesiones, teniendo que trasladarse con su mujer y sus hijas al castillo de Eldegüela, sito en la cuesta de Rivas, sobre el río Jarama, más difícil le resultaba a Gracián Ramírez, al que muchos llamaban «alcalde», desplazarse todos los días hasta el santuario de la Virgen de Atocha. Y no por falta de devoción, sino

Basílica de Atocha.

porque los árabes, aunque habían prometido respetar el sagrado lugar, no se hallaban lejos de aquel emplazamiento, por lo que otras muchas personas que antaño habían visitado a la Virgen habían dejado de hacerlo ahora por miedo... Todo ello entristecía enormemente al caballero.

Su mujer y sus hijas habían tratado de convencerle de que no debía ir tan a menudo por aquellos parajes repletos de atochales. Trataban de disuadirle argumentando que era un lugar muy peligroso por estar cercano a una de las atalayas que los musulmanes habían construido desde que un día aparecieran a caballo armados con lanzas y espadas. No obstante, sabían que perdían el tiempo, ya que era tanta su devoción por aquella pequeña imagen que no era extraño oírle manifestar que estaría dispuesto a dar su vida (en caso de que fuera preciso) por la Señora.

Hacía un calor asfixiante que le impedía respirar con normalidad. Afortunadamente, ya se divisaba tras un montículo el pequeño santuario hacia el cual el caballo dirigía sus pasos cansinamente. Aquel día, pese a conocer el camino a la perfección, *Trotador* —que así se llamaba el animal— hizo un renuncio, al tiempo que relinchaba estrepitosamente. Era como si su caballo intuyese la tragedia que se avecinaba...

Don Gracián pensó que el viejo caballo había escuchado el sonido de alguna culebra cercana, si no, «¿de qué otra cosa podía tratarse si allí no había moros en la costa?», masculló para sus adentros. Arreó fuerte a *Trotador* y descendió el montículo a toda velocidad hasta llegar a la misma puerta de la ermita.

Al bajar del caballo volvió lentamente la cabeza y se paró a escuchar. Sólo podía percibirse el sonido del viento, de una brisa que le había acompañado durante todo el trayecto y que ahora se había hecho más y más fuerte. El cielo se había encapotado en pocos minutos y amenazaba con empezar a descargar toda la furia que llevaba en su seno.

Cuando entró en el santuario observó que algo grave había ocurrido. Las velas que depositara el día anterior aparecían ahora tiradas en el suelo, los humildes cortinajes habían sido rasgados y la imagen de la pequeña Virgen había desaparecido del modesto altar.

El caballero, lleno de rabia e impotencia, miró por todo el recinto buscando la imagen. Pero fue inútil, ¡allí no estaba! ¡Alguien la había mancillado!

Como loco, salió de la ermita y comenzó a gritar despotricando contra los musulmanes, a los que acusaba de sacrílegos. Nadie respondía a sus insultos. A decir verdad, por aquellos andurriales no había una sola alma, musulmana o cristiana.

La tormenta se desencadenó con fuerza, y la lluvia resbaló por sus mejillas, aunque llovió sobre mojado, porque éstas ya estaban húmedas a causa de las lágrimas, que brotaban debido a la profunda tristeza que atenazaba su corazón.

De pronto, un rayo alcanzó un matorral no muy lejano al lugar donde *Trotador* descansaba tras su prolongado paseo. El sitio estaba bastante cercano a unos atochales de la vega del Manzanares. Allí se inició un pequeño incendio que pronto fue sofocado por la intensa lluvia, dejando a su alrededor abundante humo y un diminuto cerco quemado.

Don Gracián fue hasta allí, en parte por amarrar al animal, que se había llevado un susto de muerte, aunque también intrigado por el fenómeno que acababa de presenciar y que había despertado la curiosidad del devoto caballero. Mientras se acercaba oraba en silencio pidiendo por la aparición de la imagen, aunque dejó de hacerlo cuando hubo llegado hasta el cerco y comprobó que allí, en ese justo lugar, semiescondida entre los atochales, ¡se hallaba la pequeña Virgen, totalmente intacta!

Gracián Ramírez se llenó de gozo y prometió que volvería allí al día siguiente y construiría con sus propias manos una nueva ermita más segura que la anterior, que pudiera albergar la imagen de la Virgen. En efecto, allí regresó con varios de sus hombres y los materiales precisos para iniciar la obra.

Sin embargo, en una atalaya cercana, unos ojos vigilaban con atención aquella extraña maniobra de los cristianos. Un joven musulmán creyó que aquellos hombres se preparaban para el combate e hizo unas señales de humo con la fogata encendida para ese fin.

Pronto, una avanzadilla árabe fuertemente armada se dirigió hacia el reducido grupo de cristianos que trabajaban a destajo ajenos a lo que estaba sucediendo a sus espaldas. La masacre fue total, ya que los cristianos no iban armados, aunque Gracián pudo escapar y llegar hasta Eldegüela. Una vez allí, expuso la situación a su mujer y sus hijas, pues estaba convencido de que los árabes no tardarían en llegar y arrasar con todo lo que encontrasen a su paso. El caballero temía que su mujer e hijas fuesen forzadas, pues a sus oídos habían llegado mil y una tropelías cometidas por los musulmanes con las mujeres cristianas.

Ante el destino que parecía aguardarlas, ellas mismas rogaron al caballero que las matara... Preferían despedirse de este mundo antes que resultar mancilladas. Así que don Gracián, con gran pesar, tomó su espada y las decapitó una a una mientras lloraba amargamente. Posteriormente, tomó sus yacientes cuerpos y los llevó hasta la ermita, donde los depositó ante la imagen de la Virgen de Atocha junto con sus cabezas.

Después, se dirigió hasta el lugar de la matanza, donde luchó con gran bravura, recordando constantemente a sus seres queridos que ya no volverían a la vida, y tanta fue la fe que puso en su empeño que terminó por vencer a los enemigos, que se retiraron prudentemente hasta sus lares.

Para cuando todo acabó ya era noche cerrada y sólo se escuchaban los gemidos de algunos de los hombres, que se quejaban por las heridas sufridas. Don Gracián, si bien escuchaba los lamentos, no atendía a sus peticiones, pues tenía la vista fija en la pequeña ermita, en la que sabía descansaban los cuerpos sin vida de su mujer y sus hijas. Empezaba ya a arrepentirse de la inutilidad de sus muertes y a sentirse profundamente culpable.

Entró prácticamente sin mirar, pues le horrorizaba el espectáculo que allí pudiera contemplar. Se arrodilló ante el altar y comenzó a orar pidiendo perdón. De pronto, escuchó lo que le pareció la voz de su mujer. «¡Gracián! ¡Gracián!», decía la suave voz. El caballero se giró y vio a su mujer y a sus hijas acercarse hacia él con los brazos extendidos. Al principio pensó que era su propia mente, que tras el golpe sufrido se había decidido a jugarle una mala pasada. Pero cuando se abrazaron a él comprobó que eran de carne y hueso. Las únicas huellas que atestiguaban su sufrimiento eran unos hilos rojos de sangre alrededor de sus cuellos. ¡El caballero había sido escuchado y premiado por su devoción hacia la Virgen de Atocha!

MISTERIOS DE LA CORTE

Los reyes rinden culto a la Virgen de Atocha

Gracián fue un ejemplo de devoción, pero no ha sido el único, ni mucho menos, que ha rendido pleitesía a esta imagen. Los reyes, especialmente los Austrias, se han postrado a sus pies.

Por ejemplo, fue Carlos I (V de Alemania) quién encargó a los religiosos de la Orden de los Predicadores que atendieran la hospedería que se creó para albergar a los peregrinos que hasta el santuario se acercaban.

Otro monarca, en este caso Felipe III, aceptó —mediante Real Cédula— el Patronato de Atocha por parte de la Casa Real en 1602. De hecho, cuando —antes de convertirse en rey— enfermaron él y otros miembros de la familia real a causa de la epidemia de catarro que asoló a los madrileños en 1580, la imagen de la Virgen, junto con el cuerpo de san Isidro, fueron trasladados hasta su alcoba para ver si su estado físico mejoraba. Y parece que así fue... Es más, si tenía que ausentarse de Madrid, nunca se marchó sin ir a verla para pedir su bendición. Incluso bautizó con el nombre de *Virgen de Atocha* a una de las carabelas que tenían como misión explorar las remotas aguas del estrecho de Magallanes.

También se sabe que su hijo, Felipe IV, a pesar de su fama de casanova, se comportó de forma aún más fervorosa, ya que visitó a la Virgen en más de tres mil cuatrocientas ocasiones. Al igual que su padre, nunca salía de Madrid, ni siquiera para ir a El Pardo, sin recibir su bendición. Al volver, lo primero que hacía era ir a orarle. Cuando por protocolo debía asistir a misa en palacio, volvía a escucharla después ante la pequeña Virgen. Incluso se hizo hacer una copia de la llave del santuario por si llegaba durante la noche, a fin de no molestar a nadie.

Fueron muchos los representantes de la corte que cedieron, a modo de tributo, objetos a la Virgen. Por ejemplo, don Juan de Austria le llevó el estoque que empleó en la batalla de Lepanto. Isabel II, en cambio, le ofreció el vestido de seda verde que llevaba el día que sufrió el atentado que casi le cuesta la vida. Conviene destacar, sin embargo, un aspecto de este fallido atentado. El 2 de febrero (mes 2) de 1852, cuando la reina se dirigía a la basílica a dar las gracias a la Virgen por su ayuda en el parto que recientemente había tenido, el cura Merino salió de entre el gentío y lanzándose contra ella le asestó una puñalada en el costado. Posteriormente, el cura sería ajusticiado el 7 de febrero de 1852. Se especuló por parte del diario madrileño *Las Novedades* (12 de febrero de 1852) con la existencia de una relación de supuestas sincronicidades con el número 2. Hagamos un pequeño cálculo: 2+2+1+8+5+2= 20 (2+0)= 2. Sólo se trata de un dato más, pero no deja de ser curioso. A pesar de todo, cuando la reina fue a donar el vestido a la Virgen, ¿pensó en algún momento que había salvado su vida gracias a su intervención? Es muy posible.

También se dice que la imagen es una de las mejores consejeras matrimoniales que se pueden encontrar. Esto se afirma, al menos, desde que el propio san Isidro, antes de casarse con santa María de la Cabeza, visitara a la Virgen, para que ésta le indicara si su matrimonio iba a ser adecuado. Parece que en este caso al menos no se equivocó.

Es mucha la devoción que se tiene en Madrid a esta pequeña talla de madera que no sobrepasa los sesenta centímetros y que está acompañada por el Niño, que le ofrece una manzana. Su piel negra ha suscitado que autores como Jesús Callejo hayan establecido una curiosa relación entre esta Virgen y los templarios. Cuenta a este respecto: «[...] Las Vírgenes Negras fueron la manifestación visible del sincretismo religioso medieval propiciado por antonianos (religiosos de la orden de San Antonio Abad) y templarios, que trajeron esta devoción a Occidente a lo largo de los siglos XI, XII y XIII. Por lo tanto, estas imágenes negras son la versión cristianizada de un culto antiguo, anterior al cristianismo sin duda alguna...».[63] En la actualidad, después de diversos avatares, esta Virgen puede ser contemplada por devotos y curiosos en la Real Basílica de Nuestra Señora de Atocha. Cabe resaltar que en Madrid existe otra Virgen que originalmente era negra, la de la Almudena. No obstante, en otros puntos de España existen varias: la Virgen de Montserrat, Nuestra Señora de la Peña Negra, Nuestra Señora de Torreciudad, la Virgen del Juncal, la Virgen cacereña de Guadalupe, entre otras.

MUSEOS

No lejos de allí se hallan dos curiosos museos. Nos referimos al Observatorio Astronómico y al increíble y polémico Museo Etnológico.

๛ Observatorio Astronómico: en la calle Alfonso XII, 3. Es obra de Carlos III, aunque alentado por el marino y astrónomo Jorge Juan. Se terminó en 1847, después de ¡cincuenta años de obras! Su función era el estudio de la astronomía y los fenómenos meteorológicos. Tiene como arquitecto a Juan de Villanueva. Se construye donde antes estaba la ermita de San Blas, justo en el cerrillo del Retiro.

Los interesados en la astronomía pueden solicitar una visita guiada para observar desde el telescopio allí instalado los astros y planetas. También se encuentra un péndulo oscilatorio, que va derribando bolos para mostrar su trayectoria. Benito Pérez Galdós, en *El Doctor Centeno*, hacía la siguiente descripción: «[...] El péndulo sidéreo, colocado a la derecha, parece la imagen de la discreción y de la mesura. Su pulsación suave, el juego de sus manecillas, que tan calladas van marcando los segundos y minutos, embelesan al que lo mira. Se le ve como si fuera una persona, un ser vivo, de madre nacido, con facciones de números y entrañas de animado metal, palpitantes y en ejercicio, como nuestras entrañas [...]».[64]

๛ El Museo Nacional de Antropología: antes conocido como «etnológico», se halla situado en la calle Alfonso XII, 68, esquina al paseo de la Infanta Isabel, 11. Ante todo debemos dar las gracias al museo y por extensión a su directora, doña Pilar Romero de Tejada y Picatoste, por la amabilidad que el personal tuvo con nosotros en todo momento.

Es un museo pequeño inaugurado por Alfonso XII el 20 de abril de 1875. En él se guardan grandes misterios de la naturaleza. Su propio fundador, el doctor Pedro González Velasco, posee una historia algo morbosa y aún hoy poco explicada. ¡Se dice que embalsamó a su propia hija! Este asunto fue conocido gracias a un cuento de Ramón J. Sender, publicado en la colección *La llave y otras narraciones*[65] y a la novela de Juan Antonio Cabeza *El secreto* (1966).

Retrato al carboncillo del doctor
Pedro González Velasco.

También existe similitud entre la historia de la hija del doctor Velasco y un cuento de Gabriel García Márquez, titulado *La santa,*[66] en el que un padre desesperado viaja hasta Italia con el cuerpo incorrupto de su hija en el interior de una maleta, con el fin de que la canonicen.

¿Dónde está la hija del doctor Velasco?

El doctor Velasco fue catedrático de Operaciones y Anatomía de la Escuela de Medicina de San Carlos. Residía, junto con su mujer y su hija de quince años, en una casa cercana al propio museo. La historia da comienzo cuando la hija de Velasco enferma de tuberculosis[67] y fallece poco después. El doctor Teodoro Núñez Sedeño,[68] brazo derecho de Velasco y pretendiente de la joven, se reúne con el desconsolado padre en su domicilio y según parece no salen de allí en varios días. Nadie sabe qué está pasando tras los muros de la casa, lo que da pie a las especulaciones: muchos creen que ambos personajes han embalsamado a la difunta, hecho que sería confirmado por el propio Velasco posteriormente, el cual obtiene un permiso especial para acomodar el cadáver de su hija en una vitrina

124

colocada al efecto en su domicilio. La opinión pública sostiene que el padre y el pretendiente sacan una vez a la semana a la muchacha, vestida de novia, y la sientan a la mesa con ellos, donde tiene puesto su cubierto. Pero incluso se rumorean más cosas: afirman que, al caer la noche, la infortunada novia es llevada en coche de caballos a tomar el fresco. Todo el asunto escandaliza a los madrileños. En la actualidad, se dice que la hija del doctor Velasco se encuentra —momificada— en la Cátedra de Anatomía de la Facultad de Medicina, en la Ciudad Universitaria de Madrid. Sin embargo, quisimos comprobar este extremo, porque si la joven estaba allí queríamos verla y descubrir qué había de cierto en toda aquella macabra historia. Con esta motivación, nos pusimos al habla con la Facultad y surgió la sorpresa...

«Efectivamente, aquí tenemos varias momias, pero ninguna es la de la hija del doctor Velasco. Hablen ustedes con el doctor Reverte Coma. Él ha hecho un exhaustivo estudio sobre el tema y ha llegado a la conclusión de que ella no está aquí», nos explicaron en la Facultad.

Todo esto nos dejó perplejos, por lo que no dudamos en hablar con el doctor Reverte, una eminencia en cuestiones forenses al que desde aquí agradecemos su deferencia con nosotros por contarnos datos que aún no han visto la luz.

«Sí, no les han informado mal. La momia de la hija del doctor Velasco no está allí. Yo he realizado unos trabajos sobre el tema, que aún son inéditos, que vienen a desmontar el mito. El doctor embalsamó a su hija, pero no sabemos en qué lugar puede encontrarse.»

No obstante, en 1998 el escritor Jesús Callejo y quien esto escribe nos entrevistamos con el doctor Esteban Llagostera a raíz del descubrimiento que hizo de la supuesta momia de Isis, que sería —según sus controvertidas y rebatidas investigaciones— hija de Ramsés II.

Pues bien, durante la charla fue precisamente él quien sacó el tema de la hija del doctor Velasco, comentándonos que Isis se encontraba en la Facultad, justo enfrente de la momia de la hija del doctor Velasco. Los ojos se nos abrieron como platos... Es más, nos hizo entrega de una diapositiva en la que se ve la presunta momia, según él bas-

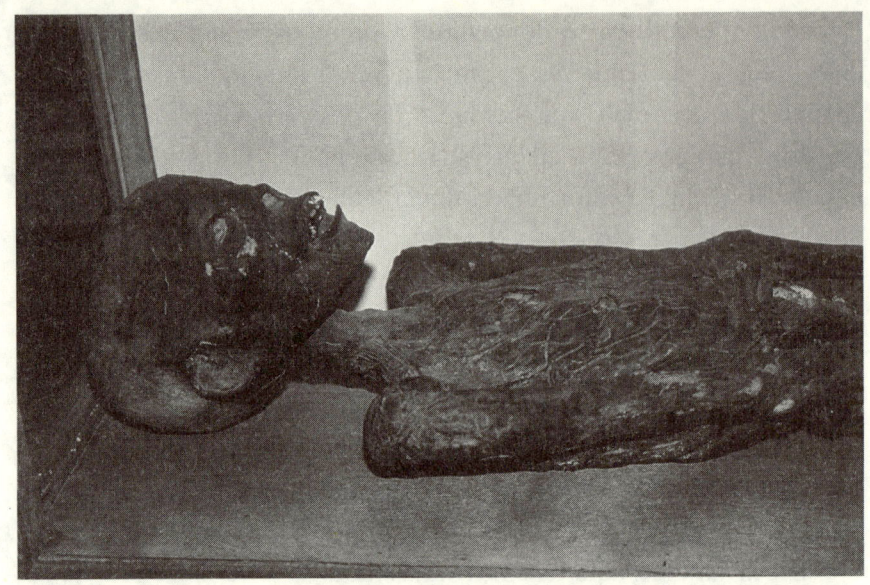

Detalle de la supuesta momia de Isis. (Cortesía de Esteban Llagostera.)

tante casera. De hecho, en la vitrina donde está hay un cartel que reza «Momia de la hija del doctor Velasco». En fin, unos afirman que no, que allí no está, y a pesar de ello al menos tienen una señalada como auténtica. ¿Por qué? Todo un enigma...

Después de tener conocimiento de estos datos, nos dirigimos a la Facultad de Medicina de la Universidad Complutense de Madrid y nos entrevistamos con el doctor Jiménez Collado, que amablemente nos mostró la momia de Conchita —así se llamaba la hija del doctor Velasco—. Y aunque no disponía de papel alguno que lo certificara, Jiménez Collado insistió en que aquélla era la momia que buscábamos: «Sólo existe el testimonio verbal de que esto es así, pero es un testimonio de toda la vida que yo siempre he oído».

Volviendo al museo fundado por Velasco, éste custodia importantes piezas procedentes de los cinco continentes: amuletos, cuchillos rituales, un feto humano, plantas alucinógenas empleadas en ceremonias rituales chamánicas, cráneos humanos con diversas deformaciones e incluso una impresionante momia guanche encontrada en Tenerife (la mejor conservada de todas cuantas se han hallado hasta el momento). Pero, desde luego, si hay algo que llama poderosamente la atención del visitante, además de la amabilidad del personal, es la contemplación del esqueleto de un gigante de 2,35 metros de estatura. Este gigante tiene su historia, aunque probablemente no les sorprenderá demasiado descubrir que el doctor Velasco está detrás de ella...

El gigante del Etnológico

Agustín Luengo Capilla nació en Puebla de Alcocer (Badajoz) en 1849. Pueden suponer que su elevada estatura por desgracia le relegó desde muy joven, al igual que el famoso «hombre elefante» inglés, John Merrick, a trabajar en un circo, siendo una de las mayores atracciones del momento. Cuando el doctor Velasco supo de su existencia, lo buscó para hacerle una oferta que Agustín no pudo rechazar: quería, una vez muerto, obtener su esqueleto, bajo documento notarial, con fines antropológicos a cambio de tres mil pesetas. El joven accedió y Velasco le pagó parte del dinero en vida y el resto a su familia una vez hubo abandonado este mundo, en la Nochevieja de 1875, cuando contaba sólo con veintiséis años.

Una vez desaparecido Luengo, el doctor Velasco se puso manos a la obra. Preparó el cadáver, que encogió diez centímetros debido al curtido, realizó un vaciado en yeso y montó el esqueleto, que pasó a mostrarse en el salón central del museo.

Aquellos estudiosos que han podido ver los huesos coinciden en que se trata de un gigante (patológico) acromegálico. Ello quiere decir que el joven Agustín padecía un tumor que le hacía segregar gran cantidad de la hormona del crecimiento (somatotropina). Según se sabe, las transformaciones más apreciables que produce esta enfermedad se concentran en nariz, orejas, mentón y pómulos.

Si bien el gigante permaneció apartado de los ojos de los curiosos durante varios años, actualmente puede contemplarse en el citado museo, expuesto en una vitrina de cristal.

- Paseo Infanta Isabel/calle de Alfonso XII: es la fachada del Etnológico (1873-1875). El rostro de una mujer hierática nos observa seria y prudente. Es la Ciencia, que, ataviada con un extraño casco, deja la puerta abierta a la fantasía, pues sobre ella una pequeña esfinge de prominentes pechos parece proteger discretamente el recinto. Arquitecto: Francisco de Cubas.

- Avenida de la Ciudad de Barcelona, 160: en los cuarteles de la Intendencia, Maestranza y Parque de Artillería, un león triste, lloroso y seudohumano (al menos, su nariz lo es) parece pedir amparo más que custodiar el recinto. Su boca es débil y apenas asoma un colmillo inferior, lo cual nos da idea de ancianidad. Parece atrapado en un recinto que nunca fue su hogar. Fecha: 1880.

Zona 9

Catedral de San Isidro

ર્જ

RELIGIÓN

San Isidro: vida y milagros de un santo ejemplar

En la calle Toledo, 49 se encuentra la iglesia catedral de san Isidro, lugar donde se custodia su cuerpo incorrupto y el de la que fuera su esposa en vida, santa María de la Cabeza.

«En Madrid perdura el recuerdo del bienaventurado Isidro, gloriosísimo testigo de nuestro Señor Jesucristo, el cual, aun siendo un sencillo labrador, era tenido por devoto del Señor y afable con sus semejantes; como seguidor no descuidado sino escrupuloso de las Sagradas Escrituras, anteponía no lo temporal a lo espiritual, sino lo espiritual a lo temporal. En efecto, cada día, según he sabido por lo que cuentan los hombres de buena fe, muy de mañana dejaba la faena de la labranza e iba a rezar a muchas iglesias de Dios y aunque asombrosamente se pasaba gran parte del día orando, mientras que sus convecinos atendían sus obligaciones, él aprestándose el último pero diligente a su deber, con la ayuda de Dios, superaba el ahínco de los demás, recordando las palabras del Apóstol: "Trabajad con vuestras manos, para que podáis socorrer a los necesitados", y estas otras: "Haz siempre algo, para que el diablo te encuentre ocupado".»

1 ■ Iglesia catedral de San Isidro
2 ■ El Rastro: plaza de Cascorro
3 ■ Iglesia de Sta. Cruz
     Calle de la Bolsa esq. Esparteros
4 ■ Estación de metro Tirso de Molina
5 ■ Plaza de la Puerta Cerrada

Así da comienzo el Códice de Juan Diácono, que data de la segunda mitad del siglo XIII y recoge los milagros atribuidos a san Isidro. Es éste, sin duda, el documento más importante que existe sobre san Isidro. En él se han basado todos aquellos investigadores que han querido conocer la vida del santo. Muchos de los hechos recogidos en este códice pueden ser calificados como legendarios. No obstante, sirve para darnos una idea de la importancia de esta figura nacida en el siglo XI.

Poco se sabe del origen de su familia, aunque la hipótesis más extendida es que nació cerca de la iglesia de San Andrés[69] y que era hijo de labradores. Se casó con una joven —María—[70] natural de Caraquiz,[71] que también sería canonizada y con la que tuvo un hijo.

Trabajó a las órdenes de Iván de Vargas, dueño de muchas de las tierras de Madrid del siglo XI. A raíz de esta costumbre que Isidro tenía de rezar a todas horas fue acusado por sus compañeros de poco trabajador. Se cuenta que Vargas fue a buscarle al campo

Sagrado cuerpo incorrupto de San Isidro Labrador,
Patrón de Madrid y de la Agricultura, que se venera
en la Santa Iglesia Catedral de su nombre, en Madrid.

Cuerpo incorrupto de san Isidro Labrador.

para reprenderle cuando se lo encontró en actitud de oración mientras «[...] dos yugadas de bueyes de color blanco araban al lado del siervo de Dios y sin propietario [...]», haciendo su trabajo. El Códice de Juan Diácono da cuenta de las quejas de sus compañeros de este modo: «[...] Venerable señor, nosotros, como conocidos y subordinados tuyos, confesamos que ésta es la verdad: lo que vemos y conocemos redunda en perjuicio tuyo y, velando por tu interés, no queremos silenciarlo. Sabed, con toda seguridad, que aquel dicho señor Isidro, a quien elegisteis para trabajar vuestra posesión en el campo por un sueldo anual, levantándose muy de madrugada y después de abandonar el ineludible trabajo del campo para ausentarse, se va a visitar todas las iglesias de Madrid, so pretexto de orar en ellas. Así, puesto que ya avanzado el día vuelve muy tarde al trabajo, no cumple ni siquiera con la mitad de la faena establecida. Por lo demás, no nos tengáis por malévolos o envidiosos al haberos expuesto lo que era útil y provechoso para vuestra casa [...]».

Muchos son los milagros que de él se cuentan tanto en vida (la curación de ciegos, por ejemplo) como después de muerto, el 30 de noviembre de 1172, a los noventa años de edad. Algunas de las anécdotas son —a la luz de la razón— completamente increíbles, como cuando su hijo se cayó a un profundo pozo[72] y todos creyeron que se había ahogado. Al llegar Isidro varias horas después, se encontró a su esposa llorando junto al brocal. Sin embargo, tras orar ante el pozo, las aguas, de repente, fueron subiendo al tiempo que alzaban al niño, que salió del agujero ileso.

Otro de los episodios sorprendentes que envuelven al misterioso santo ocurrió después de una nevada, cuando se apiadó de unas palomas que se morían de hambre y frío y les dio de comer de un saco donde llevaba el poco trigo que tenía para moler. Parece que al llegar al molino, inesperadamente salió tanta cantidad de harina que obtuvo varios sacos de donde materialmente no había.

En otra oportunidad, se encontraba Isidro orando en la iglesia de Santa María Magdalena cuando se presentaron unos jóvenes advirtiéndole de lo siguiente: «[...] Levantaos, padre Isidro, y acudid lo más rápidamente posible, porque un lobo voraz persigue a vuestro burro y lo acosa antes de herirlo de muerte». Entonces Isidro les replicó que lo dejaran estar. Que se haría la voluntad de Dios. Después de rezar, salió a ver qué había ocurrido y encontró al asno sano y salvo, y al lobo caído a su lado.

Después de muerto, el cuerpo de san Isidro permaneció enterrado en el cementerio de San Andrés Apóstol durante cuarenta años, hasta 1212. Entonces, según reza la tradición, el santo tuvo a bien aparecérsele a un antiguo conocido, rogándole que trasladasen su cuerpo a la iglesia del mismo nombre. El hombre, por temor a las burlas, hizo caso omiso de la aparición. Poco después, cayó enfermo (tal vez como nota de atención) y no se recuperó hasta la fecha exacta en la que el cuerpo fue descubierto y trasladado al lugar que él solicitaba. Al ver que su primera aparición había resultado estéril, se volvió a «presentar» esta vez a una mujer, que sí dio aviso para que se buscase su cuerpo a golpe de azada en el lugar que el santo le indicó. Según se manifiesta en el mencionado Códice, «[...] encontrando su cuerpo intacto y sin daño, y su mortaja en buen estado y entera, desprendiendo un suave olor a incienso [...]». El cuerpo estaba incorrupto, ¡después de haber estado depositado en un lugar en el que en época de lluvias un riachuelo que corría por encima llegaba a penetrar en el hoyo de la sepultura depositando en él aguas insanas!

Tras muchas luchas, Isidro, que ya era «santo» según la voz popular, fue canonizado por Gregorio XV el 12 de marzo de 1622. Este santo no sólo ha sido considerado ejemplar por sus milagros, también por su estatura —un metro y ochenta centímetros—, poco común a finales del siglo XI. Su cuerpo sólo es exhibido al público en determinadas ocasiones. No obstante, particulares que han podido verlo afirman que se encuentra tan bien conservado que si se toca su piel no pierde elasticidad.

Parece ser que se le apareció, ya fallecido, a Alfonso VIII, ayudándole a ganar, mediante sus indicaciones, la batalla de las Navas de Tolosa. Sucedió el mes de julio de 1212. El rey viajaba desde Toledo a Sierra Morena para emprender batalla contra los almohades, dirigidos por Al-Nasir. Lo que desconocía el monarca cristiano es que el ejército enemigo se había colocado estratégicamente en el Paso de la Losa, lugar desde el cual podrían atacarlos por sorpresa. En ese momento surgió como de la nada un pastor ante el monarca y el gran Maestre del Temple, y les mostró un atajo secreto que decía utilizar él cuando iba con las ovejas a pastar, además de proporcionarles agua. Si no hubiese sido por las indicaciones del misterioso pastor, los ejércitos del rey no hubieran estado en condiciones de hacer frente a la batalla. Sin embargo, bajo su protección consiguieron derrotar de forma aplastante a los enemigos el 16 de julio del citado año. El monarca siempre quedó intrigado por la providencial aparición del gentil pastor.

Tras las celebraciones por la victoria, Alfonso VIII (de vuelta a Burgos) se empeñó en parar en Madrid para visitar el cuerpo de san Isidro, del que le habían llegado tantos relatos milagrosos. Ya había transcurrido un año desde el descubrimiento del cuerpo de san

Isidro y el monarca quiso que se destapase. Quedó estupefacto al comprobar que ¡el buen pastor y san Isidro eran la misma persona! Todo ello originó que se construyese un arca y una capilla para preservarlo.

En el siglo XVI sucedió un hecho extraño con referencia al santo. Tuvo lugar el 30 de septiembre de 1575, cuando unos moriscos, al ver la posibilidad de hacer negocio, se dedicaron a recoger el agua que mana de la llamada «Fuente del Santo», que se encuentra en la entrada al cementerio de San Isidro. De ella siempre se ha dicho que tiene propiedades curativas, por lo que se dedicaron a venderla por Madrid.

Poco les duró el negocio, porque de improviso el agua dejó de brotar, arruinándoseles la empresa. Unos dicen que fue cortada a propósito. Otros, que se trató de un «castigo» por negociar con las cosas sobrenaturales. El caso es que una vez que se les prohibió recoger el agua ésta brotó como siempre lo hizo, desde que el propio san Isidro hiciese nacer las aguas.

Es tradición entre los madrileños acudir todos los años a las fiestas del santo, el 15 de mayo. Son muchos los autores que han descrito la romería, como Mesonero Romanos en *Escenas costumbristas,* en las que se da cuenta de la alegría que esta festividad despierta en los habitantes de la Villa.

Existe toda una ruta isidresca de la que iremos dando cuenta poco a poco cuando abordemos la Zona 11, donde se hallan los lugares más relevantes en la vida del santo.

Como nota curiosa es interesante añadir que en Vannes (Francia) ¡dicen poseer también el cuerpo incorrupto de san Isidro! Sin embargo, esta afirmación carece por completo de lógica y rigor. Parece ser que se trata de una imagen. No obstante, hay un hecho incontrovertible, y es que el Códice al que se ha estado aludiendo describe claramente cómo, dónde y en qué condiciones se encontró su cuerpo. Desde luego no fue en Francia, país que seguramente ni tan siquiera llegó a conocer san Isidro en vida.

¿Reliquias de santa María de la Cabeza en el Rastro?

De santa María de la Cabeza se cuentan también numerosos hechos prodigiosos. Sin duda, el más conocido es el que relata el momento en que se le apareció la propia Virgen: «[...] Mientras Isidro cultivaba la tierra, María visitaba una ermita contigua dedicada a la Reina de los Ángeles, ocupándose de la limpieza y aseo del santuario. Es fama que se le aparecía la Virgen y que, en alguna ocasión, la ayudó a cruzar el río, tomándola de la mano para pasarla al otro lado [...]».[73]

A pesar de llevar más de ocho siglos muerta, la santa volvió a ser noticia en la Villa. El 4 de junio de 1995 la Policía Municipal decomisó a un perista del Rastro[74] una caja de latón en la que figuraba una inscripción, escrita a pluma sobre un pergamino, en la que podía leerse: «Reliquia de Santa María de la Cabeza. Contiene hueso de cráneo de cuatro por cuatro centímetros y varios trozos de hueso ilíaco. 16 de diciembre de 1946». El perista aseguró desconocer el origen del cofre y se mostró dispuesto a ir a declarar a la comisaría.

Expertos de Protección del Patrimonio Histórico de la Unidad Central de la Policía Judicial fueron los encargados de custodiarla hasta saber su origen. Posteriormente, esta unidad hizo entrega de la supuesta reliquia al obispado de Madrid. Sin embargo, no quisieron explicar si los restos óseos eran o no de la santa, únicamente manifestaron que «cuando alguien pierde algo, o se lo roban, hay que devolvérselo».

Al parecer, el misterio continuará siéndolo porque el obispado, si bien decidió abrir una investigación —ya que la Iglesia sólo considera verdaderos aquellos restos que cumplen dos requisitos: que se conserven en urnas cerradas y que dispongan de certificados oficiales en los que se avale su autenticidad, documentos que precisamente se denominan «auténtica»—, aún no tenemos constancia de los resultados de los análisis.

El obispado decidió custodiar los huesos de forma piadosa, pero no los ha expuesto para su veneración hasta que se sepa cuál es su verdadero origen.

Aparición misteriosa en la iglesia de Santa Cruz

En la calle de la Bolsa, esquina a Esparteros, cerca de la plaza de Jacinto Benavente, estaba la iglesia de Santa Cruz. Allí, durante el reinado de los Austrias, tuvo lugar un suceso misterioso que duró poco tiempo pero que fue presenciado por varios testigos.

Era noche cerrada, cuando una enigmática «masa» se paseó impunemente por encima de la parroquia. No faltaron quienes, en el momento de la aparición, creyeron escuchar una inquietante profecía: la destrucción del imperio español. Como todas las profecías mesiánicas que hacen referencia a la destrucción del planeta, ésta no llegó a cumplirse... ¿o tal vez sí? ¿Se refería la extraña voz a la caída del indiscutible poder imperialista que España tenía? El badajo quedó torcido como consecuencia de este misterioso hecho.

La antigua parroquia fue derruida en 1868, y la nueva está ubicada al final de la calle de Atocha, inaugurada en 1902. Dentro se custodia uno de los numerosos *lignum crucis* (trozos de madera que habrían pertenecido supuestamente a la cruz en la que murió Jesucristo) conocidos. Existe otro en el monasterio de San Lorenzo de El Escorial y posiblemente en el Palacio Real, pues allí hay una sala llamada de las «reliquias» cerrada al público, por lo que no se conoce con exactitud su contenido. Sabemos de otro *lignum crucis* perteneciente a una particular, emparentada con una casa real europea, que prefiere permanecer en el anonimato, a pesar de que no tuvo ningún inconveniente en mostrárnoslo a título privado el 28 de enero de 1998.

El metro de los huesos

La estación de metro de Tirso de Molina no es una estación corriente. Tiene una particularidad que no encontrará en ninguna otra...

Cuando a principios de los años veinte dieron comienzo las excavaciones para la construcción de esta estación, inaugurada en diciembre de 1921, los obreros se toparon con gran cantidad de huesos que resultaron proceder del cementerio del antiguo convento de la Merced, derribado en 1840.

La historia terminó con la colocación en los andenes de los huesos procedentes del cementerio, para finalmente taparlos con losas tipo azulejo. ¡Y allí continúan!

Zona 10
La Puerta del Sol

ॐ

Un sol en la puerta o la Puerta del Sol

Llegamos a uno de los puntos neurálgicos de Madrid. Sin embargo, ¿nos hemos parado a pensar cuál es su origen? ¿Qué motiva su nombre? La leyenda, cómo no, vuelve a entremezclarse de nuevo con los datos históricos.

En 1520 llega a Madrid la famosa rebelión de los comuneros, que causa gran malestar y da origen al pillaje y al bandolerismo. Los comuneros (como se hacen llamar ellos mismos) exigen al rey Carlos I una serie de mejoras, pues la situación de hambruna y descontento se hacía ya insostenible.

La rebelión dio comienzo en Toledo cuando, haciendo caso omiso a los problemas del pueblo, el rey pidió a las Cortes (que se encontraban reunidas en esa ciudad) trescientos millones de maravedíes para un viaje de tres años de duración a Flandes.

Gran parte del pueblo se sublevó negándose a seguir sustentando los caprichos del rey, que desoía los clamores populares. Las protestas se extendieron a otros lugares hasta el punto de que el pueblo se llegó a organizar en milicias. En Madrid fue capitaneada por la mujer del alcaide, María Lago. Se exigió al rey, entre otras cosas, que

1 ■ Puerta del Sol
2 ■ Oso y Madroño
3 ■ San Ginés (C. Arenal)
4 ■ Plaza Mayor
5 ■ Calle Núñez de Arce
6 ■ Calle Postas
7 ■ Plaza de las Descalzas Reales
8 ■ Calle Preciados

en cada ciudad relevante se crease un banco encargado de administrar sus propios recursos, que el rey pagase los gastos generados por su corte, que hasta el momento eran costeados por el pueblo, y sobre todo que los cargos de relevancia política fueran nombrados por los habitantes de cada ciudad democráticamente.

Como consecuencia de esta situación surge una de las plazas más famosas de España: la Puerta del Sol, que recibe este nombre porque las autoridades de la Villa, a fin de solucionar los problemas del bandolerismo generados por el descontento y malestar, además del hambre, ante la impotencia de solucionar el asunto deciden construir una especie de fuerte que los proteja. De este modo mandan cavar un foso y construir un castillo. La puerta principal de éste daba acceso a la ciudad. Así, pretendían frenar la ola de violencia e indignación de los comuneros cerrándoles el paso. En la puerta del fuerte pintan la figura de un sol. Se ignora el autor del fuerte y del adorno. Respecto al posible simbolismo de la figura del sol existen opiniones divergentes. Casi todos los autores que se refieren a este tema, entre ellos María Isabel Gea Ortigas, apuntan dos posibles hipótesis que en su día se barajaron, porque certezas no tenemos ninguna: pudo ser un capricho del artista, una casualidad. Sin embargo, también se especula que fue pintado porque el castillo o torre estaba orientado a oriente (punto de salida del sol). Además se dice que este apelativo se debería a que la luz del sol entraba por uno de los postigos de la muralla (que se encontraba justo donde ahora está la plaza), que fue derribada en la segunda mitad del siglo XVI.

El kilómetro cero (de donde nacen las seis carreteras principales de España) está enclavado en la Puerta del Sol. Surgió bajo el reinado de Felipe V. Existe una placa allí que lo atestigua que data de 1950. Pero el centro geográfico de Madrid cambió en 1978, fecha en la que se determinó que el centro oficial de la Villa coincidía con el jardín del Museo del Prado, frente a la escalinata de acceso al templo de San Jerónimo el Real. En los últimos años Madrid ha experimentado un gran cambio. No hay que olvidar que ahora la Villa es mucho más grande. Después de la instalación de una estación de servicio, el centro oficial de la Villa ha quedado fijado en el cruce de las calles de Serrano y Goya.

El reloj de la Puerta del Sol

El 19 de noviembre de 1866 comenzó a funcionar un nuevo reloj, obsequio de un relojero español afincado en Londres, don José Rodríguez Losada. El citado reloj fue instalado en lo que antes era la Real Casa de Correos, después torre del Ministerio de la Gobernación y Dirección General de la Seguridad y que actualmente ocupa la Presidencia de la Comunidad de Madrid, edificio que estaba siendo restaurado y cuyas obras se terminaron definitivamente el 19 de febrero de 1998.

Aunque el lector no haya nacido en Madrid seguro que conoce su existencia gracias a la celebración de la fiesta de San Silvestre y la llegada del Año Nuevo. El reloj posee un complicado mecanismo que hace que cuando llegan las doce de la noche descienda una bola encargada de señalar, mediante campanadas, el nacimiento de un nuevo año.

Cuando el reloj fue instalado en 1866, no funcionaba demasiado bien, lo que popularizó la siguiente composición poética:

> Este reló tan fatal
> que hay en la Puerta del Sol
> —dijo a un turco un español—
> ¿por qué funciona tan mal?
> Y el turco con desparpajo
> contestó cual perro viejo:
> Este reló es el espejo
> del Gobierno que hay debajo.[75]

Funcione mal o bien, lo importante es que cientos de madrileños se reúnen cada año, con sus uvas, en la Puerta del Sol —protagonista de numerosos acontecimientos— para festejar la llegada de un nuevo año. La tradición de comer las doce uvas es bastante reciente, del 31 de diciembre de 1909. Fue inventada por los cosecheros españoles que recolectaban las uvas y surgió porque aquel año hubo un gran excedente. Como no sabían qué hacer con ellas idearon esta simpática costumbre. La gente se concentra en la Puerta del Sol porque simboliza el cruce de todos los caminos. No obstante, a finales del siglo XIX (1876) la costumbre era bien distinta. Se celebraba en la víspera de Reyes y en la noche de San Silvestre. Consistía en la compra en los puestos callejeros de unas tarjetas en blanco y otras que llevaban escritos versos y motes. Después, ya en casa, los madrileños escribían los nombres de los familiares y de sus invitados. Las tarjetas se separaban por sexos y se introducían en dos urnas. La idea era sacar al mismo tiempo una tarjeta de cada urna, de modo que se formaran parejas al azar. Los hombres debían obsequiar a las mujeres algo simbólico, que normalmente, dadas las fechas, eran dulces. Con respecto a los motes o dichos, se introducían en otra urna, se iban sacando de uno en uno y debían ser leídos en alto. Lo que se desprendía resultaría ser supuestamente la tónica dominante en ese año para aquella persona. La mayoría de los motes o versos eran bromas cuyo único fin era el de pasar un rato agradable. A estas dos costumbres se las llamaba entre los madrileños «echar los años y los estrechos». Lo de los años debido a los motes o versos, y los estrechos porque contribuían a unir lazos entre las parejas producto del azar.

UN «DIABLO» MUY CASTIZO

Cabe hacer referencia asimismo a una curiosa leyenda que tuvo como protagonista el edificio, anteriormente citado, de la Presidencia de la Comunidad Autónoma de Madrid. Cuando se estaba construyendo en 1786, un extraño rumor comenzó a circular entre los albañiles. Afirmaban que el mismísimo diablo se les había aparecido a fin de advertirles que estaban construyendo un monumento propiedad del «infierno».[76] El diablo —si es que los albañiles realmente llegaron a ver algo— debía de tener mucho más de terrenal que de infernal, porque sus argumentos no parecían propios de un ser demoníaco: a «él» le hubiera complacido más que se hubiese elegido el proyecto de Ventura Rodríguez en vez del de un francés.

Sea como fuere, los peones tenían miedo y hubo de ser necesaria la presencia de un sacerdote a fin de apaciguar los ánimos durante el tiempo que se prolongaron las obras. Y es que hay historias para todos los gustos. La siguiente, en cambio, tiene como protagonistas a las tropas de Napoleón.

El hechicero capitán se transforma en ratón

Cuando las tropas invasoras de Napoleón llegaron a Madrid los madrileños intentaron por todos los medios expulsarlas de sus dominios. Tanto es así que un grupito compuesto por veinticuatro soldados franceses y su capitán fueron a esconderse precisamente al inmueble antes citado.

Los madrileños los siguieron y rodearon el edificio. Pronto los soldados, acosados por el hambre y la sed, decidieron salir y huyeron de mal talante. No obstante, el capitán no aparecía. Afirman que nunca llegó a salir, por lo que entraron para hacerle preso, pero ¡había desaparecido! Los madrileños no daban crédito a lo sucedido, así que desmantelaron de arriba abajo todo el edificio, incluso desmontaron los relojes. ¿Dónde demonios estaba? ¡Lo único que encontraron fue un ratón! Ante la evidencia de que el capitán no aparecía, no había podido huir sin ser visto y la aparición del ratón, los frustrados captores hicieron sus propias cábalas: estaba claro para ellos que el capitán francés debía de ser en realidad un brujo que mantenía contacto con el diablo y éste le había ayudado, en recompensa por su fidelidad, transformándolo en ratón.

¿Qué pasaría con el pobre y asustado ratón? Ante deducciones como la expuesta, lo más probable es que alguien, encolerizado, acabase por dar un pisotón al indefenso animal.

El Oso y el Madroño

Justo enfrente de la antigua Casa de Correos se encuentra el Oso y el Madroño. Según el dictamen de la Real Academia de la Historia, don Dalmiro de la Válgoma informaba lo siguiente: «Sin dragón, el escudo de Madrid sería de plata; el madroño de sinople [verde], terrazado de lo mismo, frutado de gules [rojo], acostado el oso empinante de sable [negro] y superado el arbusto por corona cívica [que fue suprimida por indicación del señor De la Válgoma]; bordura de azur cargada de siete estrellas de plata. Al timbre, corona real». No obstante, sólo se conservan aquellos símbolos más antiguos, la osa (según defiende José María de Mena) y el madroño. El dragón que se suprime parecía simbolizar al que se encontró durante unas obras en la Puerta Cerrada. En cuanto a las siete estrellas, se sostiene entre los

Escudo de Madrid.

heraldistas que son producto de aquellas siete de la constelación denominada Osa Mayor.

LOS MISTERIOS DE SAN GINÉS

Muy cerca de la Puerta del Sol se encuentra la calle del Arenal. En el número 13 se halla uno de los templos más antiguos de Madrid. No se tiene certeza de la fecha exacta de la construcción de la iglesia de San Ginés, pero está considerada como la primera parroquia surgida fuera de la muralla cristiana, en los arrabales. De hecho, durante mucho tiempo esta iglesia, junto con el monasterio de San Martín, fueron los únicos recintos sagrados que podían hallarse en las afueras. Es probable por tanto que el templo pudiera haber sido fundado por los mozárabes.

En 1353 ya se sabe de la existencia de San Ginés, porque fue protagonista de un suceso bastante macabro en su interior: un robo con asesinato. Los criminales, no contentos con su acción, decapitaron a la víctima (que debía de estar orando) y colocaron su cabeza a los pies de la Virgen... Según recoge Ángel del Río: «[...] Se habla del fantasma sin cabeza. Sin cabeza pero con voz, porque alguien cuenta que lo que pretende ese alma en pena es narrar cómo ocurrieron los hechos del robo en la iglesia y de su personal asesinato [...]».[77]

La iglesia se desplomó en 1641. Juan Ruiz, arquitecto de formación postherreriana, se encargó de su reconstrucción, iniciada en 1645. La planta es de tres naves con capillas y los muros son articulados con pilastras toscanas que sostienen un entablamento. Está cubierto con bóvedas de cañón. Sin embargo, la suerte no pareció acompañar a esta edificación, ya que un incendio en 1724 terminó por devorar el diseño original y tuvo otra vez que ser renovado.

En esta parroquia fue bautizado Lope de Vega, se casó Francisco de Quevedo y san Isidro acudía a orar a diario antes de ir a trabajar. Durante el siglo XIX se convirtió en uno de los templos más importantes al ser frecuentado por la burguesía madrileña debido a su magnífica situación, en pleno centro neurálgico. Pero, sobre todo, porque se encontraba a escasa distancia del Palacio Real y era el templo favorito de Isabel II.

Para finalizar, otro de los motivos por los que San Ginés es una de las iglesias más especiales de Madrid es el hecho de que tenía cementerio, situado en lo que en la actualidad es el atrio de entrada por la calle del Arenal. A decir verdad, había otro en la plaza del Carmen (el de la parroquia de San Luis Obispo), hoy transformado en un aparcamiento subterráneo, y un tercero en la parroquia de San Sebastián, en la calle Atocha, que se terminó por convertir en un vivero. En realidad, las catorce parroquias que había en la Villa tenían su propio cementerio. Sin embargo, José I en 1810 acabó con esta costumbre al prohibir los enterramientos en la capital por cuestiones de higiene.

Cocodrilo a los pies de la Virgen (iglesia de San Ginés).

Un enorme cocodrilo a los pies de la Virgen

Además de los motivos ya expuestos que hacen aconsejable la visita a San Ginés, existe otro dato muy extraño. No es frecuente entrar en una iglesia y contemplar un gran cocodrilo —de unos dos metros— colocado a los pies de la Virgen.[78] También se puede contemplar, fuera de los límites de la Comunidad, en Nuestra Señora de Sonsoles (Ávila), aunque el que allí se halla se aprecia en peores condiciones. La tradición de introducir animales en las iglesias suele darse en el contexto de algún supuesto milagro. Se trataría de un exvoto, un acto de agradecimiento hacia la Virgen intercesora. En Sonsoles, por ejemplo, también se encuentran varias prendas de ropa de personas que fueron alcanzadas por rayos y lograron salvar sus vidas, o el bolígrafo con el que una joven logró aprobar sus oposiciones... el significado viene a ser el mismo. En el caso de San Ginés, el hecho de que se pueda contemplar en pleno centro de Madrid a uno de estos anima-

146

les no originarios del continente europeo es producto de una curiosa y bella leyenda.

Alonso de Montalbán

Habían transcurrido pocos años desde que Colón emprendiera su primera aventura hacia el Nuevo Mundo. Este viaje contribuyó, entre otras cosas, a desterrar la vieja creencia de la época de que la tierra era plana y que tenía un final.

Una vez sabida la existencia de una gigantesca e inexplorada área, algunas personas decidieron marcharse en busca de aventuras y mejores perspectivas económicas. Algunos eran vividores e incluso villanos que tenían poco futuro en España. Otros, como Alonso de Montalbán, habían sido enviados expresamente por los Reyes Católicos como comisionados.

Alonso era un hombre valiente y muy trabajador que se había ganado a pulso la confianza de los reyes. Sin embargo, cuando la reina le solicitó que prestase sus servicios a la Corona en tan lejanas tierras, su rostro palideció. Eran muchas las cosas que se escuchaban sobre aquellas tierras. Se hablaba incluso de la existencia de caníbales. Además se decía que había serpientes capaces de matar a un caballo en pocos segundos. Las playas no eran como las europeas, allí moraban unos monstruos marinos que se distinguían por sus aletas y cuyas fauces se habían tragado de un solo bocado a los pobres que habían osado adentrarse en sus aguas. Montalbán no se explicaba por qué después de tan buenos servicios la reina quería mandarle a ese tormento. ¿Qué mal acto había cometido?, se preguntaba el buen hombre. Apretó sus manos con fuerza e hincando las rodillas en el suelo suplicó no ser enviado a ese tenebroso lugar. A fin de cuentas estaba desposado y tenía varios hijos que quedarían huérfanos y desamparados si llegaba a ocurrirle algo malo en tan remotos parajes... Los ruegos y las súplicas no le sirvieron de nada. La reina quería mandar a alguien de confianza. Alonso de Montalbán regresó a su casa y comentó la nueva situación con su mujer. Ambos decidieron que era mejor que fuesen todos juntos. Preferían estar unidos aunque fuese en tierras hostiles. Además, la mujer de Alonso albergaba secretamente la esperanza de contribuir a la conversión de los «infieles». Y en efecto, marcharon todos y permanecieron en tierras americanas varios años, hasta que de nuevo la reina llamó al comisionado. Parece ser que habían escuchado por fin sus súplicas y le destinaban a un puesto más acomodado en la Villa. Los preparativos de regreso fueron laboriosos pero rápidos. Deseaban volver pronto a España.

Se encontraban ya en alta mar cuando de pronto avistaron desde la borda unos enormes cocodrilos[79] que, furiosos, comenzaron a golpear la embarcación.[80] Parecían estar ciegos, sus arremetidas eran tan fuertes que temieron por sus vidas y optaron por refugiarse en la isla de Portobelo. Allí desembarcaron y estudiaron la situación. Pronto anochecería y no habría luz, ¿qué podían hacer? En ese momento, escucharon algo parecido al llanto de un bebé. Resultaba muy extraño porque allí no había niño alguno y la isla parecía un lugar abandonado de la mano del Señor; aunque lo preferían a caer en manos de los «hombres caníbales». Sin embargo, los sollozos resultaban tan claros y cercanos que se aventuraron a mirar detrás de una enorme mata, ya que de allí parecía provenir el lastimero llanto. De pronto, quedaron paralizados al ver aparecer un gigantesco cocodrilo que se dirigía hacía ellos de forma presurosa. Nadie les había advertido de la rapidez con la que eran capaces de desenvolverse estos monstruos. La esposa de Montalbán, al ver que de ésta no salían con vida, se encomendó a la Virgen pidiendo su misericordiosa intervención, que no se hizo esperar. De inmediato, el tronco de un árbol cercano se abrió como si lo hubiese alcanzado un rayo, una parte cayó sobre el cocodrilo y lo aplastó dejándolo muerto al instante. En el interior del tronco, la imagen de una Virgen quedó al descubierto,[81] a la que después llamaron Virgen de los Remedios. Ya medio repuestos, la mujer de Montalbán depositó delicadamente entre sus brazos la imagen de la Virgen, para llevarla consigo en la travesía. Su marido, en cambio, se empeñó en recoger el cocodrilo y acomodarlo entre unos barriles de

148

sal que había en la bodega. Alonso pensó que si no llevaban el saurio nadie iba a darles crédito cuando contaran en España lo sucedido. Una vez en la Villa, los Montalbán erigieron agradecidos un altar a la Virgen, donde colocaron la imagen y a los pies el enorme cocodrilo que, todavía en la actualidad, puede ser contemplado en uno de los altares de la iglesia.

INQUISICIÓN

Brujería en Madrid: La Inquisición y los autos de fe en la Plaza Mayor

> Hay una superstición al huir
> de la superstición
> FRANCIS BACON

Muy cerca de la Puerta del Sol se encuentra la plaza Mayor. En este lugar se han desarrollado numerosos acontecimientos relativos a sucesos acaecidos en la Villa. La plaza comenzó a gestarse antes, pero sería Felipe III quién encargara a Juan Gómez de Mora —discípulo del misterioso Juan de Herrera— su construcción en 1617, finalizándose las obras en 1619. De estructura rectangular, posee unos doscientos metros de longitud por cien de ancho. Sin embargo, sufrió tres incendios en 1631, 1672 y 1790 respectivamente. En ella tuvieron lugar muchos autos de fe.

Las ejecuciones capitales se realizaron en esta plaza hasta finales del siglo XVIII, momento en el que fueron trasladadas a la plaza de la Cebada. En cambio, en la Mayor se levantaba el cadalso según el tipo de ejecución: delante del portal de paños (horca), la Casa de la Panadería (garrote), en la zona destinada a la Carnicería (degollamiento).

Los autos constituían todo un espectáculo, pues los balcones que daban a la plaza se alquilaban durante las tardes para las personas que quisiesen presenciarlos y tuviesen las siguientes cantidades para satisfacer a sus propietarios: doce ducados (primeros pisos), ocho

Perspectiva de la Plaza Mayor, 1618. Anónimo.

(segundos), seis (terceros), cuatro (cuartos), según tasas establecidas el 30 de junio de 1620.

Cuando se hizo referencia a la Zona 6 y a las persecuciones de los judíos en la Villa, se comentó cuándo y por qué se crea la Inquisición. No obstante, existe una leyenda sobre la expulsión de los judíos que hace referencia al siniestro Torquemada. Se dice que cuando ya era conocido que los judíos iban a ser desterrados, las aljamas ofrecieron —según recoge Díaz-Plaja en su libro *La vida cotidiana en la España de la Inquisición*— a los Reyes Católicos una cantidad de oro y plata[82] a cambio de que se respetara su estancia en España. Parece que los reyes estaban a punto de ceder cuando Torquemada entró en el gabinete real, lanzó furioso un crucifijo sobre la mesa y explicó a los monarcas que ya podían venderlo, igual que lo hizo Judas en su día.

Leyendas aparte, lo cierto es que tras la autorización de Sixto IV, en 1478, los reyes nombraron a los primeros inquisidores en 1480, lo que propició una caza de brujas difícil de detener... Sólo personajes

150

como el enigmático Cagliostro,[83] que estuvo de paso por Madrid allá por los años 1770-1771, pudieron escapar indemnes.

Las principales víctimas eran los judíos, los de la «secta» de Mahoma, los «alumbrados», que eran reconocidos —según la propia Inquisición— por cerrar los ojos cuando alzaban la hostia, los brujos y brujas, los practicantes de las mancias, los que no acusaban sabiendo que otros habían cometido estos «delitos» expuestos líneas atrás, y un largo etcétera...

A principios del siglo XVII, se empieza a conocer en España un grupo al que se denomina la «secta» de los alumbrados. En realidad se trataba de un sector heterodoxo que no aceptaba la Iglesia oficial del momento y que anunciaba el contacto espiritual directo entre Dios y el hombre, para el que no creían menester tener que pasar por terceros. En seguida, el Santo Oficio hizo un anuncio para aquellos que supiesen de sus actividades y no las denunciasen.

De todo esto surge un nuevo personaje: el «delator», que casi siempre esperaba conseguir algún beneficio. Había dos tipos: aquel que reproducía, por ejemplo, una conversación entre vecinos que le había resultado sospechosa, y el peor de todos: el que provocaba los comentarios para poder acusar al hereje después.

Los sistemas de los que se servía la Inquisición para obtener las confesiones de los herejes eran complicados de evitar, porque una de las acciones que se esgrimía ante el reo era fingir tener pruebas del delito, prometer el «perdón» falsamente, cuando el inquisidor sabía que no iban a dárselo, introducir en su celda a un espía y así una larga lista.

Con estos métodos no es extraño que en Madrid se llegase a condenar a un hombre por no creer en el diablo. Fue hacia finales del siglo XVIII cuando Juan Pérez fue procesado por dudar de la existencia del Maligno. Este obrero argumentaba que después de muchas peticiones de auxilio al demonio, éste no había tenido a bien presentársele. Por tanto —concluía Pérez— no debía de existir... Hubo incluso quien sostuvo lo contrario, como Martín Perdomes,[84] el cual afirmaba mantener una relación amistosa con Lucifer... Las historias más o menos extrañas son interminables.

El primer auto de fe realizado en la plaza tuvo lugar el 21 de enero de 1624 con motivo del juicio de Benito Ferrer, acusado de hacerse pasar por sacerdote. El reo fue encontrado culpable y quemado vivo en el brasero que se encontraba emplazado en la Puerta de Fuencarral.

El 4 de julio de 1632 hubo otro presidido por el inquisidor general, cardenal don Antonio Zapata, en el que serían quemadas, por los agravios al Cristo de la Paciencia, siete personas y cuatro efigies.

No todos los delitos juzgados tenían que ver con la religión. Por ejemplo, el 5 de noviembre de 1648 fueron degollados el general Carlos Padilla y el marqués de la Vega por conspirar para matar al rey. En este caso se observa que el dinero podía disminuir la pena, ya que el duque de Híjar, don Rodrigo de Silva (que también estaba inculpado), se salvó de la muerte previo pago de diez mil ducados, aunque no de la cadena perpetua. Esto suponía una discriminación sobre aquellos procesados que no tuviesen los medios económicos necesarios.

Sin embargo, si hay que destacar un auto de fe en la plaza es el que se celebró el 30 de junio de 1680. A él asistieron la madre y la esposa de Carlos II el Hechizado (1665-1700). Incluso Francisco Ricci pintaría un cuadro titulado *Auto de fe en la Plaza Mayor,* que puede ser contemplado en el Museo del Prado y que describe con detalle lo que debió de suceder aquel día.

El auto fue pregonado ¡ocho veces! en distintos lugares de la Villa, tales como la Puerta del Sol, las plazas de Santo Domingo y Santa Cruz o la Puerta de Guadalajara. Como si se tratase de un gran evento se engalanó la plaza con adornos en balcones y gradas. Incluso se habilitaron alfombras y tapices. Una cruz verde (símbolo inquisitorial) estaba presente, igual que los haces de leña que habrían de ser empleados con posterioridad.

Nadie pareció querer perderse aquel macabro espectáculo, pues nobles, embajadores y altos cargos estuvieron en la Plaza Mayor. Se creó incluso una compañía que se denominó Soldados de la Fe, formada por doscientos cincuenta hombres encargados de llevar los numerosos haces de leña más allá de la Puerta de Fuencarral, donde se alzó una gigantesca pira. Todo estaba dispuesto para los ciento veinte reos que iban a ser ajusticiados. Algunos (en concreto ocho) habían muerto ya en las cárceles, por lo que se quemaron simbólicamente sus efigies.

José del Olmo —alcalde y familiar del Santo Oficio, ayuda de la furriela[85] de su majestad y maestro del Buen Retiro y de la Villa de Madrid— tomaba minuciosa nota de todo cuanto presenciaba. El 30 de noviembre publicó una *Relación histórica* del suceso, de la que se destaca la siguiente descripción: «[...] Fue de mucha edificación para todo el pueblo el celo y fervor con que los religiosos de todas las órdenes asistieron a los reos desde la noche que en la cárcel les intimaron la sentencia, hasta que se ejecutó en el brasero [...] dando primero garrote a los reducidos y luego aplicando el fuego a los pertinaces, que fueron quemados vivos con no pocas señas de impaciencia, despecho y desesperación. Y echando todos los cadáveres en el fuego, los verdugos lo fomentaron con la leña hasta acabarlos de convertir en ceniza, que sería como a las nueve de la mañana [...]».

Los afrodisíacos de Fernando el Católico

Existían muchas supersticiones y oscurantismo en el año 1525. Es cierto que a los madrileños del momento les amedrentaban mucho las «brujas», los conjuros y los hechizos, aunque probablemente temían mucho más al Santo Oficio. Para realizar conjuros, se especula que estas personas (que curiosamente estaban casi siempre relacionadas con la prostitución) utilizaban toda clase de productos «naturales», tales como heces de lagartija, sangre de murciélago, huevos de hormiga, hieles de perro negro, etc. Y aunque parezca paradójico, y seguramente lo sea, uno de los protagonistas sospechosos de haber consumido brebajes, bebedizos y sobre todo afrodisíacos es el propio rey Fernando el Católico.

Refieren las crónicas de la Villa que en 1513 (ya muerta Isabel I y tres años antes de fallecer él) llega a Madrid don Fernando «enfermo por tomar un brebaje afrodisíaco según el sentir popular procedente de Medina del Campo».[86] ¿No resulta extraño todo esto, viniendo de un monarca que se dedicaba a combatir con ahínco estas prácticas? No obstante, no es el único, ya que tenemos el ejemplo de Felipe II, cuya llegada al poder propició un recrudecimiento en el seno de la Inquisición, del que se especula, sin embargo, que era al menos aficionado a la astrología y la alquimia. ¿Por qué este doble rasero? Cosas del poder.

A pesar de todo, esto nos da una idea de dos cuestiones importantes: o bien es cierto que don Fernando consumía este tipo de brebajes y se trataba de algo sobradamente conocido por el pueblo, o cabe la posibilidad de que los madrileños fuesen terriblemente supersticiosos y dados a hacer «cábalas mágicas» de todo cuanto les resultase incomprensible o fuera de lo común. En el caso de don Fernando es más probable lo segundo. Ya observará el lector que ni los reyes se libran de los comentarios y las habladurías...

LA SINIESTRA «AGORERA» MARÍA MOLA

Partiendo de la Puerta del Sol se encuentra cercana la calle de Núñez de Arce. Allí tuvo lugar, en la primera mitad del siglo XVIII, hacia 1744-1745, un episodio que culminó nuevamente con la intervención de la Inquisición. Si todos los falsos videntes que existen actualmente hubieran vivido en esta época, muchos habrían sido ajusticiados.

El suceso se produjo cuando llegó a la Villa, procedente de Burgos (lugar del que por cierto había sido expulsada), una mujer llamada María Mola, que antaño había ejercido la prostitución, pero a la que todos llamaban la «agorera».[87] En realidad no se le permitió la entrada y tuvo que hospedarse en la casa de un comerciante judío, donde comenzó a ejercer como hechicera.

A su casa, situada en dicha calle, acudían principalmente personas de las clases bajas, aunque también se presentaba con frecuencia un viejo franciscano al que daba todas las semanas un celemín[88] de harina. No sería tan mala María Mola...

Se dio la circunstancia de que un día un joven religioso confesó al franciscano que mientras realizaba la consagración le asaltaban terribles dudas de fe, cosa que le había llevado al borde de la desesperación. El viejo le recomendó —inexplicablemente, viniendo de un representante de la Iglesia en aquel tiempo— que acudiera a ver a la «agorera», que ella sabría qué hacer.

Fray Pascual le hizo caso y se presentó a hurtadillas[89] ante María Mola, que después de cobrarle una cuantiosa suma de dinero le indicó que su crisis de fe era una prueba, por lo que al día siguiente, cuando hiciera la consagración, tendría una visión de Dios o del Maligno que vendría a disipar sus dudas. El joven sacerdote marchó terriblemente impresionado por sus palabras.

A la mañana siguiente, cuando estaba diciendo misa a primera hora con tan sólo la tenue iluminación de las velas, fray Pascual tuvo efectivamente una visión espantosa. De entre la oscuridad del sagrado recinto vio acercarse volando un monstruo alado y cornudo que emitía unos ruidos propios del averno.

El joven sacerdote no pudo soportar el terrible espectáculo y sin encomendarse a Dios o al diablo se desvaneció estrepitosamente. El hecho fue muy comentado y fray Pascual se llenó de indignación a la par que de alivio al comprobar que el horrible «monstruo» que tanto le había aterrorizado días atrás no era sino una vulgar lechuza, disfrazada por la propia «agorera» y soltada por ella en medio del templo, posiblemente para reforzar su fama y su clientela.

Lo peor es que todo llegó a oídos de quien no debía enterarse y María Mola fue procesada por hechicería y posteriormente ahorcada públicamente. Algunos madrileños, una vez ajusticiada, se dedicaron a lapidar su cuerpo.

Más tarde, la calle donde había vivido la mujer se llamó «de la Agorera», aunque por corrupción léxica terminó por denominarse «Gorguera». En 1904 pasó a llamarse calle Núñez de Arce, en recuerdo del poeta y autor dramático (1834-1903). Sin embargo, curiosamente, la leyenda no se detiene aquí sino que continúa una vez ajusticiada María Mola, porque en la vecindad (quizás más por remordimiento que por aparición «infernal») se empezó a afirmar que un espectro se paseaba por allí asustando a los residentes o a quienes se atrevieran a penetrar en esa zona durante las oscuras y frías noches de la Villa.

RELIGIÓN

La bofetada de Bernardino de Obregón

Muy cerca también de la Puerta del Sol se produjo un suceso que cambiaría por completo la vida de un valeroso militar. Su nombre: Bernardino de Obregón. Y ésta, su historia...

Nació en Las Huelgas (Burgos) en 1540. Había desempeñado el papel de soldado en Flandes e Italia. Como militar no tenía precio, ya que fue uno de los siete primeros que entraron en la plaza de San Quintín. El rey incluso le había concedido el hábito de Santiago. Tras las contiendas se estableció en Madrid y ejerció el cargo de secretario del duque de Sessa.

Lo que ignoraba es que al llegar a la Villa un suceso cambiaría su vida por completo. Se encontraba Bernardino en 1566 merodeando por la calle de Postas. Conviene recordar que la limpieza de Madrid en aquel tiempo dejaba mucho que desear. Los orines y excrementos eran tranquilamente arrojados desde las ventanas a la calle, al famoso grito de ¡agua va![90]

En cualquier caso, los pocos barrenderos con los que contaba la Villa tenían mucha faena y poco jornal. Seguía su paseo Bernardino cuando de pronto vio sus ropajes salpicados de fango. ¿Quién era el culpable de tan execrable acto? Sin mediar palabra, en su ofuscamiento propinó al hombre que se afanaba en sus labores de limpieza un fuerte bofetón que dejó atónitos a todos cuantos por allí transitaban.

Para sorpresa de Bernardino el barrendero, arrodillándose, le dio la siguiente contestación: «Gracias, señor, jamás me había visto más

156

honrado». Sin embargo, el militar se dispuso a seguir su camino, aunque sólo dio unos pasos más, puesto que en seguida se arrepintió de su acción y volviendo atrás pidió encarecido perdón.

Cuenta la leyenda que este hecho transformó radicalmente a Bernardino, que al día siguiente pidió ser admitido en un hospital para que se le encargaran las peores tareas. El duque de Sessa quiso convencerle de que iba a desperdiciar su vida, de que lo suyo eran las armas, pero Bernardino no le escuchaba. El rey, en cambio, le animó a seguir por la vía religiosa, nombrándole tiempo después, en 1587, gobernador de los hospitales.

MUSEOS

Las Descalzas Reales

En la plaza de las Descalzas Reales se halla este interesante convento-iglesia-museo, que puede ser visitado en determinados días y a horas señaladas (pues la clausura así lo exige). Fue fundado por la hermana del enigmático Felipe II en 1560 (doña Juana). No eligió este lugar por casualidad, ya que en él había nacido ella misma (era el antiguo palacio del tesorero de su padre, don Alonso Gutiérrez). Tras enviudar a los once meses de matrimonio decidió desaparecer de este mundo, recluyéndose tras los muros para buscar la paz espiritual que tanta falta le hacía. Este acto fue valorado como un verdadero retiro, puesto que en la fecha indicada la Villa aún no era capital.[91]

Ya en 1564 se podía vivir en él, porque la obra estaba terminada, aunque había que restaurarla para convertirla más en un convento que en lo que realmente era, un palacio. La iglesia ha sido atribuida al que fuera autor de los primeros diseños de El Escorial, Juan Bautista de Toledo, aunque se cree que la fachada podría pertenecer a Gómez de Mora. La iglesia hubo de ser reconstruida en varias ocasiones debido a incendios en 1755 y en 1862. En esta última fecha se perdió para siempre el retablo mayor en el que tanto tiempo había invertido Gaspar Becerra, aunque se sabe cómo era porque los diseños originales se custodian en la Biblioteca Nacional. Fue sustituido por un retablo que se encontraba en el templo del Noviciado de los Jesuitas, en la calle de San Bernardo, que data de 1712.

Poco antes de que fueran terminadas las obras, en 1559, las monjas franciscanas descalzas de Santa Clara se harían cargo del monasterio, al que dieron el nombre de la Consolación, pero casi nadie (al igual que ocurre con Carboneras) repara en su primigenio apelativo y en cambio se las conoce como las Descalzas Reales. Todo ello originado porque durante el reinado de los Austrias el monasterio no dejó de ser refugio de importantes personalidades pertenecientes o vinculadas a la Casa Real: hijos de reyes, princesas y reinas se hospedaron aquí, lo que explica en buena medida la gran concentración de obras de arte custodiadas en el monasterio, que fueron puestas a disposición del público en 1960. También había un orfelinato y viviendas para capellanes y maestros músicos.

Lo más espectacular, sin embargo, es el sepulcro y estatua orante de la fundadora del convento que preside el altar mayor, y al que se accede por una escalerilla situada a la derecha de aquél. Se trata de una obra en mármol blanco que reproduce la imagen de doña Juana de Austria, realizada por el escultor Pompeyo Leoni, que también trabajaría en la Capilla Mayor del monasterio de El Escorial.

El monasterio merece la pena ser visitado. En él se respira una atmósfera añeja pero esplendorosa. Cabe destacar la escalera principal, con la riqueza de sus paredes, en las que se puede contemplar el balcón real desde el cual Felipe IV escruta junto con su familia al visitante. Estos frescos atribuidos a Claudio Coello pertenecerían a la segunda mitad del siglo XVII.

En la llamada celda-casita pueden observarse numerosos recuerdos para unos, reliquias para otros, de la princesa y monja sor Margarita, que vivió en este lugar hasta 1633, fecha en la que falleció. Allí puede contemplarse un lienzo que representa a la princesa en su féretro.

El denominado Salón de Reyes pertenece al antiguo palacio. Conserva aún las yeserías mudéjares del friso en las que se aprecian los escudos de sus propietarios. Esta estancia era el lugar destinado a albergar a los huéspedes reales y algunos de ellos aparecen reflejados en una colección de retratos que decoran las paredes, como el de la emperatriz doña María (atribuido a Pantoja de la Cruz), el Archiduque Alberto (atribuido a Rubens) y el de su esposa Isabel Clara Eugenia (también supuestamente realizado por el citado Pantoja de la Cruz hacia 1599).

Como dato anecdótico cabe comentar que este convento posee uno de los pocos huertos que existen en pleno centro de Madrid. Sin embargo, pocos saben que existe y que es cuidado con mimo por las monjas de clausura, que se nutren de él. Al igual que las Carboneras convirtieron en un arte la manufactura de dulces y pasteles, estas religiosas, además de cultivar el huerto para su sustento se dedican a la plantación de flores, que luego colocan en los altares del convento. Éste cuenta con treinta y tres capillas.

ENCLAVES MASÓNICOS

ès En la Puerta del Sol estuvo situado antaño el Salón de Café Lorenzini, punto de reunión de la sociedad patriótica de la Libertad, de simpatías masónicas. En realidad, gracias al levantamiento de Riego en 1820 en Cabezas de San Juan, hasta la llegada de los Cien Mil Hijos de San Luis de Fernando VII (el Trienio Liberal) este tipo de cafés tuvieron un gran auge entre los liberales, que veían en ellos una válvula de escape en la que poder desarrollar sus ideas. Sin embargo, no faltaron autores como Pérez Galdós que desconfiaban de los exaltados discursos de los oradores. Sospechaba, como lo hicieron algunos otros liberales, que estas «actuaciones» estaban financiadas por el propio Fernando VII con el fin de agotar el discurso liberal, como da a entender en su primera novela, *La Fontana de Oro* (1870).

❧ Muy cerca de la Puerta del Sol, en la calle peatonal de Preciados, en el número 33, estuvo situado otro templo masónico. Anteriormente hemos hablado de algunas de las cuestiones más relevantes en la vida del masón, como la descripción del templo al que acudían, los principios masónicos o la relación de los cafés liberales con los intelectuales del Trienio Liberal. Ahora hablaremos de las *tenidas* o reuniones periódicas de obligado cumplimiento que se celebraban en el templo, unas de carácter semanal (las logias) o mensual (los capítulos).

«En las tenidas se desarrollaba un orden:

1. Apertura de los trabajos de acuerdo al ritual [...].
2. Lectura y aprobación (si procedía) del acta de la sesión anterior.
3. A continuación se discutían los asuntos de familia, se daba cuenta de los hermanos que no habían podido asistir, se leía la correspondencia, etcétera.
4. Entrada de los visitantes si los hubiere.
5. Se circulaba el Tronco de proposiciones, que consistía en una caja cerrada en la que los hermanos depositaban planchas, piezas de arquitectura, etc.; estas últimas eran trabajos intelectuales leídos en las tenidas, de gran interés en la mayoría de los casos por su contenido.
6. Se procedía a las iniciaciones si las hubiere.
7. Se pasaba el Tronco de beneficencia o fondo económico destinado a la caridad.
8. Finalmente se cerraban los trabajos según rito...».[92]

En cierta medida se puede considerar a las tenidas como un acto de disciplina al que eran sometidos los masones. No se podían marchar del templo una vez que el acto hubiese dado comienzo, ni cambiarse de sitio ni hablar sin pedir permiso al vigilante de su columna, para que transmitiera el deseo del hermano de emitir una opinión.

Sin embargo, si el Venerable Maestro pedía a un hermano que expresase su parecer mediante el voto, éste no podía dejar de hacerlo.

ARQUITECTURA CURIOSA

- ❧ Arenal, 19: el edificio del hotel Internacional nos permite asomarnos al interior de unas damas semiolvidadas por el tiempo y la limpieza, de cabellos rizados y rostro serio, ataviadas con collares de perlas. Su sobriedad tal vez de deba a que con su cabeza soportan el peso de todo el recinto. Arquitectos: José María Mellado y Máximo de Robles (1886). Reformado por Mariano Belmas (1908).
- ❧ Mayor, 16: en la entrada principal un caballero con yelmo nos recibe a pecho descubierto. Su mirada denota osadía y descaro. No se amedrenta ante nuestra presencia. Está arropado por un rico ornamento de hojas y frutas. Transmite firmeza y seguridad. Es el antiguo edificio de la Compañía Colonial. Arquitecto: desconocido. Reformas: Miguel y Pedro Mathet (1908-1909).

Zona 11

Basílica de San Francisco el Grande

ße

RELIGIÓN

Partiendo de la basílica de San Francisco el Grande, sita en la plaza de San Francisco, encontramos numerosos puntos de interés que contienen componentes milagreros, históricos y míticos.

La Cuesta de los Ciegos y la fundación de la basílica de San Francisco el Grande

Las Vistillas es un lugar desde el que se divisan tal vez las más hermosas panorámicas de la ciudad. Hoy en día, con la construcción de numerosos edificios, puede que esta afirmación no sea del todo exacta, pero antaño parece que era otra cosa. Así las describe Répide: «[...] Lugar de magnífica situación, domina el Manzanares y es un espléndido miradero desde el que se divisan, a la izquierda del antiguo camino de Alcorcón, hoy paseo de Extremadura, los cerros de Luche y de Cuervo y los de las Ánimas y de San Isidro, hasta el camino de Carabanchel, y a la derecha toda la extensión de la Casa de Campo. La visión del Palacio Real y sus jardines, con el fondo velazqueño de la Sierra, completan de este lado el admirable panorama, cuya contemplación hace del cerro de las Vistillas uno de los más bellos miradores de España [...]».[93]

162

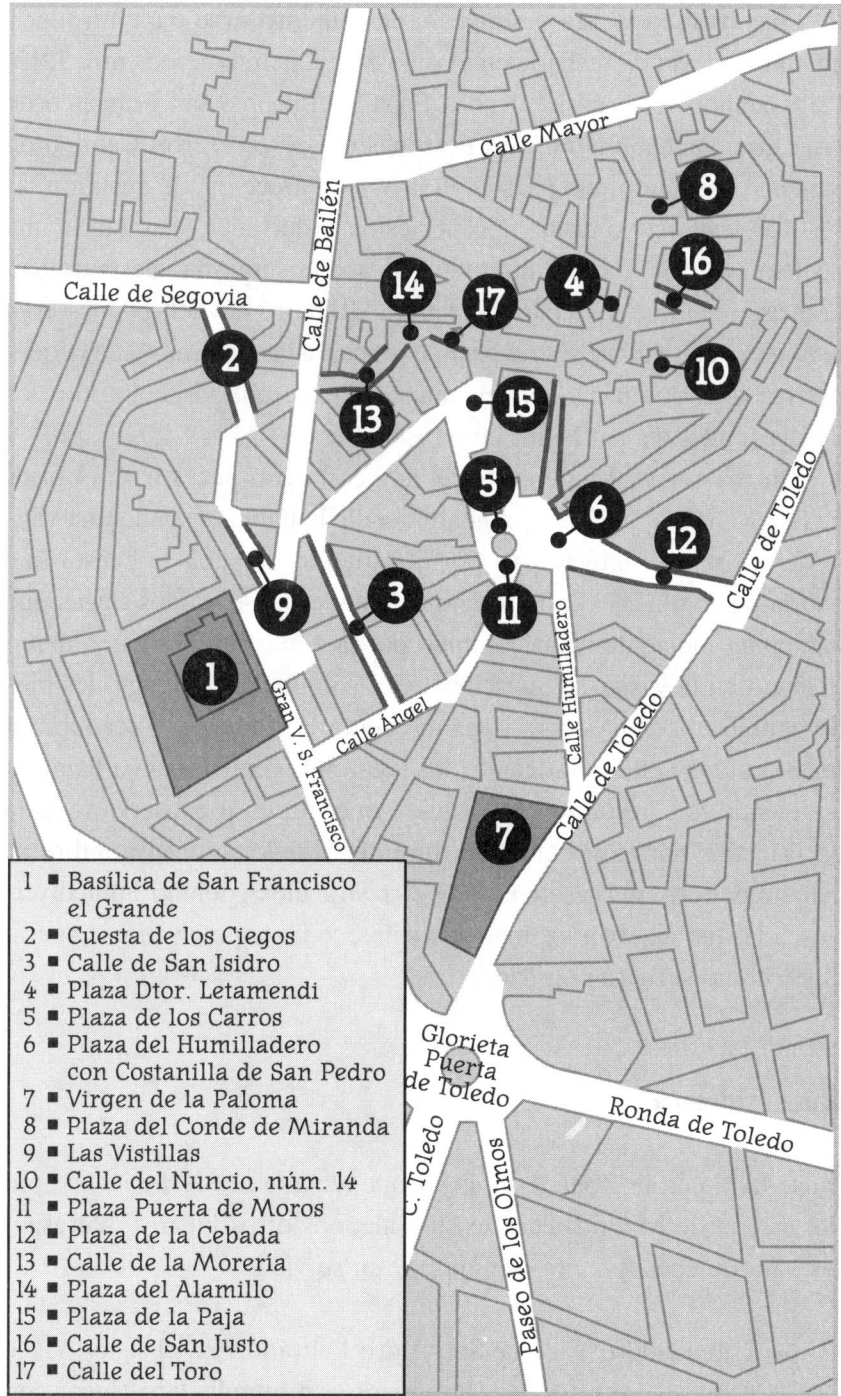

1 ▪ Basílica de San Francisco
    el Grande
2 ▪ Cuesta de los Ciegos
3 ▪ Calle de San Isidro
4 ▪ Plaza Dtor. Letamendi
5 ▪ Plaza de los Carros
6 ▪ Plaza del Humilladero
    con Costanilla de San Pedro
7 ▪ Virgen de la Paloma
8 ▪ Plaza del Conde de Miranda
9 ▪ Las Vistillas
10 ▪ Calle del Nuncio, núm. 14
11 ▪ Plaza Puerta de Moros
12 ▪ Plaza de la Cebada
13 ▪ Calle de la Morería
14 ▪ Plaza del Alamillo
15 ▪ Plaza de la Paja
16 ▪ Calle de San Justo
17 ▪ Calle del Toro

Pues bien, toda esta descripción de conjunto sirve para introducir una nueva leyenda fechada en el siglo XIII, concretamente entre 1213-1214; cuando se dice que llegó a España el propio san Francisco de Asís, que como otras muchas personas quiso recorrer el Camino de Santiago, haciendo una parada en la Villa. Parece que le gustaron las Vistillas y se quedó un tiempo por estos andurriales, levantando una pequeña cabaña —dicen que de esta cabaña surgió la iglesia de San Francisco el Grande— para cobijarse. Allí moró envuelto en miseria, pero con buen ánimo, sobreviviendo gracias a las limosnas y de pequeños trabajos que hacía con sus manos. Dícese que visitaba todos los días la tumba de san Isidro en San Andrés.

Un día regresaba de entregar una cesta con peces para el prior de San Martín, quien por tan gentil detalle le había regalado una vasija de aceite. Iba fatigado ya por el esfuerzo de subir la cuesta que habría de conducirle hasta su choza, cuando divisó a unos ciegos que habitaban indigentemente también por la zona. San Francisco metió la mano en la vasija, se mojó los dedos con el aceite y ungió los ojos de aquellas personas, que —según cuenta la tradición— recobraron la vista al instante. En adelante, los lugareños comenzaron a llamar a aquel sitio la Cuesta de los Ciegos, nombre que se conserva todavía en la actualidad. Sin embargo, durante el siglo XVIII el nombre se cambió por otro más grotesco, «los Arrastraculos», debido a una diversión a la que jugaban los más pequeños, consistente en tirarse cuesta abajo como si fueran en trineo.

Ruta Isidresca

Ya se habló en la Zona 9 del lugar que alberga el cuerpo incorrupto del patrón de Madrid. Pero existen algunos otros lugares interesantes para quienes quieran profundizar en su vida.

- 🙣 Humilladero: calle de San Isidro Labrador. En el siglo XVII se construyó en este emplazamiento un humilladero (lugar con una cruz o imagen que suele haber a la entrada de los pueblos) en el que se veneraba una imagen del patrón de Madrid. Estos humilladeros proceden del verbo humillar, interpretado como postrarse, bajarse o inclinar una parte del cuerpo en señal de sumisión, acatamiento o veneración.

- Casa donde el santo sirvió como criado: plaza del Doctor Letamendi, 1. En este lugar, durante una parte de su vida, Isidro trabajó como criado a las órdenes del terrateniente Iván de Vargas, que fue precisamente quien presenció uno de los milagros que más fama han dado al santo, el de «los bueyes blancos que araban solos».

La casa fue reconstruida en los siglos XVI y XVII sobre el solar donde estaba la antigua. Sobre la puerta se aprecia una leyenda que explica la relación de los Vargas con san Isidro. Su último propietario fue el doctor Forns, pintor y al tiempo hombre de ciencia, emparentado precisamente con el doctor barcelonés José Letamendi (1828-1897), lo que influyó para que el nombre de la calle fuese éste y no el de Tentetieso, que era el antiguo y que estaba más justificado por lo empinado de las cuestas que tiene esta madrileña zona.

- Iglesia de San Andrés: plaza de los Carros, s/n. Destruida en 1939 y remodelada posteriormente. Se conserva la capilla de San Isidro, acabada en 1669 por Pedro de la Torre. En ella estuvo la antigua tumba de san Isidro.
- Pozo de San Isidro: plaza del Humilladero con la Costanilla de San Pedro. Lugar en el que se habría producido la resurrección de su hijo, ahogado horas antes. Al menos esto es lo que se creía hasta hace poco, porque en 1997 se descubrió bajo los cimientos de la iglesia de Nuestra Señora de la Antigua, en Carabanchel, una placa indicativa que daría la pista sobre el verdadero emplazamiento del pozo (véase Zona 9).

Virgen de la Paloma, la patrona oficiosa

En la calle de la Paloma se encuentra la llamada Virgen de la Paloma. En realidad, su nombre es el de Virgen de la Soledad, pero los propios devotos le cambiaron el nombre hacia 1790. En realidad, el nombre de la calle se debe a que en este lugar se encontraban los corrales pertenecientes a las monjas de San Juan de la Penitencia, de Alcalá de Henares, y en su interior habitó largo tiempo una paloma que las propias monjas afirmaban que volaba sobre la imagen de la Virgen de las Maravillas. El ave desapareció y los vecinos comenzaron a denominar la calle con este nombre.

Poco antes, en 1787, se halló en el corral propiedad de estas monjas un cuadro de esta Virgen que se salvó casi por casualidad, pues se hallaba entre un montón de leña que estaba destinado a ser quemado en breve.

Unos niños lo encontraron y comenzaron a jugar con él, hasta que una mujer llamada Andrea Isabel Tintero, esposa de Diego Charco, cochero de profesión, les pagó unas monedas por el lienzo. Después le cambió el marco y lo colgó en marzo de ese año en el portal de su casa, en la citada calle. Así pues, no se conoce el origen del cuadro ni por qué se hallaba allí dejado de la mano de Dios... Es un misterio más.

Pronto, su fama de milagrosa se extendió de tal forma que la gente acabó por llamarla Virgen de la Paloma. Principalmente acudían mujeres embarazadas o con sus bebés recién nacidos, pues se hablaba de que esta Virgen se encargaba de protegerlos. Dos reinas le fueron muy devotas: María Luisa de Parma (que acudió a orarle cuando su hijo Fernando enfermó) e Isabel II.

Transcurridos los años, el improvisado «oratorio» se hizo pequeño para tanto visitante; la propia Andrea Isabel llegó a utilizar una habitación de su propia casa para ampliar el recinto. Cada vez eran más los devotos y curiosos que allí se presentaban, hasta que finalmente el cuadro fue trasladado a San Pedro el Real (no confundir con San Pedro el Viejo), que se halla en la misma calle de la Paloma, cercana a la calle de Toledo.

Detalle del convento de las Carboneras.

Como anécdota añadiremos que las malas lenguas afirman (desde luego sin pruebas) que la imagen de la Virgen parece —debido a lo abultado de su vientre— estar embarazada. Polémicas aparte, la Virgen de la Paloma es un misterio que ha contribuido a que sea muy querida por los devotos. En esta calle vivió Torres Villarroel, uno de los primeros investigadores de lo paranormal y en concreto de las llamadas «casas encantadas» (véase Zona 14).

La priora muerta se aparece por las noches a las carboneras

No lejos de la Plaza Mayor y de la plaza del Doctor Letamendi, semiescondido (en la plaza del Conde de Miranda, 3), se encuentra el convento del Corpus Christi, más conocido como el convento de las Carboneras. El apelativo les viene porque se dice que en unas carboneras fue encontrado un cuadro de la Inmaculada.[94] El lienzo se custodia desde entonces en el convento. Allí hacen unos dulces de muy buena calidad, tal vez los más famosos de la capital: nevaditos, tocinillos de cielo, pastas de té, mantecados de yema e incluso polvorones. (Algunos, como los tocinillos de cielo, han de ser encargados con anterioridad a la visita.) Como el convento es de clausura, los dulces, previo pago, son entregados a través del conocido sistema del oscuro torno, en el que nunca ves a quien te habla.

Pero lo más interesante de la historia de las Carboneras gira en torno a la fundadora del convento: doña Beatriz Ramírez de Mendoza, condesa de Castellar.

Doña Beatriz

Nacida en 1554, era de estirpe noble y, según cuentan las propias carboneras, «[...] obediente y sumisa, supo sacrificar los anhelos de su corazón a la voluntad de sus padres. Viuda a los once años de matrimonio con don Fernando de Saavedra, conde de Castellar, dedica y entrega su vida entera al cuidado de sus hijos, al amparo de los pobres, a su ilusión dilectísima: la fundación de monasterios. Funda el monasterio del Corpus Christi,[95] entre otros, pero para llegar a esto ¡qué episodios no esmaltan el singular proceso de su vida! La condesa de Castellar en el monasterio lo santifica todo, vive día y noche en el coro, y ante Jesús Sacramentado, que es su fuerza, sufre las pruebas más dolorosas de la vida, con el temple de un héroe y el amor de un serafín. Tal es la vida, así es la muerte el 4 de noviembre de 1626, entregaba su alma plácidamente entre cosos de Vírgenes, conservándose su cuerpo incorrupto a través de tres siglos [...]».[96]

Este texto viene a reflejar la lucha y abnegación de doña Beatriz y su «obsesión» por permanecer día y noche en el coro, orando. En pocas palabras, se resistía a dejar *en vida* el Corpus Christi. Y se resistió, según afirmaron sus propias compañeras, que la conocieron en persona, a dejar el convento *en muerte*.

Y es que, después de muerta y, como acabamos de exponer, todavía ¡incorrupta!, cuenta la tradición que Beatriz Ramírez no quiso abandonar la orden y, para protegerlas, ¡se aparecía todas las noches para rezar el rosario con toda «normalidad» (como si nada pasase) con el resto de sus compañeras!

Independientemente de toda esta leyenda religiosa, las Carboneras tenían unas costumbres de carácter ritual: cuando una sierva del convento moría, en el lugar que ocupaba en vida se colocaba un paño negro, los cubiertos, el plato y la correspondiente comida. Otros afirman que también se colocaba una calavera (pero no hemos podido confirmar o desmentir este extremo). Los alimentos posteriormente se daban a los indigentes.

Esta tradición viene a simbolizar lo difícil que nos resulta a los humanos (en nuestra cultura) asimilar la muerte. Véase el caso del doctor Velasco y su hija. Además, en este caso concreto estamos haciendo referencia a una mujer que se seguía presentando después de muerta, por lo que es mucho más complicado olvidar al fallecido.

En otras culturas como la balinesa lo primero que hacen los habitantes de esta isla al levantarse es «dar de comer» a los dioses: arroz y frutas principalmente. Estas ofrendas las encontramos en plena calle, hay que ir esquivándolas a fin de no pisarlas. Pero también en los coches y hasta en las casas de cambio. Los dioses nunca mueren y los protegen. Ésta es su filosofía, que en realidad no se diferencia demasiado de lo que ocurría en el Antiguo Egipto con relación a los ritos funerarios. Allí también los muertos tenían alimentos para su largo viaje... Todo ello nos habla de una cierta esperanza en la existencia de otra vida, de algo —definámoslo como nos plazca— que nos mantiene esperanzados en que no todo acaba tras la muerte, y que nos hace difícil olvidar a los nuestros... Por eso se colocan los cubiertos y la comida, pese a que se sabe positivamente que nadie vendrá a comerla.

¿Apariciones en las Vistillas?

Muy cerca de la Cuesta de los Ciegos, de la que hemos hablado en relación con san Francisco de Asís y los supuestos milagros de la sanación de los ciegos, encontraremos las Vistillas.

Pedro de Répide recoge en *Las calles de Madrid* dos interesantes sucesos que fueron muy comentados en su día y motivo de grandes concentraciones humanas que anhelaban tener la oportunidad de observar aquellos «prodigios». El primero tuvo lugar durante la primavera de 1886, cuando un testigo aseguró haber visto pasar por allí una tan misteriosa como extraña procesión: la mismísima Virgen acompañada de san Pedro y san Juan «[...] que seguidos de angélica comitiva atravesaban el firmamento [...]». Las figuras habrían aparecido supuestamente por la parte del Guadarrama para desvanecerse después camino a Toledo. Se conoce que tenían algo de prisa... El segundo aconteció con el paso del cometa Halley,[97] que despertó gran pánico, pues se anunció su llegada como un signo apocalíptico de la destrucción del mundo. Se aconsejaba a los madrileños que en vez de perecer en sus casas acudieran al mirador de las Vistillas «en son de fiesta a esperar con bota y cena» la llegada del fin del mundo.

Sobre el primer caso, no se conocen muchos datos, no se tiene memoria de la psicología del testigo. No se realizó una investigación en toda regla, por lo que es muy difícil llegar a alguna conclusión. El testigo —si realmente vio algo— pudo haber observado cualquier cosa, el planeta Venus, alguna estrella fugaz... algún fenómeno atmosférico y/o astronómico para él desconocido... Quién sabe.

El segundo hecho es más complejo, porque si bien se conoce la naturaleza de lo observado por multitud de testigos (en este caso, el cometa Halley), lo que viene tras ese avistamiento es algo que, por desgracia, sucede en la actualidad y que tiende a agudizarse con el paso del tiempo: la visión apocalíptica del tema. La supuesta destrucción del planeta Tierra. ¡El fin de todo! Lo que nutre a los grupos de carácter mesiánico, que tantas muertes inútiles están provocando con sus acalorados discursos sobre la salvación de unos pocos elegidos que deberán pagar en vida altos tributos para alcanzar la limpieza espiritual necesaria para poder viajar a otros planetas más avanzados tecnológica y espiritualmente.

Afortunadamente, en aquella fecha los madrileños no vieron el fenómeno como una amenaza inminente y, en cambio, pasaron una agradable noche al amor de la lumbre y la comida.

El enigma de las campanas de San Pedro el Viejo

Muy cerca de la plaza del Conde de Miranda (donde están las Carboneras) se encuentra la calle del Nuncio. Casi al final se podrá contemplar San Pedro el Viejo. No conviene pasar de largo. Veamos por qué...

A pesar de que se han hecho importantes reformas, la iglesia de San Pedro ya existía hacia 1202, puesto que aparece recogida en el fuero de Madrid. Se cree, no obstante, que la iglesia a la que se refiere el fuero es una más antigua que fue derribada, tal vez debido a su deterioro. La que actualmente puede verse en la citada calle pertenece al siglo XIV, aunque no se sabe con seguridad.

Otra teoría que expone Ramón Hidalgo Monteagudo en su libro *Iglesias antiguas madrileñas*, que no es incompatible con la expuesta anteriormente, defiende que la reconstrucción se llevó a cabo por parte de Alfonso XI, como conmemoración por la toma de Algeciras en 1345. Más tarde, durante el reinado de Felipe III, se emprende una nueva reestructuración gracias a la cual pueden contemplarse los únicos escudos reales anteriores a los Reyes Católicos, que aparecen grabados en las fachadas norte y sur.

Es la única torre mudéjar que queda en Madrid, exceptuando la de la iglesia de San Nicolás, sita en la plaza de San Nicolás. El mismo misterio que envuelve a su fecha también antaño planeó sobre el hallazgo que se realizó durante unas obras cuando en el siglo XVI, según recoge Jerónimo de Quintana en *Grandezas de Madrid,* apareció el cuerpo de un caballero emparedado en la sacristía. Vestido con armadura, lo único que no se encontraba en buenas condiciones era la cabeza, en estado de putrefacción ¿Quién sería este enigmático hombre? Nadie lo sabe. Fue exhibido durante unos días, los que duró la reparación de la pared, y de nuevo fue colocado donde fue encontrado. Sin embargo, olvidaron poner algún signo visible que explique al visitante que allí está este singular personaje que estaba enterrado de pie. Lo que sí se conoce es por qué su campana fue considerada «milagrosa».

La campana benefactora

Siglo XIV. El viejo carromato subía las cuestas con dificultad por el enorme peso que transportaba hacía ya varias horas. Las astilladas ruedas amenazaban con rajarse y sublevarse allí mismo. Algo parecido les sucedía a las dos mulas, que sedientas y agotadas no veían la hora de alcanzar su destino final.

Afortunadamente el conductor mandó parar y unos hombres vinieron a prestar servicio para desatar la reluciente aunque quizás algo ancha campana, destinada a ser colocada en la torre de San Pedro el Viejo. Ya era tarde y pronto caería la noche, así que debían apremiar los trabajos.

Pero la campana era demasiado grande para pasar por las estrechas escaleras que conducían a lo alto de la torre. Una y otra vez lo intentaron, pero no hubo forma humana. Comoquiera que llevaban varias horas dándole vueltas al problema y ninguno sabía qué hacer al respecto, fueron sorprendidos por la llegada de la noche y sin ningún remordimiento dejaron allí la campana con la firme intención de volver a la mañana siguiente y dar solución al problema.

Con los primeros rayos del sol, los hombres fueron llegando a San Pedro el Viejo y comprobaron, no sin pena, que la enorme campana había desaparecido.

Se peleaban entre sí echándose las culpas los unos a los otros. Ahora de nada servía lamentarse, tenía que haberse quedado alguno vigilando durante la noche para evitar el robo de la campana, que desde luego no estaba en el lugar donde la habían colocado la noche anterior. ¿Quién podía haber cometido semejante tropelía? La respuesta no tardó en llegar... De pronto, escucharon atónitos el cercano tañido de una campana. Instintivamente miraron hacia la torre... ¡la campana estaba allí! No se sabe quién ni cómo, pero de forma mágica alguien había escuchado sus ruegos y completó la imposible tarea que les había sido encomendada...

La historia no concluye aquí, ya que tiempo después se impuso la creación de dos hermandades. Una, la congregación de los sacerdotes naturales de Madrid. La otra, la cofradía del Cristo de las Lluvias. Esta última recibió este nombre por una serie de leyendas que se produjeron en relación a la enigmática campana, y es que —según afirmaban— el son de su tañido hacía que la esperada lluvia llegase hasta los campos de Madrid[98] o se llevase los dañinos granizos y tempestades. Incluso los interesados en que la campana sonase daban sus óbolos (cantidad con la que se contribuye a un fin) al campanero que la hacía sonar con energía, y que según se dice le sirvieron para comprarse un terreno en la otra orilla del río Manzanares.

Es interesante hacer una pequeña reseña sobre la obsesión de los seres humanos por controlar la caprichosa meteorología. En el Madrid del siglo XIV, si las cosechas resultaban nefastas el hambre y las enfermedades no tardaban en aparecer, consolidando un paisaje aterrador. Es lógica, pues, la preocupación por mantener un control aparente —sólo aparente— sobre el tiempo. Este compromiso ha resultado ineludible en otras muchas culturas, como la mexica. A decir verdad, lo que difiere es la forma de ejercer ese «control». En el caso de estos últimos, el sacrificio humano era la forma que ellos consideraron más apaciguadora y conciliadora con los dioses, lo que desató no pocas guerras: «[...] Los sacrificios se efectuaban en momentos críticos en que había peligro de un desajuste de la energía del cosmos y por lo tanto de que sobreviniera el caos; la mayor parte de los momentos críticos coincidían con el ciclo de la naturaleza que era recurrente. Esta recurrencia de los fenómenos de la naturaleza era prevista por los sacerdotes utilizando el calendario anual de 365 días, que marcaba con precisión el momento en que debían efectuarse los ritos destinados especialmente a la prevención de los desastres en la agricultura [...] y que tenían un fin previamente determinado; por ejemplo, propiciar la llegada puntual de las lluvias y controlar su escasez o su exceso, conjurar la sequía, fertilizar la tierra, desacralizar los productos de ésta [...]».[99]

Pero regresemos a Madrid, porque además la campana —no contenta con su misión— se dedicó también a anunciar por cuenta propia acontecimientos dramáticos para la Villa. Lo hizo, por ejemplo, el 13 de septiembre de 1598, cuando Felipe II se estaba muriendo en El Escorial; también con motivo de la invasión de los franceses y durante las devastadoras epidemias de peste que diezmaron la población de Madrid, y que en ocasiones fueron interpretadas como signos inequívocos de la llegada del fin del mundo. Sobre todo cuando dichas epidemias no respetaban ni siquiera a los propios monarcas. Algo así sucedió en 1580, cuando una epidemia de catarro se extendió tomando como «rehén» al propio rey, que cayó gravemente enfermo en Extremadura. La epidemia se extiende por toda Castilla y se teme por la vida de Felipe II, por lo que se decide finalmente sacar en procesión a la Virgen de la Almudena con una doble petición: curar al rey y detener el horror que la epidemia estaba causando en la Villa. Lo cierto es que el rey, al menos, mejoró.

En 1596 otra epidemia, en esta ocasión de peste, asoló la ciudad, dejando a su paso más de doce mil muertos. Siempre que algo así sucedía no es de extrañar que la población se alarmase pensando que el cambio de siglo era el culpable. Y lo terrible es que no se podía hacer nada más que orar y pedir que todo pasase cuanto antes. En 1599, fray Bernardino de Obregón (véanse Zonas 7 y 10), después de atender y cuidar a los desamparados apestados, cayó él mismo enfermo y murió. Lo habitual en las epidemias de peste era que «[...] el espectáculo era verdaderamente dantesco. Los cadáveres permanecían en las casas y en las calles, insepultos, aumentando así el propio poder de la plaga, porque ni personal había para poder enterrarlos. Los sanos huían a toda prisa, y los moribundos quedaban solos esperando el irremediable final; ya ni tenían fuerzas para la plegaria. Un silencio aterrador invadía la Villa [...]».[100] A pesar de este triste panorama, el caso de fray Bernardino fue totalmente distinto. Tanto bien había hecho durante su vida que decidieron rendirle tributo exponiendo su cuerpo en la iglesia del hospital de Convalecientes, lugar al que acudieron las gentes, sin temor al fulminante y mortal contagio. Es más, hubo de cambiársele el hábito en dos ocasiones, puesto que los fieles se lo arrancaron a modo de reliquia.

Sin embargo —volviendo a la campana—, un día debió de cansarse de ayudar a los madrileños y decidió que se jubilaba, que ya estaba bien de tanto tañido. Que hasta ella misma había tenido que acomodarse en la torre por la ineptitud de aquellos hombres que sin ninguna consideración la habían dejado tirada en el suelo. Así pues, cuando un día el campanero llegó a su trabajo vio con tristeza que aquella campana que tanto bien les había hecho a todos se había roto en dos trozos.

No obstante, los amantes del misterio aún seguimos intrigados por la drástica decisión que un día tomara la campana de San Pedro el Viejo,[101] que coronaba su torre mudéjar y que un día se mostrara tan protectora con los habitantes de la Villa. ¿Pensó tal vez que ya había cumplido con su cometido? Como recuerdo de esta leyenda sólo queda un dicho madrileño: ¡Huyamos, que tocan las campanas de San Pedro!

San Justo y el «Cura Deforme»

La iglesia de San Justo se llamaba coloquialmente Santiuste, estaba situada en la calle del mismo nombre, muy cerca de la plaza del Doctor Letamendi, y fue derribada en el siglo XVII.

Era Jueves Santo de 1540. Los feligreses acudían a misa en el templo citado. En una de las capillas se daba culto a la imagen de la Virgen de la Cabeza y los asistentes se acercaban a este lugar para recibir la comunión. Eran largas las filas en un día tan señalado, pero no tan prolongadas como el silencio que podía «escucharse». Sólo algunas toses y carraspeos rompían el silencio reinante...

En la iglesia repartía la sagrada forma un sacerdote aquejado por una terrible enfermedad que le había deformado por completo el rostro. Le había llegado la hora de comulgar a un joven que, al alzar la vista hacia el sacerdote, descubrió horrorizado su defecto. Fue tanta la impresión sufrida por el muchacho que le sobrevino asco y hasta puede que arcadas, de forma que se vio incapaz de tomar la sagrada forma y abandonó el templo precipitadamente, porque además había comenzado a encontrarse mal.

Al llegar a su casa observó que ¡su cara se estaba transformando! Asustado, cogió un espejo. Sus sospechas se habían confirmado, ¡su cara presentaba las mismas deformidades que las del cura! Parecía un castigo enviado por la Virgen de la Cabeza debido a su falta de piedad.

De pronto le sobrevinieron sudores y fuertes temblores; sus familiares y amigos no daban crédito a la par que no sabían cómo proceder para darle alivio. Todo fue inútil, el hombre murió poco después sin que los médicos pudiesen explicarse lo acontecido ese Jueves Santo. Unos hablan de «milagro», mientras que otros lo asocian más con una «maldición»...

Siguiendo con las supersticiones del siglo XVI (hacia 1540), se creía a pies juntillas que en la casa donde hubiera jovencitas en edad de merecer no debían apagarse las brasas sobrantes. Si por un casual durante la noche había quedado encendida la lumbre y, a la mañana siguiente, se encontraban las brasas consumidas en su totalidad, ello era indicativo de que los «malos espíritus» habían aparecido y que los posibles pretendientes se resistirían a pedir sus manos en matrimonio.

Otra de las supersticiones que circulaban nos habla de los recién nacidos. Y es que una mujer en estado no debía entrar en la sacristía en el momento en que el cura se estuviera ciñendo el cíngulo,[102] ya que cabía el peligro de que el bebé naciese asfixiado con el cordón umbilical enroscado en el cuello. Para remediarlo —una vez que ya se hubiera entrado en la sacristía por error—, el padre del niño tenía que robar una de las prendas del sacerdote, con el consiguiente peligro de galeras que esto suponía, y realizar un ritual en su casa consistente en quemarla, al tiempo que debía derramarse vino blanco en un paño limpio, untarse y frotarse las manos de los esposos con aceite.

Son curiosas las distintas interpretaciones que las sociedades hacen de las supersticiones, ya que si viajamos mentalmente desde la Villa en 1540 hasta la isla de Bali (Indonesia) en la actualidad, podremos advertir a modo de curiosidad que allí la superstición sobre los recién nacidos es bien distinta. Nos explica que para evitar que éstos sean atacados por los *leyaks*,[103] los padres deben colocar en el cuello del niño un amuleto confeccionado con su propio cordón umbilical, durante al menos ciento cinco días. Por increíble que parezca, este tipo de realidades y otras pueden verse a diario en la «isla de los dioses».

Volviendo al Madrid de la época a la que hacíamos referencia, existe una leyenda interesante que viene a sumarse a las supersticiones que ya se conocían. Sobre todo porque nos habla de un fenómeno poco corriente dentro de la parapsicología: el hiperdinamismo.[104] Hace referencia a la persona de Alonso de Céspedes, apodado «el Bravo». Parece que fueron muchas las acciones sorprendentes que realizó este hombre, algunas totalmente increíbles. Refiere el cronista de la época Rodrigo Méndez Silva que una carreta con dos mulas iba a despeñarse con toda certeza y el Bravo lo impidió tan sólo con poner una mano. En otra ocasión, y esta vez parece que en presencia del propio Felipe II, detuvo asimismo un molino del Tajo con su brazo. Más tarde, por petición del príncipe don Carlos, lucha contra un tigre, logrando vencerlo. También cuenta la tradición que Alonso no era lo que se dice una persona de carácter dócil y cuando le negaron la entrada a un lugar (la fecha exacta se desconoce), ni corto ni perezoso arrancó de una sola vez los goznes de la puerta.

Pero de todo cuanto se ha contado acerca del Bravo la leyenda más inquietante de todas viene a referirse al templo de la Victoria —perteneciente a los Mínimos de San Francisco de Paula—, situado en la calle del mismo nombre, cerca de la Carrera de San Jerónimo (hoy desaparecido).

Una Semana Santa estaba el recinto sagrado repleto de feligreses. Entre ellos había una dama que intentaba seguir la misa desde la calle, a causa de la muchedumbre, aunque sin éxito, ya que era una persona frágil y débil, de cierta edad. De pronto, fue avistada por Alonso, que presto se dirigió hacia la pila del agua bendita. La arrancó de golpe y se la ofreció a la mujer para que pudiese tomar el agua, colocándola después nuevamente en su sitio. Una historia del todo increíble si es que es cierta... De ser así sólo sería explicada a través de las fuerzas sobrenaturales, para unos, mientras que para la parapsicología se englobaría dentro de los fenómenos paranormales.

La Morería

Muy cerca de la plaza del Humilladero se encuentra la plaza de la Puerta de Moros, que tras la Reconquista se convirtió en una de las puertas de la Villa, cuyo objetivo era separar a los moriscos de los cristianos.

La Morería ocupaba toda la zona de las Vistillas y comprendía varias calles, en las que los moriscos vivían en no muy buenas condiciones: la citada Puerta de Moros, la plaza de la Cebada (donde también se produjeron ejecuciones), la plaza del Humilladero, la plaza de la Paja, la calle de la Morería y la plaza del Alamillo. En torno a la Puerta de Moros surgió una leyenda que tuvo su origen en un hecho criminal que, aunque difícil de aceptar, es absolutamente verídico.

El armenio devorador de niños y sus espectros

En 1478 moría azotado en Madrid un hombre procedente de Armenia, tras confesar haberse comido a tres de sus cinco hijos. El asesino, que habitaba muy cerca de la Puerta de Moros, explicó los motivos por los cuales había dado muerte a los niños: «No tenía otra cosa mejor para comer y tenía hambre».

Después del juicio fue condenado a recibir doscientos azotes, pero falleció cuando sólo había recibido cien. Hasta aquí, la historia cierta. Sin embargo, este hecho también estuvo rodeado de una curiosa leyenda cubierta de espectros.

Dicen que en aquellos tiempos la zona de la Puerta de Moros no era muy recomendable para los cristianos. De hecho, por allí sólo transitaban los judíos y los musulmanes. Los primeros pasaban por una puerta que había para dirigirse al barrio donde residían, el Avapiés, mientras que los segundos hacían lo propio para ir hasta la Morería. Los cristianos, en cambio, tenían prohibido pasar por esa puerta. Eran tiempos difíciles para las otras culturas y se sucedían episodios del todo vejatorios. Una noche, amparándose en las sombras de la oscuridad, un grupo de cristianos escaló la puerta de la discordia y colocó allí una cruz. Los cristianos deseaban acallar los constantes gritos y aullidos que de allí provenían, aunque es posible que el acto fuese hecho a modo de insulto. Los cristianos creían oír en los gemidos y chillidos las ánimas de musulmanes que habían muerto sin pasar por el sacramento del bautismo.

A pesar de esta empresa, los gritos seguían oyéndose de forma ensordecedora, hasta que una noche algunos vecinos que por allí transitaban vieron traspasar la puerta a tres espectros que hablaban. Decían haber sido asesinados y daban incluso el nombre del criminal. Esto debió de suceder varias veces, hasta que los propios vecinos localizaron al criminal, que vivía en una casa cercana. El caníbal no era otro que el armenio descrito líneas atrás, que terminó por confesar lo que los espectros ya habían expresado de forma repetida. Después de morir, nunca más se hicieron visibles los niños devorados.

Dentro de lo que cabe, este castigo no puede considerarse excesivo, y es que tanto los judíos como los moriscos vivían agrupados en verdaderos guetos, hasta el extremo de que las leyes no eran las mismas para ellos que para los cristianos. En el fuero de 1202 se recoge que el castigo para un cristiano que *matase* a un vecino era el de pagar ciento cincuenta maravedíes además del destierro. Sin embargo, veamos lo que dice una disposición redactada específicamente para los moriscos en este fuero: «[...] LXVII. Acerca de los moros apresados con *hurto*. Todo moro cogido con cosa hurtada, si fuere libre, ahorcarlo; mas si fuere cautivo, córtenle el pie [...]». La diferencia está clara.

Veamos a continuación algunas curiosidades y leyendas en relación a la Morería:

❧ La plaza de la Cebada: esta plaza surgió a comienzos del siglo XVI. En su origen estuvo dedicada a la venta de cereales, legumbres y tocino. En el siglo XVII había una fuente adornada con cuatro osos que vertían con gracia agua sobre cuatro tazas. En sus inmediaciones se desarrollaba toda la actividad comercial. Sin embargo, lo que había comenzado como un mercado adquirió fama siniestra en el siglo XIX, pues allí se empezaron a celebrar ejecuciones capitales. En esta plaza se ajustició, por ejemplo, a Riego o al policía Francisco García Chico. Aquí también fue ejecutado Luis Candelas (1806-1837).

La vida de este último no deja de ser curiosa. Para muchos llegó a convertirse en un mito. Lo cierto es que fue hijo de un carpintero. Tras la muerte de su padre en 1823 se convirtió junto con su banda en el terror de la Villa. Fue apresado, pero se evadió de la cárcel el 23 de mayo de 1831. En su descargo hay que decir que nunca cometió un delito de sangre. Esto mismo alegó a doña María Cristina, a quien pidió el indulto, que no le fue concedido, por lo que el 6 de noviembre de 1837 Candelas era conducido, vestido de amarillo (color para los condenados a muerte), hasta la plaza de la Cebada, donde después de pronunciar las palabras «sé feliz, patria mía» le fue aplicado el garrote vil.

❧ Calle de la Morería: era uno de los lugares donde habitaban los moriscos que tras la Reconquista decidieron permanecer en Madrid. En principio no hubo choque religioso. Sería después de la llegada de los Reyes Católicos cuando se producirían los incidentes. Este barrio conservaría más o menos su aspecto hasta mediados del siglo XIX, momento en el que comenzaron las obras del Viaducto y hubieron de derruirse calles y edificios. En toda esta zona se cree —y sostiene incluso Répide— que el terreno (al igual que sucede en Toledo) posee enigmáticos subterráneos y galerías que podrían llegar hasta la calle de los Caños Viejos, en las inmediaciones de la llamada casa del Pastor, y hasta los palacios cercanos a la iglesia de San Andrés.

Calle de la Morería.

Es sorprendente comprobar cómo personajes tan volcados en la lucha contra los musulmanes como Alfonso VI también puedan ser tocados por el amor. Se casó cinco veces: con doña Inés, doña Constanza, doña Berta, Zaída y doña Beatriz, pero ninguna le encandiló tanto como la hija del rey de Sevilla Aben-Aben, que abjuró por él de su religión y se convirtió al cristianismo con el nombre de Isabel. Fruto de esta unión nació su único hijo varón —don Sancho—, que a los once años se fue a combatir a los musulmanes (pese a que la mitad de su sangre lo era), pereciendo en la batalla de los Siete Condes, en Uclés.

> La calle del Toro: es una calle con leyenda, y no es de extrañar, puesto que se trata de un callejón oscuro tanto de día como de noche. De esos que nos hacen pensar si es prudente adentrarse allí.

Se dice que en tiempos de Alimenón II (antes de la Reconquista) se realizó cerca de esta ubicación una fiesta taurina. Sin embargo, ninguno de los caballeros musulmanes presentes era capaz de dar muerte al toro, que se revolvía con fuerza y arrojo. Entonces apareció un castellano que solicitó el beneplácito de los musulmanes para intentarlo él mismo. El permiso fue concedido y el castellano consiguió dar muerte al animal, ante la admiración de la princesa Zaída, que presidía el acto, quien solicitó al caballero —que durante todo el tiempo había permanecido con su rostro cubierto por una celada— que se la quitase, a lo que éste se negó aduciendo que jamás lo haría mientras no entrase triunfante en Madrid. Después de expresarse en estos términos, tomó su caballo y desapareció a toda prisa. La princesa quedó prendada del misterioso caballero, por lo que ordenó cortar y disecar la cabeza del toro para tener un recuerdo suyo, colocándola después en esta calle. Lo más increíble de toda la historia viene a continuación: cada vez que la princesa Zaída suspiraba por el castellano, dicen que la cabeza mugía. El mito hizo que se asociase al galán con el propio Rodrigo Díaz de Vivar.

Una segunda leyenda, más cercana en el tiempo aunque sin datar, dice que la cabeza colgada en la calle procedía en realidad de una res que destacó por su bravura, y que todos los días, a la hora en la que el toro había muerto, se desprendía de ella un descomunal bramido que llegó a congregar a vecinos y curiosos, deseosos de escuchar el «prodigio». Al final, resultó tener truco: los bramidos eran emitidos desde el interior del inmueble por el hijo del dueño, que ayudado de un cuerno debió de pasar buenos ratos contemplando las caras de asombro y de espanto que su acción despertaba.

&> Plaza del Alamillo: existen dos versiones sobre el posible nombre de la plaza: la tradición más respetuosa y acorde con lo que este lugar fue antes de la Reconquista sostiene que como aquí se hallaba el tribunal de los musulmanes, denominado *alamín*, tras la cristianización pasó a llamarse *alamillo* por corrupción léxica. Los detractores de la comunidad musulmana quisieron quitarle importancia al asunto y sentenciaron que debió de existir en su día, en el centro de la plaza, un álamo pequeño.

~ Plaza de la Paja: en 1520, don Francisco de Vargas construyó una capilla destinada a guardar el cuerpo de san Isidro, dejándole una dotación de paja que era pesada y vendida en la plaza, que como puede suponer el lector tomó su nombre de esta circunstancia. En 1535 se terminó la capilla y se trasladó el cuerpo del santo. Sin embargo, los sacerdotes de San Andrés (que era donde se encontró el cuerpo incorrupto) pusieron un pleito, que ganaron. Desde ese momento la capilla cambió su nombre por el de Santa María y San Juan de Letrán, aunque popularmente quedó en la memoria su anterior denominación. Su interior es único en Madrid por su estilo gótico-plateresco.

Zona 12
El misterioso Palacio Real

ॐ

MISTERIOS DE LA CORTE

En la zona del Palacio Real se acumulan numerosos hechos enigmáticos. Estos sucesos nos van a dar la clave de que los fenómenos paranormales se producen en todos los estratos sociales, económicos y culturales. Incluso los reyes han sido protagonistas de sueños premonitorios, apariciones de «duendes» y hasta víctimas de «hechizos»...

Los fantasmas del Palacio Real

El Palacio Real, construido por los Borbones, no pasa desapercibido para nadie que transite por la calle Bailén, que es donde se encuentra enclavado. Fue Felipe V quien ordenó que lo erigieran, aunque se llevó a buen término durante el reinado de Carlos III.

El Palacio se alza sobre un montículo situado en la ribera izquierda del Manzanares, entre la plaza de Oriente y el Campo del Moro. Se edificó en el mismo lugar donde se encontraba antes el Alcázar, en el que habían residido los Austrias y que fuera construido por los árabes durante la época de dominación. Sin embargo, en la Nochebuena de 1734 quedó reducido a cenizas después de un pavoroso incendio. Afortunadamente, los reyes se encontraban en aquel momento en el palacio de El Pardo.

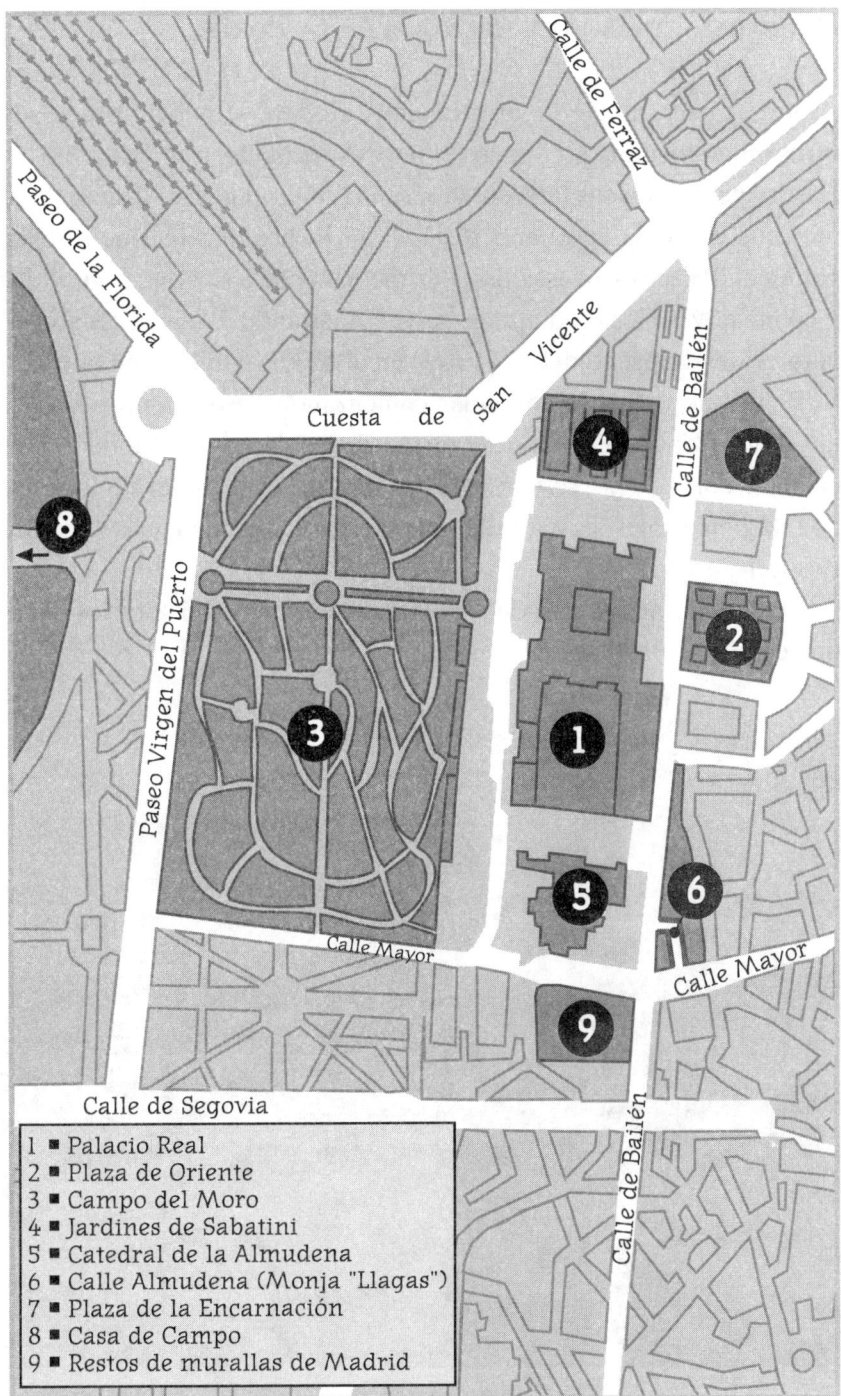

1 ▪ Palacio Real
2 ▪ Plaza de Oriente
3 ▪ Campo del Moro
4 ▪ Jardines de Sabatini
5 ▪ Catedral de la Almudena
6 ▪ Calle Almudena (Monja "Llagas")
7 ▪ Plaza de la Encarnación
8 ▪ Casa de Campo
9 ▪ Restos de murallas de Madrid

«Duendes», trasgos y hechizos en la corte

Anteriormente a este desafortunado incidente se habían producido otros, cuando menos curiosos, como el recogido por Jerónimo de Barrionuevo[105] en sus famosos *Avisos del Madrid de los Austrias*. Veamos qué comenta en el año 1658: «[...] Muchos días ha que se oyen golpes en Palacio, a pausas, desde la medianoche hasta que llega el día; y como se van llegando a ellos se van apartando. Unas veces son en la torre del despacho del Rey; otras en el Reloj, a quien atan al volante, y ellos no dejan de continuar comenzando desde lo profundo de la Capilla; conque el desvelo y miedo de las damas es grande [...]. El cuidado del Rey [se refiere a Felipe IV] no es poco, ni las guardas que se ponen menos, y a mediodía se han visto menear los escritorios [...]».

Incluso se nos describen fenómenos realmente misteriosos cuando se refiere Barrionuevo, en el mismo año, a que un sirviente del

Palacio Real.

duque de Alba, que había ido a escuchar misa a la iglesia del Buen Suceso (era el Hospital de la Corte al que llamaban de este modo, que tenía su capilla), se colocó al lado de una hermosa dama, a la que atisbó discretamente varias veces durante el oficio. Sin embargo, al terminar la misa se volvió de nuevo a mirarla, descubriendo a la figura de la propia Muerte, lo que le provocó un desmayo del que tuvieron que asistirle y conducirle a su casa en coche. Veinticuatro horas después de la mortuoria aparición, el hombre fallecía.

También en ese mismo año Barrionuevo habla de un «hechizo» que supuestamente se le había practicado al rey en un espejo en el que se miraba. El hecho fue silenciado y el espejo quemado. Poco más se sabe sobre este incidente. Sin embargo, ya en la época corrieron serios rumores sobre el supuesto embrujamiento de Felipe IV por parte del conde duque de Olivares, que tenía fama de hechicero. A este respecto, Caro Baroja comenta: «[...] En efecto, la idea de que Felipe IV estaba dominado por el conde-duque de Olivares mediante hechizos que le suministraba éste, tenido por gran hechicero, así como otras personas de su círculo, dominó poco a poco a la gente cortesana; sobre todo al caer el ministro. En 1643 corrió por Madrid una composición muy mala que atribuía al valido derrocado el haber tenido a un diablo metido en una muleta para que le ayudara [...]. Esta acusación revela la popularidad de la idea cuando menos...».[106] ¡Cosas que pasaban en Palacio!

Años más tarde, en 1676, vuelven a producirse hechos misteriosos. En esta ocasión se nos habla de un «duende», que resultó ser un enigmático personaje con nombre y apellidos: el apuesto don Fernando Valenzuela, duque de Medina Sidonia e hijo del duque de Alba, destapado como confidente de la reina doña Mariana de Austria, madre y regente de Carlos II el Hechizado. El «duende» fue apresado el 22 de enero de 1677 en El Escorial, lugar emblemático. Es cierto que Valenzuela tenía una mirada que hipnotizaba, y que había estado al servicio de la reina como espía, informándola de todo cuanto se intrigaba contra ella. Doña Mariana parecía estar al tanto de todas las conspiraciones, por lo que las abortó antes de que se produjeran.

Ni que decir tiene que el «duende» fue excomulgado a petición del prior fray Marcos de Herrera, lo que dio al traste con su actividad de más de siete años de servicio. La reina ya le había recompensado bien: le nombró Caballerizo Mayor, Privado y Primer Ministro e introductor de embajadores. En cualquier caso, la verdad es que el pueblo no le quería, porque le juzgaban altivo y arrogante.

Continuando con los «duendes», también se especuló sobre la existencia de otro de estos personajillos, aunque éste afectó —años más tarde— directamente a la corte de Felipe V. Sucedió en 1735, cuando alguien se dedicó a dejar misivas manuscritas, todos los jueves, en lugares estratégicos, como los aposentos de la reina. El nuevo «duende» parecía tener acceso directo a las alcobas reales. Por ello se especuló que podía ser don José Patiño, ¡el mismo ministro de Asuntos Exteriores de Felipe V! Patiño falleció en La Granja en 1736. Sin embargo, al final resultó ser fray Manuel de San José, al que no agradaba la política del rey.

LA CABEZA DEL ARQUITECTO

Sin embargo, los episodios de «duendes» parecen quedar atrás si tenemos en cuenta otros sucesos que han envuelto al palacio en un halo de misterio. Ya hemos comentado que el Palacio Real que hoy conocemos fue ordenado construir por Felipe V tras el incendio que se produjo en el Alcázar. Y es que sobre este asunto también nacieron leyendas.

El rey mandó alzar un gran palacio al arquitecto italiano Filippo Juvara, aunque su muerte en 1735 dio paso a la actuación de Juan Bautista Sachetti, que elaboró un proyecto distinto pero igualmente hermoso. También hay que destacar la colaboración de los geniales Ventura Rodríguez y Sabatini, que hicieran tantas y tan increíbles obras para Madrid. Hasta aquí los hechos ciertos. Pero la imaginación popular desbordó el tema hasta que cobró tintes insospechados que no dejaron muy bien parado al propio rey...

188

Cuenta la leyenda que el rey de España quiso que le hicieran un fastuoso palacio donde residir. Para ello solicitó los servicios del mejor arquitecto del mundo, al que prometió todo tipo de riquezas... Se puso este dotado manos a la obra y muy pronto terminó el edificio, que efectivamente resultó ser colosal.

Dicen que el rey quiso asegurarse de que ningún otro monarca llegara a tener un palacio igual, y le preguntó al arquitecto si sería capaz de repetir su hazaña; éste le contestó que sí. El monarca intentó sutilmente convencerle para que le fuese fiel, ofreciéndole tesoros, pero el arquitecto rehusó la oferta. El rey, furioso, ordenó a sus guardias que lo apresaran, le sacaran los ojos, le cortaran los brazos (para que no pudiera dirigir ni dibujar ningún proyecto) y además le cercenaran la lengua con el fin de que no transmitiera sus conocimientos a ningún discípulo. Después, le mantuvo en el palacio hasta que falleció.

La tradición popular asoció esta leyenda al hecho de que en el frontispicio del Palacio Real existen como ornamentos cabezas. Decían que una de éstas representaba al busto del arquitecto, que había sido mandada colocar allí por el rey a modo de «homenaje» por su grandiosa obra.

A pesar de esta cruel leyenda, otras sobre apariciones fantasmales y sueños premonitorios vienen a completar el cuadro del Palacio Real. Ángel del Río, en su trabajo ya citado sobre duendes y fantasmas de Madrid, afirma que ya desde antes de su construcción las ánimas quisieron estar presentes en este emplazamiento. Cuenta que los «seres desencarnados» ya residían aquí cuando Madrid era aún Magerit y que la llegada de Alfonso VI trastocó su descanso. Incluso deja entrever que fueron estas mismas ánimas quienes, en venganza, prendieron fuego al Alcázar.

Sea como fuere, parece que las obras del Palacio Real fueron infernales, porque los obreros veían sombras fantasmagóricas blancas y demonios trepar por las murallas del Campo del Moro.

Al principio nadie daba crédito a estas denuncias. Sólo después de muchos incidentes lo hicieron, porque creyeron que las enigmáticas figuras podían ser ladrones, lo que les llevó a colocar guardias en el lugar de las apariciones. Dichos guardianes tenían orden expresa de disparar contra todo ser viviente. Parece que entonces —al igual que sucediera en la casa del «duende»— nadie osó escalar nuevamente las murallas, y a punto estaban de pasar al olvido estos misterios cuando se produjo un nuevo accidente, que se cobró la vida de uno de los obreros que trabajaba en la construcción del palacio. Algunos de sus compañeros dijeron que habían visto cómo el fallecido había sido «empujado» por una «mano» invisible desde una torreta. Explicación racional no tiene, salvo que creamos en la presencia de espíritus; y que éstos además —por lo menos en este caso— fuesen perjudiciales para los seres humanos.

Argumentaban que el propio Felipe V mandó realizar un exorcismo a fin de disipar los temores de los hombres de la construcción, que fueron rociados con agua bendita, puesto que los obreros, temerosos, ya habían empezado a autodespedirse. Gracias al exorcismo consiguieron apaciguar los ánimos y concluir por fin las obras.

Los sueños de Isabel de Farnesio

Originalmente, el Palacio Real iba a ser ornamentado con unas estatuas representativas de los reyes de España, que serían colocadas sobre la balaustrada que corona la cornisa saliente. Las magníficas estatuas se habían tallado a mayor tamaño del natural.

Una noche, doña Isabel de Farnesio, esposa de Felipe V —que era muy supersticiosa—, tuvo un sueño que la atormentó, y que ya había experimentado en otras ocasiones. En él veía cómo un fuerte temblor de tierra sacudía la Villa, lo que provocaba que las estatuas fueran a parar al suelo, con tan mala suerte que caían sobre su persona. Este enigmático sueño la torturó hasta que decidió curarse en salud y pidió al rey que colocara las esculturas en otro lugar. Sea o no auténtica esta leyenda, lo cierto es que las estatuas de la discordia no fueron puestas donde se había pensado inicialmente —probablemente por su elevado peso— y actualmente pueden contemplarse en su mayoría en la plaza de Oriente.

Exorcismo en palacio a Carlos II

Si ha existido un rey al que le haya sido atribuida fama de «hechizado» es —además de Juan II, del que se especuló que don Álvaro de Luna lo tuvo subyugado— Carlos II, el último de los Austrias. Lo describe el historiador Ricardo de la Cierva como «[...] enclenque y rayano en la subnormalidad, que apenas sabía andar y comer; la reina viuda, Mariana de Austria, se encargaba de la regencia, asistida por un consejo del que haría poco caso [...]. Carlos II carecía de hijos, de hermanos, de primos o tíos varones. Sus dos matrimonios, el francés con María Luisa de Orleans y el germánico con Mariana de Neoburgo, no le dieron descendencia. Las gentes y la corte atribuyeron la impotencia del rey a encantamiento [...], de cuya figura doliente emanaba sin embargo, misteriosamente, una extraña grandeza [...]».[107]

Efectivamente, en enero de 1698 el rey expone al inquisidor Rocabertí que cree estar hechizado.[108] Esta afirmación por parte del propio rey provocó inmediatamente medidas de urgencia. Según explica Caro Baroja, «[...] era Carlos II [...] creyente como el que más en brujerías, dio en considerar dignas de toda fe las cosas que dijo en Viena un muchacho, al que se estaba exorcizando por endemoniado, en punto a cómo había sido hechizado el rey de España. El Demonio, por boca del muchacho, dijo que el hechizo lo había fabricado una mujer que atendía al nombre de Isabel, la cual tenía la boca disforme y una T mayúscula en el hombro; por más señas, el endemoniado añadía que una hija de esta Isabel había sido procesada por la Inquisición, porque era judía notoria [...]».[109] Rocabertí destituye al confesor real y entrega el cargo a fray Froilán Díaz, ayudado por fray Antonio Álvarez de Argüelles, un exorcista que ejercía como vicario en Cangas de Tineo. Así se desata una lucha sin cuartel de hondo cala-

Exorcismos a Carlos II.

do político. Se llega a decir que Carlos II fue «hechizado» cuando tenía catorce años mediante un chocolate, en el que se diluyeron los sesos de un muerto; que había sido su propia madre quien ordenara el «embrujamiento» junto con su valido Valenzuela, alias «el Duende», para hacerse con el poder. Incluso se especula que las bolsitas que llevaban encima el rey y su esposa —de las que siempre se dijo que contenían reliquias— eran en realidad hechizos que colocados debajo de la almohada de la cama de los esposos impedían la procreación y... ¡Dios sabe cuántas cosas más!

De este modo comienzan una serie de «exorcismos» (todavía en el Alcázar) mediante pócimas, bebedizos y plegarias que sólo conseguirían agravar aún más la enfermiza salud del rey. Su esposa, Mariana de Neoburgo, traería de la corte de Viena su propio exorcista, pues también ella desconfiaba de la madre del rey.

Finalmente, por ser Carlos II quien era, este episodio pasó al olvido, lo que no evitó que la figura de Carlos II quedase desprestigiada.

Extracto de la carta astral de Carlos II
(Isabel Fernández Hearn)

«[...] El último rey de esta dinastía, Carlos II el Hechizado, nacido el 6 de noviembre de 1661 y coronado rey el 8 de octubre de 1665, con cuatro años, bajo regencia de su madre Mariana de Austria hasta los catorce, morirá sin descendencia en 1700 [...]. Antes que nada, decir que entre las primerísimas impresiones que me generó esta carta astral hubo una corriente muy fuerte de simpatía. Sentí aprecio por esta personalidad tan expuesta a tremendas influencias exteriores, tan extremadamente sensible. Me pareció una persona buena y válida, atribulada por el destino [...]. En esta carta astral se observan muchos rasgos interesantes, de los que me limitaré a señalar tres.

»Uno, el profundo abismo que dividía a sus progenitores, cuestión ésta que debió de causarle traumas diversos. Esta persona nació, por lo que se ve, en el seno de un hogar inmiscible de dinastías en liza por el poder,[110] teniendo que tomar partido muy precozmente, lo cual le generó enormes tensiones internas. Los enfrentamientos, de naturaleza intrigante y soterrada, se le reproducirían a lo largo de la vida, tanto en sus relaciones con otras personas, divididas en bandos antagónicos —a menudo, y no casualmente, liderados por personas del sexo opuesto—, como en sus relaciones personales con el género femenino, en que se alternarían extrema dependencia y odio rupturista [...].

»Dos, la mente torturada en extremo de este monarca, que le hacía concebir los más negros agüeros a la vez que tener momentos de extraordinaria lucidez y penetración. Insisto en este rasgo, pues es muy llamativo: este hombre podía fácilmente ser presa de la obsesión, del desvarío, hasta llegar a la locura; pero a la vez gozaba de un pensamiento poco común, eficaz, innovador, penetrante y concentrado. Probablemente era de pocas palabras, pero al hablar, su dardo verbal debía de ser certero y doloroso. Tal mente, extraordinariamente compleja, le venía ya de nacimiento, desde que fuera expulsado al mundo del vientre de su madre. Parece ser que su padre, Felipe IV, era

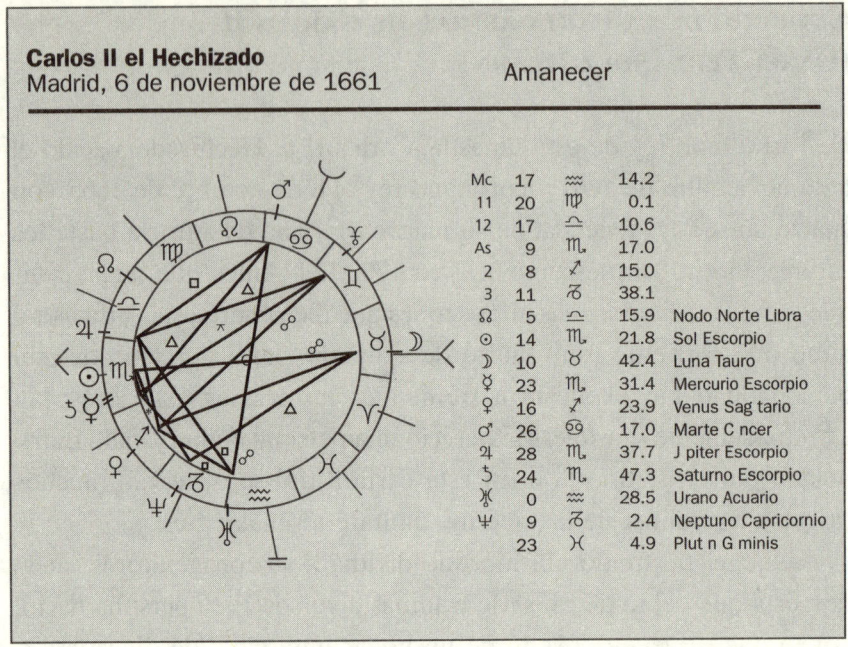

Carlos II el Hechizado
Madrid, 6 de noviembre de 1661

Amanecer

Mc	17	♒	14.2	
11	20	♍	0.1	
12	17	♎	10.6	
As	9	♏	17.0	
2	8	♐	15.0	
3	11	♑	38.1	
☊	5	♎	15.9	Nodo Norte Libra
☉	14	♏	21.8	Sol Escorpio
☽	10	♉	42.4	Luna Tauro
☿	23	♏	31.4	Mercurio Escorpio
♀	16	♐	23.9	Venus Sag tario
♂	26	♋	17.0	Marte C ncer
♃	28	♏	37.7	J piter Escorpio
♄	24	♏	47.3	Saturno Escorpio
♅	0	♒	28.5	Urano Acuario
♆	9	♑	2.4	Neptuno Capricornio
	23	♓	4.9	Plut n G minis

un intelectual finísimo, amante de las letras y las artes; su hijo también heredó estas facultades [...]. Hay otro factor en esta carta astral que contribuye a generar toques de *venado* o *imprevisible*: un genio vivo y pronto, que le impulsaba a una cólera destructiva y renovadora, sobre todo a través del pensamiento y la palabra.[111] Enfadado debía de ser temible [...]. En tercer lugar, para compensar tales difíciles rasgos psicológicos, decir que a su favor tenía la protección de la herencia genética de su madre, fuerte, sana y vital,[112] y su propio sentido escorpiónico de supervivencia a toda costa [...]».[113]

Fenómenos actuales

El misterio continúa

Sin entrar a valorar la veracidad de todos estos episodios, lo que comentamos a continuación no puede ser considerado como una leyenda, pues sucedió en la noche de difuntos de 1995. La prensa lo bautizó como un rito «satánico» en los jardines del Palacio Real... donde se encontraron varias cruces invertidas pintadas de rojo, además de una estrella de cinco puntas también invertida, junto a los famosos «tres seises».[114] Sin embargo, entendemos que el ritual que allí se había efectuado no tenía tintes satánicos. Juzgue el lector:

Se encontraron velas blancas con crespones de luto, cirios negros, sangre de gallo, cinco platos, óleos y un pequeño tapete... Todos estos elementos parecen más propios de la realización de algún tipo de ritual perteneciente a los cultos sincréticos. Tras la noche de difuntos no es extraño encontrar este tipo de restos, especialmente en cementerios. aunque nunca tan cerca del Palacio Real. Lo más probable es que las pintadas aludidas no tengan en principio, que ver con el resto de los hallazgos. Pudieron haber sido efectuadas otro día. La ceremonia en sí se explica más como un ritual de petición de ayuda a alguna deidad. Lo que sí parece chocante es que se hiciera este reclamo tan cerca de palacio.

RELIGIÓN

El extraño descubrimiento de la Virgen de la Almudena

Casi pegada al Palacio Real, en la calle de Bailén, se encuentra, por fin terminada, la catedral de la Almudena,[115] la patrona de Madrid. De todas cuantas historias se cuentan sobre la Villa, la Virgen de la Almudena posee una de las más bellas y enigmáticas. En ella hay una parte de realidad: el 9 de noviembre de 1085 se encontró, de forma misteriosa, escondida detrás de un cubo o bloque de la muralla, una imagen de la Virgen con el Niño, a la que se llamó Almudena, por encontrarse ante el depósito de grano (*almudit*, en árabe). Todo cuanto aconteció en aquellos días vino a reforzar enormemente la fe de los creyentes...

*Nuestra Señora
de la Almudena.*

LA «BEATA» MARÍA Y EL «GRAN SECRETO»

Salió María del templo después de haber estado varias horas rezando y pidiendo ayuda al Señor. No pedía para ella, ni siquiera para los suyos. Lo hacía para la Virgen. Grandes remordimientos la acompañaban desde que se supo que era ella precisamente la única depositaria del «gran secreto», como lo había llamado su madre poco antes de morir.

Y es que María sabía que, si ella no era capaz de recordar el lugar exacto donde los cristianos habían escondido la imagen de la Virgen (poco antes de la llegada de los árabes, en el primer cuarto del siglo VIII), nadie podría hallarla jamás. La Señora y el pueblo se llenarían de tristeza por no poder estar juntos, como se habían prometido anta-

196

ño mutuamente. María procedía de esas pocas familias de cristianos que celebraban a escondidas su culto pese al ambiente hostil que se propició con la llegada de los musulmanes en el 711, motivo por el cual la minoría cristiana decidió esconder la imagen de su Virgen en la muralla que en aquellas fechas rodeaba Madrid.

Lo único que recordaba —lo poco que le habían contado— es que la imagen había sido depositada en algún lugar de esa muralla (en el interior de uno de los cubos) junto con dos velas encendidas, para que no estuviese sola. Pero de ello hacía más de tres siglos y Magerit se había transformado vertiginosamente durante aquel tiempo. La muralla había sido reforzada y nuevas callejas habían surgido en los arrabales.

Por ello, cuando Alfonso VI tuvo noticia del «gran secreto», ahora «secreto a voces», juró volver tras la toma de Toledo. En efecto, acababa de regresar con el argumento de que si la Virgen no aparecía echaría abajo, sin miramientos, la muralla.

María se sentía culpable por estos hechos, porque no quería ser ella la causante de la destrucción de esta fortificación que tal vez, más adelante, pudiera servir para repeler el ataque de otros posibles invasores. Así pues, al igual que lo hiciera el buen Isidro, se pasaba gran parte del día rezando, pidiendo al Señor una señal que la ayudara a encontrar la sagrada imagen.

Ya quedaba poco tiempo. El rey había manifestado que al día siguiente (el 9 de noviembre) sería el último plazo para derribar los gruesos muros de la muralla. El pueblo de Madrid había acordado la celebración de una procesión rogativa por las calles antes de proceder a tirar las piedras. Tal vez un milagro impidiese el derribo de lo que tanto trabajo les había costado levantar...

Después de salir de la iglesia un día más, la joven empezaba a desesperar... hasta que sintió el impulso de cambiar su vida por la de la Virgen. Volvió casi corriendo al templo y pidió al Señor que tuviera a bien aceptar el insólito trueque, pero no obtuvo respuesta alguna. Pasó la noche orando y rogando a Dios para que se produjese el milagro. Al llegar las primeras claridades del nuevo día se encaminó

Lugar exacto donde apareció escondida la Virgen de la Almudena (Cuesta de la Vega).

con paso firme hacia el punto acordado para comenzar la procesión. Allí ya se encontraba el propio rey y las autoridades religiosas en actitud piadosa. María, nerviosa pero esperanzada, se dirigió a la cabeza de la comitiva. Y ya, todos juntos, bajo un intenso frío y una neblina propia de aquellas fechas, caminaron primero en silencio para después acabar entonando acompasados cánticos.

Llevaban ya más de media hora en procesión. De repente, al llegar a la altura de la Cuesta de la Vega, justo enfrente del depósito de grano, María empezó a sentir cómo su corazón se aceleraba sobremanera. Ella, que tanto tiempo había rogado por el envío de una señal divina, la sintió ahora con renovada fuerza. «¡Alto!», exclamó la joven. Sorprendidos, todos los participantes de la procesión se detuvieron en seco. Se miraban unos a otros extrañados por aquel parón en el camino. ¿Había sido María «la beata» quien había gritado? ¡No! ¡Era la propia Virgen, que pedía enérgicamente salir de su oscuro escondite! Sin darles tiempo a cavilar, se escuchó un enorme estruendo, que hizo que todos se girasen al tiempo que se desmoronaba una parte de la muralla, cayendo un cubo aparentemente al azar. Nadie pareció entender lo que pasaba. Sólo la pequeña María comprendió que había llegado el día de marchar con el Señor, momento en el cual se desvaneció entre la muchedumbre para siempre. Su pequeño corazón, que por fin le había proporcionado la señal con la que llevaba tanto tiempo soñando, no había podido aguantar más la emoción y se detuvo para siempre... Su misión en este mundo había terminado... Los hombres más fuertes se habían acercado hasta el trozo de la muralla, derrumbado misteriosamente ante sus incrédulos ojos. En seguida, tras quitar unas cuantas rocas, repararon en que ¡la imagen estaba allí, intacta y con las velas todavía encendidas, después de más de tres siglos! En recuerdo de este extraño suceso puede contemplarse, en la Cuesta de la Vega, una placa en el sitio exacto donde se produjo el descubrimiento de la Virgen de la Almudena, tan querida y venerada por los cristianos madrileños.

LA «MONJA DE LAS LLAGAS»

Continuando en la misma zona y bajando por la calle Mayor encontraremos una pequeña callecita llamada Almudena, antiguamente llamada Almudena Chica, para distinguirla precisamente de la calle Mayor, que antes se denominaba Almudena por su proximidad con el lugar donde fuera encontrada la imagen de la patrona de Madrid. En esta calle residió un tiempo la llamada «monja de las llagas».

María Rafaela Quiroga había nacido en 1811 en Pinar de San Clemente (Cuenca), pero pasó su juventud como monja de observación concepcionista en el convento del Caballero de Gracia, en Madrid. Así pues, cuando tuvieron lugar los sucesos ella contaba tan sólo con veinticuatro años, porque fue precisamente en noviembre de 1835 cuando la Inquisición inició uno de sus más famosos procesos para esclarecer, en este caso, si lo que decía María Rafaela, más conocida como sor Patrocinio, era cierto. Y es que esta mujer realizaba una afirmación muy audaz. ¡Decía estar estigmatizada por obra de Dios!

Tras examinarla, efectivamente se descubrió que poseía unas llagas en el costado, las manos y los pies. Sin embargo, argumentar que era el Señor quien las provocaba... era cuestión difícil de sostener. A resultas, todo el asunto fue puesto en prudente cuarentena.

Divinas (las llagas) o no, lo cierto es que muchas personas creyeron su historia. El componente milagrero afloró también en este asunto, lo que complicó todo aún más, si cabe.

El 7 de noviembre llegó el juez al convento del Caballero de Gracia para tomar las primeras declaraciones y pronto determinó que, para no contaminar a las demás esposas del Señor, lo adecuado —mientras durara el proceso— era trasladar a sor Patrocinio a otro lugar, junto con su hermana y su madre. La casa escogida fue la de Manuela Peirotet, en la madrileña calle de la Almudena, en el número 119.[116] Y allí permaneció por un tiempo hasta que fue llevada al convento de las Mujeres Arrepentidas, donde vivió hasta que la Inquisición dictó, por fin, sentencia el 25 de noviembre de 1836. Argumentó que los «estigmas» eran pura superchería, producto de un elaborado fraude con tintes políticos e intrigantes. Según el Santo Oficio, se había utilizado la figura de sor Patrocinio —con su consentimiento— para favorecer, mediante sus manifestaciones supuestamente de santidad, al pretendiente don Carlos de Borbón, que estaba ya alzado en armas contra la reina doña María Cristina. Sostenía la Inquisición que todo se había hecho en apoyo a la causa carlista. Lo cierto es que sor Patrocinio se había convertido en un personaje muy influyente: «[...] Fue una religiosa ambiciosa que, interesada en la política, lució sus estigmas en la corte de Isabel II [...]».[117]

Los «estigmas» habían sido examinados por varios doctores de renombre, como don Diego de Argumosa, don Mateo Seoane y don Maximiliano González. Todos ellos coincidieron en destacar que las llagas no obedecían a causas sobrenaturales, sino que podían ser perfectamente explicables y reproducibles.

De este modo, el juez don Juan García Becerra, al dictar sentencia, exponía que quedaba acreditado que sor Patrocinio había participado en la conspiración y que había incurrido en grave pecado al fingir que sus «llagas» eran producto divino, por lo que la condenó al destierro, a otro convento que se hallase al menos a cuarenta leguas de la corte. El lugar escogido a la postre sería el pueblo de Patones.

Sin embargo, parece que el destierro no impidió que esta joven monja desarrollara con el tiempo una fuerte influencia como consejera de Isabel II. El 18 de septiembre de 1868 la reina abdicó en favor de su hijo Alfonso y marchó a Francia. Sor Patrocinio decidió seguirla allí, donde seguramente terminó por llevar una vida mucho más cómoda hasta que falleció en 1891.

El monasterio de la Encarnación y la sangre de san Pantaleón

Frente a la plaza de Oriente hallamos otra, la de la Encarnación. En el número 1 se encuentra el monasterio del mismo nombre. Allí se custodia una reliquia muy especial, famosa en el mundo entero: la de la supuesta sangre de san Pantaleón. Pero ¿cómo llegó a Madrid?

Después de regresar la corte a Madrid en 1606, tras haber estado un breve período en Valladolid, se observó la necesidad de que la Villa contase con un gran monasterio cercano al Alcázar, al que pudieran acudir fácilmente Felipe III[118] y su esposa doña Margarita de Austria. Parece que la verdadera artífice de esta obra fue doña Margarita, que deseaba ofrecérsela a las religiosas descalzas de la Orden de San Agustín, a las que había tratado en Valladolid.

Así pues, se iniciaron las obras el 10 de junio de 1611, aunque tan sólo cuatro meses después moría doña Margarita, por lo que no vería concluida la obra. En 1618, el rey otorgó la escritura de fundación de la real capilla y monasterio de la Encarnación.

El proyecto fue dirigido por el arquitecto Juan Gómez de Mora y se distingue por su sencillez. La iglesia es de planta de cruz latina

Monasterio de la Encarnación. En su interior se guarda la sangre de san Pantaleón.

y de una sola nave. Sin embargo, el interior hubo de ser restaurado por Ventura Rodríguez tras un incendio.

En este lugar se custodia la ampolla de la supuesta sangre de san Pantaleón, que, puntual a su cita —salvo contadas excepciones—[119] se licúa cada 27 de julio, coincidiendo con su festividad. Para mayor exactitud, la licuefacción comienza en la tarde del 26.

Desde que la ampolla llegara a la Encarnación en 1611[120] le fueron atribuidas varias curaciones milagrosas, aunque los más escépticos defienden que todo puede tener una explicación racional y que el líquido que contiene la ampolla no es realmente la sangre del santo. Existe en el archivo un documento firmado en 1724 por trece médicos y teólogos que han reconocido que la licuefacción efectivamente se produce.[121] Sin entrar a polemizar, lo cierto es que en muchas ciudades italianas dicen poseer ampollas con la sangre de san Pantaleón, como en el valle de Lucania, en Salerno, en Lanciano, provincia de

202

Chieti, en el templo de San Pantaleón, en Roma, en la iglesia de Santa Maria in Vallicella (Chiesa Nuova), en Bari, en Nápoles, entre otros lugares. Sucede algo similar al fenómeno de la llamada Sábana Santa de Turín. También otras muchas ciudades dicen tenerla y para todos la suya es la «auténtica». Pero mientras la Iglesia no se decida a autorizar, *de forma oficial*, un análisis completo de la ampolla, no sabremos a qué atenernos...

¿Quién fue san Pantaleón?

Pantaleón nació en Nicomedia (en la actualidad Izmit, Turquía), una ciudad situada entre el mar de Mármara y el mar Negro. Dicho lugar había sido escogido como morada por los emperadores Diocleciano y Galerio Maximiano.

Era hijo de la cristiana Eucuba y de Eustorgio, que, en cambio, era anticristiano. Creció Pantaleón muy influido por el escepticismo de su padre, lo que probablemente le llevó a hacerse médico de renombre. Sus servicios eran solicitados incluso por el propio emperador Maximiano.

Quiso la Providencia que un día hallara en su camino a un santo presbítero llamado Hermolao, que le habló de forma reveladora y le hizo abrir sus ojos a la fe cristiana.

Un día que se encontraba paseando por las afueras de Nicomedia, halló en su camino a un niño muerto a causa de la mordedura de una víbora. Se entristeció mucho y al recordar las palabras de Hermolao quiso probar el poder del Dios de los cristianos, instándole a que devolviera la vida al niño y ordenara a la serpiente que cayera muerta allí mismo.

Lo solicitado le fue concedido y Pantaleón quedó tan impresionado que se convirtió en ese momento al cristianismo, dedicándose desde entonces a predicar sus grandezas. Incluso llegó a convencer a su propio padre, al curar a un ciego en su presencia. Cuando Maximiano se enteró de lo que pasaba, ordenó a Pantaleón que dejara su nueva fe, a lo que el galeno se negó rotundamente. A causa de su oposición, fue sometido a martirio hasta que murió. Dícese que fue entonces cuando los cristianos recogieron su sangre en pequeñas ampollas, y una de ellas llegó a la Villa.

MISTERIOS Y LEYENDAS

La Casa de Campo y el Cerro de Garabitas

Cuenta una leyenda, difundida por el periodista Antonio José Alés en varios medios de comunicación como *El Mundo*, y en diversos programas de radio en emisoras como Onda Cero o Cadena Ibérica (Medianoche), que en la Casa de Campo, en el llamado Cerro de Garabitas, ya algo apartado del Palacio Real, más cerca del Puente Colorado, se produce una concentración silenciosa, pero no de personas, ¡sino de ánimas! Según él todas las de las personas que mueren en Madrid van a parar allí en forma de una especie de masa violácea. Afirma que el dicho «De Madrid al cielo» proviene de esta teoría romántica escasamente científica.

La creación de la Casa de Campo fue iniciativa de Felipe II, que en 1556 ordenó crear un bosque que estuviera cercano al Alcázar. En 1559 mandó a su secretario Juan Vázquez que adquiriera la finca, que había pertenecido precisamente a la familia Vargas (los patrones de san Isidro), por lo que el rey pidió que la puerta donde figuraba el escudo de los Vargas fuese conservada en su estado original. Posteriormente tanto Fernando VI como Carlos III ampliaron la superficie de lo que sería una gran finca de caza hasta alcanzar mil setecientas setenta y dos hectáreas. En 1930 esta gran extensión pasó a formar parte del pueblo de Madrid, aunque la cesión no se hizo oficial hasta 1970.

Durante la guerra civil tuvieron lugar allí encarnizadas batallas, que probablemente sean las que hayan llevado a la creación del mito de la «concentración de ánimas». Para Alés, la mejor prueba que el interesado/a puede hacer es recoger un puñado de tierra y verificar una de estas dos opciones: si la tierra está fría, las fuerzas concentradas son de carácter negativo. Si por contra la tierra «arde», las energías serían positivas.

Muhammad Ibn Abd al-Rahman

Frente al lugar donde se señala el sitio exacto en el que apareció la Virgen de la Almudena se encuentra el parque del emir Mohamed I (lugar en el que se encuentran restos de las antiguas murallas de Madrid). Más conocido como Muhammad I (el quinto emir independiente de Córdoba), funda durante su reinado (852-886) una fortaleza a orillas del río Manzanares. Elige este lugar por ser un punto estratégico para la defensa de Toledo. El castillo está en una colina, desde donde se otean todos los alrededores. También se comienza la construcción de una muralla que tenía un doble objetivo, rodear el alcázar y la almudaina o fortaleza.

Aunque el trazado de la muralla interior ha sido controvertido, para que el lector se haga una idea seguía más o menos el siguiente recorrido: CUESTA DE LA VEGA-CALLE DEL SACRAMENTO-FINAL CALLE MAYOR-FACTOR-JARDINES DE LA PLAZA DE ORIENTE-CUESTA DE SAN VICENTE-ORILLA IZQUIERDA DEL MANZANARES-CUESTA DE LA VEGA.

Estaba construida con sillares de pedernal, dispuestos en hiladas a soga y tizón. Cada quince metros se colocaba una torre cuadrangular.

La muralla exterior iba aproximadamente por: FRONTERA NATURAL MANZANARES-CALLE DE SEGOVIA-CAVA BAJA-CALLE DEL ALMENDRO-CALLE DE LA ESCALINATA-PLAZA DE ISABEL II-CUESTA DE SANTO DOMINGO-BORDEANDO LA PLAZA DE ESPAÑA-CUESTA DE SAN VICENTE-RÍO MANZANARES.

Se cree que abarcaba ocho o nueve hectáreas de terreno. Durante este período Madrid fue una pequeña guarnición. Parece ser que, aparte de su muralla, las construcciones no eran —desde el punto de vista urbanístico— muy notables. No han llegado muchos vestigios de esta época hasta nosotros, pero los pocos que se han hallado, como cerámicas, pueden ser contemplados en el Museo Municipal de Madrid.

LA RECONQUISTA

Alfonso VI, rey de Castilla, apodado el Bravo, cuyo reinado comprendió los años 1072-1109, es uno de los artífices de la Reconquista. Se pasó toda su vida luchando. Los historiadores tienen opiniones dispares sobre su persona, aunque lo cierto es que, una vez hubo conquistado Magerit, una serie de hechos importantes —unos históricos, otros legendarios— merecen ser destacados.

Para empezar, Madrid dejaría de ser musulmana, con el cambio de culturas que esto supondría. Además, se encontró una imagen de la Virgen con el Niño escondida en un cubo de la muralla, que a la postre se convertirá en patrona de la Villa. Asimismo, en el seno de una humilde familia de labradores nació un niño que, bautizado con el nombre de Isidro, se convertiría en santo.

Madrid había sido considerada relevante por su situación estratégica con relación a Toledo. Cuando Alfonso VI decide avanzar hasta esta última ciudad, pensó que debía ir conquistando todas las plazas fuertes que hallara a su paso, por temor a que si las dejaba intactas a sus espaldas pudieran atacar posteriormente a su ejército.

No fue fácil la conquista de Madrid, porque se hallaba doblemente amurallada. En esta época[122] surge una leyenda que explica que a los madrileños se les llame «gatos».

Al entrar en Madrid, el Bravo reorganizó la vida de la Villa, cambiando la forma de distribución de la misma: el recinto amurallado quedó en manos de los castellanos. En la colina de las Vistillas se apretujaban los barrios judíos y moriscos, colectivos bastante numerosos que inquietaban sobremanera al monarca. En las afueras de Madrid, la Orden de los benedictinos había alzado el monasterio de

San Martín de Mayrit, que quedaría ahora a la altura de la actual calle del Arenal.

El rey otorgó privilegios para aquellos cristianos que quisiesen construir sus viviendas en las cercanías de este monasterio. De esta forma quiso incentivar el nacimiento de un nuevo barrio —exclusivamente castellano— que sirviese para tener controlados los núcleos habitados por judíos, mozárabes y moriscos.

ALFONSO VI Y SUS «GATOS»

¿No han oído alguna vez que a los madrileños se les llama «gatos»? ¿Saben por qué? Aquí está la explicación...

Alfonso VI y sus hombres llevaban prácticamente todo el día en silencio. En esta ocasión habían venido doscientos caballeros y quinientos peones armados con bofardas, azconas, astiles, picas y espadas. Sabía el rey que para conquistar la fortaleza de Magerit iba a necesitar algo más que valerosos soldados o rezos fervorosos. Se decía que el recinto estaba doblemente amurallado, lo que iba a complicar mucho las cosas.

Al caer la noche y tras una frugal cena a base de queso y pan, Alfonso VI se puso en pie y habló a sus hombres con voz pausada y firme. Les advirtió que tenían que descansar bien, pues con el amanecer empezaría la lucha, y que ésta sería... ¡a muerte!

Después de unas palabras de aliento se dirigió a su pequeña tienda, en la que le esperaba uno de sus hombres de confianza con un mozalbete que apenas tendría dieciséis años.

El joven se había colado entre sus hombres y haciéndose pasar por uno de ellos había soportado las peores tareas sin emitir queja alguna. Cuando el rey tuvo conocimiento de lo que había sucedido, lo llamó ante su presencia para ver de qué clase de «madera» estaba hecho. De este modo se apercibió de que era valeroso, decidido y tremendamente ágil, por lo que los peones le habían bautizado con el nombre de «Gato».

Alfonso VI.

Gato se hizo pronto muy popular entre la guarnición y aquella noche Alfonso VI le había mandado llamar para encomendarle una tarea tan difícil como crucial. Quería que el Gato escalase las murallas de Magerit portando una soga, a fin de que el resto de sus hombres pudiesen subir por ella a la fortaleza. El muchacho, aunque algo desconcertado, aceptó la encomienda. «Tú podrás hacerlo. Eres un buen escalador», le había dicho el propio rey. Si él lo había manifestado debía de ser cierto, pues era la persona en la que más confianza tenía. Con estos pensamientos se durmió el Gato contento y seguro del éxito de su peligrosa misión.

Al amanecer el Gato cruzó sigilosamente a nado la cava y empezó a escalar la muralla con tan sólo la ayuda de las manos y un pequeño puñal, que le servía para buscar las hendiduras en las que meter sus finos pero fuertes dedos.

En ese momento, los hombres de Alfonso VI, que contemplaban la escena maravillados, se lanzaron al ataque con toda la fuerza que eran capaces de imprimir. Cuando los musulmanes se dieron cuenta de lo que ocurría ya era demasiado tarde. El Gato había alcanzado una de las almenas, en la que había colgado una gruesa soga por la que empezaban a subir los peones.

La lucha fue muy dura, pero al final los castellanos tomaron la fortaleza y se hicieron con Magerit. Cuenta la tradición que aquel joven Gato fue el responsable de que, desde otros puntos de la geografía, a los madrileños se les llame de esta cariñosa forma.

LAS MURALLAS MEDIEVALES

Tras la reconquista de Madrid, la población aumentó notablemente y la ciudad sufrió cambios en su estructura. Por ejemplo, se construyeron nuevos muros que desde la Puerta de Moros, pasando por numerosos lugares, se unían a la muralla de la calle Arrieta. Como consecuencia de estas modificaciones, se duplicó la superficie de la Villa.

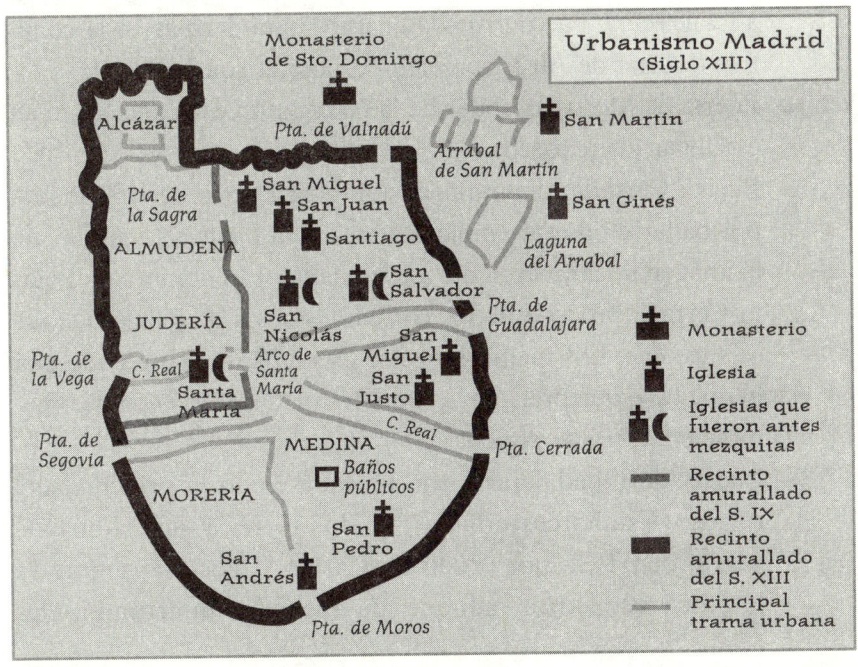

LAS PUERTAS DE LA MURALLA

Después de la ampliación del siglo XIII, en el año 1476 los Reyes Católicos derriban todo el recinto amurallado —a excepción del Alcázar— para favorecer su lucha contra los partidarios de Juana la Beltraneja. Sin embargo, con el traslado de la corte a Madrid se consideró necesario volver a levantar la muralla para poder sostener el posible peso, en caso de desencadenarse una guerra. Véase mapa *Urbanismo Madrid, siglo XIII*.

- ꝫ Puerta de la Vega: su misión era comunicar la alcazaba-recinto fortificado, dentro de una población amurallada, con el exterior. Se abría bajo una torre de gran peso. Como dato curioso tenemos que, cuando fue derribada a principios del siglo XVII con motivo del ensanche, fue precisa la presencia de treinta personas durante más de un mes.
- ꝫ Puerta de la Almudena: llamada también Arco de Santa María, por estar cercana a esta iglesia. Correspondía de igual modo a la alcazaba. Fue derribada en 1570 para dar paso a la comitiva de Ana de Austria, recién desposada con Felipe II.
- ꝫ Puerta de Moros: después de la Reconquista se concentran en ese lugar los moriscos.
- ꝫ Puerta Cerrada: denominada también Puerta de la Culebra, por hallarse en este emplazamiento una piedra esculpida con la imagen de una serpiente adragonada.[123] El nombre de Puerta Cerrada procede de los constantes actos de pillaje que allí se sucedían. Los malhechores se escondían en su recodo, por lo que tuvo que precintarse. Fue derribada en 1569 para comunicar el barrio de Atocha.
- ꝫ Puerta de Guadalajara: considerada como la principal del recinto. Estaba custodiada por dos torres y dos cubos. Se derribó en 1538 por orden de Carlos V. Posteriormente se intentó reconstruir, aunque un incendio interrumpió las obras.

› Puerta de Valnadú o Balnadú: no se sabe gran cosa. Fue derribada en 1567.

A medida que la Villa fue creciendo surgieron nuevos arrabales y nuevas puertas, como la famosa Puerta del Sol. Además se pueden citar las de Fuencarral, Toledo, San Vicente, Alcalá, Embajadores, Segovia, Recoletos, entre otras.

ENCLAVES MARIANOS

¿La Virgen en la Casa de Campo?

Hace años la madrileña Casa de Campo fue escenario de unas supuestas apariciones marianas. Todo ello originó que durante algún tiempo se reunieran allí Manuel Núñez, su madre y un pequeño grupo de seguidores para rezar el rosario junto a un árbol. La cita tenía lugar los sábados.

Manuel, aquejado de poliomielitis desde que tenía tres meses, recorría diariamente, ayudado de sus muletas, la distancia desde su casa en la Gran Vía hasta el árbol —más de dos kilómetros— donde supuestamente se le apareció la Virgen el 18 de marzo de 1991.

Este hombre, pianista de profesión, trabajaba por aquella fecha en los chiringuitos de la Casa de Campo, amenizando con su órgano portátil a las personas que acudían a refrescarse.

Según declaraciones a una revista, la aparición habría tenido lugar del siguiente modo: «[...] Una noche iba por la carretera de Pozuelo y mi moto se quedó parada de repente. Al rato vi cómo surgía una luz en el encinar y me acerqué a ella. Allí tuve mi primer encuentro con la Virgen de los Dolores [...]».[124]

Por cierto, si la Virgen de los Dolores ya se aparece en la Casa de Campo, ¿quién o qué supuestamente se manifiesta en Prado Nuevo (El Escorial)? En opinión de su madre, Trini, que apoya su causa fervorosamente, «la Virgen que se le aparece a mi hijo es la de los Dolores, la misma que la de El Escorial. Lo que pasa es que allí ha dejado de dar mensajes y ahora se los transmite a mi hijo [...]».[125]

Según uno de los supuestos mensajes enviados por la Virgen a Manuel mientras éste se hallaba en éxtasis, la polémica queda zanjada de este modo: «[...] No me gusta que saquen versiones falsas de este lugar. Hay personas que dicen que me ven. Pero yo, hijos míos, sólo puedo manifestarme ante un alma carismática, la cual se llama Manuel [...]. Él es la estrella que os guiará al camino celestial. Seguidle y dejad de escuchar los comentarios que tanto os confunden y tanto daño os hacen [...]».

El siempre controvertido tema de las apariciones marianas sigue ahí más vigente que nunca, produciéndose incluso disputas y polémicas entre los propios «videntes». Hay quienes consideran que todo es un invento, un lucrativo negocio a costa de la fe de los creyentes que acuden puntuales a su cita a la espera del milagro de la curación de sus dolencias. Otros no se cuestionan el fenómeno y lo interpretan como un signo apocalíptico propio de nuestros tiempos, en los que, debido al egoísmo de la naturaleza humana, es la propia Virgen quien tiene que presentarse y ayudarnos a buscar la «luz» en este confuso mar de oscuridad. Incluso hay los que asocian estas apariciones —los ufólogos principalmente— con el fenómeno ovni. Piensan que en algunos de los puntos estratégicos de la geografía española se está manifestando algo o se apareció «algo» cn su día que poco tiene que ver con las cosas de Dios y mucho, en cambio, con los objetos volantes no identificados. Estos lugares de culto serían —bajo esta óptica— enclaves ovni en toda regla. Sin embargo, el misterio de estas pretendidas apariciones continúa en todo el mundo y lo hace cada día con más fuerza, tal vez porque el fin de un milenio marca a las personas y los coletazos engendran cada vez más muletillas a las que agarrarse, pero también, cómo no, es posible que despierten cierta violencia que termine por volverse hacia nosotros mismos.

MUSEOS

El Zoo Acuario que se encuentra en la Casa de Campo no puede ser considerado estrictamente como un «museo». Sin embargo, el motivo de incluirlo en este apartado es el de hacer hincapié en que todos los animales que allí pueden verse están en exhibición, por lo que lo hemos catalogado como una actividad más dentro de una posible excursión, y es que de entre las numerosas especies que allí se pueden contemplar conviene destacar una en concreto que, debido a su antigüedad, puede tener un valor seudocriptozoológico:[126]

> Los tiburones: apenas han evolucionado ¡desde hace más de ciento ochenta millones de años! En realidad, tampoco les ha sido preciso, puesto que son casi perfectos. Pese al tiempo que llevan habitando los mares, se sabe poco sobre ellos. De hecho, de vez en cuando surgen de los abismos nuevas especies que vienen a sumarse a las más de trescientas cincuenta ya reconocidas. Sin ir más lejos, en 1986 era descubierta por dos pescadores norteamericanos una nueva especie bautizada con el nombre de «tiburón de Montauk», lo que viene a confirmar que todavía existen especies por descubrir.

Los experimentos que los ictiólogos llevan a cabo apuntan a la posibilidad de que los tiburones sean como enormes aparatos receptores que perciben sin dificultad los ultrasonidos, incluso a largas distancias. Esto es al menos lo que mantiene la ictióloga Eugenie Clark. Esta investigadora, fundadora de un laboratorio marino en Florida, ha dedicado gran parte de su vida al estudio de los tiburones. Está considerada como una de las mayores expertas en estos animales.

En efecto, los tiburones poseen las llamadas ampollas de Lorenzini, alojadas bajo la piel de su cráneo. Son una especie de saquitos rellenos de mucosidad en los que se insertan terminaciones nerviosas muy sensibles. Cada vez se tiene más claro que gracias a estas ampollas los tiburones son capaces de captar la actividad eléctrica muscular de sus posibles víctimas. De este modo el tiburón puede localizar presas que permanezcan inmóviles y ocultas, aunque estén fuera de su campo visual. Es algo así como —para que nos entendamos— si pudieran percibir el «aura» de otros seres vivientes.

Científicos holandeses llegaron a la misma conclusión. Incluso afinaron más, comprobando tras experimentar con la pintarroja (*Scyliorhinus canicula*) que era capaz de percibir la presencia de especies tan pequeñas como las bentónicas (platijas, gambas y cangrejos) sin verlas u olerlas, por medio de la captación de los campos eléctricos que estos animales desprenden. Tales campos tienen su origen en la región cefálica de aquellos diminutos animales y pueden alcanzar una intensidad, en ejemplares sanos, de quinientos microvoltios. Otros investigadores, como el desaparecido Jacques Cousteau, también defendían esta postura. El Zoo cuenta con una zona dedicada a estos fantásticos animales, que pueden ser contemplados detenidamente sin temor a que nos ataquen.

Zona 13
Tribunal de la Inquisición

෨

INQUISICIÓN

෨ Tribunal de la Inquisición: calle Torija, 14. Hacía esquina con las calles de Fomento y del Reloj. Allí estuvo el consejo supremo del Santo Oficio desde 1780 hasta su desaparición en 1820. Esta calle recibiría su nombre porque en ella residió el arquitecto mayor de Madrid, don Juan de Torija. También dejó una obra titulada *Tratado de las ordenanzas de esta villa y de cómo se han de construir edificios en ella* (1661). Además actuó como aparejador en las obras reales. Falleció en 1666 y sería enterrado en San Felipe el Real.

෨ Tribunal del Santo Oficio: calle de Isabel la Católica, 4. Muy cerca de la calle Torija. Aquí estaba la sede de la Inquisición antes de 1780. Después de su traslado, quedaron únicamente los calabozos y el Tribunal de la Corte. Con la abolición de la Inquisición por parte de José Bonaparte, la prisión fue asaltada por el vulgo, mas no encontraron en sus subterráneos, que iban hacia la plaza de Santo Domingo, signos de torturas recientes, lo cual no quiere decir que no se produjeran. El nombre de la calle proviene, como puede suponerse, de que fuera esta reina quien creó esta institución.

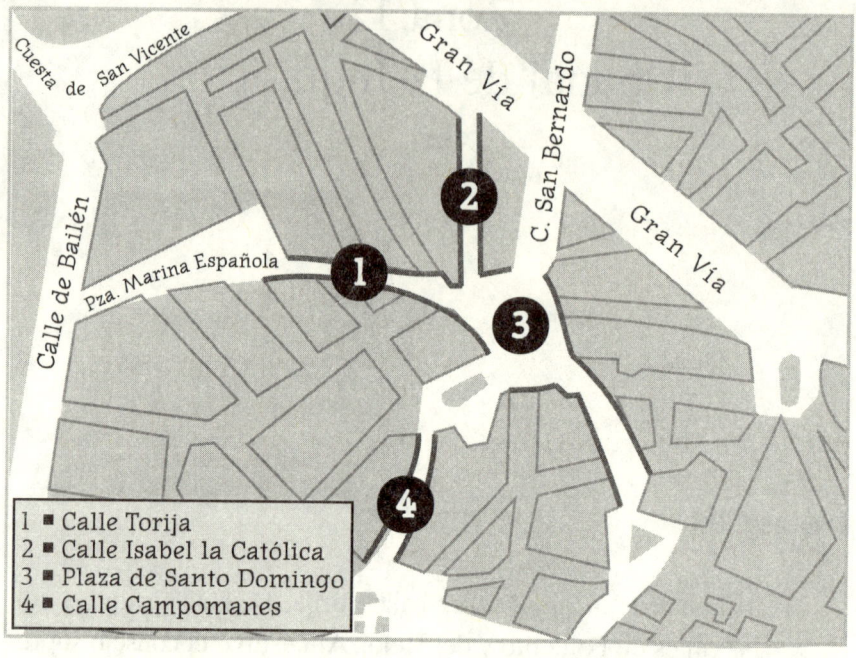

1 ▪ Calle Torija
2 ▪ Calle Isabel la Católica
3 ▪ Plaza de Santo Domingo
4 ▪ Calle Campomanes

&ৡ Plaza de Santo Domingo: en esta plaza tuvo lugar la quema de los libros pertenecientes a un misterioso personaje, el marqués de Villena. Pero ¿quién era y por qué decidieron hacer una fogata con su extensa biblioteca?

La decisión se produjo después de su muerte en Madrid, el 15 de diciembre de 1434. Era un hombre culto, al que le gustaba la buena mesa y cortejar a las damas, y un tanto excéntrico para su tiempo, del que se afirmaba que practicaba la «magia negra». Nos referimos en concreto a don Enrique de Villena, marqués del mismo apellido, que fue sepultado en el monasterio de San Francisco, después de fallecer a los cincuenta años.

Lo único cierto es que debía de tratarse de una persona muy erudita a la que posiblemente se le tomó por brujo a causa de los libros prohibidos que leía. Hablaba varias lenguas, entre ellas latín, francés, árabe, italiano, griego, lemosín,[127] hebreo... Por este motivo tradujo libros como la *Divina Comedia*, la *Eneida* o algunos tratados de Cicerón.

*Detalle de la fachada
del Tribunal de la
Inquisión en
la calle Torija.*

También escribió obras sobre temas diversos: *Arte de trovar*,[128] *Arte cisoria, Libro de los doce trabajos de Hércules, Tratado de la lepra, Tratado de la consolación* y el que le aportó la fama de mago negro: *Libro del aojamiento*[129] *o fascinología.*

En este libro se comentaban —a su entender— los síntomas que envuelven a la persona una vez que ha sido «aojada». Explicaba que estas personas solían tener la vista turbada, notaban que las fuerzas les desaparecían sin haber hecho esfuerzo físico de ninguna clase, que sentían pena y suspiraban sin saber por qué (síntomas, por otro lado, parecidos a los de una crisis de ansiedad, que nada tienen que ver con el «mal de ojo»), aunque, en la actualidad, existen personas que prefieren creer que han sido «embrujadas» a enfrentarse a los problemas que realmente los acucian. De este modo, a su muerte, por orden del rey Juan II (1406-1454), cien volúmenes fueron reducidos a cenizas.

El bachiller Fernán Gómez dirigió, poco después, una misiva al poeta Juan de Mena, en la que criticaba al mismísimo rey y a Lope de Barrientos. Explicaba, lamentándose, que era una decisión producto de la ignorancia.

El milagroso pozo de Santo Domingo

Muy cerca de la plaza de Santo Domingo, de la que acabamos de hablar con relación al marqués de Villena, y caminando unos minutos, encontramos la calle de Campomanes. En el número 3 se halla el pozo que cavó con sus propias manos santo Domingo.

Esta historia se desarrolló casi en la misma época en que san Francisco visitó Madrid. Según cuentan las crónicas, santo Domingo de Guzmán llegó a la Villa entre los años 1218 y 1219.

En este caso, el motivo de su presencia era distinto. San Francisco hacía escala en su iniciático camino hacia Santiago. Santo Domingo se acercó para fundar un convento. Previamente había enviado a fray Pedro de Madrid y Miguel de Ucero, pero no habían obtenido buenos resultados en esta empresa.

Con su llegada, las cosas cambiaron y consiguieron pronto su objetivo. Pudo disponer de unos terrenos donde ahora se ubica la mencionada calle y en ellos fundó el convento de Santo Domingo, que alcanzó mucho renombre, pues en él profesaron la mayoría de las jovencitas de abolengo de Madrid, por lo que era atendido por religiosas consideradas de confianza y sabia formación.

Los terrenos del monasterio convento ocupaban toda la manzana de casas que hoy se alzan en la zona de la plaza de Santo Domingo. El santo, para ayudar a las religiosas, excavó con sus propias manos un pozo que habría de servirles para la extracción del agua. Lo que ignoraba era que en este emplazamiento brotarían aguas consideradas «milagrosas» para la curación de enfermedades.

Sin embargo, el pozo en cuestión lamentablemente no puede verse en la actualidad. Si el visitante entra en el citado número de la calle Campomanes observará otro pozo en medio de un luminoso patio. Según nos explicó el portero del inmueble, el auténtico se halla tapiado y bajo unas mesas de oficina.

Zona 14
El convento de San Plácido

જે

MISTERIOS DE LA CORTE

**Felipe IV, sor Margarita y las «endemoniadas»
del convento de San Plácido**

Muy cerca de la plaza de Callao, pero cruzando al otro lado de la Gran
Vía, en la calle San Roque, 9, se ubica el convento de San Plácido.

Recogido, silencioso y casi inadvertido hallamos este edificio. Dar
cuenta de los sucesos acaecidos allí es harto complicado, pues nuevamente vienen a entremezclarse leyenda, misterio e historia.

El convento fue fundado por doña Teresa Valle de la Cerda, ante
el desconcierto del pueblo de Madrid y de su propio prometido (con
el que se supone iba a desposarse en breve). Doña Teresa era una
mujer joven, acaudalada y de gran belleza. Nadie se explicaba por
qué había cambiado radicalmente de parecer, desechando una vida
confortable por los hábitos. Fue nombrada priora de este convento,
situado en un barrio de gran alcurnia. De élite, igualmente, eran también las jóvenes que allí profesaban.

Su prometido, el noble caballero don Jerónimo de Villanueva, protonotario de Aragón y amigo personal de Felipe IV y del conde duque de
Olivares, parece que entendió su decisión. Apoyó tanto a doña Teresa en
su empresa que llegó a convertirse incluso en benefactor del convento.

El ingreso se hacía por la portada adintelada, adosada a un muro de ladrillo, con un relieve de la Anunciación. Se trata de un edificio de esos que engañan, sencillo por fuera pero bien acondicionado en su interior. Ésta era la entrada oficial, aunque en los mentideros se especulaba que el prometido en parte claudicó en ser el padrino del proyecto para reservarse así la gracia de construir un pasadizo que condujese desde el convento hasta una casa cercana.

SOR MARGARITA DE LA CRUZ

Ya era noche entrada cuando alguien picó a la puerta de San Plácido. Hacía frío y una espesa niebla envolvía la ciudad dándole un aspecto siniestro a la vez que romántico. No eran, desde luego, horas muy apropiadas para el ingreso de una novicia. Pero los padres de Margarita no encontraban modo mejor de proteger su virtud, en peligro

1 ▪ Calle San Roque
2 ▪ Calle Fuencarral
3 ▪ Calle Valverde
   esquina Puebla
4 ▪ Calle de la Luna
5 ▪ Calle de Concepción Arenal

a causa de su gran belleza física, que propiciaba que todos los vividores de la zona intentaran cortejarla.

Así pues, habían decidido ingresarla en San Plácido, pues parecía doña Teresa Valle de la Cerda una mujer valiente, de carácter férreo, que podría hacer las veces de «carcelera» y mentora de la angelical jovencita.

Como la noticia de la llegada de sor Margarita al convento se extendió como un reguero de pólvora, llegó a oídos del propio Felipe IV,[130] al que su amigo don Jerónimo de Villanueva le había referido la posibilidad de acceder a San Plácido a través de un corredor, construido por él mismo, lo que le daría la oportunidad de visitar a sor Margarita si lo estimaba oportuno. Por supuesto sor Margarita permanecía ajena a todo el asunto.

Parece ser que antes de hacer su primera incursión —y última— por el enigmático pasadizo, el rey se entrevistó con doña Teresa y la propia novicia a través de las rejas de la clausura. Quería comprobar si la hermosura de la joven era tal como le habían descrito. Al comprender que no le engañaban, dejó entrever que deseaba visitar a sor Margarita con cierta asiduidad.

Doña Teresa no sabía cómo cumplir el mandato que los padres de la muchacha le habían encomendado. No podía negarse a los designios del rey, mas tampoco iba a entregarla para que perdiera la honra, aunque fuera con Felipe IV. Por otro lado, sor Margarita se encontraba horrorizada ante la idea de pasar a ser la nueva concubina de palacio. Lo poco que había podido vislumbrar detrás del embozo de su capa no le resultaba muy atractivo. Esa cara alargada y fina de pronunciada barba y bigote, junto con unos labios excesivamente gruesos y sus ojos de pez, no eran precisamente una figura muy seductora, y distaba mucho de la imagen que ella se había forjado del hombre con el que un día habría de desposarse.

Al ver que sor Margarita se pasaba las horas llorando amargamente por la resignación ante lo que parecía ser su futuro cercano, doña Teresa ideó un ingenioso plan que daría al traste con las pretensiones del rey, a la par que quitaría las ganas de acercarse a los posibles pretendientes que se animaran a cortejar a la novicia.

Pocos días después, cuando ya pasaba un rato de la hora de los fantasmas y las brujas, el rey se reunió con su amigo don Jerónimo y con el encargado de guiarlos por el pasadizo que conducía al convento. La luz de las antorchas provocaba la proyección de figuras fantasmagóricas en los muros, como advertencia de que su incursión en el santuario no iba a ser placentera y que lo que allí les aguardaba era algo sobrenatural.

El pasadizo era frío, húmedo y oscuro. No se veían las caras entre sí, por lo que decidieron ir en fila india para no despistarse. De pronto, una corriente de aire frío apagó las antorchas. Por un momento los tres caballeros se quedaron parados sin saber qué hacer. ¿Cómo llegarían hasta la celda de sor Margarita sin iluminación? Quizás fuese mejor volver atrás y prender de nuevo las candelas... De repente, se percataron de que al fondo del túnel había un pequeño resquicio de luz. Intrigados, fueron hacia la tenue claridad. Quizás sor Margarita estaba advertida de la llegada del rey y había decidido esperarle dócilmente despierta... Si no, ¿a qué otra cosa podía deberse ese misterioso resplandor? Pronto saldrían de dudas...

A medida que iban llegando al final del corredor, la luz se hacía más y más fuerte y unos murmullos parecidos a cánticos empezaron a resonar lastimeros en sus oídos...

«¿Acaso a Vuestra Majestad no le parece que deberíamos volver a palacio? Todos estos murmullos suenan un tanto tenebrosos», sugirió con voz entrecortada don Jerónimo.

«Pues ¿no me asegurasteis que no encontraríamos obstáculos para llegar a sor Margarita? Espero por vuestro bien que así sea», espetó secamente el monarca, dando por finalizada la polémica.

Los murmullos se hicieron más claros, se transformaron en cánticos corales y cuando doblaron el último recodo del túnel se abrió ante sus incrédulos ojos un sorprendente espectáculo que los dejó boquiabiertos. Dicha visión no les impidió dar un paso atrás provocado por el horror...

Varias hileras de monjas portando cirios entonaban efectivamente tristes cánticos. Entre ellas estaba también la priora, aunque por más que buscaron con la vista a sor Margarita, la novicia no se hallaba entre la fúnebre comitiva. El rey preguntó por ella y doña Teresa, con gesto solemne, aunque con signos de haber experimentado un gran sufrimiento, señaló una puerta. El rey no se atrevía a abrirla. Se temía lo peor. Y no se equivocaba, porque allí, sobre un sencillo catafalco, yacía el cuerpo de la joven monja, aún rebosante de belleza. ¡Parecía dormida!, pero los cirios y el siniestro decorado que la rodeaba eran inequívocos. ¡Margarita había fallecido! De pronto, los oídos del rey empezaron a zumbar y a darle vueltas la cabeza. Su vista se nubló y poco le faltó para derrumbarse sobre el catafalco donde se hallaba la recién expirada. Apoyándose sobre su amigo abandonó el lugar por donde había venido y, aunque muy mareado, corrió como alma que lleva el diablo hasta llegar a sus aposentos, en los que sin duda meditó sobre lo acontecido.

Tan pronto hubieron marchado los tres embozados, la «muerta» se levantó de su ataúd y abrazándose a la priora lloró, pero de alegría por haber conseguido salir bien parada de la visita del rey. El plan de la astuta priora había salido según lo previsto.

Al día siguiente, queriendo purgar sus procederes, Felipe IV mandó que llevaran un reloj que tiempo atrás habían solicitado las monjas de San Plácido sin mucho éxito hasta ese momento, y también encargó al genial Velázquez un cuadro que debía ser terminado y enviado al convento con celeridad. El *Cristo* estuvo expuesto allí hasta que en el siglo XIX fue vendido. Hoy puede verse en el Museo del Prado.

EL «DEMONIO» VISITA SAN PLÁCIDO

Parece que este convento no estaba destinado a pasar desapercibido. Muy al contrario, cuatro años después del episodio contado, otro aún más inquietante vino a sumarse a la vida conventual, y esta vez con peores consecuencias.

La voz de alarma la dio una joven novicia que empezó a realizar actos extraños, como dar voces y hacer gestos obscenos impropios de una religiosa. El confesor fray Juan Francisco García Calderón, tras estudiar la situación, determinó que la joven estaba «poseída» por el diablo, por lo cual le practicó un exorcismo de urgencia que no dio buenos resultados.

Por contra, lo que se logró con este ritual fue que la propia priora cayera en la misma situación, además de otras veintiséis monjas más. El asunto llegó a extremos tan alarmantes que todas las moradoras de San Plácido, exceptuando a cuatro, cayeron bajo la influencia del «Maligno». No resultaba muy avezado el tal García Calderón, por lo que rápidamente los rumores llegaron al Inquisidor General, don Diego Arce de Reynoso, que abrió un largo proceso. Éste culminaría en 1631, cuando se dictó sentencia de prisión perpetua, ayunos y disciplinas para el confesor, que tras el tormento había hablado autoinculpándose de haber cometido actos pecaminosos con las monjas. La priora fue desterrada y la comunidad repartida para evitar que los hechos se reprodujeran en un futuro.

El propio don Jerónimo de Villanueva y Fernández de Heredia, marqués de Villalba, ex prometido de la priora, se implicó tiempo después como benefactor del convento y fue detenido por la Inquisición. A este respecto, comenta Caro Baroja: «[...] Pero hay que reconocer que si la sentencia contra las monjas recogió toda clase de cargos, sin discriminación, tiempo después corrió por Madrid una relación completamente apócrifa y llena de anacronismos en la que pintaba a Felipe IV, al conde-duque [de Olivares] y al protonotario de Aragón realizando actos terribles para satisfacer un amor sacrílego del primero. Tiempo después también el soberbio protonotario aragonés, don Jerónimo de Villanueva, pagó con escandaloso proceso inquisitorial aquellos rumores y otros que corrían a su cuenta. Una nube de composiciones poéticas les dieron mayor autoridad: testimonio del odio inmenso que provocaba después de haber sido objeto de adulaciones increíbles [...]».[131] Una de estas composiciones decía así:

> *... Al reino de España:*
> *Aquí yace un Reyno entero*
> *herido de un Cardenal*
> *de un Monterey, de un Toral,*
> *de un confessor cançerbero,*
> *Salaçar lo hirió primero,*
> *Villanueva lo hechizó,*
> *Olivares lo acabó,*
> *catalanes lo mataron,*
> *las monjas lo mortajaron*
> *y Portugal lo enterró.*[132]

Sin embargo, todo ello no impidió que tras la reforma del convento que se inició en 1641 figurara en la portada su escudo familiar.

Las obras fueron acabadas en 1661 y quienes conocemos los episodios que se desarrollaron en su día en el interior de este céntrico convento nos preguntamos cómo es posible que allí se produjesen tan intrigantes y escandalosos hechos.

RELIGIÓN

La beata incorrupta

Muy cerca de la famosa calle de la Ballesta se encuentra el convento de las Mercedarias (concretamente en la calle Valverde esquina con Puebla). En este convento custodian el cuerpo incorrupto de la beata Mariana de Jesús, que lleva esperando más de un siglo a que la hagan santa, concretamente desde que Pío VI la beatificara por decreto el 18 de enero de 1873.

Fallecida en el primer cuarto del siglo XVII, en 1624, de ella cuentan que se le aparecía la Virgen: «[...] Nuestra Santísima Madre. Con este dulce título la llaman los Mercedarios. Es su Madre y Fundadora. Mariana de Jesús, privada tan pronto de su madre terrenal, experimentó toda su vida la amante protección de María. Siendo todavía muy niña, la recreaba con sus apariciones. Correspondía ella a los regalos de la Santísima Virgen rezando diariamente el Santo Rosario. Siempre que en una conversación nombraba a María, inclinaba reverentemente la cabeza diciendo: "Mi Señora, la Madre de Dios" [...]».[133] Uno de los milagros que se le atribuyen se describe del siguiente modo: «[...] Llovió [...], pero no se mojaron. Marcos es el cuñado de Mariana. Es marido de su hermana Juliana. Habían perdido parte de sus bienes y vivían en suma estrechez.

»En Madrid la sequía era grande. La sierva de Dios fue a ver a su hermana, enferma, y hablaron del tiempo. ¡Hacía falta el agua para los campos!

»"—¡Ay, hermana! No pidáis a Dios que llueva hasta que yo pueda salir de este cuarto.

»"—¿Por qué no hasta entonces?

»"—Porque hay muchas goteras, y cuando llueve nos mojamos como si estuviéramos en la calle.

»"—¿Y qué? ¿No puede Dios hacer que llueva sin que tú te mojes?

»Y... llovió en abundancia. Estaban todos durmiendo y no se mojaron.

»Marcos Gil dijo a su mujer: "Mira cómo se verifica lo que dijo tu hermana; sea Dios bendito y démosle gracias [...]».[134] Lo que más ha llamado la atención tras su muerte es su incorruptibilidad, pues tiene aún las articulaciones flexibles, hecho que no sucede en el cuerpo de san Isidro. ¡Todo un misterio![135]

Fenómenos actuales

Luna 16

No es el nombre de un *pub*, sino el de la calle de la Luna, paralela a la Gran Vía y perpendicular a la calle San Bernardo. ¿Qué pasó aquí?

Ya dijimos que Fernando Sesma (véase *Zona 2*) fue escogido como receptor de cartas anónimas procedentes de otros puntos de la península e incluso del extranjero. Algunos de los mensajes eran como el que sigue:

> *La ley universal se os*
> *inspiró*
> *recibís falsos mensajes*
> *el burro se come a la*
> *zanahoria*
> *¡alas del espíritu!*

O sea, del todo carentes de lógica... Sin embargo, vamos a lo que interesa... Algunos de esos primeros mensajes tenían como destinatario al mismo Sesma y eran remitidos desde la calle de la Luna, 16.

Da la casualidad de que por aquellas fechas se produjeron unos horrendos crímenes en esa dirección, de los que omitiremos los detalles truculentos. Todo ello desató que se relacionaran las cartas de Sesma con el macabro suceso.

ENCLAVES MASÓNICOS

- Calle de Concepción Arenal: pegada a la calle de la Luna. En esta calle no existía ningún templo. Sin embargo, sirve de recuerdo de una de las pocas mujeres masonas, junto con Rosario Acuña.[136]

Zona 15
Plaza de Santa Bárbara

ॐ

INQUISICIÓN

En la céntrica plaza de Santa Bárbara estuvo uno de los enclaves inquisitoriales, la cárcel del Saladero. Aquí eran también llevados los reos.

El nombre de Saladero le viene porque frente al convento de Santa Bárbara se alzaba un edificio construido bajo el reinado de Carlos III y que tuvo como artífice a Ventura Rodríguez, cuya función era la de ser un matadero de cerdos, para después salar el tocino, razón por la cual el edificio era sobrio y severo. Sin embargo, con el tiempo sería trasladada aquí la cárcel de la Villa junto con la llamada de Jóvenes y la de la Corte. En consecuencia, a mediados del siglo XIX se agruparon en este lugar infinidad de reclusos de todo tipo.

Por ejemplo, en esta cárcel tuvo lugar, el 5 de febrero de 1852, la ceremonia de la degradación del cura Merino, que atentó contra la vida de Isabel II (véase *Zona 8*). La misión fue encomendada al obispo de Astorga, don Juan Nepomuceno Cascallana, quien decidió que se abriera el balcón para que el pueblo pudiese contemplar lo que dentro estaba teniendo lugar.

Además, otros personajes provenientes del mundo de la política estuvieron allí confinados por conspiración contra Isabel II. La cárcel

Mapa con leyenda:

1 ■ Plaza de Santa Bárbara
2 ■ Plaza de Santa Bárbara con calle Orellana
3 ■ Calle Fuencarral (Museo Municipal)
4 ■ Calle Sagasta

permaneció en este lugar hasta su traslado el 9 de mayo de 1884, en el que se realizó el cambio de los presos a la Modelo, situada al final de la calle de la Princesa, según ley promulgada el 14 de junio de 1876.

RELIGIÓN

Cuerpos incorruptos en el convento de Santa Bárbara

El convento de Santa Bárbara se hallaba en la misma plaza, hacia la calle de Orellana. Fue fundado por el padre Juan Bautista del Santísimo Sacramento, mercedario, y gracias en gran parte a las aportaciones económicas de doña Beatriz Ramírez de Mendoza, condesa de Castellar, la misma que después de muerta se apareciera a rezar el rosario en el convento de las Carboneras (véase *Zona 11*). Se tomó posesión de él el 4 de diciembre de 1606.

229

Por otra parte, ese mismo año, la beata Mariana de Jesús, recién llegada de Valladolid, frecuentaba mucho la capilla de los Remedios, pues vivía por allí cerca, hasta que fue echada de su domicilio de mala manera por su nueva casera, sin que se conozcan los motivos. El caso es que los religiosos del convento la recogieron y le permitieron ocupar una pequeña celda. Y allí vivió con suma humildad.

Pasado un tiempo, fue encontrado, después de muchos años enterrado, el cuerpo incorrupto de fray Juan Bautista del Santísimo Sacramento. La propia beata Mariana, que se encontraba allí cuando sacaron el cadáver, metió su mano por el agujero que había hecho la azada y afirmó que ¡los órganos internos estaban calientes! Después de muerta la beata, también su cuerpo quedó incorrupto. ¡Increíble!

→ Pista templaria: en la citada capilla de los Remedios, sobre el sagrario del altar mayor, se veneró durante algún tiempo una imagen de Nuestra Señora del Templo, hallada en tiempos de Enrique III de Castilla por un sirviente suyo, Alvar Nuño de Cuenca, no lejos de Talavera. En aquel emplazamiento hubo —según cuenta Répide en *Las calles de Madrid*— un monasterio templario. La imagen fue trasladada hasta Madrid, aunque como el convento fue derribado en el siglo XIX, para la ampliación de la plaza de Alonso Martínez, nadie conoce su situación actual.

MUSEOS

El Museo Municipal

En la calle Fuencarral, 78 se encuentra un museo imprescindible para aquellas personas que deseen conocer más datos sobre Madrid, ya que en él se da cuenta de toda la historia de la Villa a través de planos, maquetas, piezas de cerámica, monedas, porcelanas, dibujos, medallas y restos de animales que habitaron los areneros del Manzanares y la Comunidad hace miles de años.

*Fachada del Museo
Municipal.*

El Museo Municipal fue instalado en 1929 en el edificio que anteriormente (1673) había ocupado la institución del Real Hospicio General de Pobres del Ave María y Santo Rey don Fernando, por intervención directa de doña Mariana de Austria. La sola contemplación de su
fachada churrigueresca hace que merezca la pena el desplazamiento. Las
colecciones se dividen en las siguientes categorías: Insignias, Pesas y
Medidas, Tejidos y Vestuario, Armas, Cerrajería, Herrería, Calderería,
Instrumentos Musicales, Orfebrería, Mosaicos, Pintura, Muebles, Estam-
pas, Fotografías, Manuscritos, Abanicos, entre otras tantas.

ENCLAVES MASÓNICOS

Cerca de la plaza de Alonso Martínez se halla la calle de Sagasta. Aquí
no hubo ningún templo masónico, sino que el propio Sagasta fue

231

Gran Maestre y Gran Comendador del Gran Oriente de España (desde 1876 a 1880). Sin embargo, parece que fue elegido más que por su aprendizaje masónico (que puede llevar largos años) por conseguir que esta obediencia alcanzase cierto renombre en la vida pública madrileña.

Don Práxedes Mateo Sagasta nació en Torrecilla en Cameros (Logroño) el 21 de julio de 1826, y estudió dieciséis años después en la Escuela de Ingenieros de Caminos y Puertos.

Años más tarde fue director de *La Iberia*, aunque a causa de sus ideas fue condenado a muerte en 1868, por lo que tuvo que exiliarse, aunque regresaría una vez que la revolución de ese mismo año triunfó, lo que le dio pie para ocupar el cargo de ministro de la Gobernación en el Gobierno provisional. No obstante, a la larga, la figura de Sagasta provocaría controversia y son encontradas las opiniones que sobre él se esbozan en los libros de historia. Pero pocos saben que era masón y las circunstancias que le llevaron a un cargo tan alto dentro del Gran Oriente de España. Sagasta falleció el 3 de enero de 1903 y está enterrado en el panteón de Atocha, junto a personajes tan relevantes como Palafox o el general Prim.

Zona 16

El templo de Debod

ॐ

EL MADRID DE LOS FARAONES

Por extraño que pueda parecer, Madrid cuenta con un templo egipcio. Y resaltamos lo de extraño porque ciudades como Londres o París son conocidas por haberse hecho hábilmente con restos de la cultura egipcia. Sin embargo, si la Villa cuenta con el templo de Debod es debido a un decreto del presidente Nasser de 1968, por el que donaba el monumento al pueblo español en agradecimiento por la participación de España en los trabajos de la llamada Campaña de Nubia, que sirvió para salvar los monumentos y yacimientos arqueológicos de aquella región antes de que fuesen anegados por la presa de Asuán. A pesar de todo, el templo no llegaría a la capital hasta 1970.[137]

En ese año, el templo llegó en cajas a España y fue entregado por el Gobierno al Ayuntamiento de Madrid. Se decidió su colocación en un parque que ocupa un pequeño montículo llamado Montaña del Príncipe Pío.

EL CONTEXTO HISTÓRICO QUE ENVOLVÍA AL TEMPLO

El Nilo sigue siendo un lugar repleto de belleza y misterio, como todo Egipto. No olvidemos que su curso alcanza casi ocho mil kilómetros,

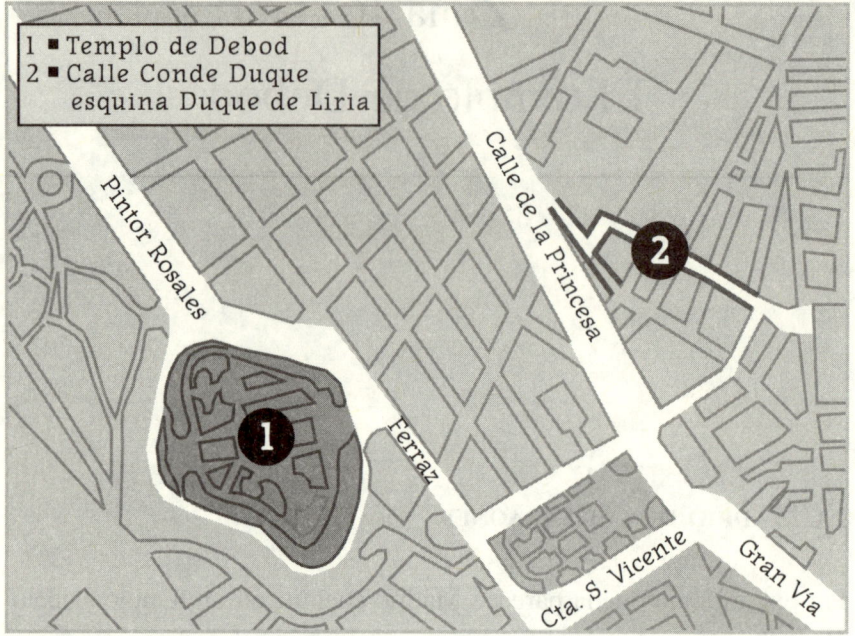

1 ▪ Templo de Debod
2 ▪ Calle Conde Duque
   esquina Duque de Liria

lo que supone un viaje desde el corazón de África hasta las orillas del Mediterráneo.

Al sur de Egipto se halla Nubia (lugar donde se encontraba el templo). Antiguamente esta región era una estrecha pero larga prolongación meridional del Alto Egipto. Para los investigadores, era un emplazamiento que dividía el África conocida y más visitada con lo que antes se denominaba el continente misterioso. La unificación del país llegó de la mano de Menes, el primero de los faraones, en torno al año 3000 a. C.

A unos veinte kilómetros al sur de la isla de Philae se encontraba el templo de Debod. Había sido erigido en pleno desierto, en una zona que anualmente quedaba anegada por las aguas del inexpugnable Nilo.

Debod, en antiguo egipcio, significa «la casa», «el edificio», o sea, «el templo», y lo más lógico es sospechar que este nombre le fuera dado por pertenecer este monumento a uno de los muchos emplazamientos, relacionados entre sí, que formaban parte de una especie de

Templo de Debod.

ruta sagrada que recorrían los peregrinos para adorar a la diosa Isis en Philae.

Conviene apuntar que antes que a Isis se adoraba al dios Amón, pero con el tiempo prevaleció más Isis que Amón. Esto se ha descubierto tras minuciosos análisis que nos revelan referencias epigráficas repetidas, interpretadas por Champollion: *Amón de Debod*, puede leerse en los jeroglíficos que aparecen al entrar. No se cita en absoluto a «Isis de Debod».

Del mismo modo, también es el dios Amón el que aparece en las escenas rituales en las que se proclama que «el rey Azajeramón hace el monumento a su padre Amón». ¿Cómo se explica entonces la aparición de Isis? Y es que nadie se atrevía a doblegar el último reducto faraónico en Nubia. No olvidemos que Egipto, después de ser dominado por los persas, cayó bajo el yugo de los griegos. Pero ni el propio Alejandro Magno fue hacia el sur, respetando y/o temiendo a los nubios.

Al igual que él, otros conquistadores decidieron guardarse de los nubios. Entre tanto, desde Meroe (la capital nubia) se seguía conservando la tradición faraónica pura y cada vez más africanizada. Por ejemplo, aún se practicaba el sacrificio ritual de los soberanos que empezaban a envejecer...

En medio de esta encrucijada de culturas, el culto a Isis se extendió cada vez más, ganando nuevos adeptos. El templo de Debod se erigió en un lugar que, según leyenda compartida por unos, le serviría a Isis para dar a luz a Horus. Para otros, Isis sólo sintió aquí los dolores de parto, naciendo su hijo en la isla de Philae. En cualquier caso, si la diosa Isis desarrolló tantos seguidores es porque se la veía como la madre bondadosa, la esposa perfecta y la mujer beligerante capaz de vengar la muerte de su marido y hermano Osiris, asesinado cruelmente por su hermano Set.

Tiempo después, cuando Justiniano impuso el cristianismo en Nubia, el templo de Debod fue convirtiéndose, poco a poco, a la nueva y avasalladora creencia, aunque ésta fue benévola, ya que no destruyó la construcción, pero sí mutiló la figura fálica del dios Min que se observa en la capilla de Azajeramón. El símbolo de la cruz fue grabado en alguna de sus piedras, pero salvo este detalle se respetó la construcción original.

Aunque el templo no llegó a Madrid en muy buenas condiciones y se tuvo que proceder a una restauración muy laboriosa, como cuenta don Martín Almagro[138] (director de la Misión Arqueológica Española en Egipto), lo cierto es que ahora se alza rescatado de las aguas, para aquel visitante dispuesto a penetrar en su interior sin temor a las «maldiciones».

Como dato curioso añadiremos que el templo está orientado de este a oeste, es decir, siguiendo el camino del Sol (Ra). El templo de Debod no está entero, falta uno de los pilonos (originalmente había tres), que se ignora dónde puede encontrarse. Tal vez se deberían tomar medidas para que este preciado monumento no acabe por desintegrarse, debido a los cambios de temperatura y la acción de los vándalos.

Casas encantadas

La casa de los «duendes»

Los hechos que a continuación nos ocupan sucedieron hacia mediados del siglo XVIII y causaron gran expectación en el Madrid de la época. Hasta la Inquisición tuvo que acabar por intervenir, después de ser avisada por los vecinos de la calle Conde Duque, esquina con la calle Duque de Liria. Aunque hoy es un lugar muy céntrico, en aquellos tiempos la casa estaba situada a las afueras de la Villa, en un lugar frío y sin iluminación, lo que terminó por configurar un panorama aún más tenebroso.

El inmueble en origen era propiedad del príncipe de Antillanos y posteriormente pasó a manos de don Nicolás María de Guzmán (duque de Sabroneda). Después fue alquilado y, aprovechando lo apartado de su emplazamiento, alguien montó una taberna clandestina en la que se apostaban, bajo la protección de las sombras de la noche, grandes sumas de dinero a las cartas.

Los altercados y disputas eran continuos, pues los hombres que allí acudían se acusaban unos a otros de hacer trampas. Una noche, mientras se producía una de estas reyertas, un hombre bajito y barbudo se presentó por una de las puertas interiores y exigió sabiamente silencio con un gesto. Los jugadores quedaron sorprendidos, mas no pudieron hacer nada, ya que tan pronto como había aparecido se esfumó. Después apareció otro, que solicitó —ya bajo amenazas— lo mismo. Sin embargo, tras atrancar la puerta para impedir que aquellos intrusos volviesen a molestarlos, al rato olvidaron esas misteriosas visitas y sus requerimientos y volvieron a armar mucha algarabía. No obstante, otro personaje igualmente pequeño y barbudo volvió a aparecérseles. Les pidió de nuevo que se callaran, desvaneciéndose después, otra vez de golpe.

La verdad es que los jugadores se tomaron a mal estas advertencias y lejos de callarse prosiguieron. Llegado un punto en que el ruido que provocaban sus disputas se volvió más fuerte de lo habitual, aparecieron, según se cuenta a través de las paredes, veinte «duendes» armados hasta los dientes con látigos, que tras apagar la luz propinaron una monumental paliza a los jugadores. Éstos salieron de la taberna clandestina de forma precipitada y nunca más se decidieron a volver por aquellos andurriales...

Sin embargo, la historia de los «duendes» no acaba aquí ni mucho menos, ya que la casa fue adquirida con posterioridad por doña Rosario de Vargas, una aristócrata que aunque había escuchado historias raras sobre el lugar, se conoce que no le impresionaron. Estaba más preocupada por la decoración de la casa. Precisamente había llamado a su mayordomo para solicitarle que comprara unos cortinajes para el salón y que encontrase, entre los objetos de la mudanza, una imagen del Niño Jesús que se había extraviado... El mayordomo, solícito, marchaba a cumplir sus encargos cuando de pronto aparecieron en la habitación tres personajes bajitos bien vestidos que portaban los cortinajes que deseaba la marquesa y la imagen del Niño Jesús desaparecida. Rosario de Vargas tuvo la socorrida idea de desmayarse. Cuando volvió en sí, observó que los «duendes» habían tenido el detalle de dejar los cortinajes perfectamente colocados.

La verdad es que la marquesa no se comportó de forma muy agradecida, ya que hizo llamar al confesor (sin duda para relatarle lo acontecido), pero cuando éste llegó con su monaguillo, el susto fue aún mayor al comprobar que el «monaguillo» no era otro que uno de los «duendes». La mujer salió despavorida corriendo y se cuenta que ni siquiera quiso volver para recuperar sus valiosas pertenencias.

EL CLÉRIGO Y LA LAVANDERA

Melchor de Avellaneda, un clérigo estudioso y aséptico a toda suerte de leyendas, fue el siguiente propietario de la casa. Como hombre de religión no podía dar crédito a las habladurías que corrían sobre la casa del «duende». La buhardilla se la cedió a una lavandera del río Manzanares llamada Jerónima Perrín.

No había transcurrido aún mucho tiempo desde que estos inquilinos se mudaran que ya empezaron a suceder de nuevo cosas extrañas. Cierto día, estaba Avellaneda redactando una carta dirigida al obispo, en la que le pedía que le fuera prestado un libro. Aún no había plasmado sobre el papel el título del volumen cuando de improviso se presentó en la estancia uno de los famosos «duendes», que depositó el libro sobre la mesa y sin mediar palabra alguna desapareció. Según parece, el «duende» volvió a aparecérsele de nuevo a la mañana siguiente, aterrorizando tanto a Melchor que salió despavorido y nunca jamás quiso regresar a la casa.

Pero la casona no quedó vacía, ya que, ajena a «duendes» o «diablos», la lavandera continuó residiendo en la buhardilla. Siguió trajinando como siempre, yendo al Manzanares a lavar. No obstante, una mañana empezó a llover desaforadamente en Madrid. En aquellos tiempos (por difícil que resulte creerlo a aquellas personas que hemos visto el cauce actual del Manzanares) las fuertes lluvias provocaban peligrosos desbordamientos que podían acabar con la vida de los que estuviesen cerca del río. Jerónima, cautamente, dejó todo y marchó corriendo a la casa. Ella creía que toda la colada se habría perdido con la corriente, pero aun así decidió acercarse al lavadero al día siguiente, por si había quedado algo en buen estado. Salía de la casa con esa intención cuando se le aparecieron un «duende» y dos jóvenes a pie de puerta que le traían amablemente la colada abandonada el día anterior, seca y doblada. Parece que la lavandera no daba crédito a lo que veían sus ojos. Por una parte estaba muy complacida, mas por otra aterrada, porque ahora había podido comprobar personalmente que las historias que le habían referido sobre «duendes» en la vivienda eran del todo ciertas.

En relación con todos estos sucesos nadie osó volver a ocupar la casa como vivienda. Sólo los bandidos y malhechores la ocupaban como refugio, y los vecinos, que no aguantaban más, optaron por reclamar la presencia de la Inquisición, que no tardó en personarse para realizar un exorcismo y detener a los «duendes» villanos que tantos quebraderos de cabeza estaban dando a los vecinos. Querían descuartizarlos a golpe de tenaza y que su carne fuera arrojada a la hoguera. Sin embargo, como suele ocurrir en estos casos, los «duendes», o mejor dicho el «demonio», no tuvo a bien personarse y dar la cara; así que después de realizar el exorcismo la casa quedó abandonada de nuevo...

No obstante, los vecinos de la zona seguían convencidos de que el remedio inquisitorial no había servido para nada, porque allí se continuaban escuchando por las noches misteriosos ruidos, en un inmueble que se suponía abandonado, así que pensaron ser ellos mismos quienes acabasen radicalmente con el asunto prendiendo fuego a la casa. De este modo por fin podrían dormir tranquilos. Así que, ni cortos ni perezosos, cumplieron su amenaza amparándose en las sombras de una noche sin luna.

Aquí el relato cobra ya dos versiones bien diferenciadas. Una de ellas, sostenida por los escépticos en este tipo de historias, es la siguiente: meses después del incendio provocado, unos obreros que fueron a demoler las ruinas encontraron una trampilla que conducía a un sótano donde se hallaban escondidas nueve personas pálidas que parecían llevar mucho tiempo allí. Eran falsificadores de moneda que habían sido condenados a muerte y que tras escapar terminaron por refugiarse en este lugar, haciéndose pasar por «duendes» bajitos con la finalidad de que nadie osara habitar allí por mucho tiempo.

La versión más romántica de la historia defiende que los misteriosos seres existieron, pero que los personajes que aparecieron no podían ser los «duendes» bajo ningún concepto. Primero porque no eran bajitos, y ya es difícil hacerse pasar por alto, pero ¡por bajo!... Y después, porque no hubieran podido soportar el incendio ni el calor que sin duda debió desprenderse de él. Lo más probable es que estos personajes se hubieran refugiado allí después del incendio, ante el temor de caer en manos de la justicia.

Sea como fuere, el caso es que, a medida que se fueron derribando los muros, los «duendes» no volvieron a presentarse, y la casa terminó por ser derruida completamente en el siglo XIX.

- Ferraz, 1: sorprende encontrar en la fachada de un convento un personaje tan mítico como el dragón. Éste parece revolverse para escupirnos desabridamente fuego y advertirnos de que no debemos perturbar la paz del recinto. Como ave de rapiña atesora con una de sus patas traseras un libro añejo que probablemente cuente historias mágicas para aquellos que se atrevan a arrebatárselo. Es el templo nacional de Santa Teresa de Jesús y convento de los Padres Carmelitas. Arquitecto: Jesús Carrasco Muñoz (1928).

- Ferraz, 2: el rostro de una mujer entrada en carnes, de prominente papada y mofletes, nos observa sonriente mientras sujeta el edificio con ayuda de un pañuelo que tiene anudado a su cabeza, confiriéndole el aspecto de una campesina lozana. Sus cabellos poco cuidados ondulan al viento, recibiendo los aires de Madrid. Casa Gallardo. Arquitecto: Federico Arias Rey (1911).

- Princesa, 20-22: en el jardín del palacio de Liria, extrañas esfinges de rostro femenino custodian la entrada. Su expresión no deja lugar a dudas, quieren que nos marchemos. En sus cabezas, tocados que ocultan sus cabellos las asemejan a la Dama de Elche. Sus cuerpos también están cubiertos de ropajes repletos de grandes pliegues. Lo único que queda al descubierto son sus horribles garras, que se aferran con fuerza a sus pedestales. Arquitecto: A. Guilbert (1762-1783).

Zona 17

Biblioteca del cuartel general del Ejército del Aire

ஜ

FENÓMENOS ACTUALES

Biblioteca del cuartel general del Ejército del Aire

El 14 de abril de 1992 el Ejército del Aire, a través de una decisión tomada por la Junta de Jefes de Estado Mayor, decidió desclasificar aquellos expedientes que poseían en sus archivos relativos a incidentes ovni. Mucho se ha especulado sobre los motivos de esta apertura, y también sobre si algunos de aquellos informes habían sido «maquillados».[139]

El caso es que los expedientes podían ser consultados en la biblioteca del cuartel general del Ejército del Aire, justo frente a la plaza de la Moncloa. En la actualidad, es mucho más sencillo encontrar estos archivos a través de Internet.

Poco después de la desclasificación, del 18 al 21 de agosto de ese mismo año, bajo el epígrafe de «Seminarios de Extensión Cultural», se organizó en la Universidad Complutense (durante los famosos cursos de verano de El Escorial) uno dirigido por J. J. Benítez bajo el título *Grandes enigmas: los ovnis*.

Fue un acontecimiento muy importante para la ufología española que no quisimos perdernos. Entre los presentes se encontraban, entre otros, el desaparecido investigador Andreas Faber-Kaiser, Erich

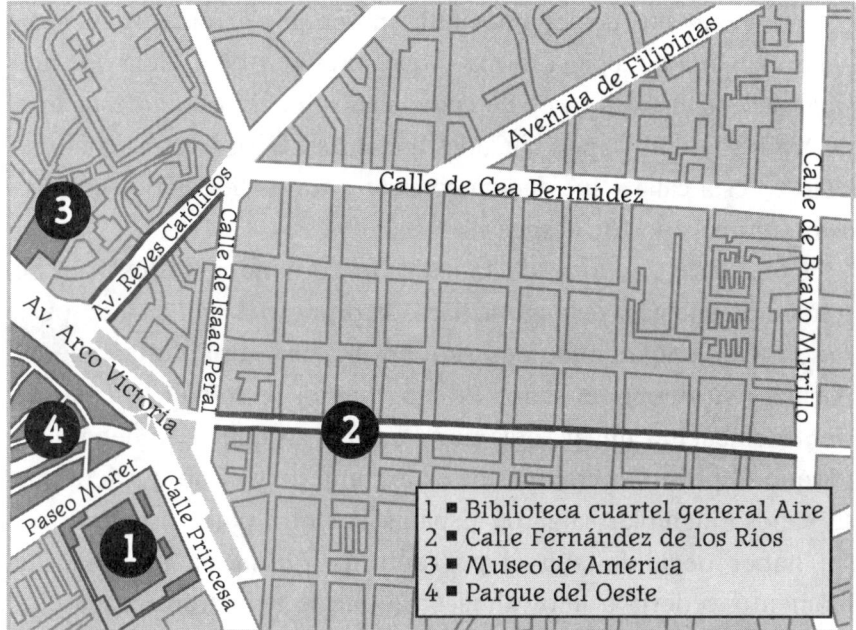

von Däniken, los también fallecidos Ángel Bastida y José Antonio Silva; Javier Sierra, Carmen Pérez de la Hiz, Manuel Carballal, Bruno Cardeñosa y Josep Guijarro, entre otros muchos, además del propio Juan José Benítez.

Los escépticos no tomaron a bien que se celebrase un curso de estas características en el seno de una institución universitaria, por lo que presionaron a fin de organizar una mesa redonda paralela al curso.

Polémicas a un lado, este curso ha sido y será uno de los acontecimientos más importantes de la ufología hispana.

GATOS ALADOS

No muy lejos de la biblioteca que custodia los expedientes ovni se halla la calle de Fernández de los Ríos. En el número 106 vivió un extraño animal alado. No hablamos de un periquito, un loro o un canario, ni siquiera de un murciélago, sino de ¡un gato!

Efectivamente, nos estamos refiriendo a una extraña «epidemia» —por llamarla de alguna forma— que surgió en 1950, en la que una serie de enigmáticos casos de gatos alados empezaron a destaparse en Madrid y en diversas ciudades andaluzas. Una de estas criaturas vivió en esta calle y fue dada a conocer a través del diario *Informaciones* primero y *Abc* después.

En el caso concreto de la calle de Fernández de los Ríos se trataba de una gata de angora, llamada primero *Angolina* y después *Pitusa*. El ejemplar fue adquirido en una pajarería de la calle de Alcalá y su dueño, el señor Priego, llegó a recibir una oferta de ciento cincuenta mil pesetas por *Pitusa*, a lo que él se negó «[...] porque el presunto comprador es extranjero, y él no quisiera que su valioso ejemplar salga de España. Por otra parte, asegura que, sin haber decidido aún el porvenir de *Pitusa*, se propone, de momento, cederla a unos almacenes que le abonarán mil pesetas diarias por exhibir el pequeño monstruo en uno de sus escaparates [...]».[140]

Días más tarde, el 2 de junio de ese mismo año, en Punta Umbría (Huelva) aparecía otro gato de similares características, según informó el alcalde, don Antonio Alamino. En aquel caso el felino era de raza persa y propiedad de don Eloy Martín Mayor, que llevaba varios días notando dos abultadas prominencias en los costados del animal, que terminaron por destaparse como alas.

No había acabado el mes cuando se produjo otro caso en la localidad de Espiel, aunque éste fue un tanto distinto, pues su apariencia era «[...] exacta a la de un canguro. El gato tiene las patas traseras largas y las delanteras cortas; el rabo, corto y muy gordo; la bolsa que llevan los canguros en el vientre parece como si fuera a desprenderse de un momento a otro [...]».[141]

Existieron otros casos, uno de ellos también en Madrid, del que daremos cuenta en la *Zona 18*. Sin embargo, aunque lo intentaron, como también veremos, nunca nadie supo explicar la extraña aparición de estos curiosos seres, que decidieron darse a conocer todos a la vez en la década de los cincuenta.

Museos

Museo de América

No muy lejos de la calle de Fernández de los Ríos se encuentra, en la avenida de los Reyes Católicos, 6, el Museo de América. En nuestra opinión se trata de uno de los museos más recomendables de la capital.

En 1941 se creó este museo por un decreto del Ministerio de Educación Nacional, y lo que era una sección de América del Museo Arqueológico Nacional se convirtió en el Museo de América (no confundir con la Casa de América).

Un año después se comenzó a construir el edificio, para el que se emplearon veinte años. En realidad se trataba de una vieja empresa, pues la idea surgió en el siglo XVI. Ya entonces, Cisneros mandó que se conservasen las antigüedades indias en el Colegio Mayor de Alcalá de Henares. Felipe II también quiso construir un museo indiano y durante el reinado de Carlos III se trajeron numerosas piezas procedentes de las expediciones científicas de José Pavón e Hipólito Ruiz. Lo cierto es que desde la llegada de los españoles al nuevo continente, al igual que sucediera con los británicos en Egipto, fueron muchos los tesoros arqueológicos reunidos en España. Otros fueron regalados con posterioridad.

En este enorme recinto pueden verse toda suerte de colecciones de gran valor: momias como la denominada de Paracas, procedente de Perú, fechada entre el 400 a. C. y el 100 d. C., una de las piezas más envidiadas del museo; varias cabezas reducidas de los jíbaros (también de Perú); el tesoro de los quimbayas[142] (regalado por Colombia a la reina María Cristina de Habsburgo-Lorena); el códice maya Tro-cortesiano, comprado a México; el facsímil de la Carta de Colón a los Reyes Católicos que anuncia el descubrimiento del Nuevo Mundo, fechada el 15 de febrero de 1493 (el original está en la Biblioteca Pública de Nueva York); infinidad de máscaras de oro y otros metales procedentes de diferentes culturas americanas; cuchillos rituales; relieves representativos de bailes religiosos; el relieve del sacrificador y sus cuatro ayudantes; relieves del hombre enfermo; una reproducción del llamado Calendario Azteca (el original estuvo enterrado hasta finales del siglo XVIII, cuando fue descubierto en la Plaza Mayor de México, conservándose en el museo de dicha ciudad); el Códice Poscortesiano,[143] y una vasta exposición envidiada en el mundo entero, y muy especialmente en el continente europeo.

RELIGIÓN

Un monumento a la Virgen

Para aquellos devotos que no pueden o no desean desplazarse a los enclaves marianos de la Comunidad, se puede ver el monumento dedicado a la Virgen, inaugurado en octubre de 1997 en el paseo de Camoens, en el parque del Oeste.

El monumento es obra de la escultora Prudencia Sanz y Sanz. En él han colaborado el arquitecto Rafael Carrasco y Fundiciones Capa, que promueve la Campaña Nacional de la Oración «Invocación Nacional a la Santísima Virgen».

La escultura, fundida en bronce y bautizada coloquialmente como «la Virgen de la Alegría», está situada sobre una columna que mide once metros y medio. En torno al pedestal están representados los quince misterios del rosario y en su parte frontal el arcángel san Gabriel saluda a la Virgen. Los trabajos de creación de esta estatua han durado tres años.

Arquitectura curiosa

⁕ Plaza de la Moncloa: en el Arco de la Victoria se aprecia una figura femenina alada, de pies descalzos, casi de puntillas como si fuera a marcharse de allí de un momento a otro, cosa que

246

nos confirma su mirada hierática y ausente que no se digna prestarnos su atención, tal vez por estar ensimismada en sus pensamientos. Se trata de una Victoria que no denota en su rostro signos de alegría o júbilo. Arquitecto: Modesto López Otero (1950-1956).

Zona 18
La Fuente del Berro

৵

El parque de la Fuente del Berro

La historia de las aguas de la fuente del Berro da comienzo en el siglo XVII, cuando el duque de Frías (condestable de Castilla y León) vende la quinta a Felipe IV, que la deseaba para su esparcimiento.

Cuando la quinta pertenecía al duque, éste mandó construir un palacete que supo abastecer por seis reales fontaneros de agua (unos tres mil cuatrocientos veinte litros diarios cada real). Hay que hacer notar que en aquellos tiempos el agua era uno de los bienes más preciados. De hecho, existía la profesión de aguador —que todavía en la actualidad puede verse por las calles de algunos países africanos como Marruecos o Túnez, lugares donde el agua es más cara que el combustible—, cuya misión era la de recoger en botijos agua de las pocas fuentes y pozos públicos que existían para después venderla a los habitantes de la Villa que así se lo solicitasen, ya que el caudal del Manzanares no podía satisfacer las necesidades de los madrileños. De hecho, existe una curiosa estadística relativa a los ahogados en este río: «[...] A principios de nuestro siglo, un concejal tuvo la feliz ocurrencia de hacer una estadística de ahogados en el río, la cual arrojó una cifra de veintinueve en tan sólo tres años, "más que en el Sena",

1 ▪ Parque de la Fuente del Berro
2 ▪ Calle Ayala, 126
3 ▪ Calle Hermosilla (gato alado)

4 ▪ Plaza de Manuel Becerra
5 ▪ Plaza de Dalí
6 ▪ Casa de malicia: Gral. Pardiñas, 46
7 ▪ Casa de malicia: Calle Ayala, 66

comentó. Pero tuvo que aclarar a los demás concejales en el pleno municipal que habían muerto ahogados no por culpa del agua —que no era suficiente—, sino por arrojarse y golpearse la cabeza contra el fondo del río [...]».[144] En cambio, cuando llovía mucho, el río sufría peligro de desbordamiento, como queda reflejado en el relato del «duende» con relación a la vivencia de la lavandera Jerónima Perrín (véase *Zona 16*).

Otros «mozos» (como también se conocía a los aguadores) preferían llenar cubas de mayor capacidad, que vendían por las casas. Era, desde luego, un oficio duro para el que se requería, sobre todo en el segundo caso, gran fuerza física. No obstante, el conseguir una licencia para vender agua —cuyo número era limitado— era sumamente difícil, por lo que las ganancias debían de ser, al menos, rentables.

Volviendo a la fuente del Berro, cabe destacar que la reina María Luisa de Orleans quiso que todo el agua que se sirviese para su consumo y el de su esposo, Carlos II, proviniera de la quinta, por lo que dos veces por semana los aguadores la llevaban a palacio.

Había corrido la voz de que las aguas que allí manaban poseían propiedades curativas. Se hablaba principalmente de los siguientes beneficios: purificación de los riñones, prevención de cataratas, evitar las arrugas e incluso fines afrodisíacos.

Posteriormente, Carlos III continuó con la tradición y no bebía otra agua que no procediese de la quinta del condestable, por lo que ordenó que la fuente fuese cerrada al pueblo y que se reservase única y exclusivamente para su personal avituallamiento. Entonces, los madrileños empezaron a llamarla —no exentos de razón— la «fuente del rey».

Cuando se daba alguna fiesta en palacio, los invitados, aristócratas, embajadores, príncipes y demás visitantes no dudaban en preferir el agua al vino, pues se consideraba un bien divino. Incluso había quien se la llevaba con alguna excusa La fama se extendió tanto que el suministro aumentó nueve veces, llegándose a pagar grandes cantidades por conseguir un poco del preciado líquido. Se realizó una conducción desde la quinta hasta el Buen Retiro y, en 1786, la demanda estaba ya en los cuarenta y seis reales. Incluso se idearon unos frascos de cristal para consumo individual y otros más grandes para las comitivas. El agua iba a cada lugar al que se desplazaban los monarcas: La Granja, El Pardo, Aranjuez...

En la actualidad, la quinta es un gran parque en el que incluso hay pavos reales. Por supuesto, la fuente sigue allí, pero sin restricciones, para que todo aquel que lo desee pueda satisfacer su sed o su curiosidad con respecto a sus supuestos beneficios.

CASAS ENCANTADAS

El cura de la casa de lenocinio

Existe un céntrico chalet en el barrio de Salamanca, en la calle de Ayala, 126. Es el único chalet que queda en esta calle, que también tiene su historia, en este caso de embrujamiento. Antes se llamaba Pajaritos, que era el nombre del arroyo que seguía su dirección hasta el de Valnegral o Bajo Abroñigal, pero cambió su denominación en memoria del periodista y escritor Adelardo López de Ayala (Guadalcanal, 1828-Madrid, 1879).

Por fortuna, y casi diríamos por casualidad, tuvimos conocimiento de este caso, que posee una leyenda muy curiosa. Tras contactar con una testigo que prefiere guardar el anonimato, a la que llamaremos R. D., y que estuvo empleada en este inmueble durante varios años, conocimos lo que allí afirman que acontece.

Desde que R. D. empezó a trabajar allí, a comienzos de los años ochenta, ya empezó a escuchar historias misteriosas sobre el edificio. El bonito chalet, de cuatro plantas, suelos de madera y fachada amarilla, albergaba en aquel momento varias empresas relacionadas con la comunicación. R. D. nunca llegó a presenciar nada porque tenía el turno de día, pero nos contó que varios empleados del turno de noche (momento en el que las salas de edición son más baratas) estaban atemorizados por los innumerables ruidos y *raps* que se producían durante las horas de oscuridad. Afirmaban que la casa estaba encantada... R. D. apuntaba el motivo: tiempo atrás el edificio había servido como casa de lenocinio (la verdad es que muchas de las magníficas casas del barrio de Salamanca, por las que hoy se piden elevadas sumas de dinero, fueron prostíbulos hace años). Según cuenta la leyenda, un «ministro del Señor» que era cliente asiduo de la casa tuvo la desgracia de fallecer justamente allí. Los trabajadores estaban convencidos de que su atormentado espíritu vagaba por los pasillos emitiendo ruidos y gemidos.

FENÓMENOS ACTUALES

Gatos alados

Muy cerca de la calle de Ayala se encuentra la calle de Hermosilla. En ella vivió otro de los famosos gatos con alas producto de la «oleada» de 1950. En este caso se trataba de una hembra con grandes alas peludas, que respondía al nombre de *Michi* y residía en un taller de electricidad que había en esta calle. Se supo de ella el 13 de junio. Una testigo, que por aquellas fechas tendría unos doce años, recuerda el episodio vivamente, pues su familia, una vez que conoció la existencia de este engendro de la naturaleza, la llevó a verlo por si no volvía a repetirse: «[...] Me llevaron a una habitación. Allí había unas cortinas. Tras descorrerlas lo vi. Lo habían colocado sobre una silla de formica y era bastante grande y gris, o al menos yo lo recuerdo así. Las famosas alas se parecían en realidad más a plumas que a pelo. Las extendieron para que pudiéramos verlas mejor. Es todo lo que recuerdo [...]».[145] Por aquellas fechas se dieron más casos en otros puntos de la Península, como el que se conoció el 11 de junio del mismo año en Sevilla. En este caso, la propietaria del animal, Rosario Domínguez, vivía en la calle de Feria, 95, cerca del popular barrio de la Macarena. El ejemplar también era una hembra, rubia con pintas, y precisamente el día anterior había dado a luz ocho gatitos.

Asimismo, se conoció que alguien había intentado secuestrar a *Angolina*, la gata de la calle de Fernández de los Ríos, haciéndose pasar por funcionario municipal, aunque la cosa no llegó a mayores porque sus propietarios sospecharon algo extraño y se negaron a entregarles el ejemplar.

En aquel momento se reclamó la opinión de expertos que pudieran aportar luz a estos extraños casos que nadie acertaba a descifrar, y la opinión vino de la mano del doctor Zulueta, profesor de Biología del Museo Nacional de Ciencias Naturales, que expresaba su parecer en el diario *Informaciones* ese mismo año y al hilo de los acontecimientos: «[...] Ante todo, hay que reconocer que *Angolina* es un monstruo sumamente extraño y llamativo, y no tengo recuerdo de haber visto ni leído de otro semejante. Desde luego, las expansiones aliformes que tiene a los lados del cuerpo no corresponden a las alas verdaderas de las aves, ni a las de los murciélagos; pues unas y otras implican disposiciones anatómicas muy peculiares de los miembros anteriores, transformados en órganos de vuelo, mientras que *Angolina* tiene las patas anteriores como las de todos los gatos, adecuadas a la marcha y la prensión [...]», explicó Zulueta.

Con el tiempo algunos veterinarios apuntaron posibles hipótesis a este fenómeno, denominándolo *astenia cutánea felina*. Consistiría en una anomalía genética hereditaria de la piel, que provocaría que al tirar de ésta se produjeran estiramientos parecidos a alas. En cualquier caso, se trata de un misterio no resuelto.

ENCLAVES MASÓNICOS

ಭಿ La plaza de Manuel Becerra: en ella no existió ningún templo masónico, pero al igual que Sagasta, el propio Becerra fue Gran Maestre y Gran Comendador (1884-1886) del Gran Oriente de España, sin haber pasado el período necesario de aprendizaje. Esto se hizo para dar un mayor protagonismo a la masonería mediante la captación de figuras políticas de relevancia, y Becerra lo fue de la democracia.

Tenaz y laborioso, figuró entre los condenados a muerte por sus ideas en 1866, junto a Castelar, Sagasta, Martos, Rivas Chaves, entre otros. Figuró al lado de Sagasta en los Gobiernos de la Regencia y fue nombrado ministro de Ultramar.

Aparte de su actividad política, de él se cuenta un episodio curioso que habría tenido lugar en el Retiro antes de ser nombrado ministro. Paseaba Becerra por el parque, en una zona restringida para la realeza (véase *Zona 1*).

De pronto vio avanzar hacia él a una mujer a caballo, que iba escoltada por otro jinete. Como el paseante no se inmutó y ni tan siquiera se apartó, el caballerizo se le acercó y hubo de llamarle la atención con estas palabras: «Su Majestad la reina».

El caminante continúo su andadura sin pararse, aunque se desembozó la capa, dejando así su rostro al descubierto. Con un gesto inequívoco de autopresentación espetó: «Manuel Becerra», mientras proseguía su paseo.

La plaza anteriormente se llamaba de la Alegría, hasta que el 13 de octubre de 1906 se le otorgó el nombre de este político. Hoy también se conoce como plaza de Roma.

FENÓMENOS ACTUALES

El Dolmen de Dalí

No lejos de la plaza de Roma hallamos la de Dalí, junto al Palacio de los Deportes. En este lugar se erigió en 1986 una enorme mole llamada el Dolmen de Dalí, pues este genial artista fue su artífice.

Mide treinta y seis metros de altura y la verdad es que impone colocarse justo debajo. Al lado del dolmen, Dalí dejó su impronta en una escultura negra que simboliza, según explicó él mismo al concluirla, a Newton, que tiene un péndulo que representa la famosa manzana. La estatua es bella, aunque nadie diría, si no fuese porque el propio Dalí lo aclaró en su día, que sea Newton. Además añadió que se trataba de «[...] un volumen bisexual daliniano, apoyado sobre las caras de un cubo. En cada cara aparece una letra, hasta formar la palabra *Gala*, el nombre de su esposa [...]».[146]

¿QUÉ SON LOS MEGALITOS?

Si existe un misterio en busca de solución es la motivación que condujo en el pasado a los pueblos a construir enormes moles de piedra por todo el continente europeo hace más de seis mil años. Sin duda, debía de tratarse de una civilización enigmática y compleja.

Se conocen como cultura megalítica todas aquellas construcciones, yacimientos y restos de piedra erigidos en la Prehistoria europea. Se clasificarían del siguiente modo:

— Dolmen (mesa de piedra).

— Menhir (piedra erguida).

— Cromlech (círculo de piedras).

Su significado y uso varían con el tiempo. Hasta la Edad Media desempeñaron la función de sepulcro o bien de templos mágicos y religiosos, ya que en algunos de ellos se han observado marcas y signos simbólicos. Existe una controversia sobre el origen de la cultura que los creó, aunque todo parece apuntar a que fueron los celtas o una cultura aún anterior los que empezaron a construirlos. Algunos autores como Fernando Sarrenes defienden que fueron los íberos y no los celtas los que desarrollaron los megalitos, transmitiéndose después a los celtas. Sarrenes afirma: «[...] Primero, que el celtismo irlandés tuvo su origen en España; segundo, que —y contra la opinión académica— en nuestro país hubo druidas; y tercero, que fue una raza divina la que se ocultó en el interior de los megalitos. Y fue precisamente esa existencia clandestina la que dio forma a las leyendas sobre los

Dolmen de Dalí.

duendes, mouros, galigrecos, xanas, hadas y sorguiñas que supuestamente habitan en el interior de estos antiguos monumentos [...]».[147]

En el mismo artículo se da cuenta de un conjuro para el hombre moderno que explicamos a continuación por si algún lector desea ponerlo en práctica: «[...] ¿Tus negocios no funcionan? No te preocupes, los dioses que duermen bajo las piedras tienen la solución: Enciende una vela roja un domingo, al amanecer, frente a un menhir. Desnudo, arrodíllate ante él e invoca a Lugh diciendo lo siguiente: "¡Señor de los Caminos, de las Artes y los Oficios, dame tu luz! Dios Lugh, a ti te invoco, sana mi negocio!". Después deja consumirse la vela mientras repites este conjuro y visualizas el resultado que deseas obtener. Por último, una vez apagada la llama, recoge los restos de cera en una bolsita de seda amarilla y el miércoles siguiente, también al amanecer, guárdala en un lugar seguro en tu local o negocio... Tus deseos serán cumplidos... si consigues hacer despertar a los dioses de su sueño [...]».

MISTERIOS DE LA CORTE

Las casas *a la malicia*

Si existe un hecho histórico relevante en el porvenir de la Villa, se trata de la decisión de Felipe II de trasladar definitivamente la corte a Madrid. La Villa se consideró capital de España en 1561. A pesar de que este hecho favorecía a Madrid como ciudad, también supuso una losa para los madrileños, que tuvieron que amoldarse a las nuevas disposiciones reales.

No se trató sólo del establecimiento definitivo del rey, sino también el de toda la corte. La ciudad elegida debía sufragar todos los gastos ocasionados por secretarios, cortesanos, etc., durante el tiempo que fuese menester.

A medida que crecía el Imperio español, especialmente con la llegada a América, mayor resultaba el volumen de documentos y papeles que había que trasladar continuamente. Si ahora se había decidido que Madrid soportara todo ese peso, la corte debía instalarse en una ciudad que no estaba preparada para acogerla.

Por otro lado, el rey pretendía, a través de una serie de ordenanzas, cambiar las costumbres de los vecinos de la Villa, que se veían, como quien dice, «invadidos». Por ejemplo, uno de los cambios que se introdujo fue limitar el lujo excesivo en las vestimentas y los víveres. Sólo se podían servir cuatro platos de carne y cuatro de dulces. También fue prohibida la importación de bisutería y «cosas inútiles» que llegaban de Francia, pues no servían para nada.

Mientras, el rey se instaló en el Alcázar, que hubo de ser remodelado a su gusto, y se habilitaron palacios para los departamentos oficiales como las cancillerías, secretarías, concejos, el sello real, etc.

Pero sin duda lo más molesto y que propició la astucia y la picaresca fue que el rey ordenó que el segundo piso de todas las casas madrileñas estuviera a la entera disposición de su séquito. Esta medida no fue muy bien acogida por los habitantes de la Villa, que consideraban vulnerada su intimidad y no sin razón.

Estamos hablando de entre trece y catorce mil personas que acompañaban a Felipe II y de otras tantas que, viendo la posibilidad de hacer fortuna, habían abandonado sus lugares natales para trasladarse a Madrid. Pícaros y vividores en su mayoría, que también tenían que residir en algún sitio, aunque fuera pagando.

Los madrileños no veían la hora de librarse de esta ordenanza más que usando el ingenio y la picaresca. De este modo surgen las casas *a la malicia*. Es decir, en vez de construir los pisos a la vista, se hacían en la parte interior, para que quedaran a resguardo de los ojos curiosos. Se construyen también entreplantas y buhardillas más grandes para que no puedieran ser consideradas, a efectos legales, como segundos pisos, pero que dejaba la posibilidad a los madrileños de alquilarlas a placer. De este modo todos contentos, los unos por poder alojarse, los otros por obtener jugosas sumas de dinero.

De todas formas, la llegada del rey se puede considerar como un hecho positivo, porque gracias a ella nacieron nuevos barrios, la ciudad creció, ganó fama y nació el primer rey madrileño, Felipe III.

Dos ejemplos de casas *a la malicia*, aunque no exactamente como las especificadas, pero sí inspiradas por éstas, las tenemos en el barrio de Salamanca:

- ◈ El primer ejemplo: casas construidas dentro de otras casas (bajos interiores) en la calle General Pardiñas, 46.
- ◈ El segundo ejemplo: planta baja, no correspondiente o distinta al resto de la vivienda, en la calle de Ayala, 66.

ARQUITECTURA CURIOSA

- ◈ Alcántara, 73: el rostro de una mujer de pelo trenzado nos mira desde la seguridad de las alturas. Nadie puede tocarla, nadie puede dañarla. Quizás sonríe por ello. Los hoyuelos de sus mejillas y su barbilla nos inspiran simpatía y hasta complicidad.
- ◈ Goya, 32: un elefante recién escapado de su cuidador nos penetra con su mirada advirtiéndonos de que no debemos cruzarnos en su camino. Posee todavía los adornos con los que fue ataviado para la función. Sus colmillos parecen haber sido recortados y su trompa mira hacia arriba (como los de la suerte). Arquitecto: J. Espelius (1808).

Otros lugares de interés

Los huesos de Arapiles

El 26 de octubre de 1994 se produjo un misterioso hallazgo en el subsuelo de la madrileña calle de Arapiles, en el distrito de Chamberí. Unos obreros del Ayuntamiento que construían un aparcamiento encontraron durante el transcurso de las excavaciones un tabique de tierra que cedió, dejando al descubierto una especie de necrópolis a doce metros de profundidad. El susto debió de ser grande, porque se llegaron a contabilizar más de un centenar de esqueletos de personas. Algunos conservaban algo de pelo y dientes.

Rápidamente, el pueblo madrileño, muy dado a crear misterios y leyendas, quiso especular sobre la procedencia de los restos. Unos afirmaban que el osario procedía de un cementerio olvidado del siglo XVIII o de un enterramiento monacal en las catacumbas de un convento cercano. Otros rumores decían que era una fosa común, construida durante la guerra civil (se señalaba esto porque un operario encargado de sacarlos a la superficie afirmó que algunos cráneos tenían agujeros de bala).

Sin embargo, de todas estas historias, el director de la Empresa Mixta de Servicios Funerarios de Madrid explicó que los restos podían proceder de un antiguo cementerio cercano a Arapiles, y que una vez finalizado el período de enterramiento se depositaron en un osario.

EL CAMPO DE LAS CALAVERAS

Y ésa parece ser la explicación más lógica, ya que el historiador y archivero Antonio Matilla, director durante largo tiempo del Archivo Histórico de Protocolos, después de rebuscar en los archivos informó a los medios de comunicación que había encontrado una escritura notarial fechada en 1617 en la que se explicaba la creación de una nueva necrópolis en la misma zona del hallazgo de los huesos.

Los restos podrían proceder del cementerio de pobres que tenía la iglesia parroquial del convento de San Martín en la antigua calle de Silva. La nueva necrópolis siguió funcionando hasta el siglo XIX, cuando debido a la peste decidieron eliminarla junto a otros cuatro camposantos que existían en este emplazamiento. No en vano fue bautizado con el nombre del «Campo de las Calaveras».

Lo interesante es destacar cómo los madrileños, en cuestión de pocas horas, dieron rienda suelta a los viejos fantasmas, a las cábalas y a la imaginación.

RELIGIÓN

El beato Orozco

En la calle de La Granja, 9, se encuentra el convento de las Magdalenas, de las monjas agustinas. Allí se custodia el cuerpo del beato Alonso de Orozco, fundador del convento.

Nacido en Oropesa (Toledo) en 1500, se trasladó en 1560 a la Villa, donde se hospedó en el convento de San Felipe el Real. Cobró pronto gran fama debido a los milagros que según se dice realizaba, entre los que supuestamente habría resucitado a varias personas muertas,

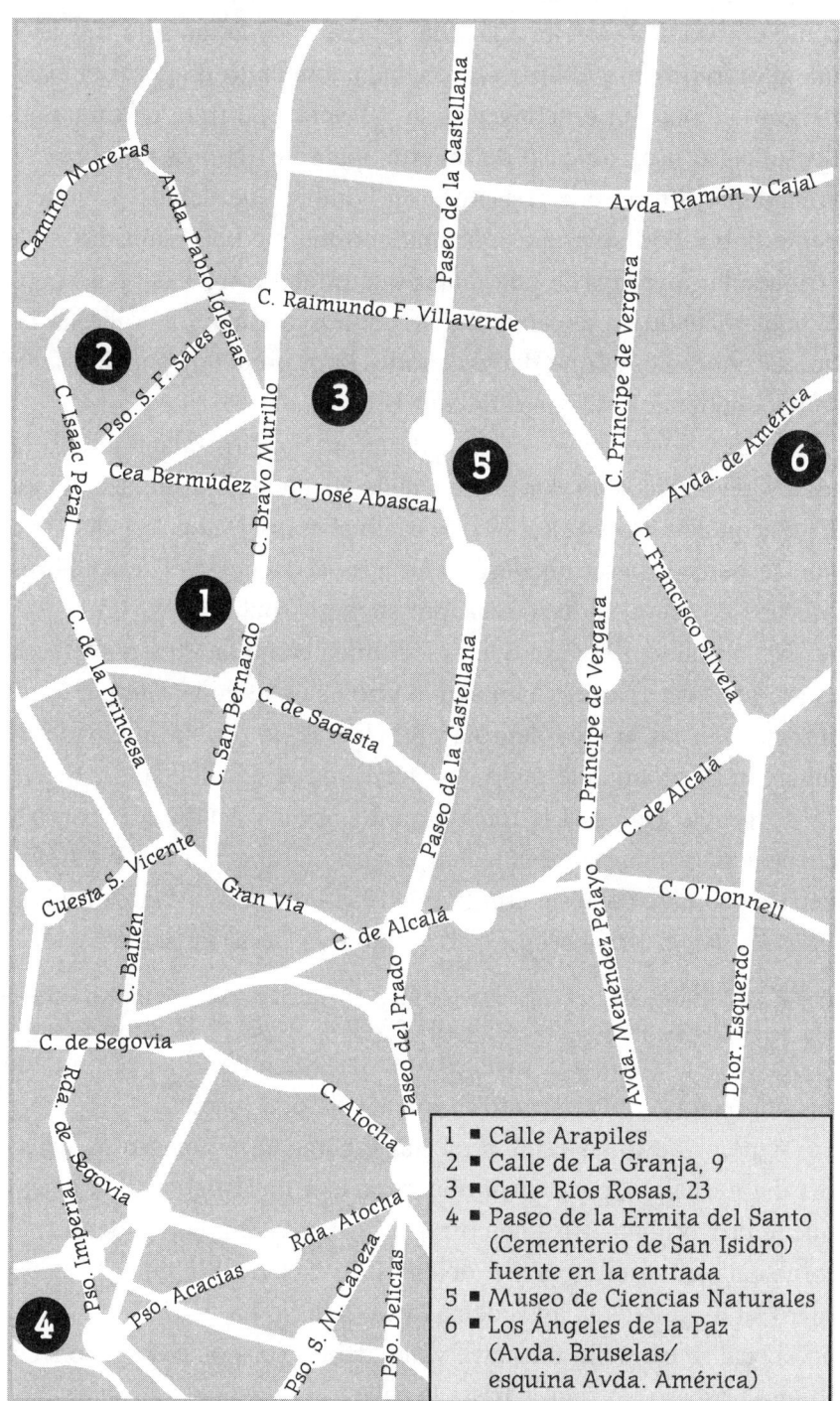

1 ▪ Calle Arapiles
2 ▪ Calle de La Granja, 9
3 ▪ Calle Ríos Rosas, 23
4 ▪ Paseo de la Ermita del Santo
   (Cementerio de San Isidro)
   fuente en la entrada
5 ▪ Museo de Ciencias Naturales
6 ▪ Los Ángeles de la Paz
   (Avda. Bruselas/
   esquina Avda. América)

como el caso de la vuelta a la vida de una niña de tan sólo tres años que posteriormente se hizo —probablemente marcada por esta experiencia— monja en un convento de Talavera. ¿Se trata de un auténtico milagro o de un caso de muerte aparente? Nunca lo sabremos. Además, se afirma que resucitó a un hombre que debido a un accidente había sido aplastado por una enorme piedra. Asimismo, se le atribuye la salvación de una mujer que estaba congelada, y a la que él había hallado en el camino que conduce al barrio de Vallecas. Lo que sí conocemos es que, debido a todos estos prodigios, popularmente se le denominaba «el santo de San Felipe».

Incluso llegó a tener visiones de la propia Virgen, aunque no en estado de vigilia, sino durante el sueño, incitándole a que escribiera. Esto acontecía en 1542. Orozco se tomó el mensaje con seriedad, porque se dedicó a escribir desde entonces al menos cincuenta libros. Muchos no están traducidos ni, por supuesto, publicados.

No obstante, la figura que él identificó como la Virgen no fue la única que se le apareció, también lo hizo el «demonio», aunque transformado en un «perro negro», probablemente con la intención de minar su labor, aunque pudo deshacerse de él sin dificultad.

El propio Felipe II le tenía gran devoción y acudía a él con frecuencia para pedirle orientación, según se sabe por las biografías hechas sobre él, como la escrita por Claudio Burón Álvarez titulada *Vida del beato Alonso de Orozco*, extraída de la narrada por el P. Tomás Cámara.

Otra de las cosas que se le atribuyen al beato es la predicción de la derrota de la Armada Invencible en 1588. Lo comenta con uno de sus hermanos en el convento días antes de que suceda.

A pesar de todas estas profecías y curaciones milagrosas, consideraba necesario, para su purificación, el autocastigo con el cilicio, que le provocaba fuertes hemorragias. Además también padecía trastornos alimentarios, gota y problemas de espalda. Sin embargo, consagró su longeva vida a los demás y no falleció hasta 1591, momento en el cual se extendió un suave y agradable olor por todo el convento que traspasó los muros hasta la calle.

Como pasara con la famosa campana de San Pedro el Viejo (véase *Zona 11*), en el momento de su muerte la campanilla del convento de las agustinas de Talavera de la Reina sonó sin que nadie la tocase.

Los madrileños, al enterarse de su muerte, se agolparon a las puertas del convento con la intención de verle y llevarse cuantas cosas pudiesen, objetos personales, trozos de su hábito y aun pequeñas astillas de madera de su cama, sin que los monjes del convento pudiesen hacer nada por evitarlo.

El beato fue enterrado en la capilla del colegio, bajo el altar mayor. Cuando años más tarde se decidió el traslado de su cuerpo a la nueva capilla en 1603, se observó que su cuerpo permanecía incorrupto, hasta el extremo de la flexibilidad en las articulaciones. Todos los que lo vieron, como fray Cristóbal de Fonseca, coinciden en que parecía estar vivo... y así permaneció durante treinta y tres años. Misterios de difícil resolución.

En el convento de la calle de La Granja se conservan algunas reliquias suyas, como unas sandalias y un cinturón, objetos que llevó puestos en vida. Aunque sus restos mortales fueron trasladados en 1978 a Valladolid, a la capilla del convento de las Agustinas del Beato Orozco, lo que sí puede verse al lado del altar es una reconstrucción de su cuerpo hecha de cera, que permanece en una urna junto con algunos de sus huesos, incluida su calavera, tapados con el hábito. La mascarilla de la cara parece real, y sólo de cerca se observa que es de cera.

Fue beatificado el 15 de enero de 1882, aunque la canonización aún está pendiente...

MUSEOS

El Museo Geominero, el gran desconocido

Este museo, que hará las delicias de los buscadores de curiosidades y misterios, se encuentra en la calle de Ríos Rosas, 23, enfrente del edificio de la Compañía Telefónica. Se trata de uno de los museos mejor

Vista parcial del Museo Geominero con los restos del mastodonte.

decorados que hemos visto. La visita al interior del edificio merece la pena y además es gratuita.

En medio de la sala, como vigilando nuestros pasos, se expone un mastodonte hallado en Las Higueruelas (Ciudad Real). Además, aquí se puede contemplar el esqueleto completo de una cabra madrileña y la mandíbula de un lince hallada en la Cueva del Reguerillo, sita en Patones de Arriba, de la que se ofrecen más datos en las zonas de influencia de la Comunidad.

Tampoco es aconsejable perderse, en la segunda planta, la vitrina dedicada a los minerales hallados en la Comunidad de Madrid. En ella, perfectamente clasificados, se hallan numerosos *cuarzos* —considerados curativos— encontrados en el noroeste de la Comunidad, en localidades como La Cabrera, Colmenarejo o Buitrago de Lozoya. También podrá contemplar *estaurolitas* en forma de cruz —a las que se les atribuyen cualidades mágicas—, empleadas por los celtas y encontradas en Montejo de la Sierra.

Otras de las cosas curiosas que pueden verse son ¡corales!, que durante mucho tiempo permanecieron ocultos en el valle del Lozoya, y ¡dientes de tiburón!, pues Madrid —aunque nos cueste creerlo—estuvo cubierto por el mar hace aproximadamente cien millones de años.

En el interior del magnífico edificio se pueden observar varios meteoritos, pero no el que se hizo famoso el 20 de junio de 1994 al caer del cielo sobre un vehículo que transitaba por Getafe, del que hablaremos en su zona de influencia.

RELIGIÓN

La fuente de San Isidro

A la entrada del cementerio de San Isidro, uno de los más antiguos de Madrid, se encuentran las llamadas ermita y fuente del Santo. Esta fuente tiene una interesante leyenda, y como improvisados protagonistas al santo y a su amo Iván de Vargas, que en un principio desconfiaba de él, pues sus compañeros le tenían envidia y se quejaban de que dedicaba demasiado tiempo a la oración y poco al trabajo.

Se dio la circunstancia de que un día que san Isidro se hallaba arando los campos, Iván de Vargas experimentó una gran sed, por lo que pidió a Isidro que le diese de beber, pero a Isidro no le quedaba agua que ofrecerle. En ese momento, Isidro sintió la necesidad de golpear una roca cercana exclamando «cuando Dios quería, aquí agua había». De repente, empezó a brotar de la roca un nutrido chorro de agua que aún hoy continúa manando.

Esto mismo sucedió con Moisés, cuando su pueblo, que huía de los egipcios, pasaba sed en el desierto. Al tocar con su vara una roca brotaba agua que calmaba su sed. A la luz de los fenómenos paranormales, Moisés era un experto rabdomante.[148]

Por otra parte, las aguas de la fuente alcanzaron fama de milagrosas cuando Felipe II (siendo todavía pequeño) se curó de una enfermedad después de ingerir el preciado líquido. Por eso, el día de su festividad los madrileños acuden a tomar las aguas con el objeto de sanar sus males.

ARQUITECTURA CURIOSA

• Ríos Rosas, 21: sobre una de las cornisas una esfinge alada, de busto desarrollado y rostro de mujer, parece apostada en espera de la llegada de los visitantes. Sus brazos y piernas se nos antojan excesivamente musculosos. Parece a punto de echar a volar. Un poco más arriba un hombre de cuerpo bien formado vigila atento en dirección contraria a la esfinge. Porta un pico sobre el que se apoya, que le confiere aspecto de seriedad y dominio de la situación. Escuela de Ingenieros de Minas. Arquitecto: Ricardo Velázquez Bosco (1886).

Apéndice 1
Cómo llegar

Zona 1: El Real Sitio del Buen Retiro y el *Ángel Caído*

Existen muchas puertas por las que acceder al Retiro, y depende de lo que se quiera visitar será mejor entrar por un lugar u otro.

- Para ver el *Ángel Caído* lo mejor es entrar por la puerta de la calle Alfonso XII o puerta del Ángel Caído, que queda justo enfrente de libreros. El metro más adecuado es la estación de Atocha. Desde ahí le recomendamos que pasee tranquilamente por el paseo de la República de Cuba hasta llegar al estanque. Desde allí, con ayuda de nuestro plano, le será más sencillo localizar los monumentos citados. Aunque lo verdaderamente recomendable es perderse e ir descubriendo poco a poco todos los recovecos de este mágico parque.

Zona 2: El palacio de Linares

- Palacio de Linares: calle de Alcalá, 55. Metro Banco de España.
- Cibeles: plaza de Cibeles. Metro Banco de España.
- Café Lyon: calle de Alcalá, 59. Metro Banco de España.
- Puerta de Alcalá: plaza de la Independencia. Se puede llegar

andando desde Banco de España. Sin embargo, también puede apearse en la estación de Retiro.

Zona 3: Jardines del Descubrimiento

- Plaza de Colón: metro Colón.
- Jardines del Descubrimiento: plaza de Colón. Metro Colón.
- Biblioteca Nacional: paseo de Recoletos esquina Jorge Juan. Metro Colón.
- Museo de Cera: paseo de Recoletos, 41. Metro Colón.
- Museo Arqueológico: calle Serrano, 13. Se puede llegar caminando desde cualquiera de los lugares anteriormente citados o bien bajarse en la estación de Serrano.
- Villanueva, 14: caminando desde el Arqueológico o bien Metro Retiro.

Zona 4: La Casa de las Siete Chimeneas

- Casa de las Siete Chimeneas: plaza del Rey esquina calle Infantas. Metro Banco de España.
- Oratorio del Caballero de Gracia: calle del Caballero de Gracia, 5. Metro Sevilla.
- Cabeza cortada de la calle Barbieri (antigua calle del Soldado): calle Barbieri. Metro Chueca.
- Parroquia de San José (condesa fantasma del carnaval): calle de Alcalá, 43, esquina con la Gran Vía. Metro Banco de España.
- SEDP (Sociedad Española de Parapsicología): calle Belén, 15. Metro Chueca.
- Calle Libertad: metro Chueca.

Zona 5: Neptuno, el señor de los mares

- Fuente de Neptuno: plaza de Cánovas del Castillo. Metro Banco de España.

- 🙚 Calle Príncipe: metro Sol.
- 🙚 Museo del Prado: paseo del Prado s/n. Metro Banco de España.
- 🙚 Casa de la «beata» Clara: calle Lope de Vega, 6. Metro Antón Martín.
- 🙚 Calle Echegaray, 10: metro Antón Martín.
- 🙚 Ateneo de Madrid: calle del Prado, 21 (no confundir con el paseo del Prado). Metro Antón Martín o Sol.
- 🙚 Carrera de San Jerónimo: metro Sol.

ZONA 6: LAVAPIÉS (EL BARRIO JUDÍO)

- 🙚 Barrio judío: calles Tribulete, Sombrerete, plaza de Lavapiés, Salitre, Argumosa y de la Fe. Metro Lavapiés.
- 🙚 Cárcel de la Inquisición: calle de la Cabeza. Metros Lavapiés o Antón Martín.

ZONA 7: CALLE HOSPITAL

- 🙚 Calle Hospital (leyenda del niño perdido): metro Atocha (desaparecido).
- 🙚 Centro de Arte Reina Sofía: calle Santa Isabel, 52. Metro Atocha.
- 🙚 Iglesia Evangélica Pentecostal «Bethel»: calle Tortosa, justo saliendo de los subterráneos de la estación de Atocha. Metro Atocha.
- 🙚 Comunidad Cristiana del Espíritu Santo: bajando por el paseo de Santa María de la Cabeza. Metro Atocha.
- 🙚 Iglesia Hosanna: en la plaza de Luca de Tena (no lejana a la Comunidad Cristiana del Espíritu Santo). Al lado de la Estación Sur de Autobuses. Metro Palos de la Frontera.

ZONA 8: BASÍLICA DE ATOCHA

- 🙚 Real Basílica de Nuestra Señora de Atocha: calle Julián Gayarre, esquina con Ciudad de Barcelona. Metro Menéndez Pelayo.

- Observatorio Astronómico: calle Alfonso XII, 3. Metro Atocha.
- Museo Etnológico: calle Alfonso XII, 68. Metro Atocha.

ZONA 9: CATEDRAL DE SAN ISIDRO

- Iglesia catedral de San Isidro: calle Toledo, 49. Metro Latina.
- El Rastro: puede ir por varios sitios, por ejemplo por la plaza de Cascorro. Metro Latina.
- Iglesia de Santa Cruz (antigua): calle de la Bolsa esquina Esparteros. Metro Sol.
- Estación de metro de Tirso de Molina: metro Tirso de Molina (Línea 1-Azul).
- Plaza de la Puerta Cerrada. Metro Latina.

ZONA 10: LA PUERTA DEL SOL

- Puerta del Sol: metro Sol.
- Oso y madroño: metro Sol.
- San Ginés: calle Arenal, 13. Metro Ópera.
- Plaza Mayor: metro Sol.
- Calle Núñez de Arce: metro Sol.
- Calle Postas: metro Sol.
- Descalzas Reales: plaza de las Descalzas Reales, 3. Metro Callao/Ópera.
- Calle Preciados, 33: metro Sol.

ZONA 11: BASÍLICA DE SAN FRANCISCO EL GRANDE

- Basílica de San Francisco el Grande: plaza de San Francisco. Metro Latina.
- Cuesta de los Ciegos: metro Latina.
- Calle San Isidro: metro Latina.
- Plaza del Doctor Letamendi, 1: metro Latina.
- Iglesia de San Andrés: plaza de los Carros s/n. Metro Latina.

- Supuesto pozo de San Isidro: plaza del Humilladero con la Costanilla de San Pedro. Metro Latina. NOTA: el que parece ser el auténtico (según las últimas investigaciones) se hallaría bajo la iglesia de Nuestra Señora de la Antigua, en el barrio de Carabanchel.
- Virgen de la Paloma (San Pedro El Real): calle de la Paloma. Metro Puerta de Toledo.
- Convento de las Carboneras: plaza del Conde de Miranda, 3. Metro Ópera.
- Las Vistillas: metro Latina.
- San Pedro el Viejo: al final de la calle del Nuncio, en el número 14. Metro Latina.
- Plaza de la Puerta de Moros: metro Latina.
- Plaza de la Cebada: metro Latina.
- Calle de la Morería: metro Latina.
- Plaza del Alamillo: metro Latina.
- Plaza de la Paja: metro Latina.
- San Justo: calle San Justo (desaparecido). Metro Ópera / Latina.
- Calle del Toro: metro Latina.

ZONA 12: EL MISTERIOSO PALACIO REAL

- Palacio Real: calle de Bailén s/n. Metro Ópera.
- Plaza de Oriente: metro Ópera.
- Campo del Moro: metro Ópera.
- Jardines de Sabatini: metro Plaza de España.
- Catedral de la Almudena: junto al Palacio Real.
- Calle Almudena: metro Ópera.
- Monasterio de la Encarnación: plaza de la Encarnación, 1. Metro Ópera.
- Casa de Campo: metros Lago/Batán. El autobús n.º 33 hace el recorrido Príncipe Pío-Parque de Atracciones-Zoo.
- Restos de la muralla («Gato»): parque del Emir Mohamed I. Cuesta de la Vega s/n. Metro Ópera.

ZONA 13: TRIBUNAL DE LA INQUISICIÓN

- Tribunal de la Inquisición: calle Torija, 14. Metro Santo Domingo.
- Antiguo Tribunal del Santo Oficio: calle Isabel la Católica, 4. Metro Santo Domingo.
- Plaza de Santo Domingo (quema de libros): metro Santo Domingo.
- Pozo de Santo Domingo: calle Campomanes, 3. Metro Santo Domingo/Ópera.

ZONA 14: EL CONVENTO DE SAN PLÁCIDO

- Convento de San Plácido: calle San Roque, 9. Metro Callao.
- Calle Fuencarral: metro Bilbao/Gran Vía.
- Beata Mariana de Jesús (convento de las Mercedarias): calle Valverde esquina con Puebla. Metro Gran Vía.
- Calle de la Luna: metro Callao.
- Calle de Concepción Arenal: metro Callao.

ZONA 15: PLAZA DE SANTA BÁRBARA

- Cárcel del Saladero. Plaza de Santa Bárbara: metro Alonso Martínez.
- Convento de Santa Bárbara (desaparecido): plaza de Santa Bárbara con calle Orellana. Metro Alonso Martínez.
- Museo Municipal: calle Fuencarral, 78. Metro Fuencarral.
- Calle Sagasta: metro Alonso Martínez.

ZONA 16: EL TEMPLO DE DEBOD

- Templo de Debod: montaña del Príncipe Pío. Calle Ferraz, s/n. Metro Plaza de España.
- La casa de los «duendes» (desaparecida): calle Conde Duque esquina Duque de Liria. Metro Ventura Rodríguez.

Zona 17: Biblioteca del cuartel general del Ejército del Aire

- Biblioteca del cuartel general del Ejército del Aire (informes ovni): plaza de la Moncloa. Metro Moncloa.
- Gatos alados: calle de Fernández de los Ríos, 106. Metro Moncloa.
- Museo de América: avda. de los Reyes Católicos, 6. Metro Moncloa.
- Monumento a la Virgen: parque del Oeste. Paseo de Camoens. Metro Moncloa.

Zona 18: La Fuente del Berro

- Parque de la Fuente del Berro: metro O'Donnell.
- Casa encantada de lenocinio: calle Ayala, 126. Metro Goya.
- Gato alado: calle Hermosilla (antiguo taller). Metro Goya.
- Plaza de Manuel Becerra: metro Manuel Becerra.
- Dolmen de Dalí: plaza de Dalí. Metro Goya.
- Casas de malicia: general Pardiñas, 46 y Ayala, 66.

Otros lugares de interés

- Huesos de Arapiles: calle Arapiles. Metro Quevedo.
- El Beato Orozco (convento de las Magdalenas): calle de La Granja, 9. Metro Moncloa.
- Museo Geominero: calle de Ríos Rosas, 23. Metro Ríos Rosas.
- La fuente de San Isidro (en la entrada al cementerio de San Isidro): paseo de la Ermita del Santo.

Segunda parte

Secretos, enigmas y misterios de la Comunidad de Madrid

Zona A

El castillo de San Martín
de Valdeiglesias

ॐ

FENÓMENOS ACTUALES

El castillo de San Martín de Valdeiglesias

Saliendo de Madrid en dirección a San José de Valderas, y tomando la M-501, tras recorrer unos sesenta kilómetros se llega al pantano de San Juan, y siguiendo un poco más, a San Martín de Valdeiglesias.

Este pueblo perteneció al condestable don Álvaro de Luna, valido de Juan II,[149] que lo compró en 1434 a los monjes del monasterio de Valdeiglesias. Allí se alza un magnífico castillo medieval que también fue de su propiedad. Sus aficiones ocultistas, su tendencia a acaparar bienes y sus constantes abusos de poder fueron motivos suficientes para que Juan II ordenara su proceso y su posterior ejecución.

Este recinto —declarado en la actualidad Monumento Histórico Artístico— siempre ha estado rodeado de un halo de misterio a causa de uno de sus moradores, Juan Fernández Ganza, que lo adquirió en la década de 1970.

Fernández Ganza, un hombre de excéntricas costumbres, se trasladó al castillo y vivió rodeado de animales salvajes. En concreto, llegó a poseer a lo largo de su vida un tigre y dos leones.

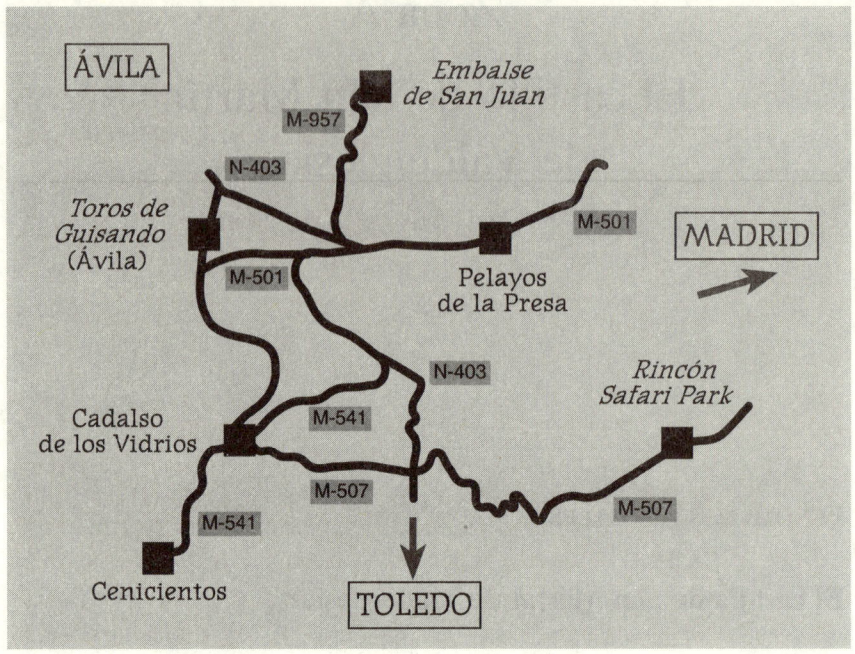

En este castillo se rodaron numerosas películas de terror, como *La sobrina del vampiro*, *La marca del hombre lobo*, *El mariscal del infierno*, *Operación terror* o *Las alegres vampiras de Vögel*, en algunas de las cuales participó el famoso actor español Paul Naschy, conocido por su papel de hombre lobo. El propio Jacinto Molina (verdadero nombre de Paul Naschy), que conoció personalmente al enigmático dueño del castillo, tuvo que soportar una de sus características bromas. Así nos lo contaba cuando nos entrevistamos con él: «Sucedió durante el rodaje de *El mariscal del infierno*.[150] Yo iba vestido con una armadura y llevaba una copa en la mano. Entonces, el dueño del castillo me preguntó si me consideraba una persona valiente. Le respondí que sí y se marchó y me dejó encerrado en la Sala de Armas. De pronto, de un rincón oscuro vi aparecer una leona adulta que se acercaba a mí. De un zarpazo me arrebató la copa y se subió a la mesa».

No obstante, no fue la única «bromita» que sufrió el actor en sus propias carnes, ya que después de éste —cuando menos aterrador—

Castillo de San Martín de Valdeiglesias.

episodio, Fernández Ganza, ni corto ni perezoso, se hizo con una espada y comenzó a batirse con Naschy.

«Creía que estábamos en el Medievo. Parecía estar en trance. Tuve que arrojarle una banqueta para que se detuviera», explica el actor. Después de aquello, lógicamente, todo el equipo de rodaje abandonó el lugar.

El cámara de cine José Fernández Ariz-Navarreta y su mujer, Cristina, también conocieron, con motivo del rodaje de otra película, al Señor del Castillo, sobrenombre por el que conocían en San Martín de Valdeiglesias a Fernández Ganza, e incluso llegaron a entablar amistad con él, debido a una afición común: el esoterismo. Allí realizaron sesiones de ouija y psicofonías y vivieron experiencias paranormales.

«Era alto, medía más de metro ochenta, rubio y con grandes bigotes. Vestido de militar y generalmente custodiado por la leona, que vagaba por allí suelta», nos comentaron. La leona, por cierto, está enterrada en el castillo.

Tiempo después, se vieron obligados a distanciarse de Juan porque éste comenzó a frecuentar compañías extrañas que les inquietaban sobremanera. Se trataba de dos guardaespaldas y otras personas que definieron como de «mal ambiente». Además, Fernández Ganza empezó a beber más de la cuenta y en ocasiones se mostraba agresivo.

Le vieron por última vez unos meses antes de su extraña muerte, un día que pasaron por el castillo a saludarle, y pudieron comprobar que había cambiado de forma positiva.

No obstante, poco después apareció publicada la noticia de que Fernández Ganza, harto de cómo discurría su vida, se había suicidado pegándose un tiro, aunque las circunstancias en las cuales se produjeron estos hechos nunca fueron del todo aclaradas.

Tras su muerte, se trasladó al castillo su hija, Emilia Fernández Rega. Ella misma nos comentó que su padre realizaba misas negras con otras personas en el viejo recinto:

«Se trataba de gente procedente de un punto concreto del pantano de San Juan, y mi padre era uno de los oficiantes. Incluso llegaron a sacrificar un burro que después estuvo colgado durante una semana pudriéndose en una de las almenas. La gente cree que mi padre era una persona descuidada, pero no era así. Anotaba puntualmente hasta los kilos de carne que consumía la leona», nos explicó Emilia en una de nuestras visitas al castillo.

La estancia de Emilia en el castillo fue muy dura, incluso llegó a protagonizar alguna que otra experiencia extraña, aunque no es una mujer miedosa. Al contrario, es fuerte y decidida. Pero, sin duda, no debió de ser muy agradable hallar un cadáver enterrado en el castillo. Esto no tendría por qué ser extraño, ya que en muchos recintos antiguos suelen descubrirse enterramientos. No sería raro si no fuese porque los restos ¡eran recientes...!

«Estaban envueltos en un plástico. No podían ser de los tiempos de don Álvaro de Luna», sentenció Emilia.

De todos modos, ella está convencida de que a su padre lo mataron, pero no está interesada en remover el tema.

La documentación de la que disponemos es muy abundante, aunque en síntesis ésta es la historia del enigmático castillo.

MISTERIOS Y LEYENDAS

Bajo las aguas del pantano, un puente romano

Si viaja a la zona, no olvide pasar por el pantano de San Juan, uno de los más visitados de la Comunidad, que posee cincuenta y tres kilómetros de costa.

En esta zona hemos recogido testimonios de todo tipo: desde avistamientos de ovnis, pasando por pintadas seudosatánicas en cementerios, viviendas embrujadas, la historia de un cadáver descuartizado en el interior de una maleta y hasta la ¡aparición de monos! Pero les ahorraremos los detalles escabrosos...

Lo de los monos no es ninguna leyenda, aunque siempre habíamos pensado que lo era. Sin embargo, cuando nos entrevistamos con José Ramón Yuste, miembro de la asociación Ateneo,[151] nos confirmó que esta extraña historia no era un mito más.

«Es cierto que hay, o hubo al menos, monos. Mandriles, para ser más exactos, que se escaparon de un safari. Mi padre llegó a verlos por el pantano», nos comentó amablemente José Ramón.

Y es que en esta zona se encuentra precisamente la reserva zoológica Rincón Safari Park, cercana a Aldea del Fresno, que fue inspirada por el desaparecido Félix Rodríguez de la Fuente y que puede ser visitada por los amantes de la naturaleza. En ella podrán ver en semilibertad un montón de animales de las especies más diversas.

Además, habíamos escuchado desde hacía muchos años que bajo las aguas del pantano había «algo» sumergido, pero nunca nadie supo decirnos de qué se trataba. Unos afirmaban que era una ermita; otros iban más lejos, sosteniendo que un pueblo entero había sido tragado por las aguas, que en las épocas de sequía podía divisarse el campanario y que en las noches de tormenta se escuchaba un lejano tañido proveniente del interior de las cenagosas y revueltas aguas... José Ramón vino a despejar nuestras dudas.

«Lo que en realidad hay es un puente romano de siete ojos, sumergido bajo el pantano, que mide ciento diez metros de longitud», nos contó Yuste, al tiempo que nos hacía entrega de una fotografía, bastante borrosa pero que, desde luego, viene a dar testimonio de que esto es cierto. Así pues, se trata de un misterio más aclarado, que desconocen incluso los propios veraneantes de la zona...

CASAS ENCANTADAS

El fantasma del ahogado

Rodeando el pantano existen numerosas urbanizaciones en las que personas que normalmente residen en la capital tienen una segunda vivienda a la que acuden durante los fines de semana y en los meses estivales. En una de estas urbanizaciones —no citaremos el nombre por respeto a la familia— tuvo lugar un caso de embrujamiento bastante desagradable (por las circunstancias en las que se produjo) sobre el que circularon en su día dos versiones.

El hecho cierto es que, durante un fin de semana del verano de 1988, uno de los hijos de la familia llevó un invitado a la casa, con tan mala suerte que se ahogó. No contaremos los detalles porque fueron —según testimonios— terribles, aunque sí podemos apuntar que en este pantano han sido muchas las personas que se han visto arrastradas por sus aguas, puesto que de vez en cuando se forman unos remolinos difíciles de detectar. A partir de entonces, comenzaron a circular distintas versiones de la historia, pero todas coinciden en un punto: la aparición de un supuesto fantasma en el porche de la casa, que correspondería al chico ahogado. Los protagonistas callan, aunque varios testigos con los que hablamos en su día afirman haber oído contar todo esto de su propia boca y que incluso desde hacía muchos años se contaba otra enigmática historia de un espectro familiar que también era visto con frecuencia por los integrantes de la familia. En este caso, necesariamente, no pudo haber investigación, sólo recopilación de testimonios.

El monasterio de Valdeiglesias

En las afueras de Pelayos de la Presa, no muy lejos del pantano, se alza el monasterio cisterciense de Valdeiglesias, que ha permanecido medio derruido desde que un incendio se cebara en él en 1258. Esta circunstancia, unida a que en toda la zona se cuentan cosas raras, ha propiciado que se hable de aparecidos.

Este monasterio tuvo gran relevancia desde su fundación el 30 de noviembre de 1150 por el rey Alfonso VII, transformándose desde entonces la vida del valle, que quedó supeditada al monasterio. Las consecuencias más importantes fueron para el pueblo de San Martín, ya que estaba sometido a un vasallaje que en algunas ocasiones dio pie a enfrentamientos con los monjes, por lo que en el siglo xv éstos terminarían por vender la villa a don Álvaro de Luna.

Como dato curioso, añadiremos que Fernández Ganza estaba convencido de que existía un pasadizo que conducía desde el castillo hasta el monasterio. Sin embargo, Pelayos de la Presa y San Martín de Valdeiglesias están separados por unos diez kilómetros aproximadamente, lo que hace difícil que la teoría sostenida por el antiguo propietario del castillo pueda ser demostrada. Por otro lado, su hija niega la existencia de este pasadizo.

En una de nuestras visitas al monasterio pudimos comprobar que alguien había colocado un enorme cuadro en el que aparece dibujado un monje. Desde la distancia, parece un vigilante de carne y hueso o un aparecido. De hecho, descubrimos que se trataba sólo de una

*Monasterio cisterciense
de Valdeiglesias
(Pelayos de la Presa).*

pintura tras enfocarla con un teleobjetivo de 200 mm. Suponemos que también esto habrá ayudado a que se hable de fantasmas y almas errantes, cuando todo parece tener una explicación mucho más sencilla.

Muy cerca del monasterio, que está siendo restaurado (por lo que se hace muy complicado el acceso), han abierto un camping. Los boscosos caminos de tierra, junto con la exuberante vegetación, hacen que si se enfoca el citado cuadro con una linterna en la noche pueda provocar un susto de muerte, pues la pintura es de tamaño natural.

Cadalso de los Vidrios

Ya se ha hecho referencia al condestable don Álvaro de Luna y de cómo fue ejecutado por sus prácticas hechiceriles. Como dato curioso añadiremos que un brujo ya le había vaticinado que moriría en el cadalso. Sin embargo, don Álvaro de Luna lo interpretó como que su muerte podía llegar a producirse en una localidad cercana al castillo de San Martín, denominada Cadalso de los Vidrios, por lo que se negó a volver por aquellos bellos andurriales, donde también tenía posesiones. El brujo demostró con el paso del tiempo que se refería a otro tipo de cadalso...

Anécdotas históricas a un lado, Cadalso de los Vidrios merece la pena de ser visitado, a pesar de que su sinuosa carretera no invite a ello. El nombre le viene de la época del reinado de Carlos III, cuando se construyó aquí una fábrica, que ya no está en activo, para el soplado de vidrio. De hecho, a los habitantes de este pueblo se los denomina cariñosamente «soplones».

Además del soplado tuvieron y tienen fama sus vinos, especialmente los tintos, que se han considerado desde siempre entre los mejores de la Comunidad, junto a los de San Martín de Valdeiglesias. Se decía que tenían propiedades tónicas e incluso se promocionaban con la coletilla «de venta en farmacias», lo que les daba un carácter muy respetable.

En la calle de la iglesia, sobre el dintel de la puerta aparece representada la rueda del martirio de santa Catalina. Si esbozamos brevemente su historia, recordaremos que su propio padre la ató a una rueda con el fin de desmembrarla en caso de que no renegara de la fe cristiana. Sin embargo, un providencial rayo cayó de improviso quemando la rueda, lo que no impediría, sin embargo, que su padre determinara su degollamiento. En relación con la santa, Juan G. Atienza comenta: «[...] De la breve vida de Santa Catalina, cuyo martirio se celebra litúrgicamente el día 25 de noviembre, destacan unos rasgos que pueden ser capaces de configurar las devociones que le profesarían los filósofos que la hicieron su portavoz celestial. En primer lugar, su formación intelectual profunda en el seno de la sabiduría helenística de la escuela de Alejandría, que era aún, en su época, el mayor foco de cultura y de conocimiento [...]. En segundo lugar, destaca la confirmación de su altísima sabiduría al enfrentarse con éxito a los cincuenta sabios que convocó el emperador Maximino II para vencerla intelectualmente [...]».[152] De hecho, los atributos de santa Catalina son una rueda, una espada y un libro. Se la ha considerado más como sabia que como santa.

La iglesia de la Asunción (1547-1574) fue erigida con piedras procedentes de lo que fuera la muralla de la villa, derribada por los Reyes Católicos. Posteriormente, durante la guerra carlista, cercenaron el campanario para evitar que pudiese servir como atalaya, por lo que la restauración se ha hecho con cemento, perdiéndose el carácter añejo del pasado.

Situándonos ya en la carretera que lleva a Cenicientos, se encuentra un palacio de estilo renacentista (XV-XVI), que ha recibido varios nombres: el palacio del marqués de Villena, de don Álvaro de Luna o del duque de Frías. Sin embargo, no es sencillo el acceso, pues tiene propietario privado. La fachada está terminada en almenas y cubierta de enredaderas y se observan unos hermosos jardines del siglo XVII.

La peña de Cenicientos

En Cenicientos, tomando la carretera que conduce a Almorox, hay que desviarse por un camino de tierra. Cuando se llega al final y después de andar unos quince minutos avistaremos «la peña de Cenicientos», también llamada la «piedra escrita», que mide unos siete metros (por desgracia, la visita es complicada, debido a que actualmente se encuentra dentro de una propiedad privada en la que abundan los toros bravos). En ella se puede contemplar un altorrelieve que representa a tres personajes ataviados con togas que, aunque algo desdibujados, parecen estar realizando una ofrenda. Se trata de un ara[153] romana que data más o menos del siglo II d. C., en reconocimiento a Diana, la diosa cazadora, y que ordenó construir un poderoso romano llamado Siscinio. No hay que olvidar que toda la zona fue dominada primero por los vetones (700 a. C.) y carpetanos, posteriormente por los romanos y después por los visigodos, por lo que no es extraño hallar su impronta en estos parajes. A este respecto Lorenzo Gómez Gómez se expresa en uno de sus libros sobre el valle del Alberche en los siguientes términos: «[...] La actual comarca de Valdeiglesias pertenecía a Lusitania, provincia que se extendía desde el Duero al Tajo y ocupaba las actuales tierras de Portugal, la meseta norte y Extremadura, llegando por el este, hasta la cuenca del Alberche y parte de las provincias de Madrid y Toledo. Roma encontró fuerte resistencia en estas tierras, donde vetones, lusitanos y carpetanos se opusieron bravamente a su dominio; el famoso pastor Viriato, que derrotó repetidas veces a las legiones invasoras, y la ciudad de Numancia, cuyos moradores prefirieron morir antes que entregarse, lo ponen de manifiesto [...]».[154]

La litolatría o culto a las piedras no es algo nuevo (véase *Zona 18*). La propia Biblia, en el Antiguo Testamento, da cuenta de ella en uno de los episodios que hacen referencia a la vida de Jacob. Este personaje, además de hacerse famoso por su visión de la Escala, fue protagonista de un hecho que da, al menos, qué pensar. Cuando se vio forzado a abandonar Canaán después de la traición que hizo a su hermano Esaú, decidió buscar refugio en casa de su tío Labán. Durante el viaje decidió hacer noche entre Beer-Seba y Jarán: «[...] Llegado al azar a cierto lugar se dispuso a pasar allí la noche, porque ya el sol se había puesto. Tomó una de las piedras de aquel lugar, la puso por cabecera y se acostó [...]».[155] Y fue allí donde tuvo el citado sueño que habría de cambiar su trayectoria y la de sus descendientes. Y he aquí lo que pasó a la mañana siguiente: «[...] Despertóse Jacob de su sueño y dijo: "Ciertamente Yavé está en este lugar y yo no lo sabía". Lleno de reverencia, añadió: "¡Cuán venerado es este lugar! No es sino la casa de Dios y la puerta del cielo". Levantóse Jacob muy de mañana, tomó la piedra que había puesto por cabecera, la alzó a modo de estela y derramó aceite sobre ella. Y dio a este lugar el nombre de Betel, mientras que antes su nombre era Luz [...]».[156] Este acto de tomar la piedra, erguirla como estela y derramar aceite sobre ella es, posiblemente, uno de los precedentes más antiguos que se conocen de la confección de un talismán.

Los toros de Guisando

En los límites entre Madrid y Ávila, se halla Guisando. Debido a unos monumentos totémicos que allí se encuentran, unos y otros desean verlos incluidos en sus guías, aunque lo cierto es que lo más factible es que pertenezcan al término de El Tiemblo (Ávila).

Estos cuatro tótems son representaciones (muy deterioradas ya con el paso del tiempo y las condiciones ambientales) de toros, de cuyo significado hablaremos un poco más adelante. Y es que no debemos olvidar que llevan allí la friolera de veintidós siglos y que su creación ha sido atribuida a los vetones. Sin embargo, el porqué están allí es aún un misterio: ¿serían una especie de mojones parte de una ruta? Tal vez. ¿Una forma de delimitar espacios? ¿Dioses protectores de la ganadería? ¿O quizás poseían un carácter funerario? Quién sabe. En cualquier caso, hay quien pensó que podían esconder tesoros, llegando incluso a partir uno de estos monumentos por la mitad para comprobarlo. De los cuernos y el rabo ya no queda nada, y ambos son muy importantes en cuanto al simbolismo esotérico que encierran. Los romanos, sin embargo, sí realizaron inscripciones funerarias en los costados de estos animales que apenas se aprecian.

Será casualidad, pero en este imponente escenario se desarrolló el llamado «pacto de Guisando», el 19 de septiembre de 1468, tras la muerte de don Álvaro de Luna, por el cual se proclamaba a la princesa Isabel como heredera de la Corona de Castilla por su hermano el rey Enrique IV. De otro de los libros de Lorenzo Gómez recogemos el siguiente episodio: «[...] Refugiados en la ciudad de Ávila, los cortesanos de don Alonso ofrecieron el trono a la infanta doña Isabel, que allí se hallaba al abrigo de la clausura de un monasterio [...]. Salieron el rey y la princesa, aquél de Madrid y de Ávila ésta, acompañados de los prelados y magnates de ambas parcialidades, para reunirse en las inmediaciones del célebre monasterio de Guisando, junto a la venta que se hallaba en ese campo, cuyo nombre ya era célebre por las grandes piedras berroqueñas labradas en forma de cuadrúpedos, llamados toros de Guisando [...]».[157] Lo cual da prueba de la existencia de estos animales ya en el siglo XV.

La magia del toro

Son numerosas las culturas que han considerado al toro como un animal mágico, sagrado y respetado. La cultura celta, por ejemplo, nos refiere una leyenda por la que se habría producido la creación del toro, dándole un carácter mágico, siendo los genios de la noche los encargados de pedir a los «extraños seres» (¿quiénes serían?) la creación de un animal «[...] oscuro como la noche, fuerte como la tierra, poderoso como el fuego, ágil como el viento y esbelto como el alma del planeta [...]».[158] Y de allí habría surgido este bello animal, que tendría carácter de dios y cuya misión principal sería vigilar los pasos de los hombres.

Sin embargo, en culturas como la egipcia hallamos a Apis, el dios buey-toro. Apis fue rey de Argos. Sus padres eran Júpiter y Níobe, y tras ceder el trono a su hermano Egialeo viajó hasta Egipto, donde adoptó el nombre de Osiris, se casó con Isis y se convirtió en el maestro de la agricultura y los viñedos. Apis era honrado con sacrificios rituales, antes de los cuales transmitía sus dones proféticos a los niños para después ser ahogado en las aguas del Nilo.

En Creta nos encontramos con el engendro del Minotauro, mitad hombre mitad animal, surgido según la leyenda de la unión carnal entre Pasifae, la esposa de Minos, y un enorme toro blanco. La culpa de tal unión fue de Neptuno, que, enojado con Minos por no haberle dado en sacrificio a ese excepcional animal, lo convirtió a ojos de Pasifae en un ser sexualmente atractivo.

Según las corrientes mágicas, la fuerza principal del toro residía en determinadas partes de su anatomía como el corazón (por ello los cretenses untaban el cuerpo a los jóvenes con este órgano vital para recoger la fuerza del animal), los ojos (destinados a la preparación de ungüentos junto a otros productos que, una vez convertidos en una espesa crema, se ungían en el torso de los guerreros), la cabeza (que servía como protección de la casa o de un recinto sagrado, para evitar los malos efluvios de aquellos que entrasen con aviesas intenciones) y el rabo[159] (con el que se construía un pequeño látigo para ahuyentar a los malos espíritus).

Así pues, según lo que acabamos apenas de esbozar, el toro tenía un significado mucho más profundo del que podamos imaginar, por lo que todo ello convierte a esas cuatro figuras que perduran en Guisando en un enclave de difícil interpretación, aunque la lectura de que se tratarían tan sólo de meros monumentos decorativos parece poco adecuada. Alguien erigió allí esas figuras por algún motivo, y parece que lo hizo con todo conocimiento de causa.

Zona B

El monasterio de San Lorenzo de El Escorial

ೊ

Felipe II y el monasterio de San Lorenzo de El Escorial

«[...] Felipe II, el rey bajo cuyos dominios no se ponía el sol, el monarca de la Contrarreforma, es uno de los soberanos españoles más controvertidos. Al revés que su padre, era de carácter sedentario, serio y taciturno. Plenamente entregado al gobierno de sus reinos, empezó desde muy joven tal actividad y quiso siempre llevarla a cabo personalmente. Hombre austero y humilde, aunque enormemente celoso de sus prerrogativas regias, para unos es el Rey Prudente que actuó de acuerdo con las ideas y necesidades de la época, para otros es el Demonio del Mediodía que reinó en medio de un baño de crueldad, sangre, intransigencia y burocracia [...]».[160]

Esta definición tan contradictoria que sobre Felipe II hacen los historiadores nos da una idea de que no fue un hombre gris, de esos que pasan desapercibidos. Se le ha acusado de apático e introvertido, siempre ataviado de negro (color al que se le ha querido buscar un sentido astrológico). Sin embargo, analizando los acontecimientos más importantes en su vida, la verdad es que no tenía motivos para desarrollar un carácter abierto y jocoso. Siempre se

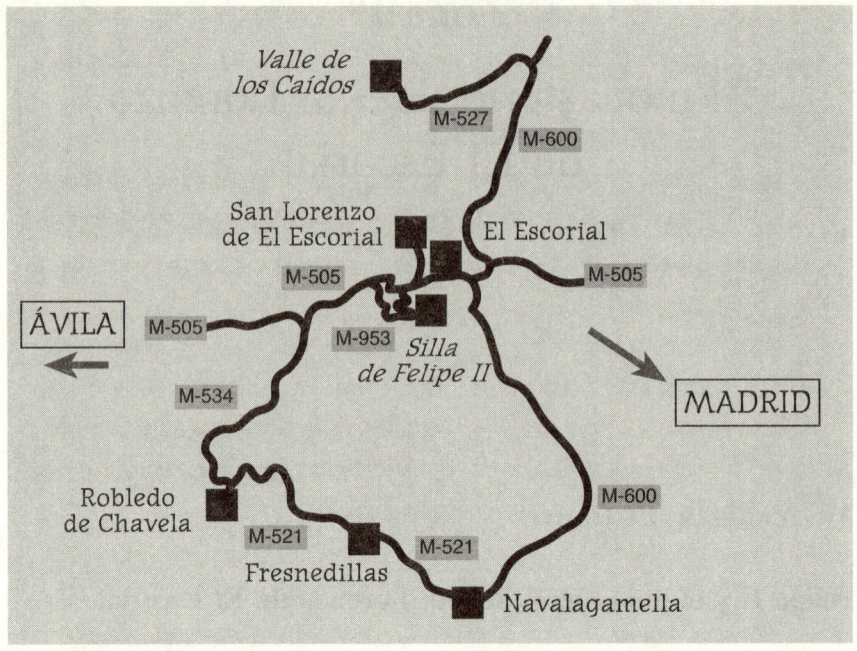

ha querido incidir en los aspectos esotéricos de este rey y sus protegidos, que, desde luego, algunos o muchos poseía, pero también es interesante y crucial recoger qué eventos le tocó vivir, en lo personal, que pueden explicar algunos de sus procederes, angustias y temores.

Nacido en Valladolid en 1527, casó a los dieciséis años con María Manuela de Portugal, que tenía su misma edad y que era prima carnal suya. De esta unión nació el príncipe Carlos en 1545, y su esposa fallecía días después a consecuencia del parto. El niño era enfermizo y, más adelante, veremos qué ocurrió con él. Nos encontramos, pues, con un rey que enviudó con tan sólo dieciocho años, quedando a su cargo un niño muy complejo. Después fue obligado por su padre (Carlos V) a casarse con María Tudor (que era tía suya y varios años mayor que él). En ese momento, él tenía veintisiete años y ella treinta y ocho. Se trató lógicamente de un matrimonio de conveniencia. Está claro, pues, que el monarca no tuvo una juventud muy feliz. En 1558 muere su padre y tres meses des-

Monasterio de San Lorenzo de El Escorial.

pués su segunda esposa; la desgracia parecía perseguirle. Más tarde se casa con Isabel de Valois, de sólo quince años de cuya unión nacieron dos niñas y con la que parece que conoció la felicidad, aunque sólo duraría ocho años. Por otra parte, su primogénito, Carlos, falleció en extrañas circunstancias mientras estaba prisionero en sus aposentos[161] por orden de su propio padre. En cierta medida, la leyenda negra de Felipe II le viene por este episodio, en el que parte del pueblo lo acusó de parricida. Comenta Atienza en un artículo titulado «Felipe II, ¿parricida e iniciado?» lo siguiente: «[...] Aún hoy, con toda la documentación que cabe manejar y con todo el empeño puesto por los defensores a ultranza del rey, no cabe descartar sin reticencias que, cuando menos, Felipe II dejara morir deliberadamente a su primogénito para, librándose de él y de la amenaza que significaba para la corona, recuperar la gloria que se había planteado como meta, para cumplir más libremente con el destino que Dios en persona había trazado para él [...]».[162] Sea como fuere, se trata de otro de esos misterios de la corte que es difícil que tenga una respuesta después de tantos siglos.

Dos años después de la muerte de Isabel de Valois, Felipe vuelve a desposarse por necesidad imperiosa, ya que no existía un hijo varón que pudiese hacerse cargo del reino una vez que él desapareciera, por lo que en esta ocasión la elegida es Ana de Austria, con la que tendría cuatro hijos, aunque sólo uno lograría sobrepasar los ocho años de edad: naturalmente nos referimos a Felipe III.

Con una vida así, no es de extrañar que fuese siempre vestido de negro y que se le definiera como introvertido, taciturno y supersticioso. ¿No parece más la estampa de un hombre perennemente deprimido? Acontecimientos de esta magnitud marcan con fuerza la vida de las personas y Felipe II no era un dios. Es cierto que fue el rey más poderoso de su época, pero, quizás por ello, las responsabilidades todavía debían de recaer con más fuerza sobre él como grandes losas.

El monasterio

Mucho se ha especulado sobre las aficiones de Felipe II: se le asocia con la alquimia, la astrología y otras prácticas esotéricas. Incluso se relaciona la construcción del monasterio (oficialmente erigido para conmemorar la victoria de la batalla de San Quintín en 1557) con criterios ocultistas. Lo que está fuera de toda controversia es que, al menos, las personas que le rodeaban, como Benito Arias Montano (que sería el bibliotecario del monasterio) o Juan de Herrera (que se hizo cargo de las obras tras la muerte de Juan Bautista de Toledo), por citar tan sólo dos ejemplos, sí estaban metidos de lleno en estas cuestiones.

El primero perteneció a una organización llamada *Familia Charitatis* (Familia de la Caridad) que basaba sus principios en el hermetismo cristiano, sociedad a la que también se asocia con el astrólogo inglés de su segunda esposa, John Dee. Además, dentro de la biblioteca del monasterio Arias Montano creó una sección especial, separada del resto de los volúmenes, que albergaba numerosos textos alquímicos, muchos de los cuales eran colocados con el lomo al revés para evitar que los curiosos los viesen a simple vista, como, por citar un ejemplo, los del médico y alquimista boloñés Leonardo Fioravanti, pues se custodiaban allí todas sus obras excepto una. Incluso su tratado titulado *Della fisica* (1579) estaba dedicado al monarca, al que alentaba a que lo leyera con asiduidad para que se acordara de su humilde súbdito, lo que hace suponer que pudieron llegar a conocerse personalmente.

En cuanto a Juan de Herrera, estaba metido de lleno en el mundo de la alquimia y mantenía contactos con muchos de los alquimistas de la época, a los que «examinaba» para comprobar si se trataba o no de farsantes, a fin de contratar sus nada económicos servicios. A pesar de que el sueldo de Herrera era de cien ducados anuales, no poseía un patrimonio como para subvencionar experimentos en busca de la «piedra filosofal» por cuenta propia. Es de suponer que Felipe II no sólo estaba al tanto de las actividades de Arias Montano y de Herrera, sino que además las costeaba de las arcas de la Corona.

Por otro lado, el monarca ordenó que se le hiciesen varios horóscopos con el fin de obtener el máximo provecho de los aspectos favorables (que en su caso no parecían demasiados). El horóscopo oficial o *Prognosticon* fue trabajado por Matías Haco Sumbergense, y se conserva precisamente en la famosa biblioteca, aunque existen otros calculados por Francesco Iunctino, lo que da una idea de que el primero pudo mandarlo hacer sólo por curiosidad. Sin embargo se pone de manifiesto cierto gusto por el tema.

En el caso de la alquimia, Felipe II ordenó al alquimista inglés Richard Stanihurst que escribiese, en el propio monasterio, el *Toque de Alchimia* (1593), ejemplar que fue dedicado al rey. En realidad, se trataba de un breve tratado cuyo fin era poder distinguir entre un

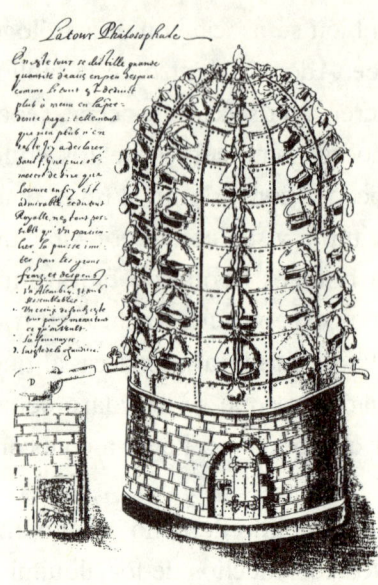

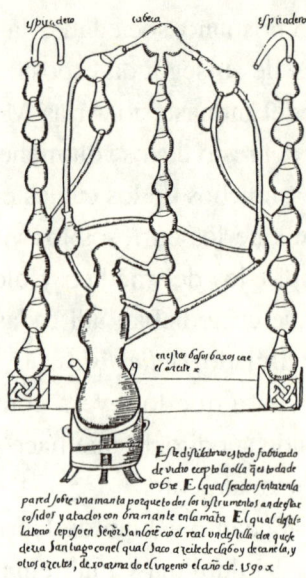

La torre filosofal.   Destilatorio de veintitrés retortas.

auténtico alquimista de un estafador. Pero ya en aquella época parece que el interés del rey dentro de la alquimia se centra más en las
cuestiones benéficas de salud que ésta pudiese aportarle, puesto que
las enfermedades habían empezado ya a causar mella en su organismo: la gota, el reúma y demás dolencias. Esta obra expone que las
enfermedades de nuestro organismo son similares a las impurezas de
los metales y que a través de la alquimia se pueden obtener grandes
beneficios en ambos sentidos. Es probable que Stanihurst preparara
al monarca algunos clixircs o *aurum potabile*. Otro tema es ya que
Felipe II los tomara buscando el «elixir de la vida», y que aunque los
hubiera ingerido éstos fueran efectivos, ya que las dolencias continuaron hasta su muerte.

Lo que sí se debe hacer notar es que en la desaparecida botica
existían artilugios destinados a la persecución de la quinta esencia,
de los que han quedado dos testimonios gráficos: uno, denominado
torre filosofal, que medía cinco metros de altura y tenía ciento veintiséis alambiques, aparece dibujado en un manuscrito de Jehan l'Her-
mite. El otro es un *destilatorio de veintitrés retortas*, comunicadas por

cañones de vidrio, que ha sido atribuido al boticario, alquimista y vidriero Diego de Santiago. Afortunadamente perduran los gráficos de estos dos instrumentos, pues de lo contrario quizás nadie hubiese creído que dentro del monasterio hubieran existido semejantes artilugios.

Pero hablemos ahora un poco de la elección del lugar donde habría de construirse el monasterio: «[...] Elegido el lugar donde construirlo y que, por entonces era un jaral utilizado por los pastores, en el que había dos manantiales, el de Blasco Sancho y el de Matas-las-fuentes, se hizo el desmonte y el rey quiso que, en su presencia, se acordelasen y estacasen las líneas por donde debían ir los cimientos [...]».[163] Observemos que se hace hincapié en que el mismo monarca quiso delimitar las líneas. ¿A qué tipo de líneas se refería el rey? ¿Tal vez a las líneas geobiológicas que recomendaban construir ahí y no unos metros más allá? Nunca lo sabremos. No obstante, el capítulo sobre en qué circunstancias fue elegido el sitio en cuestión nos es relatado por Federico Bravo Morata del siguiente modo: «[...] Parece ser que durante la primera visita que la comisión realizó a los alrededores del pueblo de El Escorial se desarrolló una tempestad fenomenal, con gran aparato eléctrico, y las gentes, atemorizadas, se refugiaron en sus casas y cabañas. Los cuatro miembros de la comisión (el secretario del rey, Pedro de la Hoz; el arquitecto real, Juan Bautista de Toledo; Juan de Huete y Juan de Colmenar, hermanos de la Orden Jerónima) continuaron, no obstante, bajo el terrible aguacero, su investigación, y precisamente el efecto de los relámpagos les hizo ver el sitio ideal para la erección del monasterio [...]».[164] Si esto fuera realmente así, se está dando a entender que la elección del lugar no fue casual, sino atribuida incluso a cuestiones de origen sobrenatural.

La colocación de la primera piedra del monasterio se realizó el 23 de abril de 1563, en una zanja situada en el centro de la fachada del mediodía, justo debajo del lugar donde posteriormente estaría el refectorio de los monjes y, para ser más exactos, donde habría de colocarse el asiento del prior. Todo ello no parece ni casual ni improvisado. Como tampoco lo era la piedra que esculpió el propio Herrera que decía: *Deus O.M. operi Aspiciat. Philippus II, Hispaniarum Rex a fundamentis erigit. MDCXIII. Joanner Baptista architectus Major IX. KAL. MAII.* Sin embargo, en la colocación de la primera piedra del templo el propio monarca quiso estar presente, eligiendo él mismo el día (20 de agosto del mismo año), festividad de San Bernardo. El sitio escogido fue junto a la reja de entrada de la sacristía. La piedra era más pequeña y tenía pintada en uno de los lados una cruz roja, y fue el propio Felipe II quien la tomó en su manos y la depositó.

En agosto de 1584 se pusieron las estatuas de los seis monarcas de la tribu de Judá y familia de David, en el llamado Patio de los Reyes. Allí mismo sería colocada la última piedra, el 13 de septiembre de 1584, por fray Antonio Villacastín, a mano izquierda, en una cornisa. Se introdujo una caja que contenía un pergamino escrito con la fecha, el nombre de Felipe II, el del prior y el del papa, además de los santos evangelios. En 1586 (el 9 de agosto) se realizó el primer acto religioso en la basílica.

El monasterio está repleto de símbolos de especial significado para él: astrológicos (en el comedor, una enorme línea que lo divide y que hacía las veces de meridiano solar con los signos astrológicos marcando los meses del año), astronómicos (la esfera armilar[165] de Antonio Santucci, alzada por cuatro esfinges) y religiosos (reliquias). Todo el monasterio está lleno de ellas. Se calcula que habrá unas siete mil, incluidas las tres bolas que coronan el edificio, que terminan con tres cruces y que se encuentran llenas de reliquias de santos para evitar supuestamente que los rayos alcancen el edificio. Lo de convertir estas bolas en «pararrayos» puede venir por lo antes comentado, en relación a la tormenta eléctrica que se abatió sobre la comisión el día en que fueron a buscar el lugar de emplazamiento del monasterio, o por otro episodio acaecido en 1577, cuando en el monte Abantos (del que daremos cuenta cuando hablemos sobre el Valle de los Caídos) una nube negra arrojó un rayo que fue a caer justo en la sacristía, llenando de temor a los franciscanos, y que quemó entre otras cosas una de las casullas empleadas por la orden para la liturgia. Sin embargo, les costó mucho apagar el fuego, y el hermano relojero (que fue el primero en ir a sofocarlo) falleció meses después de una dolencia desconocida. Todo ello ha dado origen a que se extienda la leyenda de que ésta sería una de las entradas al averno.[166]

De todas partes recibía o compraba reliquias de santos. Podemos hablar de un afán coleccionista, de superstición o de fervor religioso, pero en cualquier caso no es de extrañar, debido a todas las muertes de su familia que tuvo que soportar, que se hubiese vuelto temeroso de Dios. Tendría reliquias de todos los santos exceptuando a tres: san Juan Evangelista, san José y Santiago el Mayor. Sobre el particular comenta René Taylor: «[...] Sabido es el entusiasmo que despertó en el ánimo de Felipe II el hallazgo en Granada, en 1588, de las célebres "reliquias" de la Torre Turpiana y posteriormente de los restos de los supuestos mártires del Sacromonte y los libros plúmbeos, pese a la actitud de completo escepticismo mostrada por Benito Arias Montano en todo este asunto. Entre esas "reliquias" figuraba una porción del paño con el que la Virgen se había enjugado los ojos en la Crucifixión. Felipe II logró hacerse con un fragmento de ese paño para engrosar su colección de reliquias. Se cuenta que, en 1596, atenazado por la dolencia reumática que al final le llevaría a la tumba, se sacó la "reliquia" de su altar y se apretó contra la cabeza, los ojos y la mano derecha del monarca. De acuerdo con los testigos oculares del acontecimiento, halló alivio inmediato a sus sufrimientos [...]».[167] Estas reliquias se revelaron posteriormente como falsas, con lo cual tenemos aquí un ejemplo muy esclarecedor sobre lo que, al menos en aquella fecha, Felipe II espera obtener de las reliquias: salud. Y parece que en él el efecto placebo funcionaba.

El lector puede hacer un ejercicio de imaginación visionando al monarca, enlutado, cargado de huesos convertidos en dijes bajo sus ropajes, apostado en la llamada Silla de Felipe II,[168] cercana al monasterio, vigilando atentamente los trabajos de construcción con el semblante serio y recio.

Otra de sus fobias eran los perros negros, a raíz de un acontecimiento fechado el 21 de junio de 1577 (el mismo año en el que supuestamente cayó el rayo en la sacristía). El hecho fue recogido por varios cronistas de la época, entre ellos Ricardo Sepúlveda. Parece que un perro negro se paseaba por allí desde que se iniciaran las obras del monasterio y cierto día los aullidos que profirió durante la madrugada fueron tan espeluznantes que, entre cuatro monjes (entre los que se hallaba el ya citado padre Villacastín), lo tuvieron que sujetar del collar. Ello nos da idea de que el perro, como se nos quiere hacer creer, no era el mismo demonio, sino que tenía dueño, que era un personaje de la corte al que se le había extraviado tiempo atrás. Aun así, Felipe II mandó ahorcar al perro y lo dejaron colgando de una de las ventanas del convento. El único «delito» del animal fue merodear por la zona. ¿Cómo se explica un comportamiento así? Miedo y cierta dosis de crueldad.

No obstante, este episodio le atormentó hasta el mismo día de su muerte, el 13 de septiembre de 1598 (catorce años después de la colocación de la última piedra del monasterio), ya que el monarca preguntó a Villacastín por el perro, aduciendo que lo había vuelto a ver. ¿Por qué Felipe II se acordaba en el momento de su muerte de un suceso acaecido veintiún años antes? Ello parece indicar que tenía una obsesión con el citado animal, al que tal vez identificaba con la figura de la muerte.

ENCLAVES MARIANOS

Las apariciones de El Escorial

Cada primer sábado de mes, cerca de cuarenta mil personas se concentran en un paraje denominado Prado Nuevo, con la esperanza de ver a la Virgen de los Dolores, que dicen que allí, al pie de un fresno, se le aparece a Amparo Cuevas.

Todo comenzó en octubre de 1980, cuando Amparo, vecina de El Escorial,[169] fue a merendar a Prado Nuevo junto con su hijo y un amigo. Tras la merienda observaron cómo tres figuras salían del interior de un fresno envueltas en un halo, al tiempo que se desprendía un intenso olor a rosas e incienso. Después, se haría visible supuestamente un haz de luz, con forma de arco, muy luminoso, que se iría materializando en forma de figura femenina, de facciones tenues, muy hermosas, y que iba ataviada con ropajes azules y blancos. Una fuerza sobrenatural, siempre presuntamente, empujó a Amparo hasta tirarla al suelo. Y vino el primer mensaje: «Todo el que vaya a rezar el Santo Rosario allí será bendito y marcado con una cruz en la frente».[170]

Hasta el momento de las apariciones, Amparo Cuevas, nacida el 13 de marzo de 1931 en la provincia de Albacete, era una mujer aparentemente normal. Estaba casada con Nicario Barderas y tenía siete hijos. Trabajaba como asistenta y su marido como portero. Sin embargo, las supuestas apariciones, ciertas o no, cambiaron radicalmente su vida, convirtiéndola en un personaje adorado por las masas, que siguen concentrándose allí todos los primeros sábados de mes. Hasta el punto de que Amparo ya no aparece por el terreno los sábados, sino que cae en «éxtasis» la madrugada del día antes, mientras que unos pocos elegidos graban el mensaje que será difundido mediante altavoces al día siguiente.

Veamos alguno de los mensajes: «[...] ¡No, hija mía!, yo he sido la que he escogido este lugar; este lugar me gusta, y vosotros sois los que tendréis que luchar por él. ¿Quién es el hombre para cambiar la plana a Dios? No, hija mía, si yo escojo un lugar, quiero seguir en el lugar que he escogido y, aunque el hombre cambie la plana de Dios, seguiré manifestándome en este lugar. Dios lo ha querido [...]. El mundo está en un gran peligro, hija mía, sólo Dios puede sacar al hombre del abismo donde se ha metido. Si no mira el hombre a Dios, habrá desgracias en el mundo como jamás se han conocido [...]».[171]

Este mensaje, que es sólo una pequeña muestra, se producía «casualmente» en medio de toda la polémica suscitada entre el entonces alcalde de El Escorial, Mariano Rodríguez, y la Asociación Virgen Dolorosa, acerca del solar donde se producen presuntamente las apariciones.

Explicaba que, según los análisis, el agua era nociva. Estaba contaminada y no podía permitirse que los fieles la bebieran a destajo creyéndola «milagrosa».

Cuando visitamos el lugar de las apariciones por vez primera, quedamos muy impresionados al observar la gran cantidad de dinero que se movía alrededor de las supuestas apariciones. No es nuestra intención entrar a valorar aquí si la Virgen se le aparece o no a Amparo, pero existe un hecho incontrovertible, y es que, entre todos los tenderetes que allí se colocan y la masiva afluencia de público deseoso de ver a la Virgen, la cantidad resultante al final del día debe de ser suculenta. Un pequeño ejemplo, para que se haga una idea el lector: si, como ya se ha dicho, más de cuarenta mil personas visitan el emplazamiento, y cada una se gasta, entre lotería, escapularios, supuestos trozos del fresno, agua de la Virgen, imágenes de ella... unos tres euros (por lo bajo), es sencillo efectuar un pequeño cálculo para ver qué cantidad sale.

Por otro lado, el ambiente que se respira destila fanatismo. Sin ir más lejos, a nuestro lado se encontraban varias personas que afirmaban estar viendo un fenómeno lumínico provocado por la Señora.

En definitiva, y para concluir, no sabemos si la Virgen se aparece o no en Prado Nuevo (nuestra impresión es que no), aunque respetamos a las personas que hasta allí se desplazan y que piensan lo contrario. Sin embargo, el tiempo acabará por poner las cosas en su sitio, aportando luz sobre este asunto. Mientras, el lector interesado puede visitar Prado Nuevo y juzgar por sí mismo.

¿EL ARCÁNGEL SAN MIGUEL EN NAVALAGAMELLA?

En la carretera que va desde Navalagamella a Fresnedillas, a unos dos kilómetros de la primera localidad, se encuentra una ermita del siglo XV dedicada a san Miguel, aunque hubo de ser restaurada por completo en 1989 tras los estragos que causó en ella la guerra civil.

El hecho de que se levantara esta ermita se produjo a raíz de un fenómeno supuestamente acaecido en 1455. Una tarde, un pastor llamado Miguel Sánchez tuvo la extraña aparición de una entidad que se autodenominó san Miguel. Éste le pidió que construyese una capilla y formara una cofradía para darle culto.

El pastor, en buena lógica, le contestó que nadie iba a darle crédito si contaba esa historia en el pueblo, por lo que la entidad tocó un árbol y dejó marcada su huella en él, explicándole que no debía temer nada, pues él se encargaría de que le creyeran. Sin embargo, el pastor no debió de quedar muy convencido de sus palabras, pues cuando llegó al caserío donde vivía, denominado «Los Degollados», cercano al lugar del encuentro, prefirió guardar silencio y omitir lo que le había pasado.

Pero para su sorpresa, san Miguel no cejó en su empeño y unos días después, cuando el pastor iba a levantarse para ir a trabajar como todas las mañanas, sus piernas estaban paralizadas. Su patrón, Pedro García de Ayuso, intentó ayudarle a base de friegas con plantas medicinales. Sin embargo, viendo que la cosa no mejoraba, el pastor decidió hablar y le explicó todo lo acontecido a su patrón, quien fue en busca de las autoridades eclesiásticas y junto al pastor, que tuvo que ser llevado en brazos, señaló el lugar exacto de la aparición y les mostró el árbol con la enigmática huella grabada.

Finalmente apoyaron su historia y dieron el visto bueno para la construcción de la ermita. Una vez alzada se realizó una misa para la sanación del pastor, que supuestamente quedó curado, haciéndose entonces guarda de la ermita hasta su muerte.

La primera investigación oficial sobre el caso se hizo en febrero de 1520 (muchos años después de la supuesta aparición, por lo que los hechos pueden haber sido deformados), conservándose una copia en el archivo municipal de Navalagamella, en la que se basaron los párrocos de las dos localidades implicadas (Navalagamella y Fresnedillas) en 1780 para realizar una encuesta sobre este asunto. Por aquel entonces, ya no quedaba ni rastro del famoso árbol, porque había sido astillado por los fieles a fin de conseguir reliquias del Arcángel.

Conviene señalar que la ermita está en una propiedad privada, por lo que se hace difícil el acceso, y también, como dato curioso, comentar que en el mismo año de la supuesta aparición de Navalagamella se producía otra en Navas de Zarzuela (Segovia) con tintes muy similares, aunque en esta ocasión la entidad se presentó como san Antonio de Padua. ¿Se trataría del mismo ser?

FIESTAS PAGANAS

Robledo de Chavela: la fiesta del Judas

Tiene lugar el domingo de Resurrección. Comienza a las doce de la noche del sábado y se trata de una fiesta de origen pagano en la que el protagonista es un pelele que sirve como descarga de todos los males de la comunidad. Con la llegada de la cristianización, el pelele es identificado con Judas.

El Sábado Santo, por la noche, los jóvenes talan el tronco de un pino, al que clavan varios travesaños en los que se colocan unos cántaros repletos de pequeñas sorpresas (vivas o muertas). En el vértice se coloca el Judas.

Al día siguiente, a las nueve de la mañana, se ofrecen, a cambio de la voluntad, tortas de anís. Más tarde, al mediodía, se realizan dos procesiones que vienen a confluir en el mismo sitio, la plaza del pueblo, que es donde está el Judas: una, exclusivamente de hombres (que portan el Sagrado Corazón de Jesús) y otra de mujeres (que llevan a la Dolorosa). En ese momento se desarrolla un corto diálogo entre uno de los mozos y otra voz que representa a Jesús:

«¿Quién te mató?», pregunta el muchacho.

«¡Aquél!», responde la voz, señalando al Judas.

En ese momento, toda la multitud presente exclama enojada: «¡Pues a pedradas con él!».

Entonces se observa una lluvia de piedras dirigida contra las vasijas, que al romperse revelan sus variados contenidos: vino, pinturas, harina, gatos... En el momento en el que se rompan dos recipientes que contienen palomas (símbolos de Paz y Vida) finaliza la lluvia de piedras y se derriba el tronco. La fiesta termina con la destrucción total del Judas, al que se acusa de todos los males del pueblo: una forma de liberación como cualquier otra.

Fresnedillas y su «vaquilla»

Esta fiesta se celebra del 18 al 22 de enero. También tiene un origen pagano, y lo que se pretende conseguir es la expulsión de los males del pueblo y a su vez celebrar la llegada del nuevo ciclo agrario. En ella participan varios personajes, a saber: la «vaquilla» (que no es un animal, sino uno de los mozos disfrazado con un gran armazón de madera que lleva un gran capote. Lo único auténtico son las astas y el rabo); el escribano (que lleva un gran sombrero de copa y un traje negro u oscuro repleto de adornos cuanto más ridículos mejor); la hilandera o «guarrona» (un hombre vestido de mujer que denota dudosa reputación); el alcalde y el alguacil (bien ataviados, pero con unos sombreros emperifollados); y los judíos o «motilones» (cuya misión es evitar que se escape la «vaquilla». Llevan grandes cencerros a la espalda).

La fiesta propiamente dicha se inicia el día 19 por la noche con un baile. De madrugada los judíos pedirán a los transeúntes dinero para aguardiente. El día 20 se inicia con una extraña procesión precedida por los judíos, que van tocando los cencerros estrepitosamente. Más adelante, se suelta a la «vaquilla», que se dedicará a perseguir al alcalde y al alguacil. Cada vez que el «animal» les dé una cornada, deberán pagar una multa. La hilandera y el escribano, entre tanto, cobrarán dinero a los forasteros por los supuestos daños que se puedan originar con su presencia en el pueblo. Al caer la tarde, se desarrollará una escenificación consistente en el sacrificio de la «vaquilla», a la que se pegan dos tiros. Después todos deben beber de su «sangre», que se sustituye por vino. Con el animal muerto se pretende conseguir liberarse de todos los males.

El Valle de los Caídos

El 1 de abril de 1959, Franco procedía a la inauguración del Valle de los Caídos, con su monasterio, cruz ornamental y una cripta subterránea. Está situado a unos cincuenta y ocho kilómetros de Madrid y se alza en Cuelgamuros, un elevado paraje situado entre El Escorial y el Guadarrama. Fue construido en memoria de los combatientes de ambos bandos caídos en los tres años que duró la guerra civil. Allí están enterrados, además del general Franco, cincuenta mil muertos de uno y otro bando.

Para los curiosos, la cruz de piedra que domina la basílica alcanza ciento cincuenta metros de altura y pesa ciento ochenta y un mil setecientas cuarenta toneladas. La fachada de la iglesia se aprecia a uno de los lados de la explanada.

Sin embargo, aparte de los datos oficiales sobre el Valle de los Caídos existen autores que defienden que éste y el monasterio de El Escorial estarían conectados entre sí y que Franco no eligió el lugar de la construcción de la gran tumba por casualidad. Para José Hermida y Silvia Nieto todo obedecía a un plan perfectamente orquestado: «[...] Fue ese el año (1952) cuando los arquitectos del Valle de los Caídos, bajo la dirección de Francisco Franco, decidieron cambiar radicalmente, después de años de incertidumbre, el diseño de la monumental obra y, de forma significativa, la excavación de la cripta, que se prolongó para que su parte más profunda coincidiese con la vertical de la monumental cruz [...] elemento arquitectónico que no se había considerado en un principio, y que se incorporó al proyecto tras la muerte del primer arquitecto, Pedro Muguruza [...]».[172]

En este mismo trabajo explican, según sus investigaciones, por qué se construyó el monumento en aquel lugar: «[...] Franco tuvo la inspiración después de comer, cuando experimentó el irresistible impulso de caminar por la zona. Se hizo acompañar por el general Moscardó [...] y tras varias horas de marcha, el Caudillo vio el emplazamiento correcto. Según figura en el Registro de la Propiedad hasta 1875, año en el que el nombre mudó al actual de Cuelgamuros, el lugar elegido por Franco era conocido como Pinar de Cuelga Moros [...]. Franco desconocía el nombre del lugar [...]». Aquí se nos está hablando de que Franco habría tenido, supuestamente, una inspiración a la hora de seleccionar el lugar donde habría de erigirse el Valle de los Caídos. No obstante, aún desarrollan esta teoría con mayor profundidad aportando los siguientes datos: «[...] La basílica del Valle de los Caídos, la cima del monte sagrado Abantos y la Capilla Mayor del Monasterio de El Escorial forman una línea recta; los extremos son equidistantes (hay una diferencia de setenta metros, equivalentes a una desviación del 0,8 por ciento) de la cima del monte [...]. Franco no eligió el emplazamiento al azar: el Valle de los Caídos se encuentra en relación topológica directa con El Escorial [...]». Pero, en caso de ser esto cierto, ¿qué motivaciones moverían al general para llevar a cabo lo que acabamos de describir? La respuesta, según estos autores, sería la siguiente: «[...] Franco no trató de conseguir, creemos, la anulación de la obra mágica de Felipe II, sino que quiso completarla. La disposición de las construcciones (el monasterio, la cruz y la explanada) forman un arco que sigue con precisión el trazado de la circunferencia, con centro en el monte Abantos, y que pasa por el monasterio de El Escorial. Eso hace pensar que la obra franquista formaba parte de una idea todavía más ambiciosa, que no se pudo llevar a cabo [...]». Los datos que se aportan son producto de sus estudios y merecen nuestra curiosidad, aunque ignoramos sinceramente si la gran obra de Felipe II y la gran tumba del Valle de los Caídos realmente se encuentran conectadas entre sí.

Zona C
La Virgen de Leganés

෧

ENCLAVES MARIANOS

Sangre «sagrada» en Leganés

Radio Voz. Noviembre de 1995. Esa tarde, de pronto, sonó el teléfono. Una voz que decía ser amiga de una mujer de Leganés nos cuenta una increíble historia sobre una Virgen fosforescente de plástico que, según dice, ¡llora sangre!

Según esta persona, la pequeña figurita, que sólo medía unos quince o veinte centímetros, como pudimos comprobar pocos días después en su domicilio, y que había sido comprada en Portugal, pertenecía a Manuela Corral, una mujer de unos cuarenta y siete años, empleada de limpieza, que explicó que la pequeña figura fosforescente había empezado a llorar sangre el 12 de febrero de ese mismo año.

Según esta mujer, que echa el tarot en sus ratos libres, la imagen llora cuando va a suceder algo negativo. Afirma que lo hizo, por ejemplo, cuando asesinaron a Isaac Rabin. Para dar fe de ello, nos mostró un vídeo en el que se veía a la imagen y a la propia Manuela ¡llorando sangre!

Como consecuencia se reúnen ella y unos cuantos seguidores todos los días 13 y 31 a rezar el rosario, en un paraje denominado Arroyo

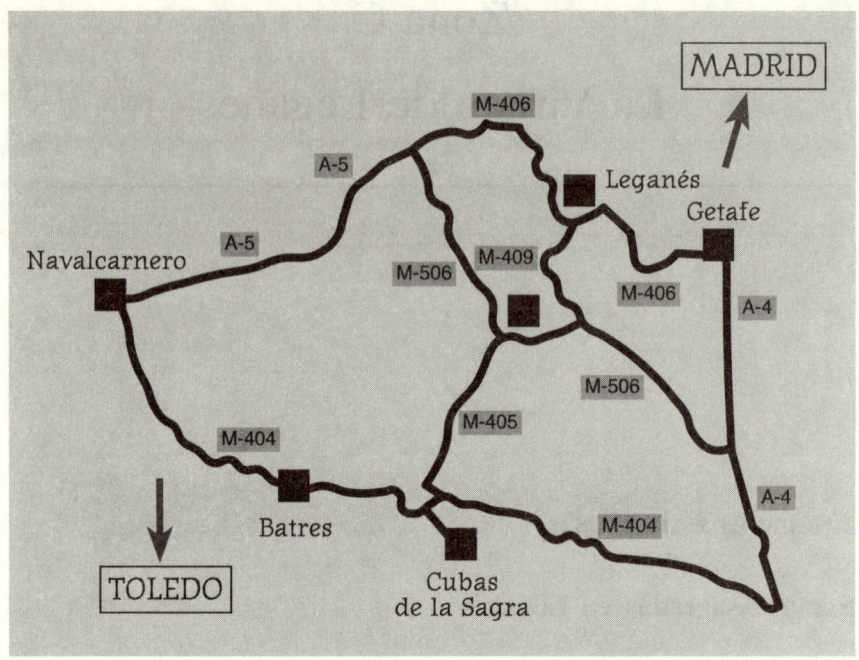

Butarque, frente a la Fuente de la Teja, en el barrio de la Fortuna, en Leganés.

Sostiene haber recibido la visita de la Virgen de Fátima el 28 de marzo de 1995 en su propio domicilio. Se trataría de una imagen bajita, con el pelo corto, entre castaño y rubio, bastante guapa pero madura. Y aquí viene un dato bastante interesante, al menos para los grafopsicólogos: dice recibir periódicamente mensajes de la Virgen a través de psicografías,[173] en varios idiomas, a saber: castellano, inglés, latín, italiano, arameo, portugués... Manuela nos facilitó bastantes mensajes pero, de entrada, sólo en latín (dos o tres) y en castellano (la mayoría). Y aquí es donde nuestros ojos cobraron otra expresión, pues podríamos conocer algo más sobre la personalidad de Manuela a través de sus escritos.

No entraremos a valorar si todo lo que relata Manuela es o no auténtico, independientemente de que existe un dato objetivo y es que la Virgen de plástico estaba rota por la base, como pudimos comprobar tres investigadores. Pero de lo que sí podemos opinar, y en este caso con alguna profesionalidad, es sobre la escritura de esta mujer. Y es que las psicografías analizadas no poseen bajo la luz de la lupa los rasgos característicos de aquellas que se hacen en estado de «trance» o «semitrance». En otras palabras, no se desprende que exista pérdida de la consciencia. Por otro lado, la «Virgen» comete muchas faltas ortográficas, cosa muy extraña, ¿no creen?

Manuel Miranda, el «crucificado»

Hasta que Manuel Miranda falleció, todos los años al llegar la Semana Santa se colocaba una túnica morada, se descalzaba y caminaba kilómetro y medio con una gran cruz de setenta kilos a sus hombros en un paraje cercano a Navalcarnero.

Manuel era natural de Martos (Jaén). Nació el 4 de octubre de 1948 en el seno de una familia muy humilde, por lo que con tan sólo nueve años tuvo que ponerse a fregar vasos en un bar. Como era tan pequeño —nos contó cuando le entrevistamos— tenían que ponerle dos cajas de cerveza para que llegara al fregadero.

Después de ejercer toda suerte de oficios llegó a Madrid y no por casualidad, ya que desde muy pequeño fue devoto de Custodio Pérez Aranda (más conocido como el «Santo» Custodio), del que cuentan que hizo toda suerte de prodigios tanto en vida como después de morir en Jaén el 15 de agosto de 1961.

En cierta ocasión, la madre de Manuel le preguntó a Custodio dónde debía vivir su hijo y parece que este hombre le contestó que Manuel Miranda estaba destinado a residir en Madrid.

Marcados sus hados o no, el caso es que Manuel llegó a Madrid ya casado y adquirió cierta fama como cantante. Pero pronto su carrera se vio truncada. En la Semana Santa de 1980, cuando su hijo estaba gravemente enfermo en el hospital, empezó a sentir cosas extrañas por las noches: «[…] Sentí que una mano me agarraba del cuello y quería ahogarme […]». Estas sensaciones fueron en aumento, hasta que una noche se armó de valor y dijo: «[…] Si eres un alma de

Manuel Miranda,
cargando la cruz.

otro mundo, dime a qué vienes [...]». Su mujer, a todo esto, dormía plácidamente a su lado, sin enterarse de nada.

Al realizar este llamamiento, «[...] un espejo que tenía en el dormitorio comenzó a dar vueltas y se paró enfrente de mí, y en el centro del espejo apareció la imagen del Santo Custodio de medio cuerpo; me quedé hipnotizado, pero recuerdo que era martes y me dijo que el Viernes Santo fuera a su tumba, que quería hablar conmigo. Cuando desapareció hice mis necesidades en los pantalones, teniendo que levantarme y lavármelos [...]».[174]

Después de esta desconcertante visión Manuel, sin pensárselo dos veces, se fue a la tumba de Custodio en Noalejo, donde —siempre según su testimonio— el muerto le habló, dándole a elegir entre el cante y su hijo. Manuel, lógicamente, escogió a su hijo y fue entonces cuando supuestamente adquirió la facultad de curar a los enfermos, siendo su hijo, al parecer, la primera persona a la que sanó.

Tras esto se consagró por completo a su nueva dedicación de sanador y poco después afirmó haber visto a la Virgen, que le habría dado varios mensajes. La primera supuesta aparición habría tenido lugar en su consulta, cuando una imagen que tenía se llenó de luz ante sus ojos. Entonces fue cuando le ordenó lo que tenía que hacer: «[…] No te asustes, hijo, soy la Virgen María, Madre de Dios, y te traigo un mensaje. Dentro de unos días, en sueños, te diré dónde debes cargar durante tres años con una cruz, como lo hizo mi hijo Jesucristo. Él te va a ayudar, pero a cambio tú debes sufrir por tus enfermos. El Dios Todopoderoso está contento de tu obra. No serás feliz en la Tierra, pero otro día te diré más cosas acerca de ello».

Después soñó con un lugar, entre Aldea del Fresno y Navalcarnero, en la provincia de Madrid, y con la imagen de la Virgen de la Poveda, y allí se comenzaron a reunir Manuel y un grupo de seguidores para rezar el rosario hasta que falleció víctima de un cáncer.

Apariciones de la Virgen a la niña Inés

En este caso se trata de las supuestas apariciones de la Virgen a una pastorcilla en una localidad al sur de la Comunidad. Transcurrieron en el lapso de diecisiete días y fueron ¡seis! las veces que un personaje totalmente atípico por su tamaño hacía acto de presencia en Cubas de la Sagra. Este tipo de fenómenos, como se observa, se encuentran muy en boga en la actualidad, siendo España uno de los países escogidos presuntamente por la Virgen para hacerse «visible».

El 3 de marzo de 1449 Inés Martínez, una niña de doce años que vivía cerca de Cubas de la Sagra, se había alejado, a campo traviesa, llevando a pacer a los cerdos.

El viento golpeaba con fuerza los matorrales y hacía frío. Inés estaba sentada sobre una peña, pensando en que ya iba siendo hora de regresar a casa. De pronto, creyó divisar una figura reluciente, de paños de oro, moviéndose entre los matorrales. Instintivamente, dio un paso atrás, temiendo que fuera un malhechor. Asustada y temblorosa, se escondió agachándose detrás de una vid, en espera de que aquel desconocido se fuese sin apercibirse de su diminuta presencia...

Se dedicó a otear el terreno, atenta a cualquier ruido. Entonces volvió a verla. Tras comprobar que la figura era femenina y pequeñita como ella, Inés salió de su escondrijo algo más calmada.

«¿Qué faces aquí, carita?», preguntó la figura reluciente.

«Guardo estos puercos», contestó la pastora.

De este modo tan poco ortodoxo se inició un diálogo entre la niña y la mujer, que se autopresentó como la Virgen Santa María. Fue precisamente en el transcurso de esta charla cuando la aparición comunicó a Inés un mensaje catastrofista que debía transmitir:

«E te mando que digas a todas las gentes que se confiesen e aderecen sus ánimas, que sepan que ha de venir gran pestilencia del dolor costado e de piedras roñas envueltas en sangre, de lo cual morirá mucha gente.»

Comoquiera que se había hecho muy tarde, Inés quiso decirle a la Señora que no podía seguir entreteniéndose, pero no hizo falta. Como si hubiera intuido lo que pasaba, la pequeña figura desapareció de golpe, dejando a la niña boquiabierta. Mientras regresaba con los puercos a su casa, iba la pastorcilla pensando en la extraña señora. Ya allí, contó lo sucedido a su madre, quien además de no darle crédito alguno le echó una regañina por volver tarde. También habló Inés a los vecinos del pueblo, quienes no debieron de hacerle mucho caso, pues le pidieron una prueba de cuanto decía...

Entonces la Virgen, durante una de sus apariciones, en la que tenía el rostro brillante, como si de él rezumara luz, tomó la mano de Inés poniéndole los dedos en cruz, con lo que el brazo quedó como muerto, sin vida.

Cuando Inés regresa al pueblo, por fin, parece que los lugareños, al ver la señal, dan crédito a su historia. De este modo, hacen una cruz de madera para clavarla en el lugar donde la Virgen se le había aparecido.

En ese momento se produce el milagro de la cruz «levitante», y es que, cuando ya estaban todos reunidos, la Virgen se aparece nue-

vamente —aunque sólo la ve Inés— y, tomando la cruz, se arrodilla
ante ella, hincándola después en el suelo. La Virgen pide que se cons-
truya allí una iglesia, que debe llamarse Santa María de la Cruz. También le dice a la pequeña que su familia la lleve a Santa María de
Guadalupe, donde le quitará la señal, es decir, la curará.

Lógicamente el lugar es considerado desde entonces por los habitantes de la zona como sagrado, construyéndose allí un convento en
honor de la Virgen que terminaría por ser denominado, popularmente, convento de Santa Juana, aunque su nombre oficial es el de
Santa María de la Cruz. Y es que «santa» Juana —que no lo es, ni
tampoco beata— ingresó en el convento poco después de las apariciones a la niña Inés y también vio, al parecer, a la Virgen. Posteriormente, realizó varios milagros, como la resurrección de unos niños
que habían muerto. Para todo ello se ayudaba de un Cristo gótico
de madera que puede ser visto en la iglesia de este convento. También estuvo estigmatizada y después de fallecer su cuerpo quedó incorrupto.

Por otro lado, si conocemos tantos datos sobre las apariciones de
la Virgen a Inés es porque sus declaraciones, junto con las de veintiún testigos más, fueron recogidas ante notario. A pesar de que los
originales se perdieron a causa de la invasión francesa, se conserva,
no obstante, una copia hecha en 1789 por un padre franciscano, fray
Joaquín Díaz Bernardo, que tuvo la idea de hacerla antes de su llegada.

Ante los datos presentados cabe, no obstante, preguntarse qué
fue lo que realmente vio Inés Martínez en 1449.

MISTERIOS Y LEYENDAS

Batres

No muy lejos de Cubas de la Sagra se encuentra Batres, que es conocido por su castillo palacio en el que vivió y escribió Garcilaso de la

Vega. En 1970 fue declarado Conjunto Histórico-Artístico y se encuentra bien conservado, pues fue restaurado en la década de 1970 por el arquitecto don Luis Moreno de Cala.

El castillo, cuya fachada parece una fortaleza por fuera, fue originalmente propiedad de los Guzmanes (doña Sancha de Guzmán), que emparentaron con los Lasso de la Vega (el comendador de Santiago). Fruto de esta unión nacieron siete hijos, y entre ellos el citado poeta. Existen unos jardines, una huerta y la llamada fuente de Garcilaso, lugares a los que personajes como Lope de Vega o Góngora asistirían en recuerdo de su memoria, ya que, como se sabe, Garcilaso combinó la pluma con la espada, falleciendo a los treinta y tres años.

El castillo posee planta cuadrada y tiene torreones en los ángulos. La portada es de grandes dovelas con alfiz. Todavía tiene su foso y unas hachas destinadas a... ya se puede imaginar el lector a qué. El patio es renacentista y sobre la fachada principal se observa el escudo de los Lasso de la Vega.

En realidad, toda la villa perteneció a don Diego Guzmán Fernández de Córdoba Lasso de la Vega, conde de Arcos y marqués de Montealegre, y se la conocía también como La Batria.

En este lugar crecen muchos madroños y otras plantas medicinales como la sanguinaria, la escorzonera o la centaurea, de propiedades tónicas y febrífugas, recomendable para las atonías estomacales, las fiebres intermitentes y las lombrices.

RELIGIÓN

Dejando el castillo, hablamos ahora de la iglesia de Nuestra Señora de la Asunción, que posee una enigmática leyenda que se habría producido en el siglo XV, cuando un vecino de La Batria se encontró una cruz rota con la imagen de Cristo pintada en ella. El vecino la llevó a su casa y allí la dejó durante la noche. Al día siguiente observó una aureola de luz muy grande en la habitación en la que estaba la cruz, al tiempo que comprobaba que la cruz se había recompuesto sola. Después de esto la llevó a la iglesia, en la que desde entonces se venera, conociéndosela como la Cruz de Batres.

Incluso llegaron a desatarse disputas con los vecinos de Añover de Tajo, quienes la consideraban de su propiedad. Finalmente, se decidió que pertenecía a Batres y Pío V, para festejarlo, donó al pueblo unas sandalias que él mismo había usado, aunque éstas desaparecieron en 1936 a raíz de la guerra civil. Sin embargo, no deja de ser curioso que los vecinos del pueblo creyesen que este papa era cojo, porque observaron que dicho calzado tenía un tacón más bajo que el otro.

FENÓMENOS ACTUALES

La roca de Getafe

Lunes, 20 de junio de 1994, 13.30 horas. José Luis Martín y su esposa circulaban tranquilamente en su BMW por la N-IV, dentro del término municipal de Getafe. De pronto, a José Luis le pareció ver una estela en el cielo. Acto seguido, una roca de color negro, de 1,417 kilos de peso, cayó, colisionando contra el automóvil. La roca en cuestión atravesó sin reparos el parabrisas, rebotando en el salpicadero y el volante, y se estrelló contra el techo para finalmente acabar incrustándose en la bandeja posterior del coche. Se piensa que el objeto cayó a unos cuatrocientos kilómetros por hora. Obsérvese lo improbable de este «aterrizaje» forzoso...

Como consecuencia de esta extraña circunstancia —porque la última vez que una roca cayó del cielo en la Comunidad de Madrid fue en 1896—, José Luis resultó herido en el dedo meñique de la mano derecha.

El parabrisas, en lugar de romperse con normalidad, quedó como fundido en la zona de contacto con el objeto, y el volante, que posiblemente salvó la vida del conductor, quedó doblado, cosa que, según los expertos, no se consigue en este tipo de automóviles ni golpeándolo con un martillo.

Los resultados de las investigaciones han concluido que se trata de una roca de composición muy inusual (hierro nativo, perovskita, espinelas, larnita, melilita, cromita y troilita), pero, en opinión de los expertos, no encierra misterio alguno.

Zona D

La leyenda de la enigmática «Dama de Azul» (Majadahonda)

ॐ

MISTERIOS Y LEYENDAS

La leyenda de la chica de la curva de Majadahonda

Desde hace largo tiempo (no se puede precisar cuánto) existe un extraño rumor que se ha transmitido de boca en boca y que viene a decir que el fantasma de una joven autoestopista se aparece en Madrid y en otras zonas de España. Hemos podido escuchar esta historia deformada de muchas maneras... Pero para aquellos que no hayan oído hablar de la «chica de la curva de Majadahonda», lo mejor es que conozcan el «retrato robot», que podría ser así:

> Hacía frío y una ligera neblina envolvía la carretera que va de Pozuelo a Majadahonda. Quedaba poco para llegar a la altura de la urbanización Monteclaro. De pronto, una joven, que viste ropajes vaporosos —usualmente de blanco o azul—, aparece en medio de la carretera haciendo autostop. Un conductor la recoge aceptando llevarla hasta su destino. Pasado un rato, llegan a una curva anterior a la citada urbanización y la joven se revuelve en su asiento para gritar: «¡Cuidado! ¡Cuidado con las curvas! ¡Aquí me maté yo!». Cuando el sorprendido conductor se detiene para ver qué sucede, de la sorpresa pasa al pavor al ver que ¡la joven ha desaparecido sin dejar rastro!

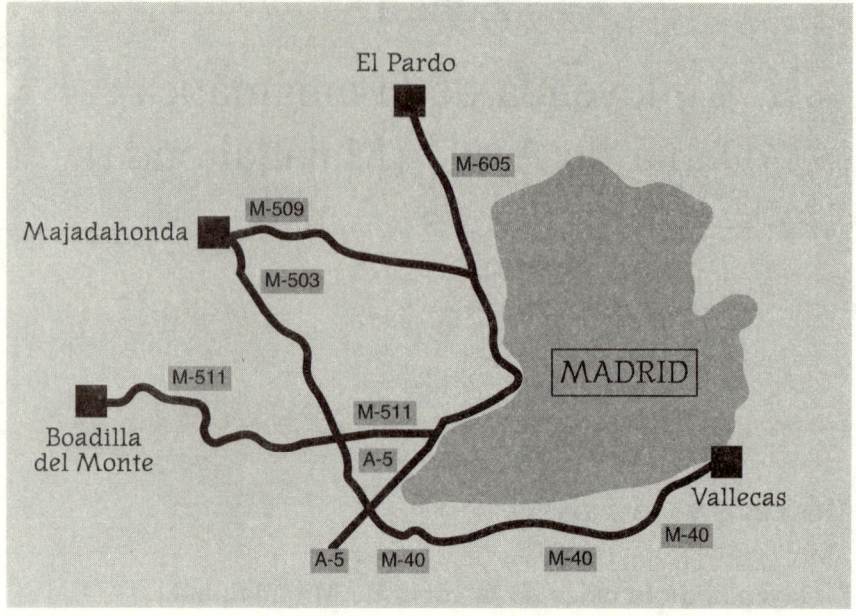

Éste es el relato clásico de lo que se ha dado en llamar «las apariciones de la Dama de Azul». Normalmente, termina diciéndose que la misteriosa joven que supuestamente se presenta es una chica que falleció en esa curva, en accidente de automóvil.

Esta historia no es exclusiva de Madrid. También la podemos encontrar en otras provincias españolas y en puntos del extranjero. Hemos recogido casos similares en países tan alejados como Colombia.[175] Sin embargo, la verdadera pregunta que se nos plantea es si esta narración tiene algún poso de realidad o si se trata de una leyenda urbana sin base alguna.

El profesor de la Universidad de Utah Jan Harold Brunvand, autor de varios libros sobre leyendas urbanas, publicó un trabajo acerca de los rumores de carretera difundidos en varias ciudades de los Estados Unidos[176] y demostró que muchos de estos casos se extienden por fax y también a través de Internet. Parece claro que los tiempos cambian y que las leyendas urbanas se transforman y crecen en función de los avances tecnológicos. ¿Es la autoestopista fantasma de la curva de Majadahonda tan sólo eso?

Para el padre Pilón, estudioso de lo paranormal, estas narraciones poseen un claro componente de contagio psíquico. Y no es de extrañar que defienda esta postura, ya que él ha tenido ocasión de toparse con varios de estos casos, como uno supuestamente acaecido en las curvas de las Siete Revueltas, en el puerto de Navacerrada,[177] que tras ser minuciosamente investigado por él, acabó por concluir que no existía ninguna base fiable que lo sustentara.

Él califica estos relatos como «serpientes de verano». Y la explicación sería que «[...] en un momento determinado, alguien duda si, ante el recuerdo de un hecho o situación, lo ha vivido en realidad, lo ha soñado o es fruto de su fantasía. Y llega un momento en que lo acepta como real y lo cuenta a sus amistades como algo que forma parte de su propia existencia [...]».[178]

Sobre este particular debemos señalar (aunque a costa de quitar encanto a la historia) que no hemos vislumbrado pruebas fiables para los casos por nosotros recogidos, concretamente en Madrid, aunque no nos desanimamos a encontrarlas en el futuro. Y es que estos testimonios son extremadamente difíciles de comprobar, porque en cuanto el investigador indaga un poco se encuentra con la barrera de que quien supuestamente lo presenció fue un tío de un primo, de un amigo, de la cuñada de un hermano, que casualmente abandonó el país hace años.

El detonante de la leyenda de la «aparecida de la curva de Majadahonda», por ejemplo, bien pudiera ser que en esa curva en concreto se hayan producido numerosos accidentes automovilísticos, con resultado de muerte. Bajo esa perspectiva, es interesante contar con la ayuda de un perito tasador del ramo de automóviles y comprobar si efectivamente fue así, pues según nos comentaba Jaime Sornosa, piloto de coches y periodista especializado en temas del motor, «[...] cuando en un lugar concreto se ha producido un accidente, aun después de mucho tiempo, normalmente quedan vestigios [...]». Y es que cuando nos decidimos a indagar en algunos de los casos que teníamos archivados, supuestamente acaecidos en la curva de Majadahonda, comprobamos in situ que el trazado de esta curva en cuestión había cambiado por completo. Acompañados por Jaime Sornosa Jr., experto también en cuestiones automovilísticas, nos llevamos toda una mañana y parte de la tarde buscando la enigmática curva, bajo un sol de justicia. Mas la dichosa curva no aparecía... Finalmente averiguamos, no sin gran decepción, que el trazado había cambiado e incluso llegamos a vislumbrar los vestigios del antiguo... Pero ¿es posible que entre tanto caso sin base exista alguno auténtico? Quién sabe... Opiniones las hay para todos los gustos. Sin embargo, si se pudiera demostrar que al menos uno de los reportes es auténtico, podría significar que, tal vez, hay algo más detrás de este fenómeno que una simple leyenda urbana.

Boadilla del Monte

La génesis de esta población habría que buscarla en los árabes.[179] Más adelante, en 1626, a través de una escritura otorgada por los comisionados del Medio General, fue vendida a don Jaime Manuel de Cárdenas, marqués de Belmonte y duque de Maqueda y Nájera, aunque tras su muerte heredaría su esposa, doña María de Arellano, quien de nuevo la vendería por no poder pagar las alcabalas (tributos por traspaso de bienes), pasando entonces a manos del licenciado José González, quien gracias a la ayuda de Felipe IV convirtió Boadilla en un coto de caza privado. También se encargó de crear viñas y huertas, además de ocuparse del patronato del convento de religiosas carmelitas descalzas.

Tras su muerte y después de sucesivas herencias, Boadilla del Monte fue comprada por el rey alcalde Carlos III como capricho del infante don Luis, su hermano, que mandó construir un palacio a Ventura Rodríguez hacia 1765. El infante iba para el sacerdocio. Sin embargo, a los veintisiete años se arrepintió y renunció al capelo, casándose más tarde aunque a condición de que el infante y su familia residieran en la provincia, nunca en Madrid ni en los Sitios Reales.

Pese a todas estas intrigas palaciegas, el personaje más recordado en Boadilla es la condesa de Chinchón, que heredaría el palacio de Boadilla del Monte de su hermano y que casó con Manuel Godoy, Príncipe de la Paz, duque de Alcudia y valido de Carlos IV. Se la conoció como la «condesa triste», pues parece que casó más a la fuerza que por amor y ello quedó reflejado en el retrato que le hiciera el genial Goya, quien viajaría hasta Boadilla en varias ocasiones con motivo de la realización de los bocetos.

La condesa está enterrada en la capilla del palacio de Boadilla, en el conjunto de un grupo escultórico en el que se aprecia a Tánatos,[180] que rodea con su brazo una columna sobre la que se encuentra el busto de la condesa de Chinchón. El palacio es propiedad privada de los herederos.

También en Boadilla puede encontrarse el convento de religiosas carmelitas descalzas, que fue fundado en 1670, en cuyo frontispicio aparecen reflejadas las armas de la fundadora y su esposo, el conde de Toreno, y cuya fachada parece inspirada en la del convento de la Encarnación de Madrid, del que ya hablamos en la primera parte.

Hace poco se construyó un nuevo convento para las religiosas y el antiguo se conserva como museo iglesia.

ENCLAVES MARIANOS

   ð Boadilla del Monte: todos los miércoles, a las seis de la tarde, Antonio Murillo se reúne con un grupo de fieles junto a un árbol que se encuentra en una finca propiedad del Ayuntamiento de Boadilla del Monte, cercana al club deportivo.

Las apariciones habrían comenzado a producirse en 1990 y en este caso sería la Virgen de la Milagrosa la encargada de hacer acto de presencia en este lugar, concretamente entre las ramas del citado árbol.

Al menos esto defienden varias decenas de fieles, que acuden generalmente con botellas de agua para que sea bendecida durante los supuestos éxtasis en los que cae Antonio, en los cuales se producen los mensajes. En el verano de 1992 se recibía el siguiente mensaje, que hacía referencia a los ancianos y a los drogodependientes: «[...] Hay que pedir por esos gobernantes para que lleven al país por buen camino. Poco os acordáis de los hospitales, de esos ancianos que están en el parque [...]. Acercaos a ellos con humildad y amor [...]. Tenéis que pedir por esas criaturas de Dios para que no caigan en el túnel, en ese túnel que va quitando la vida poco a poco [...]. Hacedles ver el significado de la vida. Están cogidos por la garra de Satanás [...]».[181]

Los éxtasis suelen durar unos diez minutos y los supuestos mensajes de la Virgen hablan de cuestiones cercanas al pueblo y no de conceptos apocalípticos como en otros enclaves marianos repartidos por nuestra geografía. Finalmente la «Virgen», por boca de Antonio, da su beneplácito para que los presentes hagan sus peticiones, momento en el que las personas piden por sus familiares enfermos o por la bendición del agua que han traído consigo de sus domicilios.

El acto suele terminar con la oración del padrenuestro, que los une como una cadena humana.

RELIGIÓN

El Cristo yacente de El Pardo

El Pardo es otro de los lugares considerados como Reales Sitios. Con un paisaje espléndido, lo que más abunda es el encinar; era uno de los lugares predilectos de caza de los monarcas. Desgraciadamente, hoy ya no pueden verse especies como el oso, que se sabe que habitó estos montes, no en vano el escudo de la Villa así lo atestigua, los lobos y zorros, entre otros. Sin embargo, quedan aún muchas aves.

Sería Enrique III el encargado de construir la primera residencia real en 1405, aunque los límites de El Pardo fueron puestos por Carlos I, el primer rey que cazó en sus montes con ballesta y arcabuz. La Puerta de Hierro fue encargada a Ventura Rodríguez.

No era un palacio en toda regla, sino una «finca» campestre de grandes proporciones, con una extensión de noventa y nueve kilómetros. Sucesivamente desde Enrique III, los monarcas fueron dando mayores comodidades al palacio, como Enrique IV, que hizo la construcción más sólida, o Felipe II, que ordenó decorarlo con los mejores cuadros del momento. Sin embargo, en 1604, un incendio destruyó parcialmente estas mejoras.

El palacio fue ampliado por Sabatini bajo orden de Carlos III. Poco a poco fueron surgiendo casas destinadas a los guardas y empleados del palacio, lo que dio origen a lo que hoy es el pueblo de El Pardo.

Y llegamos al Cristo yacente, que fue esculpido a petición de Felipe III para celebrar el nacimiento de su hijo (futuro Felipe IV) el 8 de abril de 1605 en Valladolid. El encargo fue hecho a Gregorio Hernández y habría de ser para el convento de los capuchinos de El Pardo.

Sin embargo, aunque empezó con gusto el encargo e hizo el cuerpo con agilidad y rapidez, al llegar a lo que debería ser la cabeza se quedó bloqueado. No salía como él quería... Se sabe que hizo dos cabezas distintas sin que ninguna le pareciese adecuada. Ante esta situación, impotente, no pudo por menos de arrodillarse y rezar pidiendo la iluminación del Señor.

Parece que las plegarias funcionaron y consiguió dar a la cabeza la forma exacta que estaba buscando. No se sabe si por modestia o porque realmente lo creyera así, lo cierto es que el escultor siempre sostuvo que el cuerpo era diseño suyo, mientras que la cabeza era obra de Dios.

Otra leyenda que ha propiciado que este Cristo sea realmente venerado tanto por los pardeños como por los madrileños en general nos sitúa a mediados del siglo XIX, cuando un hombre decidió consagrar su vida al Cristo pasando cuarenta y cinco años junto a los gruesos muros del convento, sólo para vigilar que la lámpara que iluminaba la imagen no llegara a extinguirse.

Entrando ya en el siglo XX se produjo una epidemia de peste en 1918 que no sólo afectaría a Madrid, sino a toda España. Los pardeños, sin embargo, rogaron al Cristo que hiciese pasar de largo tan terrible horror, dándose la circunstancia de que este pueblo fuese uno de los pocos lugares de la Península donde no se produjo muerte alguna a causa de este mal.

Cómo sería la fama del Cristo que cuando se produjo la guerra civil, en la que tantas imágenes y reliquias desaparecieron o hubieron de ser escondidas, en el caso del Cristo yacente, aunque los milicianos entraron en el convento y destruyeron otros objetos de culto, éste quedó inmune. Es más, los propios milicianos hicieron guardia ante él para que nadie pudiese acercársele y dañarlo.

Zona E

La Cueva de la Luna

ॐ

La Cueva de la Luna

Para llegar a Titulcia, lugar donde está ubicada la cueva, deberá recorrer unos cuarenta kilómetros al sur. Tomando la autopista de Andalucía, pasado Valdemoro, hay que desviarse hacia Ciempozuelos para buscar el cartel indicador que le llevará a este pequeño pueblo. Una vez allí, la cueva no tiene pérdida y cualquiera podrá indicarle dónde se encuentra.

No se trata de nada parecido a las cuevas de Altamira. Se parece más bien a una bodega y para acceder a ella se debe pasar por el restaurante que fundó Armando Rico, recientemente fallecido.

La cueva fue descubierta en 1952 por Ramos García en compañía de Alfonso Rico, hermano de Armando.

Armando Rico efectúa unos cálculos matemáticos que no nos cuadran, como tampoco le casan al grueso de los investigadores con los que hemos hablado sobre este asunto. Estableció una extraña relación entre las apariciones del cardenal Cisneros —del que hablaremos un poco después—, el número pi, las distancias entre las ciudades donde se avistaron las cruces y el perímetro de la Luna. El caso es que concluyó que se trata de un enclave esotérico de origen tem-

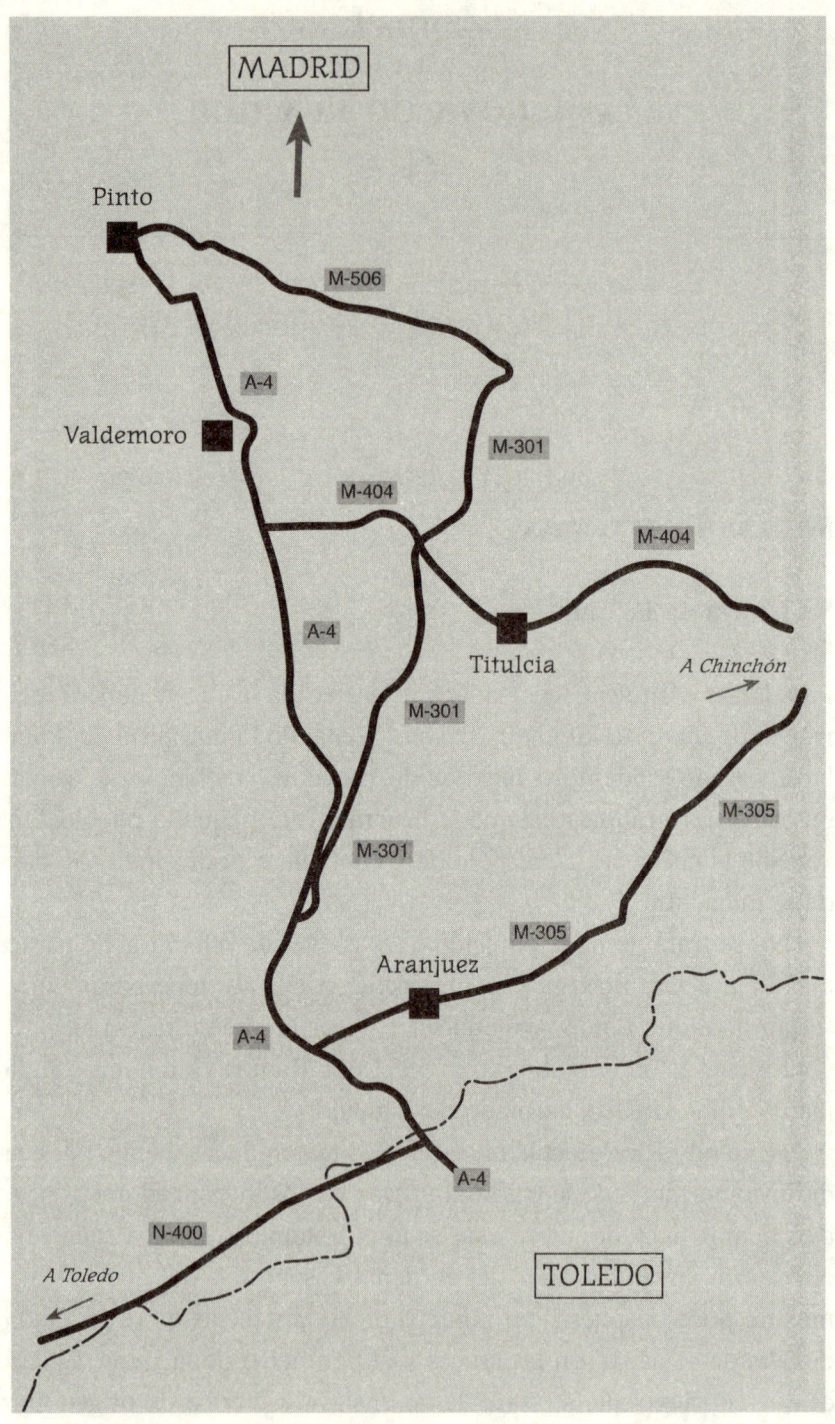

Supuesto símbolo templario en la Cueva de la Luna (Titulcia).

plario. Armando sostuvo hasta su muerte que la cueva fue construida en el tiempo en que Cisneros visitó Titulcia (siglo XVI), pero los templarios —con quienes también relacionó la cueva— habían desaparecido ¡dos siglos antes!

RELIGIÓN

Las cruces luminosas del cardenal Cisneros

El cardenal fray Francisco Jiménez de Cisneros nació en 1436 en Torrelaguna (Madrid). Siendo muy joven sintió la llamada de Dios y decidió ingresar en los franciscanos. Allí adquirió fama de virtuoso y llegó a convertirse en el confesor de la reina Isabel. Pero Cisneros era un hombre muy austero y no quiso trasladarse al lujo y la suntuosidad, prefiriendo quedarse en los claustros fríos y solitarios de los monasterios de Castilla. Si tenía que ir a confesar a la reina, no reparaba en recorrer varios kilómetros a pie y ¡descalzo!

Doña Isabel pronto recomendó a Cisneros ante el papa para el arzobispado de Toledo, aunque fray Francisco se hizo de rogar y sólo

El cardenal Cisneros libera a los cautivos de Orán.

aceptó el cargo cuando el propio Sumo Pontífice se lo pidió personalmente, y no parece que fuera reacio a ello por vanidad, sino todo lo contrario, por austeridad.

Tiempo después fue nombrado cardenal y se lanzó a la empresa de construir una universidad en Alcalá de Henares, dedicada al estudio de las Humanidades, colocándose la primera piedra el 14 de marzo de 1499. Esta Universidad fue la elegida para la publicación de la famosa Biblia Políglota.

En 1506, fallecido Felipe I el Hermoso y ante la situación de desconcierto que esto provocó, se designó al cardenal como regente del reino. No obstante, sus condiciones para aceptar el nombramiento fueron claras: gobernar con autonomía y poder entregar el poder al príncipe Carlos.

La nobleza no parece muy proclive a los procederes de Cisneros, y cuando se cuestionan sus métodos pronuncia esta famosa frase, que ha pasado a la historia: «Éstos son mis poderes», refiriéndose a los cañones.

LAS ENIGMÁTICAS «CRUCES»

Sin embargo, al margen de este pequeño recorrido histórico, la verdad es que existen varios hechos muy misteriosos en la vida del cardenal Cisneros[182] y que han sido poco comentados, aunque tuvieron, según parece, mucha trascendencia para él. Todo comienza a raíz de su decisión de conquistar Orán.

Desde luego no era una elección sencilla, puesto que no sólo entrañaba un riesgo económico (ya que tuvo que costear la empresa de su propio bolsillo), sino que también existía un claro peligro físico. Debía de estar muy convencido de su éxito.

Bajo estas condiciones sale el cardenal desde Alcalá de Henares el 28 de enero de 1509 y atraviesa lo que hoy es la Comunidad de Madrid, pasando por el madrileño y mágico pueblo de Titulcia. Al llegar allí tiene la visión en el cielo de lo que él identifica como una cruz luminosa, que es contemplada por otras muchas personas. La visión se produce en las juntas de los ríos Jarama y Tajuña, y fray Francisco queda tan impresionado que incluso manda construir un humilladero en el lugar de la aparición, que después se transforma en una ermita dedicada a la Virgen de la Soledad.

Lo cierto es que la experiencia continúa fuera ya de tierras madrileñas, pero la historia quedaría incompleta sin los siguientes datos:

Días después el cardenal prosigue su viaje hacia Cartagena, donde le aguarda Pedro Navarro, un ingeniero naval que le espera con una escuadra compuesta por diez galeras, con doscientas velas y otros bajeles portando diez mil soldados a pica y coseletes, escopeteros y ballesteros, cuatro mil hombres a caballo con una artillería de importancia, cañones, algunos pedreros, seis gerifaltes y cuarenta culebrinas.

Al llegar a Cartagena, Cisneros tiene otra inquietante aparición, en pleno puerto, ¡la misma cruz luminosa!, que surca el cielo, casi exultante. Fray Francisco empieza a sospechar que todas estas visiones pueden tener un significado trascendente relacionado con la conquista de Orán.

Después de reunirse con su ejército zarpa rumbo a Mers-el-Quivir, que en aquel entonces pertenecía a España y que era el lugar perfecto para conseguir avituallamiento antes de entrar en Orán, que sólo estaba a diez kilómetros. Pero al llegar allí, vuelve a contemplar la misma cruz en el puerto.

Cisneros ya no duda que «alguien» o «algo» —para él Dios— quiere darle un aviso, y recuerda lo sucedido a Constantino el Grande siglos atrás, cuando decide abrazar el cristianismo, y rememora también el edicto de Milán: *In hoc signo vinces* («con este signo vencerás»). Seguramente pensó que todas estas visiones debían de tener un significado, ya que si no, ¿por qué estas cruces luminosas se empeñaban en perseguirle desde Madrid atravesando media España? ¿Qué era en realidad lo que Cisneros y sus hombres estaban viendo? ¿Un ovni, quizás? Dada su vocación religiosa, él las interpreta como un guiño del Señor y cree que se trata de un visto bueno a su campaña militar para la Reconquista. Conviene aclarar que la victoria en Orán fue impresionante, tal vez por la confianza que el militar religioso había alcanzado a raíz de la visión de las cruces.

Dejando constancia de todo lo acaecido durante la campaña de Orán, existe un cuadro anónimo, fechado en el primer tercio del siglo XVII, titulado *La aparición de la cruz al cardenal Cisneros hacia la conquista de Orán*, donde se nos muestra a este hombre juntando las manos en actitud mística. Al fondo se observan las murallas de Orán y sobre éstas la cruz, casi insultante, que permanece estática ante los ojos del cardenal. En la parte superior izquierda, la media luna —símbolo del mundo árabe— espera la llegada de Cisneros.

Al regresar a España su perspectiva de las cosas había cambiado. Ya no sería el mismo. Su fe se vio aumentada, pero no cambió sus modales austeros. En enero de 1516, muerto Fernando el Católico, aparecen discrepancias sobre quién debía reinar, si el príncipe Carlos o su madre, la reina doña Juana. El cardenal termina con todas las especulaciones ordenando al corregidor de Madrid que alce pendones por el rey Carlos de Castilla. Las demás ciudades siguen a Cisneros en su decisión y reconocen como rey al nieto de los Reyes

Católicos. La intención del cardenal es marchar a su encuentro, pero una enfermedad le sobreviene en Roa, falleciendo allí el 8 de noviembre de 1517.

MISTERIOS DE LA CORTE

Leyenda y misterio sobre la figura de la princesa de Éboli en Pinto

Todo lo relacionado con Ana de Mendoza de la Cerda, princesa de Éboli (1540-1591), ha terminado por convertirse en un misterio, aunque los historiadores coinciden en que era poseedora de una gran belleza, pese a ser tuerta del ojo derecho —se especula que lo perdió en un duelo—, que cubría con un parche, lo que terminaba por envolverla aún más en un halo de misterio.

En realidad, parte de sus andanzas pueden tener una explicación en relación con su temprano casamiento, que se produjo cuando contaba tan sólo doce años, con Ruy Gómez de Silva, de treinta y seis. Evidentemente debió de tratarse de un matrimonio de conveniencia, lo que más adelante daría origen a sus supuestas infidelidades tanto con Antonio Pérez, secretario del rey, como con el propio Felipe II. Al menos, esto se especuló en los mentideros, porque ella residía justamente frente al Alcázar, por lo que el pueblo decía que el monarca no tenía que hacer grandes esfuerzos para verla... La casa en cuestión fue derribada y se levantaron unos jardines que están frente a la plaza de la Armería.

En cualquier caso, sus problemas vinieron también propiciados por su desmedida ambición. Al quedar viuda, quiso ingresar en un convento, aunque no debía de tener una clara vocación, puesto que regresó a la corte e hizo todo lo posible por alzar al citado Antonio Pérez —de quien el rey no se fiaba en exceso como para nombrarle su hombre de confianza— tras la muerte de su anterior secretario, Gonzalo Pérez, padre de Antonio, en 1566.

La desconfianza de Felipe II venía de todas las cuitas que sobre él se contaban, a saber: que llevaba una vida licenciosa, que era muy aficionado a las mujeres y a la bebida y que su discreción dejaba bastante que desear, perfumándose en exceso y luciendo caras vestimentas. No se sabe si la princesa de Éboli tuvo que ver finalmente con su nombramiento o el rey, en este caso ingenuamente, creyó que Pérez cambiaría de vida al contraer matrimonio con doña Juana Coello el 3 de enero de 1567. El caso es que a la postre Felipe II lo nombró su secretario, decisión de la que habría de arrepentirse al cabo del tiempo, porque no sólo no cambió de vida (lo que era de esperar), sino que la situación empeoró cuando Pérez se enriqueció en un corto lapso, no se sabe muy bien con qué métodos. Además se dedicaba a celebrar sonadas fiestas en una de sus propiedades, llamada la Casilla, en las que el alcohol, el juego y la prostitución eran las máximas atracciones de los invitados. Al tiempo, seguía con su esposa y con la princesa de Éboli.

Todo ello disgustó sobremanera al «rey de negro», que no sabía cómo apartarlo de su Gobierno, por lo que se empezó a desarrollar una trama bastante compleja en la que es difícil saber si el propio Felipe II tuvo más que ver que Pérez. Y es que se produjo el asesinato de Juan de Escobedo (al que se creía un conspirador) en la noche del 31 de marzo de 1578 a manos de un grupo de asesinos profesionales encabezados por Pérez, que tras intentar envenenarle y no conseguir acabar con su vida hubieron de recurrir a la espada.[183]

Federico Bravo Morata, en *Historia de Madrid* (Tomo I), defiende que fue el propio Felipe II el que dio la orden a Antonio Pérez de acabar con Escobedo, para de este modo librarse de ambos, puesto que la familia de Escobedo exigió el procesamiento de Pérez, al que juzgaban culpable según el sentir popular, debido a su ya conocida mala reputación. En todo caso, el rey finalmente ordena la detención domiciliaria de Pérez y la de la princesa de Éboli en la torre de Pinto.

Con treinta metros de envergadura, se observan todavía los trazos de las ocho garitas y matacanes que poseía el castillo. Hoy sólo queda el torreón. Parecía un lugar inexpugnable del que la princesa jamás lograría salir. El porqué de su detención lo sabrá Felipe II, pero la versión oficial es que se trataba de una intrigante. ¿Quién sabe si Felipe II se sintió despechado al conocer los amoríos de Ana de Mendoza con su propio secretario?

No existían barreras para esta increíble mujer, ni torreones lo suficientemente altos para que ella no alzase el vuelo de los fríos muros de Pinto. Así que cuenta la leyenda que sedujo, como ella sabía hacerlo, a los guardianes, que «hipnotizados» la dejaron escapar del castillo... Aunque, por desgracia para ella, fue nuevamente apresada y esta vez llevada al castillo de origen templario de Santorcaz (véase *Zona G*).

En cuanto a Antonio Pérez, en 1582 el rey da luz verde a su procesamiento, siendo trasladado de una prisión a otra hasta que en 1590 decide escaparse, al igual que la princesa, y lo hace ayudado por quien menos podría esperarse: su esposa, con la que intercambia la ropa y huye vestido de mujer, cosa bastante extraña, porque Pérez lucía una poblada barba. Logra llegar hasta Aragón, de donde era originario, para acogerse a su fuero. El rey, viendo que la cuestión Pérez se le iba de las manos, lo acusa de haber practicado magia negra ante la Inquisición, cuya sede en Zaragoza lo reclama para abrir proceso. Sin embargo, el pueblo y sus amigos, viendo que todo estaba perdido, provocan un tumulto para que en medio de todo el jaleo Pérez pueda escapar por segunda vez y llegar a Francia. Y lo consigue... librándose de todo castigo. Para conocer mejor la figura de la princesa recomendamos la lectura de la minuciosa obra *Éboli. Secretos de la vida de Ana de Mendoza,* de Nacho Ares (Algaba, 2005).

Misterios y leyendas

El meterorito de Siberia y otras curiosas leyendas

Algunos no lo saben, pero Pinto (*Punctum*, romano) es el centro geográfico de la península Ibérica, como así lo atestigua la «esquina Sata», es decir, el punto exacto, que está marcado con una placa que lo especifica. Antes había una piedra con un aspa y los pinteños estaban convencidos de que justo debajo debía de encontrarse un arca con los datos de *Punctum*, que probablemente se habrían molestado en depositar los romanos que estuvieron por estas tierras durante la etapa de dominación (siglos I-II d. C.). Sin embargo, el enigma quedó transformado en leyenda cuando con motivo de unas obras se hubo de mover la piedra, lo que decepcionó a los pinteños, que comprobaron que el arca no estaba, aunque quién sabe si tiempo atrás llegó a estar.

Otro de los misterios que envuelven a Pinto tiene que ver con la ermita del Apóstol Santiago, a la que se creía parte de la ruta jacobea, que desde el sur de la Península hacía que llegasen peregrinos deseosos de un plato de comida y algo de descanso. No obstante, la ermita hubo de ser derribada a comienzos del siglo XX (1908) por un hecho que ni los pinteños ni nadie han entendido jamás: en junio del citado año cayó un meteorito en Siberia, por lo que la iglesia quedó un tanto dañada. Desde luego parece increíble que un meteorito caído en la otra punta del globo terráqueo pudiese causar tantos destrozos. En el pueblo se conoce a aquel año como «el que cayó el bólido». ¡Enigmas de la naturaleza!

Pero no fue la única iglesia que fue derribada, ya que en 1922 la parroquia de Santo Domingo de Silos, del siglo XVI, construida sobre los vestigios de una mezquita árabe, perdió su torre porque un sacerdote —que en Pinto fue conocido como el «cura loco»— se empeñó en derribarla aduciendo que podía caérsele encima un día.[184] También destrozó las campanas, que tenían fama de espléndidas, sólo superadas por las de la catedral de Toledo. El interior, que pertenece al estilo gótico flamígero, posee altos pilares que dividen sus naves y bóvedas de crucería. El púlpito es de estilo plateresco.

Para finalizar, en el convento de clausura de las Capuchinas, que posee un retablo barroco del siglo XVIII, se cuenta que justamente en el lugar que ocupa ahora el altar mayor tuvo lugar una aparición de la Virgen de la Asunción (que es la patrona de Pinto) a un pastor en el siglo XI.

RELIGIÓN

Valdemoro y el Cristo de la Agonía

Valdemoro originalmente fue un arrabal de Titulcia, hasta que Alfonso VI le dio la categoría de villa en agradecimiento por su colaboración en la reconquista de Toledo (a finales del siglo XI).

Más adelante, Valdemoro (propiedad de los arzobispos de Toledo desde el siglo XIV) sería comprada por Felipe II, cediéndosela a don Melchor de Herrera (marqués de Auñón), que convirtió a la villa en mayorazgo como regalo de dote a su hija Ana, que no tardó en venderla al duque de Lerma.

Como es de suponer, todo este trasiego de paso de unas manos a otras en un abrir y cerrar de ojos no agradaba a los habitantes de Valdemoro, aunque por fin, en 1822, la villa fue anexionada a Madrid.

Paseando por este pueblo no es extraño contemplar en algunas de sus fachadas escudos y blasones de los antiguos señores, muchos de ellos con la cruz de Santiago y la de Caravaca.

Al llegar a la iglesia de la Asunción conviene detenerse porque se trata de una de las obras barrocas de mayor importancia dentro de la Comunidad, aunque con el devenir del tiempo algunos de los tesoros que guardaba fueron desapareciendo, como un tabernáculo cincelado y dorado al fuego que estaba destinado al convento de las Salesas Reales de Madrid y que al no ser del agrado de Carlos IV se trajo a la Asunción. En esta iglesia pintaron Claudio Coello, Goya y su familia política, los Bayeu. De Goya se conserva un cuadro al que llaman popularmente *El Goya de la Virgen con San Julián*, cuando en realidad debería denominarse *La aparición de la Virgen a San Julián*.

Pero si existe una leyenda un tanto rara que hace referencia a la Asunción, ésta tiene por protagonista al Cristo de la Agonía, que se encuentra bastante ennegrecido en una de las capillas y no es de extrañar, porque fue hallado misteriosamente en un río y al principio quienes vieron bajar la imagen lo confundieron con un cadáver. La alegría fue mucha al descubrir que no tenía nada que ver con asuntos tan macabros.

En la sacristía de la iglesia se encuentran los libros en los que se anotaban detalladamente las misas encargadas desde hace siglos por todos los difuntos pudientes. En el interior de un armario (siglo XVII) se atesoran los libros parroquiales de pergamino, algunos de la primera mitad del siglo XVI (1528), trabajados con pieles de terneros abortados.

MISTERIOS DE LA CORTE

El Real Sitio de Aranjuez

Para construir el Real Sitio de Aranjuez no se escatimó en los materiales ni en el empeño: «[...] Piedra de Colmenar de Oreja, madera de los pinares de la Sierra de Cuenca, amén de otras finas y nobles, que costaría más traerlas que trabajarlas, plomo para las cubiertas de las minas de Madridejos y Consuegra, mármoles de Macael [...]. El Palacio Real se levantó poderoso y bello a través de cuatro reinados y dos siglos. Los arquitectos reales se sumían en el orgullo de haberlo trazado [...]».[185] En efecto, podían sentirse complacidos por tan monumental obra, pues el embrujo que desprende Aranjuez ha perdurado a través del tiempo desde que en el siglo XVI se decidiera la construcción de un palacio para acomodar a los maestres.

La primera piedra fue colocada por Lorenzo Suárez de Figueroa. Los Reyes Católicos frecuentaban el lugar para descansar y decidieron hacer unas ampliaciones en la Casa Maestral. Se trazaron unos jardines que con el tiempo habrían de convertirse en los jardines de la Isla.

Bajo el reinado de Carlos I (nieto de los Reyes Católicos) también se realizaron importantes cambios, por ejemplo en 1551 se inició el primer jardín botánico del mundo, además de una destilería de aguas medicinales y de olor, así como ampliaciones en el palacio, cuyas líneas fueron encargadas a Juan Bautista de Toledo, al que sucedería posteriormente Juan de Herrera, el verdadero artífice de las trazas, puesto que los arquitectos citados anteriormente se habían limitado a establecer las bases. Y aquí surge la gran pregunta: ¿son los jardines de Aranjuez sólo un bello lugar de recreo o encierran conceptos esotéricos y herméticos que se escapan a los profanos y que fueron diseñados para el entendimiento de los iniciados? Se hace difícil contestar a esta pregunta, aunque teniendo en cuenta los datos que conocemos sobre el monasterio de San Lorenzo de El Escorial, no sería de extrañar que los jardines llevaran la impronta de quien también quiso plasmar sus conocimientos en el enigmático monasterio, y más aún si se encontraba detrás un rey como Felipe II, al que la alquimia consiguió enamorar. Defiende esta cuestión el escritor Javier Ruiz, uno de los mayores conocedores del simbolismo esotérico de Madrid, que opina que los jardines fueron realizados trazando unas coordenadas específicas para el conocimiento de unos pocos.

Pero pasado un tiempo, tras la guerra de sucesión, Felipe V ordenó que se prosiguiera con las obras. En 1715 se derribó la ya mencionada Casa Maestral, para unir al palacio del «rey de negro» otro que fue devorado por un pavoroso incendio, por lo que tuvo que ser reconstruido y posteriormente ampliado por Carlos III. Encargó al genial Sabatini dos alas que habrían de estar situadas a los extremos de la fachada que mira a occidente, lo que daría lugar a la plaza que hoy puede ser contemplada por los visitantes.

Durante el siglo XVI existía la prohibición de construir (por orden de Felipe II), excepto las Casas de Oficios que ya existían, otro tipo de propiedades de carácter particular, incluso no quería que allí se alojasen los sirvientes. ¿Por qué? ¿Desearía preservar ese remanso de paz única y exclusivamente para su persona o todo ello obedecía a otros motivos? ¿Por qué quiso hacer lo mismo en el monasterio? Nunca llegaremos a saberlo... Sin embargo, durante el reinado de Fernando VI se revocó esta ordenanza, pues consideró que era bueno que existiera en este emplazamiento mayor población de la que había. Por ello, las construcciones de barro que se habían alzado para el servicio en

1535 fueron derruidas con la intención de crear otras con mayores comodidades para sus súbditos, creándose una ciudad nueva no exenta de belleza. Incluso se incentivó a la población aboliendo los tributos sobre los terrenos circundantes. El resultado fue una ciudad de corte barroco a la que contribuyeron en gran medida Francisco Sabatini, Giacomo Bonavia y Juan de Villanueva.

Si existe en los jardines de Aranjuez otra «ciudad», otro «mensaje» diseñado sólo para los iniciados, quien pudo captarlo mejor que nadie debió de ser el maestro Joaquín Rodrigo, que nos hace sentir la magia y el embrujo que sin duda Aranjuez, a orillas del Tajo, transmite al visitante aunque no sea un experto ocultista, porque el verdadero mensaje está en el agua y el aire que allí se respira.

FENÓMENOS ACTUALES

Ritos santeros a orillas del Tajo

No era la primera vez, ni probablemente será la última, pero el 28 de agosto de 1996 Jesús Camuñas, un vecino de la zona que se encontraba dando un paseo matutino, realizó un extraño hallazgo a orillas del Tajo, bajo un árbol, en un paraje denominado la Playa del Cortado.

«Cuando encontré todo me asusté y fui a avisar a la policía desde el merendero La Rotonda»,[186] declaró a la prensa este hombre de sesenta y cinco años.

Se trataba de un ritual configurado con tiempo, pues más de medio centenar de objetos aparecían cuidadosamente colocados sobre una tela negra, otros estaban en la misma orilla del río o dispersos en un radio de unos veinte metros de donde se hallaba el árbol que había servido de improvisado altar.

Muñecas con formas extrañas que Jesús juzgó como «demoníacas», botes que contenían perfumes, cálices y brazaletes plateados, puros, además de numerosas velas, pudieron ser recogidos en este lugar.

Alguien había querido hacer una ofrenda y posiblemente una petición, a juzgar por la cantidad de restos. La imagen de un Niño Jesús apareció decapitada y con una cadena al cuello, aunque no había señales de sangre o de velas negras.

El altar fue precisamente encontrado en el mismo emplazamiento en el que algunos vecinos ya habían observado la presencia de un grupo de personas que ataviadas con túnicas blancas se sumergían en el Tajo al son de flautas, en algo que podría recordar a la ceremonia del bautismo cristiano. Lo único claro es que ese lugar fue elegido expresamente por algún motivo y que un grupo parece reunirse en esta zona del sur de la Comunidad de forma periódica.

MISTERIOS Y LEYENDAS

Toledo: la ciudad de las mil y una leyendas

Se podría omitir perfectamente este apartado, pues como es conocido de todos Toledo no pertenece a la Comunidad de Madrid, sino a la Junta de Comunidades de Castilla-La Mancha. Sin embargo, por su proximidad con Madrid no podemos resistirnos a citar algunas de las leyendas que encierra este lugar donde se entremezclaron varias culturas.

Su casco histórico se halla delimitado por la hoz que marca el río Tajo y por sus murallas. Se trata de un emplazamiento en el que se descubren el mayor número de monumentos desde el punto de vista histórico y arquitectónico. Esto es debido a la estrechez de espacio, que obligó a erigir, pegados unos con otros, monumentos totalmente diferentes en cuanto a sus estilos: el árabe, gótico, mudéjar, renacentista... Así pues, adentrarse en él puede deparar al visitante infinidad de sorpresas, que han terminado por configurar una amalgama difícil de encontrar en otros lugares. No en vano Toledo ha sido declarada por la Unesco Patrimonio de la Humanidad.

Pero además de eso, esta ciudad posee infinidad de historias y leyendas, de tesoros escondidos en pasadizos subterráneos, de apariciones de crucifijos iluminados, de casas malditas y de casas con duende...

Veamos sólo algunas:

— La denominada popularmente Peña del Moro representaría, según la leyenda, al príncipe Abu-Walid, que furioso por no poder conquistar Toledo dejó su efigie marcada en esta roca para poder admirarla eternamente.

— En el libro *El Árbol de las Hespérides,* de Roso de Luna, encontramos una narración titulada «Venta del Alma», en la que son protagonistas varios judíos. Uno de ellos, durante un paseo, halla un manuscrito escrito en hebreo que hacía referencia a Toledo: «Un joven registraba los muebles de su tío y encontró una llave que le abrió una puerta de hierro, que se internaba en un pasadizo, donde encontró un enorme tesoro. Pero el joven fue sorprendido por su tío, que le dijo: No ignoras las desgracias de nuestra raza, perseguida y sin embargo potente.

»De la matanza en la que murieron todos los míos, sólo he quedado yo, sobreviviendo en este viejo Toledo, ciudad que según la tradición edificó el Señor, cuando hizo el Sol.

»Sin embargo, el poder de la Inquisición se hubo de doblegar ante nuestra magia cabalística, heredera directa de la que Túbal o Hércules enseñaron en estos mismos subterráneos, después del Gran Diluvio.

»Quedé aquí rodeado de un puñado de elegidos, poseedores del secreto de la Piedra Filosofal y el Elixir de la Vida, que los alquimistas trataron de obtener en los sótanos toledanos».

La llamada «cueva de Hércules», según todos los indicios, estaba situada bajo los cimientos de San Justo, y seguramente se trate de antiguos refugios iberorromanos repletos de laberintos y pasadizos de gran extensión que salen del casco histórico. Sin embargo, también se advertía de los peligros que corrían aquellos que osasen adentrarse en ellos. Así pues, cuenta la leyenda que el último rey godo Ruderico, al ver que sus ejércitos necesitaban oro para seguir funcionando, decidió penetrar en su interior para buscar los tesoros, entrando por un lugar llamado la Torre Encantada. No obstante, no le resultaría fácil porque una enorme puerta de hierro custodiaba, con más de cien cerraduras, el acceso. Una terrible advertencia podía leerse sobre la puerta: «No te acerques si temes la muerte». Aun con todo, entró y percibió terribles alucinaciones relativas a figuras vestidas con túnicas blancas y turbantes. Jamás llegó a encontrar el ansiado tesoro, pero en cambio desapareció en la batalla de Guadalete. En el año 712, Tarik se hace con el control de Toledo.

Estas cuevas siempre se creyeron repletas de espantosos monstruos al estilo del Minotauro. De hecho, en 1546 el cadernal Silíceo ordena una investigación que no logra progresar, regresando los participantes de la expedición atemorizados ante una fuerza superior a ellos que los paraliza de puro miedo.

En 1839 se vuelve a investigar, observándose que los pasadizos eran sólidos con bóvedas alternadas con arcos de medio punto, pero no se encuentra nada sobrenatural que justifique la leyenda.

— La sinagoga del Tránsito, construida en 1366, que en la actualidad alberga el Museo Sefardí, en el que pueden hallarse lápidas sepulcrales, objetos de culto e inscripciones hebraicas, entre otras cosas, también posee su leyenda en relación con su fundación. Se supone erigida gracias a un tesoro encontrado por el hebreo Samuel Haleví (tesorero del liberal don Pedro I) a través de la realización de extraños conjuros que le llevaron a adentrarse en los sótanos de una vivienda, cercana a lo que hoy es la Casa Museo del Greco, donde se hallaban, tras levantar una losa circular, joyas de gran valor, entre ellas la Rosa-Rosa (un singular diamante), que sirvieron para hacer florecer esta sinagoga.

— Existieron dos casas con fama de malditas: la primera, la casa del Duende, en la calle de las Ánimas, de la que se decía que en ella habitaba una bruja y un judío que celebraban, al caer la noche, tratos infernales y demoníacos. La segunda, la llamada casa de los Templarios, que durante el siglo XIII estaba situada en la manzana a la izquierda de la plaza de San Miguel, y que también estaba mal vista.

— Para finalizar este pequeño recorrido por Toledo, hablaremos de una leyenda que en parte es muy similar a la que se atribuye al descubrimiento de la Virgen de la Almudena en la Cuesta de la Vega (véase *Zona 12*). Hace referencia a la mezquita del Cristo de la Luz. Tras la reconquista realizada por Alfonso VI, pasaba su ejército y él mismo a caballo frente a esta mezquita cuando su fiel compañero (el animal) se paró en seco, arrodillándose ante un muro. Por más que intentaron que se levantara no lo consiguieron. Al rey todo esto le pareció muy sospechoso, por lo que mandó que tiraran parte de la pared, que resultó estar hueca. En su interior —cuenta la leyenda— apareció un crucifijo iluminado por una candela, que los cristianos habían ocultado con la llegada de los árabes, dejando la lamparilla encendida en señal de respeto, y que con el paso de los siglos aún permanecía prendida. Observará el lector que el parecido de esta leyenda es asombroso con la de la Virgen madrileña. Por las fechas, se supone que esto aconteció anteriormente al descubrimiento de la Almudena, teniendo como protagonista precisamente al mismo rey. La mezquita de la Luz (siglo X) es el único monumento conservado actualmente anterior a la reconquista cristiana de Toledo.

OTRAS CURIOSIDADES QUE NO DEBE PERDERSE

— El cuadro *La mujer barbuda*, de Ribera, que se encuentra en el Museo del Duque de Lerma (Hospital Tavera). En él, una extraña mujer alopécica, con el rostro cubierto de espesa barba, bigote y surcado por arrugas (el rostro parece totalmente masculino) deja al descubierto uno de sus pechos para dar de mamar a un bebé.

— El cuadro *El entierro del Conde de Orgaz*, del Greco, que se halla en la iglesia de Santo Tomé.

— Un tapiz del Astrolabio, en el Museo de Santa Cruz.

— El Alcázar (siglo III). Palacio pretoriano de época romana, destruido por los visigodos para erigir un palacio fortaleza, reforzado posteriormente por los árabes.

Zona F
El Cristo de Rivas

꧁

El Cristo de Rivas

Lo primero que debemos referir antes de hablar del Cristo es que en esta localidad vivía el devoto caballero Gracián Ramírez, en su castillo, del que ya se habló en la *Zona 8*. Aquel que degollara a su mujer e hijas por devoción a la Virgen de Atocha. En la actualidad, dispersos por estos parajes en los que crecen plantas medicinales como el espliego (para combatir los nervios, el catarro y el reumatismo), el romero (sobradamente conocido por sus propiedades anticatarrales) o la salvia (de propiedades estimulantes y sudoríficas que igualmente nos ayudará a deshacernos de los resfriados) quedan algunos restos de ese castillo, aunque de difícil localización.

La patrona de Rivas de Jarama (que antes era un señorío de los aristócratas de Rivas concedido por Felipe V) es santa Cecilia, desde que fuera encontrada en el siglo XII una imagen suya escondida en una cueva cercana a la villa. Este hallazgo no debe extrañarnos, pues hemos observado a lo largo de los relatos de Cristos y Vírgenes que muchos fueron escondidos con la llegada de la invasión árabe.

No obstante, no se queda atrás en devoción la que los habitantes de Rivas tienen al Cristo de los Afligidos, que se encuentra en la

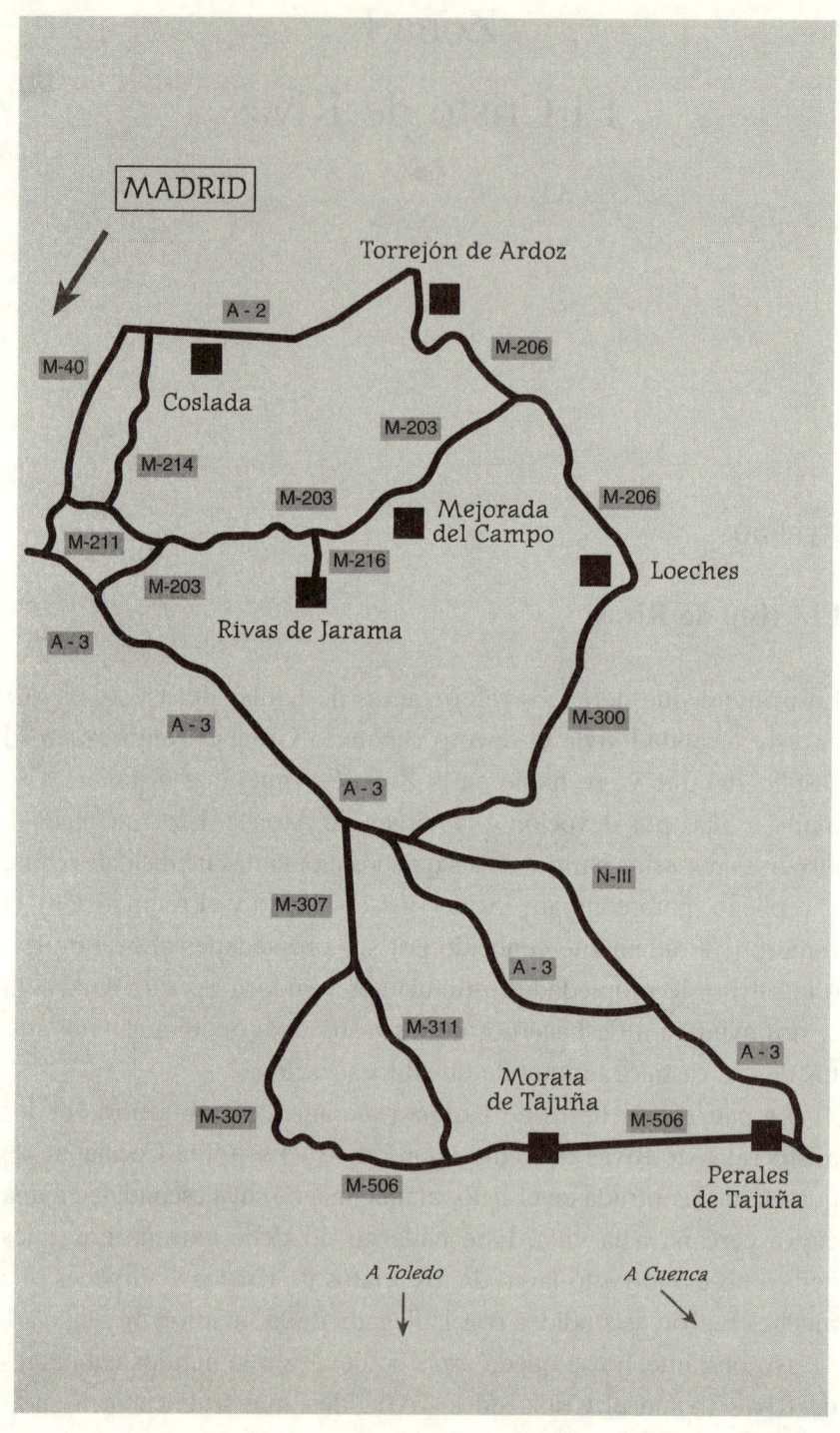

ermita del Cristo de Rivas a orillas del Jarama, construida en 1603, en la que encontraremos a la entrada el escudo de piedra del linaje de los duques de Rivas, a los que pertenece el oratorio, pero que conscientes de la pasión que levanta este Cristo entre los fieles lo mantienen abierto al culto todos los domingos.

El altar mayor recoge una copia de la imagen del Cristo del siglo XVII realizada por un alumno de Gregorio Hernández, destinado a pertenecer a la iglesia de Santa Bárbara de Madrid, pero que por circunstancias que se ignoran acabó en Rivas para regocijo de sus habitantes. La romería del Cristo de Rivas es una de las más multitudinarias. Más de cincuenta mil personas se reúnen ante el Cristo en la festividad de San Miguel.

El sentir popular afirma que es uno de los más «milagreros» de la región, por lo que bajo su figura se acumulan cada año pies, cabezas, ojos, manos, intestinos, entre otras partes de la anatomía humana, hechos a base de cera, como exvotos representativos de las numerosas curaciones que supuestamente se han ido produciendo por su intercesión.

Morata de Tajuña y el Cristo de la Sala

Morata es la capital del Tajuña. Se trata de la antigua *Licinia* romana, por la que discurría la Senda Galiana. Antiguamente fue un asentamiento celtíbero y con posterioridad los árabes perfeccionaron y reformaron los sistemas de regadío. Tras la conquista castellana, Morata pasó a depender del arzobispado de Toledo, hasta que en 1580 Felipe II la separó de su jurisdicción previo pago de veinticuatro mil escudos.

Morata siempre ha tenido fama de ser una villa rica en cereales de toda clase, lo que dio origen a que la población aumentase considerablemente, pues eran muchas las personas que se trasladaban a este lugar para dedicarse a la recolección de las cosechas.

Posteriormente Felipe IV cedió Morata a don Juan Palacio, que a su vez la vendió a don Diego de Guzmán (marqués de Astorga y

Leganés). De este modo la villa fue creciendo con las constantes visitas de los monarcas y de la gente de alcurnia, que acudía principalmente a las fiestas de toros que allí se celebraban, como Carlos IV, que se hospedaba en el palacio marquesal.

La ermita del Cristo de la Sala, en la calle —como no podía llamarse de otro modo— del Cristo es poseedora de una inquietante leyenda que no puede ser fechada. En el lugar que hoy ocupa la ermita antes se encontraba una yesería, en la que pernoctaban los mendigos y peregrinos que no tenían donde quedarse. En los muros, uno de estos peregrinos, al que nadie había visto antes por la zona, dibujó un crucifijo para poder realizar sus oraciones.

A la mañana siguiente, los lugareños observaron el Cristo e intentaron borrarlo una y otra vez inútilmente, porque si bien al principio lo conseguían, al otro día aparecía de nuevo desafiando toda lógica. El fenómeno se repitió durante tres días. A resultas de toda la historia, el hecho fue considerado como «milagroso», por lo que se decidió erigir allí la ermita que se encuentra en la actualidad dando testimonio de la misteriosa visita de aquel hombre. Aunque lo sorprendente es que los lugareños afirman que el dibujo terminó por traspasarse de la pared a un trapo, aunque tanto el dibujo como el supuesto lienzo terminaron desapareciendo sin que nadie sepa dar razón de cómo ocurrió. Simplemente se volatilizaron tan enigmáticamente como habían venido... Sólo quedan las conjeturas y las hipótesis. Muchos de sus habitantes afirman que el hombre que dibujara la Cruz no era otro que el propio Hijo de Dios.

Se da la circunstancia de que en Campo Real, localidad también perteneciente al valle del Tajuña, se produjo un hecho similar, asociado a la pernoctación de un peregrino que en este caso no dejó uno, sino ¡dos Cristos!, aunque en esta ocasión no se trata de dibujos en un muro, se habla ya de algo más sólido como tallas de madera. En sus bases aparecían los nombres de dos localidades. La citada Campo Real y Carabaña. Dado que la perfección de las tallas era distinta, ello llegó a desatar disputas entre ambas localidades.

La Virgen del Castillo de Perales de Tajuña

El hecho de que muchas de estas localidades terminen en «Tajuña» no debe confundir al lector, ya que todas ellas pertenecen al valle y se encuentran cercanas unas de otras. En cualquier caso son pueblos próximos en leyendas en cuanto a imágenes religiosas se refiere. Esta región, por motivos que desconocemos, es proclive a ello. En el caso de Perales la historia no deja de ser menos llamativa...

Según la leyenda, una imagen de la Señora se construyó para conmemorar una supuesta aparición de la Virgen en Perales. Dicha imagen hubo de ser guardada entre las murallas del castillo para preservarla de posibles destrozos de los árabes. Una vez que el peligro había pasado, se decidió su traslado a la iglesia. Sin embargo, la Virgen se resistía a estar en su nuevo emplazamiento y volvía a aparecer en el castillo. De ello hace más de cinco siglos y acontecía (esto es importante resaltarlo) un 12 de mayo. Comoquiera que la Virgen se empeñaba una y otra vez en aparecer entre las ruinas del castillo, los vecinos interpretaron que la madre de Dios quería ser llamada de aquel modo. En efecto, al menos desde que se la bautizara como Virgen del Castillo, la imagen no volvió a «teletransportarse» desde la iglesia al fortín.

No obstante, con la guerra civil la imagen fue cuarteada y desapareció ¿para siempre? Aquí llega quizás lo más sorprendente de toda esta historia: el 12 de mayo de 1980 —es decir, quinientos años después de su aparición en el castillo—, un vecino de la localidad, don Tomás Gómez Brea, avicultor y agricultor de profesión, no fue a trabajar como acostumbraba, puesto que su madre había sido enterrada el día anterior y no se hallaba con ánimos... Deprimido, se quedó en su casa y subió al desván a fumar un cigarrillo y a meditar sobre todo lo acontecido. Él no solía ir allí casi nunca, era su mujer quien más frecuentaba el desván, pues allí guardaban el maíz, el grano, las cebollas, entre otros alimentos. De pronto, reparó en un hueco que había en la pared y un pensamiento le asaltó la mente con fuerza: ¿por qué no podría haber allí un tesoro? Resuelto, se encaramó a una silla y metió la mano por el hueco sin temor a hallar un roedor. Por contra, descubrió una cabeza, ¡la cabeza de la Virgen perdida! Los más escépticos pueden pensar que se trata de una simple coincidencia. Pero no hablamos de un hallazgo común... este descubrimiento se producía precisamente en el mismo día y el mismo mes —sólo que quinientos años después— de su aparición en el castillo, lo que a todas luces parece verdaderamente poco usual.

Mejorada del Campo: la catedral del esfuerzo

Existe en Mejorada una extraña catedral. No se trata de una de aquellas que por antiguas son difíciles de fechar. Ésta es moderna y tiene un nombre propio: Justo Gallego, y una dueña: la Virgen del Pilar.

La historia de este hombre no deja de admirarnos. Es complicado que en los tiempos que corren alguien tenga tanta fe como para consagrar su vida a la construcción de una catedral sin más ayuda que sus manos, su esfuerzo, una herencia y dos jóvenes peones que cobran por horas.

Él ya tenía la idea desde muy pequeño y su vocación era clara, pues ingresó en el monasterio cisterciense de Santa María de Huerta (Soria) cuando rondaba la treintena, lugar en el que permaneció por espacio de ocho años, hasta que una dura enfermedad le obligó a abandonar el monasterio y a trasladarse a Mejorada del Campo, donde en 1961 comenzó esta arriesgada y complicada empresa, en la que todavía está y a la que no piensa renunciar hasta que caiga desfallecido y no pueda moverse.

Las personas que pasan por Mejorada y contemplan su obra, a veces conmovidas por su sacrificio, le ofrecen algún donativo para que pueda continuar, pues de aquella herencia no parece quedar gran cosa. La catedral tiene ¡ocho mil metros cuadrados de superficie! Toda una proeza... Y es que existen personas que con su actos, no con sus palabras, piden en silencio la beatificación «a gritos». Esperemos que Justo pueda ver su obra terminada por completo.

Loeches y la Casa de Alba

En Loeches se encontraba una de las calzadas romanas que unía —en este caso— Toledo con Italia. Tiene un largo pasado plagado de visitas de importancia desde que la población fuese cedida por Alfonso VIII en el año 1190 al Concejo de Segovia, aunque veintitrés años después el mismo monarca decidió que estaba mejor en manos del arzobispado de Toledo, que la fusionaría a Alcalá de Henares, con lo que Loeches se convertiría en un señorío de los alcalaínos.

Destaca el convento dominico de la Inmaculada Concepción de 1640, fundado por el conde duque de Olivares y Felipe IV. No obstante, en el siglo XVIII, a través de un enlace matrimonial, las casas de Olivares y de Alba quedarían emparentadas, por lo que en la actualidad la patrona de este convento es la actual duquesa de Alba, lo que queda atestiguado en un lienzo que puede observarse sobre el altar mayor. El autor de este lienzo no es otro que el hermano del conocido compositor Juan Carlos Calderón (Fernando).

Aquí se encuentra una réplica del Panteón de los Reyes del monasterio de El Escorial. En hornacinas excavadas en el muro descansan en paz los restos mortales de los integrantes de esta noble familia durante el siglo XX. Además yace el cuerpo de la hermana de Eugenia de Montijo.

Antes de la llegada de los franceses, el monasterio custodiaba importantes obras de arte de Rubens, Tiziano, el Veronés, Tintoretto, que desaparecieron a manos de las huestes del país vecino.

Es interesante resaltar, abandonando ya el monasterio, que en Loeches hubo dos balnearios cuyas aguas tenían fama de curativas, pero que, por desgracia, entraron en decadencia y se abandonaron de la mano del hombre. En la parte alta estaba el balneario de la Maravilla, de aguas sulfatocálcicas. El otro se llamaba la Margarita.

Recibió este nombre a razón de que un hombre que tenía una hija que padecía fiebres intestinales que ningún médico era capaz de sanar, un día, desesperado, le hizo beber las aguas y en pocas horas se hicieron efectivas. Las aguas se analizaron y tenían propiedades altamente beneficiosas, por lo que decidieron poner al balneario el nombre de la niña. Nunca se ha terminado de entender el abandono de estas dos explotaciones que parecían tan beneficiosas para determinadas enfermedades.

MISTERIOS Y LEYENDAS

Una cueva con enigma: la cueva de Sopeña

Si al lector le apeteciera un día realizar una excursión de esas que no sabe cómo pueden acabar, en la que desee invertir una gran dosis de fantasía, tres partes de paciencia y una cantimplora (por lo que pudiera pasar), la visita perfecta sería dedicarse a buscar la legendaria cueva de Sopeña, que, según sostenía una oniromante madrileña del siglo XVI, Lucrecia de León, se hallaba escondida junto al río Tajo, no lejana a Villarrubia de Santiago. Según esta mujer, protegida de un canónigo de Toledo, Alonso de Mendoza, sólo aquellos que se refugiaran en el interior de esta cueva sobrevivirían a las huestes musulmanas que —según sus visiones— tomarían España. Felipe II debió de creerla en algunas cosas, como cuando preconizó la destrucción de la Armada Invencible. Sin embargo, el asunto de los musulmanes ya no agradó al monarca, que dejó el tema en manos de la Inquisición. El castigo consistió en cien azotes y dos años purgando sus pecados en el hospital de San Lázaro, donde atendería a niños aquejados de tiña.

Hoy por hoy la cueva sigue sin aparecer. Se trata de otro de los grandes misterios de la Comunidad de Madrid. Algunos autores, como José Hermida y Silvia Nieto en su libro *Viajes esotéricos*, concluyen que la cueva de Sopeña podría corresponder a la cueva de la Luna

(Titulcia) (véase *Zona E*). Nosotros ignoramos si esto es así, pero si lo que pudiera apetecerle al lector es un poco de acción, puede dedicar un día a adentrarse por riscos y piedras para comprobarlo por sí mismo.

CASAS ENCANTADAS

Seres enigmáticos en Mejorada del Campo

Los supuestos fenómenos tuvieron lugar en una casa de tres plantas en Mejorada del Campo. Abajo había un garaje y un pequeño cuartito donde se guardaban cosas. Después se encontraba la escalera que conducía al piso principal. En esta planta estaba el salón y los dormitorios de las niñas. En el tercer piso se hallaba la cocina, la habitación de la abuela, el dormitorio del matrimonio y el ático.

Allí vivían diez personas: los padres, la abuela, cinco hijas, un niño de un año y medio y su madre, que habitaba con ellos. En abril de 1996 la propia familia denunció una serie de fenómenos que venían produciéndose desde hacía ocho años: golpes, mimofonías que imitaban pisadas en el pasillo sin que hubiera nadie, murmullos, arañazos en puertas que se abrían por «arte de magia», etc. En el tejado, según nos explicaba la madre, «es como si cayeran piedras, cada vez más rápido».[187]

Pero lo que más había asustado a la familia, y en concreto a las hijas, fueron unas supuestas figuras que pudieron ver en el pasillo. Dos de las hijas hicieron sendos dibujos —por separado—, francamente parecidos: ambas dibujaron una figura masculina de un metro y cincuenta y cinco centímetros ataviada con una larga túnica negra y de barba blanca.

Además también referían que los objetos se desplazaban por la casa hasta estrellarse en el suelo, los espejos les devolvían su propia imagen deformada y la espita del gas aparecía abierta, con el consiguiente riesgo de explosión que ello entrañaba. Como resultado de todos estos hechos, los habitantes de la casa parecían *zombis*. (Si utilizamos esta expresión es porque no podían pegar ojo por las noches, con el trastorno laboral que ello suponía.)

Los resultados de las pruebas que hicimos, barrido fotográfico, test para comprobar posibles contradicciones y sobre todo las psicofonías, efectuadas con jaula Faraday, no fueron significativas.

Según supimos posteriormente, aunque desconocemos si fue a causa de este asunto, varios miembros de la familia habían abandonado Mejorada del Campo y habían regresado a su Andalucía natal.

Zona G

Castillo templario de Santorcaz

ご

ENCLAVE TEMPLARIO

El castillo de Santorcaz

Puede presumir de ser el más antiguo de Madrid, y uno de los más antiguos de toda España.

«[...] Manuscritos hay que partiendo del año 1836 se remontan, pasando por otro de 1676 al tiempo inmemorial que viene a conformar la imagen de antigüedad de la Ciudad de Orcada, situando su fundación 2.252 años antes de la venida de Cristo; según constancia en Biblioteca de San Isidro de Madrid.

»Que en tiempo de Cristo existía ya, no lo da como innegable el cardenal don Gaspar de Quiroga, arzobispo de Toledo en el año 1583, en la bula de concesión de la Fiesta de San Torcuato en donde dice: "Y recibirle por patrón, teniendo como teníades piadosamente creído que antiguamente se le puso a la dicha villa el nombre que tiene de Santorcaz, por devoción y contemplación del dicho santo. Habiendo predicado en esta provincia la fe de Nuestro Señor Jesucristo, juntamente con sus compañeros [...]". Todo lo cual supone su existencia ya por aquel entonces [...]».[188]

El castillo se tiene, por varios autores como José María Santamaría, Isabel Montejano o el propio Juan G. Atienza, como de ori-

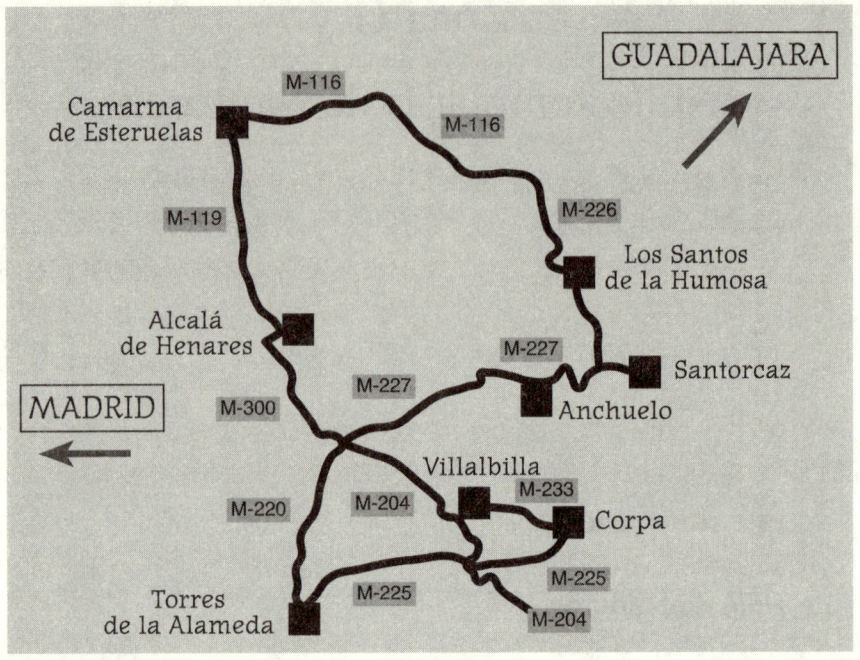

gen templario (el único de la Comunidad). A este respecto, Atienza —que tanto conoce de estos misteriosos personajes que fueron los templarios— explica lo siguiente: «[...] Según las Relaciones Topográficas mandadas hacer por Felipe II en 1576, este pueblo de la provincia de Madrid fue fundación de San Torcuato, cuyo nombre tomó, y debió de pertenecer al Temple hasta su disolución, en la que pasaría a la Mitra Primada, siendo restaurado por el arzobispo Tenorio [...]. La Historia más académica sigue negando la pertenencia al Temple por falta de documentos contemporáneos que puedan avalar esta tradición [...]. Existe otra evidencia cuando menos digna de ser tenida en cuenta y estudiada. En la vecina localidad de Alcalá de Henares [...] en el llamado Hotel Laredo [...] hoy convertido en Centro de Estudios Cervantinos, existen numerosas piezas artísticas y arqueológicas recogidas por su constructor de las más diversas procedencias. Pues bien: entre ellas se colocó, en el llamado salón de los reyes —sala de actos del palacete—, una techumbre de unos quince metros de lado procedente del antiguo castillo de Santorcaz, pintada en la Edad Media y muy posiblemente en el siglo XIII, representando un mapa celeste con todas las constelaciones entonces conocidas, que ha conservado su aspecto original gracias a la curiosa disposición de las estrellas, recortadas sobre metal. Por supuesto, se ignora si puede tratarse de una obra procedente de la casa templaria pero, en cualquier caso, es un ejemplo de la preocupación por el conocimiento astronómico que tuvieron los primitivos habitantes del castillo, tal vez sus propios constructores [...]».[189]

Del castillo no queda mucho, pero perdura la iglesia, que, aunque está reconstruida, tiene un ábside cuadrado que hace las veces de capilla, en la que pueden observarse unas celdillas que antiguamente sirvieron para guardar reliquias. Por cierto que en el pueblo aún se conservan algunas prendas litúrgicas del cardenal Cisneros (un terno, una casulla, una capa pluvial y dos dalmáticas, que aunque intentaron ser afanadas por suerte se pudo detener a los ladrones a tiempo).

El cardenal, del que ya se habló sobradamente en la Zona E, estuvo preso en el castillo durante seis años por orden del arzobispo de Toledo don Alfonso Carrillo por reclamar con firmeza el beneficio de arcipreste de Uceda. Asimismo, estuvieron presos aquí Francisco I de Francia cuando, al ser derrotado por Carlos I en Pavía, es conducido a Madrid para firmar el Tratado de Madrid en 1526; don Juan de Luna; Rodrigo Calderón; el marqués de Ayamonte; el duque consorte de Híjar (por conspirar contra Felipe IV); la marquesa del Valle y, claro está, no podíamos olvidarnos de ella, la princesa de Éboli, conducida al castillo de Santorcaz después de haber estado recluida en el torreón de Pinto y seducir a sus guardianes (véase *Zona E*). Sin duda se pensó que de este lugar ya no le sería tan sencillo huir. Así pues, llegó en 1580 y le fue «ofrecida» la mejor habitación, eso sí, en la torre más alta de las cinco que tenía este monumental edificio. Aunque era tratada con rigor, al menos podía recibir la visita de sus hijos. Más adelante hubo de salir de Santorcaz, pues enfermó y se consideró que sería más adecuado que fuese trasladada a la prisión de Pastrana, de donde únicamente salía una hora al día para que le diese el sol, llamándose a esa plaza precisamente por este motivo «de la Hora».

Como final para este apartado es interesante resaltar que las fiestas que se realizan en honor del Santísimo Cristo de la Fe tienen motivos más que justificados. De él se cuentan numerosos milagros. Por citar un ejemplo, el 3 de marzo de 1624 un joven catalán con graves problemas en la columna vertebral entró piadosamente a escuchar misa y estando en oración se le cayeron las muletas y sanó. Se comprende por muchas razones que Santorcaz sea uno de los pueblos más misteriosos de la Comunidad.

RELIGIÓN

¿Milagro en Villalbilla?

Al menos treinta personas pudieron contemplar el 1 de abril de 1995 un fenómeno bastante extraño en el interior de la parroquia de Nuestra Señora de Zulema, calificado por algunos de «milagro», mientras que otros prefieren aguardar a conocer las conclusiones de la investigación que se está llevando a cabo, ordenada por el obispo de Alcalá de Henares, don Manuel Ureña.

El fenómeno tuvo lugar el día antes de la inauguración oficial de la parroquia, cuando entre varias personas se disponían a colocar la cruz de madera sobre la que el párroco del hospital de Antozana, Manuel Palero, había dibujado, por encargo del vicario, Juan Sánchez, un Cristo resucitado. Debido a las dimensiones de la cruz y el lugar donde iba a ser instalada (detrás del altar), hubo de ser alzada entre varias personas no sin grandes esfuerzos.

Finalmente lo consiguieron cuando de pronto el Cristo se iluminó repentinamente y despidió un halo de luz transparente que duró escasamente un minuto, tiempo suficiente para que todos los presentes se quedaran boquiabiertos. Incluso se dio la circunstancia de que en la iglesia, en ese momento, se encontraba la esposa del arquitecto que diseñó el templo, que llevaba por casualidad una máquina fotográfica, por lo que pudo inmortalizar el fugaz y extraño fenómeno.

Sin embargo, la fotografía, al ser revelada, no se parecía en nada a lo que allí se había vivido, mostrando una especie de nube opaca que no permitía ni siquiera ver el Cristo. Tras analizar el negativo se llegó a la conclusión de que el resplandor no pudo destilarse de ningún haz de luz externo al Cristo.

Otra de las hipótesis que barajaron los implicados es la posibilidad de que la hora en que se produjo el misterioso fenómeno correspondiese con el cénit del sol, lo que podría haber hecho que éste diese perpendicularmente sobre el tejado de la parroquia y provocase la visión que la treintena de personas tuvo. Sin embargo, tres días después, a esa misma hora, se realizó un pequeño experimento por parte de Palero, Juan Sánchez (el delegado del clero), Víctor Centeno y Félix González (vecino de Alcalá de Henares), consistente en comprobar la caída del sol. Se vio con claridad que no era posible que entrase por ninguna rendija o ventana, ni que refractase en sitio alguno, lo cual les resultó aún más enigmático.

Hasta aquí lo poco que se sabe sobre este caso. Habrá que esperar a las conclusiones del obispado de Alcalá, aunque con la habitual prudencia que caracteriza a la Iglesia en este tipo de cuestiones, no será extraño que aún tengamos que aguardar mucho más para saber si hubo o no milagro en Villalbilla.

Una réplica de la Sábana Santa para Torres de la Alameda

Los árabes fueron los artífices de este pueblo, aunque lo hicieron sobre los vestigios romanos que ya había, y a su vez antes fue un asentamiento íbero. Los árabes se encontraron a su llegada con una zona rica en manantiales de aguas sulfatadas que poseían propiedades antirreumáticas y con unos terrenos de interés defensivo, por lo que se construyeron atalayas y torretas de vigilancia.

A la entrada del pueblo encontramos la iglesia renacentista de la Asunción de Nuestra Señora, del siglo XVI, que posee una torre con escalera de caracol y una bóveda gótica en la sacristía, además del sepulcro de los condes de Montesclaros. Pero sin duda, lo que más puede interesar a los amantes del misterio es saber que aquí se encuentra una reproducción del Santo Sudario, en cuya leyenda puede leerse: «Éste es el verdadero retrato del Santísimo Sudario, sacado del original de Turín y tocado en él a 3 de mayo de 1620 años».

Se trata de una réplica de tamaño natural que anteriormente se encontraba en un domicilio particular, el de las sobrinas de uno de los antiguos curas: Higinio Peñalver. No obstante, en 1995 decidieron depositarla en manos del párroco, así como toda la documentación

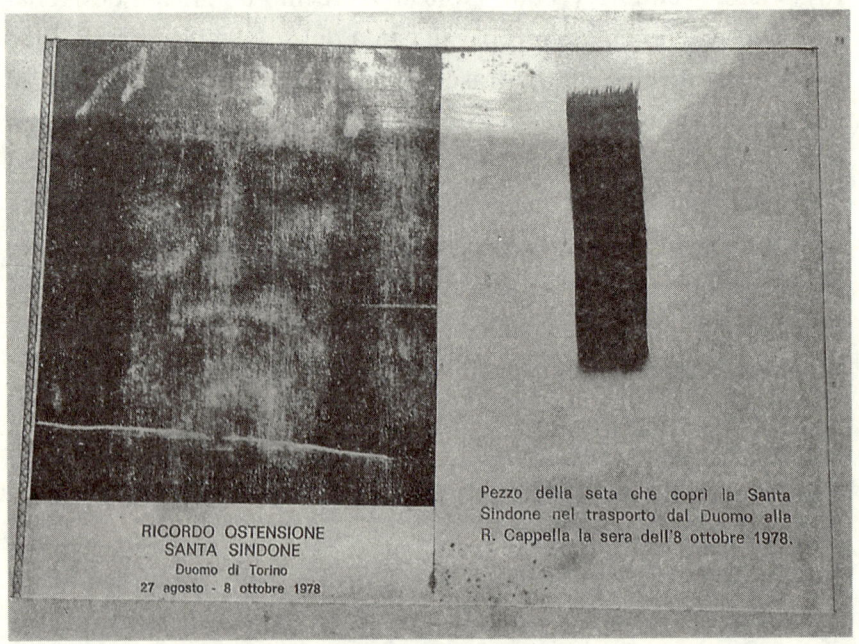

Reliquia relativa a la Sábana Santa (trozo de lazo que la sujetó en uno de sus traslados).

pertinente que de ella habla, y éste pensó que debido al lógico deterioro del tiempo lo más adecuado era guardarla en una caja fuerte en el interior de la iglesia, siendo únicamente mostrada al público el Viernes Santo, día que es aprovechado por los creyentes para besarla y tocarla fugazmente.

La verdad es que Madrid podía haber perdido esta réplica con motivo de la invasión de los franceses en 1808. Sin embargo, la fortuna —en este caso, al menos— estuvo a favor de Torres de la Alameda, ya que no sólo no se la llevaron, sino que sobrevivió a otros infortunados percances, como cuando hubo de ser escondida en un basurero durante la guerra civil. También estuvo a punto de ser quemada en más de una ocasión.

Una fotografía en blanco y negro a tamaño real de la imagen de la Sábana Santa se encuentra también en el lado izquierdo del altar de la iglesia de Santa Cruz, de la calle de Atocha, lugar de culto del que se habló en la Zona 9. Del mismo modo en las Descalzas Reales (véase *Zona 10*) se halla otra a modo de dintel de una de las puertas. Tampoco podíamos dejar de citar la miniatura de 1590 que se encuentra en el monasterio de San Lorenzo de El Escorial, en la alcoba de Felipe II, en su parte derecha, sobre unas sillas que pertenecieron a los Reyes Católicos, por lo que se presupone que debía de tenerle un cariño especial.

Finalizando ya con la Sábana Santa, nos queda por añadir que en una casa particular del madrileño barrio de Salamanca se guarda con especial cariño un trozo del lazo rojo que sirvió para el traslado de la Sábana Santa el 8 de octubre de 1978 del Duomo a la Real Capilla, cuya leyenda dice: «Pezzo della seta che copri la Santa Sindone nel trasporto dal Duomo all R. Cappella la sera dell'8 ottobre 1978». Se trata de una reliquia original que llegó a Madrid regalada por Humberto II de Saboya (hijo del rey Víctor Manuel III) a su hermana doña Giovanna (mujer de Boris III de Bulgaria), que la trajo expresamente como regalo a la abuela de la actual poseedora, que prefiere permanecer en el anonimato. Sin embargo, hemos podido investigar y comprobar que la historia es cierta y no sería de extrañar que alguna persona más en Madrid tuviese trozos de ese enorme lazo, pues se partió en pequeños pedazos, a modo de reliquias, por haber estado en contacto directo con la Sábana Santa de Turín.

Los niños santos y la Virgen del Humo: Los Santos de la Humosa

Pocos pueblos pueden presumir de estar plenamente creados sobre tantos supuestos hechos milagrosos, y es que Los Santos de la Humosa debe su nombre a dos sucesos extraños que debieron de calar hondo en los habitantes de estos parajes. Probablemente, si en la actualidad acaecieran dos fenómenos similares nadie se molestaría en que naciera un pueblo de ellos...

En el siglo IV, cuando se corrió la voz de que los niños y hermanos Justo y Pastor (patronos de Alcalá de Henares) estaban siendo martirizados por los romanos, un sentimiento de piedad y tristeza invadió los corazones de los cristianos. Cuenta Atienza sobre este asunto algo digno de mención: «[...] En la mitología celta irlandesa existen hermanos "de leche", gemelos no genéticos, sino de educación común, en una especie de hermandad elegida o, si así lo queremos, de iniciación compartida, con un fin determinado. Son aquellos que, lo mismo que los dos kabalistas, que habrán de alcanzar un más alto grado de conocimiento trabajando unidos el misterio de la semántica sagrada, serán capaces de emprender el acccso a metas más elevadas gracias a su fusión [...]».[190] Esta reflexión, que puede ser discutida, en el caso de estos niños se sintetizó en que gracias a ellos, a su muerte, se originó un primer núcleo poblacional que desde un principio sus pobladores no dudan en llamar Los Santos, ya que gracias a su intercesión el pueblo se había zafado de una epidemia mortal.

Además de estos niños, que también son patronos de Mieres (Asturias) y de Sant Just Desvern (Barcelona), viene a aparecerse —según la leyenda— por aquellas mismas fechas, sin que se pueda concretar el año exacto, la Virgen cubierta de humo entre unos zarzales, lo que da pie a la construcción de una ermita y a que al nombre original se añada «de la Jumosa o Humosa» en agradecimiento a la Señora. Los santeños no debieron de albergar dudas sobre estos dos hechos, que no tardaron en calificar como sobrenaturales, y que condicionaron su futuro como pueblo donde los santos y el humo son sus protagonistas.

Más sobre los niños santos en Alcalá de Henares

El martirio de los niños santos Justo y Pastor también debió de causar una honda impresión en los alcalaínos, puesto que —sostiene la tradición— tras su martirio y posterior ejecución sus pequeños cuerpos fueron enterrados en el Campo Laudable, donde se erigió una cripta que más tarde daría paso a la Magistral, ordenada construir por el cardenal Cisneros a finales del siglo XV y que es la única iglesia, junto con la de San Pedro de Lovaina (Bélgica), que ostenta el título de «Magistral». Este título lo ganó a pulso, puesto que era menester que los canónigos de la iglesia fuesen además *magister*, es decir, profesores de la Universidad. En este caso lo eran de la que también creó el propio Cisneros, del que ya hablamos en la Zona E. En la iglesia se encuentra una urna de plata dorada que es abierta cada 13 de noviembre donde descansa el cuerpo momificado de san Diego de Alcalá, que dio nombre a la ciudad norteamericana de San Diego. En una cripta se halla la piedra sobre la que fueran decapitados los niños santos. En ella existe una marca que, según la leyenda, fue dejada por las pequeñas rodillas de los niños cuando se los obligó a postrarse antes de su muerte. Para Atienza —en su ya citado *Santoral diabólico*— esta marca obedece a una cazoleta protohistórica. Sin embargo, es curioso comprobar la fe de los alcalaínos, que no dudan en dar un carácter sobrenatural a estas mellas, lo que nos llevaría a la posibilidad de la creencia de que dos niños pudiesen actuar sobre la materia tan sólo «armados» con el pensamiento.

La Universidad de la fe

La Universidad Cisneriana posee una larga historia que da comienzo en 1293, cuando Sancho IV acoge bajo su protección a los de Alcalá y su tierra. Les concedió ciertos privilegios como el de no tener que pagar deudas al Concejo y dar su aprobación para que se fundara el Estudio General, que se instaló en principio en el oratorio del Santísimo Cristo de la Misericordia, más tarde llamado de los «Doctrinos».

El Estudio General dio origen a tres cátedras de Gramática, de las que fuera artífice el arzobispo Carrillo, naciendo de ellas la Universidad Complutense, siete colegios mayores, veinte menores y el colegio mayor de San Ildefonso. Por aquel año (1499), Cisneros —mitad religioso, mitad militar— tenía que marchar a Granada para seguir con la Reconquista, pero antes de hacerlo quiso ir a los terrenos donde habría de levantarse la Universidad para arrodillarse, orar e introducir en una piedra hueca una imagen del santo de Asís, un pergamino y unas monedas, objetos que allí deben de permanecer todavía. Esto acontecía el 14 de marzo de 1499. Después regresó al convento de San Francisco, donde vivía, para preparar su viaje.

Además, Cisneros y su Universidad serían también precursores de la Biblia Políglota, para lo cual el cardenal pidió la presencia de Arnaldo Guillermo de Brócar, uno de los mejores tipógrafos de la época. No contento con ello, también convocó a Demetrio Lucas (profesor de griego en la Universidad), Elio Antonio de Nebrija (cronista de los Reyes Católicos), Núñez de Guzmán, López de Zúñiga (controvertista de Erasmo), a un médico de Alcalá (tenido por un converso sabio) y a Pedro Coronel (que junto al anterior se encargarían de preparar un diccionario y una gramática hebrea)... En definitiva, buscó el equipo más completo que pudiese hallarse en la época. Todos ellos y otras muchas personas trabajaron durante quince años para que los teólogos que lo desearan pudiesen acercarse a los textos originales en latín, griego, caldeo y hebreo. Finalmente, en 1517, vieron la luz los primeros ejemplares (se hizo una tirada de seiscientos). La creación de esta Biblia fue denominada por casi todos los historiadores de la época como «la hazaña del siglo XVI» y realmente debió de serlo. El primer ejemplar de esta Biblia se custodia en el Ayuntamiento junto con la partida de bautismo de Miguel de Cervantes y el pendón de la ciudad.

ENCLAVES MARIANOS

No se sabe demasiado de ella, ya que no es una vidente de las conocidas desde hace años por sus supuestas visiones de la Virgen. Francisca Luna, una mujer alcalaína, saltó a la palestra en el mes de octubre de 1996 al afirmar haber visto a la Virgen e incluso haber llegado supuestamente a hablar con ella.

La historia vendría a remolque del «milagro» de la parroquia de Nuestra Señora de Zulema, en Villalbilla, puesto que esta mujer tiene como misión explicar que el resplandor que pudo verse el día anterior a la inauguración de la parroquia es, según le habría comunicado la Señora, un milagro en toda regla.

Afirma que sus capacidades de videncia no tienen fines lucrativos y que ella nunca antes había experimentado fenómenos extraños, sino que sería después de ver a la Virgen —siempre según su testimonio— cuando desarrollaría dotes paranormales tales como el don de profetizar acontecimientos que van a suceder en el futuro.

Se trata de otro enclave mariano más, de los muchos que podemos hallar repartidos por la Comunidad.

CASAS ENCANTADAS

El «fantasma» del restaurante Cartago

Este caso se produjo en el restaurante Cartago, en Camarma de Esteruelas, localidad cercana a Alcalá de Henares.

Los supuestos fenómenos comenzaron a finales de septiembre de 1993 de la siguiente manera: se encontraba Rafael (el dueño) haciendo caja en el restaurante. Era de noche y el local estaba cerrado al público. Decidió servirse una copa, pero apenas quedaba líquido en la botella, por lo que ésta se vació. Rafael la tiró a la basura y encendió la televisión. Habrían transcurrido algunos segundos cuando el propietario notó un fuerte golpe en los riñones. Al intentar descubrir la causa, sorprendido vio como la botella que había tirado momentos antes a la basura se encontraba inexplicablemente a sus pies.

No repuesto todavía del susto, observó —según su testimonio— cómo unos cuchillos se le echaban encima sin dejarle otra posibilidad más que la de esquivarlos. Entonces nos enseñó unos cortes que tenía en ambas manos, y que supuestamente le habrían hecho dichas armas. Esto nos extrañó bastante: no es habitual que se llegue a causar daño físico apreciable a los testigos.

Sin embargo, los hechos no acaban aquí. Después de esta alucinante noche, Rafael decidió marcharse de allí no sin antes dejar conectada la alarma del local.

Al día siguiente, a eso de las 6.30, José (un joven que trabajaba como camarero) llegó al restaurante, aunque no se atrevió a entrar porque observó que las luces y la televisión estaban encendidas. Como es lógico pensar, al estar la alarma conectada José creyó que algunos desaprensivos habían intentado robar y esperó en la calle a que alguien pasara para solicitarle que entrara con él, pues temía que los ladrones aún siguieran en el interior del local.

A la postre entraría acompañado por un vecino del pueblo y el espectáculo que allí hallaron fue de lo más dantesco: además de las luces encendidas y la televisión conectada, varios botellines se encontraban metidos en las cajas de los bollos, el lavaplatos encendido, varios cuchillos clavados en la pata del jamón y otras rarezas.

También Raquel (igualmente empleada como camarera en aquel entonces) tuvo algunas desagradables sorpresas, tales como encontrarse en el cuarto de baño unos cuencos con cebollas, un día, y con huevos, otro. Esto ya parecía obra de un «fantasma», pero de carne y hueso.

Otros «fenómenos» dignos de mención son que la lotería aparecía en el interior de un florero, las propinas dentro del horno microondas... aunque todas estas cosas no fueron *vistas* por los empleados, sino que se las encontraban ya hechas. Sólo en una oportunidad Raquel vio una especie de sombras que se desplazaban por la pared, pero la verdad sea dicha, el grado de obsesión que tenían los camareros, propiciado en parte por el dueño (que afirmaba ser parapsicólogo, sanador e hipnólogo), era altísimo. Raquel estaba incluso persuadida de que las luces de emergencia del local le contestaban a las preguntas mentales que ella formulaba. Tal sería el nivel de obsesión que alcanzó la joven que, para ella, los imperceptibles guiños de las luces de emergencia correspondían a manifestaciones de los «espíritus» que trataban de ayudarles.

De la sugestión lógica que se produce en estos casos, la situación había desembocado en una peligrosa obsesión y en parte —mucha parte— tuvo algo que ver la influencia de Rafael, en cuanto a las explicaciones espiritistas que él dio a los jóvenes sobre lo que allí aparentemente estaba aconteciendo. Lejos de tranquilizarlos, los animaba más y más a que creyeran que eran «entes sobrenaturales» los que provocaban los fenómenos.

Poco tiempo después, Rafael traspasó el restaurante, despidió a los empleados y montó una consulta de sanación. Y todo porque los «espíritus» le habían dicho que él había nacido para ocuparse de otros asuntos más importantes, como el cuidado de los enfermos y el ejercicio de la «videncia». El restaurante estaba «limpio» y, según nos dijo, «ya no ocurre nada anómalo».[191]

FENÓMENOS ACTUALES

Fuegos fatuos en el cementerio de Anchuelo

Cuando hicimos referencia a las supuestas apariciones de la chica de la curva de Majadahonda, hablábamos de una entidad, aparentemente física, que a pesar de que termina por desvanecerse se presenta en forma humana e incluso, en ocasiones, llega a mantener una breve conversación con los ocupantes del vehículo que la recoge. Sin embargo, a veces estas apariciones, en contra de lo que describen los testigos de la «chica de la curva», no poseen forma concreta, sino que se manifiestan como una «luz» o «luces». En determinadas circunstancias estos fenómenos pueden explicarse razonablemente.

Uno de estos casos se produjo en el cementerio de Anchuelo, una pequeña localidad situada en el valle del Henares, a unos diez kilómetros de Alcalá. Se encuentra muy cerca del enclave templario de Santorcaz y de la pequeña localidad de Corpa (de la que a continuación hablaremos).

Pero volviendo al cementerio de Anchuelo, si decide acercarse por allí es conveniente que lo haga de noche. No se trata de que se lleve un susto de muerte, sino de que vaya preparado para la posibilidad de ver unas luces que asoman de vez en cuando del cementerio.

Los más racionales argumentaban que se trataba de reflejos de las farolas en las lápidas, otros que eran fuegos fatuos. El enigma quedó resuelto en el verano de 1995, cuando se apagaron todas las luces de Anchuelo y se comprobó que, efectivamente, eran fuegos fatuos. Así que de vez en cuando pueden observarse, si es que decide encaminar sus pasos hacia aquel lugar. Este experimento podría hacerse en muchos otros lugares y, de este modo, viejas leyendas y temores quedarían descartados.

MISTERIOS Y LEYENDAS

La leyenda del caballero Collantes

Según las transcripciones literarias del cardenal Lorenzana sobre un cuestionario que encarga en 1786 al cura Francisco Pérez Novella, al que destina a Corpa para que averigüe cómo es la vida del pueblo, en lo tocante a la fundación de la villa éste le responde: «[...] No hay noticia por quién ni cuándo se fundó esta Villa, ni tiene armas conocidas. Solamente se sabe de ella que fue aldea de Alcalá de Henares y perteneciente a la dignidad arzobispal de Toledo, y que en el año 1578 se desmembró de dicha dignidad por bula pontificia y se incorporó a la Corona [...]».[192] Sin embargo, se vendería poco después al marqués de Salinas y al marqués de Mondéjar. Prosigue su relato el cura: «[...] En ella no se encuentran edificios suntuosos ni castillos o fortalezas, y en los sucesos de su historia, sólo parece digno de alguna consideración el que permanecieron en este pueblo unas familias de hidalgos hasta los años de 1620, en los que, por desavenencias que hubo con el estado general, salieron desterrados, quedándose solamente uno por aclamación del pueblo [...]». ¿Se pueden imaginar quién era esa persona que decidió hacer frente al poder establecido y permanecer con su pueblo? Pues era el caballero don Francisco Collantes, prosigue el enviado de la Iglesia, «[...] cuya caridad y celo por los pobres y por la iglesia debe ser muy recomendable. Tuvo una muerte desgraciada, porque, enojados sus parientes de no haberlos seguido en su destierro, o bien disgustados de la versación de sus caudales y hacienda, maquinaron su muerte [...]», y lo hicieron de la peor forma que se podía escoger, sirviéndose de su nobleza, «[...] valiéndose para su logro de un hombre de Madrid, de oficio escultor, el que, fingiéndose pobre, tuvo proporción de ir a comer a casa de dicho Collantes (que tenía por costumbre convidarlos) y, al darle fingidamente las gracias, le atravesó alevosamente el pecho con un gubia [...]».

Como era de esperar, el caballero murió. Sin embargo, hasta su forma de desaparecer de este mundo, en octubre de 1626, fue ejemplar: «[...] Vivió veinticuatro horas. Perdonó al agresor, intercedió por él y mandó que se le diese algún socorro de sus bienes [...]». Este acto de generosa piedad le valió aún más la admiración de los pobres y del pueblo en general. Por ello fue enterrado en la iglesia parroquial de Santo Domingo de Silos. No obstante, medio siglo después ocurrió lo imprevisto, como relata Francisco Pérez Novella: «[...] Su cadáver, después de cincuenta años de sepultura, apareció incorrupto[193] e íntegro el hábito de Montesa, de cuya orden era caballero, y su cadáver permanece aún en la misma forma [...]». De hecho, se encontraba en un arcón transparente desde el que podía verse su incorrupto cuerpo, y decimos «podía» porque en 1936, a consecuencia de la guerra civil, la iglesia fue desmantelada y se expoliaron las obras de valor, y el cadáver de Collantes desapareció sin que nadie en la actualidad sepa qué ocurrió exactamente con él.

AGUAS MEDICINALES

Sobre este particular el cura informó de la siguiente manera: «[...] No se conocen aguas termales, pero sí hay varias fuentes de unas aguas bastante delgadas, dulces y de un saludable pruebo y, según relación de sujetos fidedignos, cuál de ellas tiene la virtud de excitar el apetito y ganas de comer, como la que llaman de la Ogaza, cuál la propiedad y virtud de mover blandamente a excretar, como la de las Ontanillas, pero, entre todas, es de una conocida bondad la que llaman del rey, por haber usado sus aguas no ha muchos años Sus Majestades, lo que ella misma acredita con bastantes vestigios de su grandeza [...]. Yerbas medicinales según informe de los naturales hay muchas y muy especiales [...]». Las aguas a las que hacía referencia este cura son unas que se encuentran en la carretera de Pezuela de las Torres, frente al kilómetro once, que sale a la derecha, un camino carretero que a unos cien metros nos permite acceder a los manantiales de Pantueña, cuyas aguas son muy finas y frescas en verano. El otro manantial (el de las aguas laxantes y diuréticas) se encuentra algo retirado de la villa y gozó efectivamente de gran fama, llegándose a embotellar sus aguas para ser enviadas a Flandes. De ellas bebieron Felipe II, Felipe III, Felipe IV y Carlos II. Se halla saliendo ya del pueblo por la carretera de Valverde hasta su confluencia con la de Nuevo Baztán, que parte a medio kilómetro de Valverde, después de dejar atrás el cementerio. El manantial está a la izquierda, indicado por un monolito.

Zona H
Carabaña

ಸಿ

CARABAÑA: EL SENDERO DEL DIABLO

Si cuando hablábamos de Santorcaz decíamos que había pocos pueblos en la Comunidad que podían presumir de antigüedad, Carabaña es uno de éstos, pues se cree que su origen es, según los indicios arqueológicos, prerromano, y sus habitantes vivían en cuevas en el denominado «cerro de los Moros», de las que fueron arrojados por Sempronio Graco y sus hombres mediante la táctica de amontonar grandes cantidades de arena, de modo que al levantarse el viento el polvo entrase en las cuevas, lo que asfixió a sus habitantes obligándolos a abandonar sus casas.

En esta zona había una calzada romana que unía las ciudades de Mérida y Zaragoza. A su paso por Carabaña, este camino era llamado «del Diablo» por un motivo concreto: en este tramo, no crecía la hierba.

Pero por lo que se conoció mundialmente a Carabaña fue por sus aguas medicinales purgantes, procedentes del manantial Fuente de la Salina, en las inmediaciones del cerro Cabeza Gorda. Se trata de una fábrica fundada por Ruperto Chávarri, camino hacia Tielmes, donde las aguas eran embotelladas y distribuidas sin coste alguno para los carabañeros. También hay un viejo palacete que fue creado para hacer las veces de balneario, donde las gentes pudiesen tomar las aguas, pero

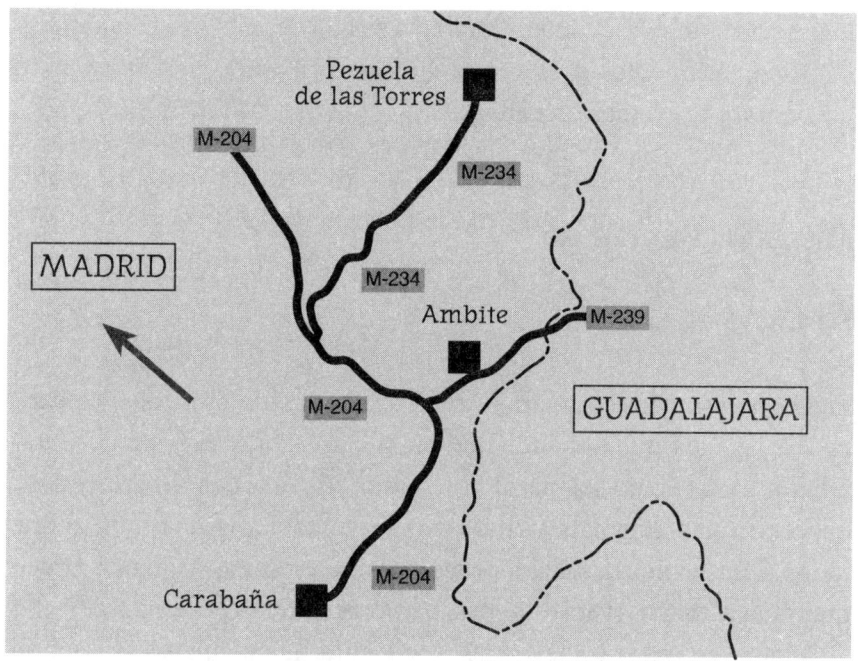

que hoy no se encuentra en uso, pese a que por fin los órganos competentes quieren que vuelva a ser lo que era.

El tiempo ha querido que el pasado de Carabaña saliese a relucir en 1994 con el descubrimiento de una necrópolis en medio de unos campos de cultivo, aunque el director general del Patrimonio en aquel momento, Miguel Ángel Castillo, ya especificó que «[...] el yacimiento no aporta nada sobre los asentamientos visigodos. Será recubierto el próximo año porque son sesenta o setenta charcos [...]».[194] Lo que definía como charcos eran entre sesenta y setenta sepulturas de la época visigoda, muchas de las cuales, al menos veintiuna, habrían sido expoliadas impunemente. También se sabe que las tumbas estaban orientadas hacia el sol naciente, lo que les daría un cierto carácter ritual. Sin embargo, según declaraba Castillo, «[...] sólo se ha encontrado cerámica burda y torpe y un anillo de latón [...] cuando acaben los trabajos se volverán a tapar [...]».[195] A pesar de ello, desde que en 1991 se pusiera en marcha la llamada «Carta Arqueológica» (un mapa destinado a detallar todos los yacimientos arqueológicos de la región), sólo en Carabaña se han descubierto ciento treinta y dos yacimientos de diversas épocas. El Tiempo nos habla, pero no siempre queremos escucharle...

La Cueva de la Mora

Precisamente, por estos parajes repletos de pasado arqueológico existe una leyenda que defiende que en la carretera que va desde Carabaña a Tielmes, no lejana al río Tajuña y cerca del risco Picón, se encuentra una enigmática cueva en la que habitaría una reina mora, junto a una cohorte de doncellas vírgenes y sus guardianes. Dicen que salía a tomar el sol y se pasaba horas enteras peinándose.

Como en todas las leyendas, se asegura que alguien la descubrió pero que no pudo dar cuenta de lo acontecido porque los soldados que se encargaban de velar por su seguridad, en cuanto aparecía alguien por la zona le cortaban la lengua. El mito también nos explica que otro hombre pudo verla y escapar sin ser descubierto por sus secuaces. Pero no sirvió de mucha ayuda, porque perdió el habla de la impresión, aunque sí la inmortalizó en un cuadro que quiso llevarse a la tumba, por lo que ni siquiera de esta forma podríamos saber cómo era su descripción física.

La historia no parece muy creíble, aunque el nacimiento de la misma puede explicarse bajo una perspectiva lógica, y es que en toda esta zona —ya lo hemos referido antes— existen numerosas cuevas que en el caso de Carabaña estuvieron habitadas. En Tielmes (la antigua *Thermeda* romana), como en otros pueblos de la vega del río Tajuña, siguen siendo habitáculo humano. Si va por allí observará que en la llamada calle de las Cuevas Bajas un puñado de chimeneas (sobre todo si es invierno) delatan la presencia de cuevas rupestres en activo. Esto, que puede sorprender al lector, igualmente hemos podido observarlo en la zona de la Capadocia, en Turquía.

Misterios religiosos de Ambite

Muy cerca de Carabaña, ya casi en linde con Guadalajara se encuentra, a orillas del Tajuña, Ambite. Su fundación data del primer tercio del siglo XII. Tiempo después sería vendida por Felipe II al caballero Esteban Collín. Ambite dependía de la vicaría de Alcalá de Henares y fue señorío del marqués de Lagarda.

No es de extrañar que antiguamente se la conociese como Villa Hermosa, pues está rodeada de un paisaje espectacular. Sin embargo, no se sabe por qué motivo —tal vez por una epidemia que en 1786 asoló la villa— a nadie le pareció hermosa, y finalmente terminó por denominarse como hoy la conocemos.

En la carretera que conduce a Orusco de Tajuña se levantó un santuario dedicado a Nuestra Señora de Villaescusa, porque se apareció —según la tradición— sobre un risco sin que se pueda dar razón de la fecha.

Si en Madrid encontramos el oso y el madroño, en Ambite tenemos la encina, pero no se trata de una encina cualquiera, es tan antigua que nadie puede especificar cuánto tiempo lleva allí contemplando los acontecimientos de Madrid. Lo que sí se sabe, más o menos, son sus medidas: ¡mide veinte metros de altura, tres y medio de perímetro y el ancho de su copa puede alcanzar los treinta metros! Se encuentra ubicada en una zona particular, aunque está considerada por la Consejería de Agricultura de la Comunidad «árbol ejemplar».

En la iglesia de la Asunción se custodia otro *lignum crucis* que posee una curiosa leyenda que habría tenido lugar en el siglo XVI: un caballero colocó en la Peña de los Llanos una cruz hecha con ramas a modo de agradecimiento por no haberse matado durante una tormentosa noche, en la que la visibilidad era mala y una caída de caballo, por no hablar de la de un rayo, hubiese sido fatal. Cuando por fin consiguió avistar el pueblo, lo primero que hizo fue caer postrado ante los pies de la Virgen, a la que realizó una promesa: acudir a Tierra Santa y hacerse con un trozo de la cruz en la que muriera Cristo. La leyenda concluye que el caballero cumplió lo expresado, trayendo consigo la reliquia, que de esta u otra manera hubo de llegar a la iglesia.

INQUISICIÓN

La picota de Pezuela de las Torres

En toda la Comunidad de Madrid sólo quedan tres picotas, situadas en Pezuela de las Torres, El Berrueco y Navalquejigo. Conviene hacer una distinción entre picota y rollo, pues tienden a confundirse:

— El rollo servía para delimitar la independencia jurisdiccional de una aldea, momento en el que se le participaba la concesión real de Carta de Villazgo. Se representaba como un poste de piedra alzado en unas gradillas.

— La picota era usualmente de madera y consistía en un instrumento en el que se exponían las cabezas, se torturaba o se colocaba al reo para vergüenza pública. No obstante, la confusión sobre estos dos postes puede venir marcada porque a partir del siglo XVII algunas poblaciones comenzaron a utilizar el rollo a modo de picota.

Para evitar los malentendidos creados, las Cortes liberales, reunidas en Cádiz en 1813, promulgaron un decreto de destrucción de todos los rollos por tenerlos como símbolos de abusos de poder por parte de los señoríos.

Para añadir algo más sobre la picota, es interesante señalar que dentro de la multitud de barajas de tarot[196] que existen en el mercado, algunas de ellas identifican el Arcano Mayor número XII, correspondiente al Ahorcado, con la picota. En la meditación que Wilson hace de esta carta se nos dice: «[...] El miedo es la autodestrucción: miedo a la MUERTE, miedo a la VIDA, miedo al MIEDO. Todos tenemos miedo, cada uno a su manera, y sin cierta dosis de miedo SANO no podríamos sobrevivir en el mundo, ya que es el miedo que nos hace ejercer la PRECAUCIÓN precisa para EVITAR y HUIR de la MUERTE. Pero el MIEDO MALSANO, las FOBIAS, el PÁNICO nos lleva directamente a la MUERTE que deseamos evitar. El MIEDO y el ODIO van de la mano, y han sido la MADRE de la CRUELDAD a través de la historia humana, tanto o tal vez más en la RELIGIÓN que en la POLÍTICA. Se han cometido más ASESINATOS en el NOMBRE de Dios que de otra manera [...]».[197] ¿No les parece que esta reflexión viene muy a propósito de la utilidad que tuvo en la antigüedad la picota?

Zona I
Cueva del Reguerillo

༄

LA CUEVA DEL REGUERILLO DE PATONES DE ARRIBA

Este emplazamiento fue bautizado informalmente como la «Altamira madrileña» porque en él se encontraron interesantes pinturas rupestres. En la actualidad, es un lugar visitado por los amantes de la espeleología. Además, en el interior de la cueva se descubrió una cabra en un estrato del Pleistoceno Superior de un millón de años de antigüedad y una mandíbula de lince, que pueden ser contempladas en el Museo Geominero.

Según un trabajo que nos facilitó doña Isabel Rábano, directora de este museo, «[...] el animal [lince] relativamente joven, fue a morir por causas desconocidas y en un momento desconocido, a la cueva [...]».[198] De las cabras cuenta: «[...] El "Pozo de las Cabras Montesas" constituyó uno de los hallazgos más espectaculares, ya que calcificados, en el fondo de un "gour" de unos treinta centímetros de lámina de agua, se trasparentaban dos esqueletos ordenados y completos de cabra montesa [...] cuyos cuernos sobresalían del agua; aparecieron restos muy rotos de otro individuo adulto y restos de dos crías [...]. Los animales fueron cazados en momentos distintos y, por algún motivo, algunos fueron abandonados completos, sin trazas de aprovechamiento [...]». También se habla de restos de oso: «[...] Puede concluirse que el

378

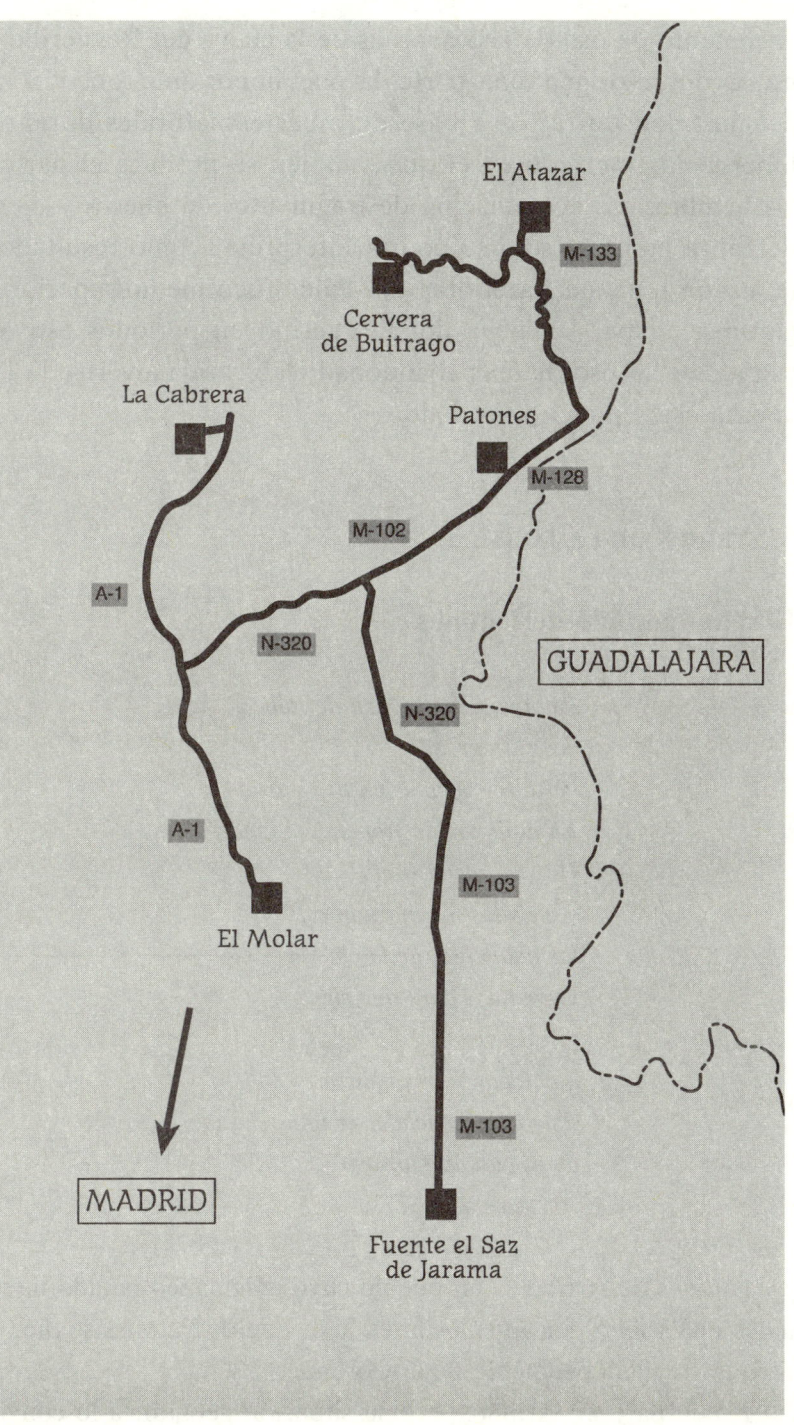

El Atazar

M-133

Cervera
de Buitrago

La Cabrera

Patones

M-128

M-102

A-1

N-320

GUADALAJARA

N-320

A-1

M-103

El Molar

MADRID

M-103

Fuente el Saz
de Jarama

yacimiento de oso de las cavernas de la cueva del Reguerillo tiene un doble origen: una parte, la más importante, obedece a la acumulación de restos a base de muertes naturales durante la hibernación, período en el que también se produce el parto de las hembras. La acumulación de fragmentos de huesos y dientes de cabra montesa sólo se podría interpretar como resultado de la acción humana: cazadores del Paleolítico medio/superior llegaron a ocupar la cueva del Reguerillo en períodos estivales, cuando ya los osos habían abandonado la guarida invernal [...]»,[199] apunta este minucioso trabajo.

MISTERIOS DE LA CORTE

El reino perdido de Patones

> *Patones, a semejanza de Itálica,*
> *has sido grande,*
> *hasta rey cuentas en tu historia.*
> *La dominación francesa te ignoró.*
> *Hoy, en plena ruina*
> *y alejados tus moradores,*
> *los habitantes de la ciudad*
> *vienen a ti para que siga*
> *tu existencia,*
> *quizá con más pujanza.*
> *Esta casa pretende ser una reliquia*
> *de tu pasado glorioso.*
> *Así sea.*[200]

Patones de Arriba es un pueblo cuyo enigmático pasado invita a darse una vuelta por aquellos lares. Y es que de Patones se dice que tuvo un rey independiente de la Corona.

Puede parecer extraño, pero su situación geográfica lo convirtió durante muchos años en un lugar recóndito e inaccesible. Se asegura, por parte de algunos historiadores (Antonio Ponz), que incluso cuando las hordas francesas llegaron avasallando pasaron de largo al llegar a Patones... Y es que este pueblo se descubre encaramado a una escarpada montaña.

Se cree que desde tiempos inmemoriales en Patones se seguía una tradición sucesoria de padres a hijos, pero se ignora desde cuándo existía esta seudomonarquía. Se especula que venía ocurriendo desde los visigodos, los romanos o acaso los íberos. Aunque la opinión más generalizada es que fueron los visigodos, pues entre los moradores de tan singular pueblo era fácil distinguir a personas rubias de ojos claros. Pero lo cierto es que se desconoce...

No sólo Napoleón pasó de largo al llegar a Patones, sino que anteriormente los árabes ni se enteraron de la existencia de este empinado emplazamiento. Después de la Reconquista, el «reino patónico» continuó con su tradición heredada, aunque al parecer bajo la subordinación a la Corona y al Consejo. Desde la Corona se veía con gracia esta situación, por lo que no se le dio demasiada importancia.

Antonio Ponz cuenta en sus crónicas viajeras que el «rey de Patones» se acercaba con cierta frecuencia a Torrelaguna a llevar hatillos de leña, y que fueron varias las personas que tuvieron trato con él. Afirman que era un hombre pacífico, al que no le gustaban los cotilleos, y que los juicios que en Patones se efectuaban eran verbales. Caro Baroja daba incluso el apellido de la familia real patónica: los Prieto, secundados por los Bara.

Isabel Montejano, en su obra *II Crónica de los pueblos de Madrid*, comenta que en la corte de Fernando VI (1746-1759), cuando se expedían órdenes a los gobernadores, a los escasos habitantes de Patones se les informaba por separado.

Sin embargo, con la llegada de Carlos III (1759-1788) la cosa cambió. No le hizo demasiada gracia que, a pocos kilómetros de Madrid, hubiese «rey» que no fuese él. Sin embargo, la seudomonarquía acabó de forma pacífica, no siendo necesario el empleo de la fuerza (la historia habría terminado con la emigración del rey, precisamente a Madrid, confundiéndose entre la multitud, como un habitante más de la Villa).

RELIGIÓN

La Virgen de las Cigüeñas de Fuente el Saz

El nombre de Fuente el Saz proviene de Fuente del Sauce, que era el nombre original por tener este pueblo aguas limpias y cristalinas y numerosos sauces. Pero este pueblo es famoso además por una leyenda curiosa —aunque ardua de datar— que hace referencia a su patrona, la Virgen de la Cigüeñuela, cuya ermita se halla a unos tres kilómetros de Fuente el Saz, en la M-111. Durante la romería (el 6 de septiembre) su imagen es conducida hasta el pueblo en procesión, cubierto el camino de antorchas que portan los fieles para que vaya bien alumbrada durante todo el recorrido.

El nombre de Cigüeñuela le viene a esta Virgen porque, según cuenta la leyenda, fue hallada por unos pastores semienterrada entre dos cigüeñas en un lugar denominado Soto de Alcañices (por ello se hizo allí la ermita). En el siglo XVIII un trinitario, Didacus Vargas, pintó una imagen de la Virgen que se conserva en la iglesia renacentista dedicada a san Pedro Mártir.

Sin embargo, pronto surgieron discrepancias entre Fuente el Saz y Algete, pues ambos pueblos consideraban que la imagen les pertenecía. Fuente el Saz cedió reconociendo que las tierras donde se había descubierto la imagen eran efectivamente algeteñas. Sin embargo, la Virgen no parecía de la misma opinión.

Decimos esto porque, cuando estaba siendo trasladada, a medida que se acercaba a Algete se hacía más y más pesada. Tanto que los algeteños se veían obligados a regresar a Fuente el Saz, momento en que la Virgen volvía a recuperar su peso habitual. Se hicieron al menos tres tentativas (esto dice la leyenda), hasta que al final Algete comprendió el mensaje y devolvió la Virgen a sus descubridores.

La Cabrera: el monasterio más antiguo

Efectivamente, el monasterio más añejo de la Comunidad se encuentra en La Cabrera. Se trata del convento de San Antonio, a dos kilómetros del pueblo. En la entrada, el escudo del duque del Infantado. Aunque fue restaurado en 1935, parece que el convento databa de la época mozárabe (siglo x).

Con posterioridad sería tomado por benedictinos y franciscanos, convirtiéndose en un centro de importancia cultural de estudios teológicos y gramaticales. Con la desamortización de 1835 entra en decadencia. Después sería comprado por un sobrino de Goya y en el siglo xx por el doctor Jiménez Díaz, aunque tras su muerte en 1991 —según estaba estipulado en su última voluntad— fue devuelto a los franciscanos.

El interior ostenta un estilo claramente prerrománico. La cabecera posee cinco ábsides semicirculares y tras un altar se contempla un lienzo atribuido a uno de los discípulos de Goya: *San Juan Evangelista dando la Comunión a la Virgen*.

Fuera, cerca del huerto, hay una fuente de la que se especula que posee cualidades especiales para conseguir que las mujeres se casen a toda costa.

El Molar y sus cuevas

Los inicios de El Molar vendrían de la época en que los árabes eran los dueños y señores de Madrid. Más tarde dependió de Talamanca del Jarama y Felipe II les dio el privilegio de Villazgo, aunque teniendo que pagar un precio alto: setenta y cinco mil maravedíes por cada vecino. Durante el siglo XVIII perteneció al señorío de Velois.

Antiguamente también fue conocido por sus manantiales de agua cristalina y mineralizada. No obstante, en la actualidad se conoce a El Molar más por sus bodegas (debe de haber unas doscientas aproximadamente), lo que da una idea de que los vinos allí son buenos. En el siglo XVII las fuentes eran muy visitadas, desde que un toro que había sido abandonado por su dueño por estar enfermo se curó en esas aguas: «la Fuente del Toro» la llamaron. Así que se construyó un balneario que se iniciaría en 1846 a petición del dueño de los terrenos, don Baldomero de Murga. Lógicamente, previo a la construcción, las aguas fueron analizadas convenientemente y se llegó a la conclusión de que eran buenas. En 1900 se desarrolló un negocio de venta de agua que debía de ser caro, por su gran demanda y porque se convirtió en lugar de moda entre las gentes pudientes. Beber el agua costaba diez pesetas al mes. Si lo que se quería era un baño, el precio ascendía a dos pesetas. Un litro de agua costaba cincuenta pesetas, mientras que uno de vino venía a salir por cuarenta y cuatro céntimos. En la actualidad, del balneario ya no quedan más que unos edificios bastante deteriorados.

En el cerro de la Torreta se observan numerosas cuevas (se cuentan centenares), algunas excavadas por los árabes, que han sido acondicionadas como mesones y tascas. Otras sirven como almacenes de vinos o para el cultivo del champiñón (la cueva de la Luna en su esencia servía para esto precisamente). En Guadalix de la Sierra sucede algo parecido, se encuentran casitos o cabañas de forma cilíndrica hechos con piedra (próximos al Canal de Isabel II, extendidos por el campo) que fueron usados como refugio de animales y personas.

La patrona de El Molar es la Virgen del Remolino. Se pueden hacer una idea de que en este caso la leyenda de la aparición de este personaje habría acontecido en un remolino del Jarama, teniendo como testigos a un labrador y a unos pastores que se hallaban en ese momento trabajando. Después se le erigiría una ermita en el lugar donde ella quiso presentarse a los humildes molareños.

Pequeñas curiosidades

- ༔ Garganta de los Montes: monumento japonés a la paz: de base cuadrada, lleva inscrito un mensaje de paz en diferentes idiomas. En la M-604, a unos cien metros antes de llegar al pueblo. Pocos saben exactamente de qué se trata.
- ༔ Bustarviejo: existen numerosas fuentes, como la fuente Nueva, fuente del Cañito, fuente Pareja y la fuente de los Muertos (hoy seca), que posee una leyenda que explica que quien bebía de ella era la última vez que lo hacía.
- ༔ San Agustín de Guadalix (no confundir con Guadalix de la Sierra): cerca de este pueblo se encuentra lo que antes eran los Baños de la Sima —hoy en desuso—, que poseían aguas sulfurosas consideradas benéficas, que llegaron incluso a exportarse al extranjero.

Enclaves ovni

La Sierra Norte y el pantano del Atazar

Hace algún tiempo, junto con el investigador Padial, nos dedicamos a recorrer el norte de la sierra madrileña en busca de misterios, relacionados en su mayoría con el tema ovni. Seguíamos la pista a un antiguo caso de supuesta abducción[201] acaecida en el pantano del Atazar el 14 de agosto de 1979. Durante la investigación de campo —que en esta oportunidad reveló que el caso podía tener una explicación lógica, al confundir el testigo principal a unos buzos que trabajaban en la presa con supuestos humanoides— pateamos lugares que al lector interesado en los ovnis le gustaría visitar para realizar sus propias indagaciones: El Atazar, Buitrago de Lozoya, La Cabrera, El Berrueco, Cervera de Buitrago, Lozoyuela, entre otros. Pero al llegar a Lozoyuela, a unos sesenta y ocho kilómetros de Madrid, descubrimos cosas muy interesantes tras charlar con la farmacéutica María Asunción de España.

«Aquí los ovnis no se ocultan —nos espetó dejándonos tremendamente sorprendidos—. Yo los he visto en numerosas ocasiones, y la gente de los alrededores también. Son tan frecuentes que les llaman "satélites", cuando en realidad no lo son», sentenció la buena mujer. La verdad es que los avistamientos protagonizados por ella son tantos que sería difícil establecer una relación. «La mayoría son como bolas anaranjadas.»

María Asunción sabe de este asunto porque incluso —según nos manifestó— fue llamada a declarar por el Ministerio de Defensa. De lo que no cabe duda es de que conoce bien la zona, porque antaño su dedicación consistía en recoger muestras de agua que posteriormente eran analizadas para comprobar sus componentes.

LOS SEIS DEDOS

En Cervera de Buitrago, un pueblecito no muy lejano a Lozoyuela y próximo a la presa del Villar, muchas personas nacen con ¡seis dedos! Conviene explicar que en algunos casos de pretendidas visitas de humanoides a la tierra, los testigos afirmaron que éstos tenían seis dedos, lo que ha propiciado que se despierte la imaginación de muchos y la consiguiente creación de un mito.

Según recogía la revista *Semana* en el año 1991, «[...] en 1929 unos ciento cincuenta habitantes tenían más de cinco dedos en las manos y pies. Estaban contentísimos, porque quedaban excluidos del servicio militar, que los clasificaba como "mancos" [...]».[202] El sexto, y hasta a veces ¡séptimo dedo! nacía normalmente, entre el

pulgar y el índice, y no solía estar dotado de movimiento independiente. Se especula que el apellido *Seisdedos* viene a causa de
estas malformaciones. En la publicación citada se afirmaba que
«[...] en todos los nacimientos ocurridos desde hace medio siglo,
cuando el marido y la mujer tienen seis o siete dedos, todos los hijos
tienen también seis o siete dedos. Si es solamente uno de los cón-
yuges quien presenta la anormalidad, el primer hijo es normal, pero
los demás tienen más de cinco dedos [...]». Y apuntaba la posible
causa de la malformación: «[...] Se trataba de matrimonios con-
sanguíneos [...]».

Además de todo lo expuesto existen varios datos que llaman
poderosamente la atención. Para empezar, todo esto no sólo ocurría en 1929, ni mucho menos, sino que se continúa produciendo
hoy en la actualidad, como nos confirmó María Asunción. De
hecho, nacían todavía muchos niños con más de cinco dedos, pero
eran operados desde muy pequeños. Explicaba a este respecto:
«[...] Yo conozco a una chica monísima, que servía aquí en el pueblo y que tenía seis dedos. Ella no se había operado porque su
novio no quería que lo hiciese [...]. Un día la vi pelando patatas
y me causó gran impresión [...]», concluyó rematando nuestra
curiosidad.

En cuanto a la causa de esta malformación, María Asunción se
encogió de hombros. Es altamente sospechoso que sean sólo los habitantes de Cervera de Buitrago los poseedores de los seis dedos. ¿Por
qué únicamente se da allí, y no en el resto de los pueblos colindan-
tes, que son muchos y a muy escasa distancia unos de otros? Estamos hablando de una zona muy concentrada.

«Lo ignoro. Allí cuentan que la culpa es del "cura"», masculló la
buena mujer, al tiempo que observaba el cruce de extrañadas mira-
das que se producía entre nosotros.

«¿El cura?¿Qué tiene que ver el cura con todo esto?», preguntamos intrigados.

«Bueno, no penséis mal. No es el cura del pueblo, sino que
existe la leyenda de un personaje muy alto que apareció por allí

hace años y que llevaba una túnica negra. Estuvo deambulando por esa zona un tiempo y después desapareció. Dicen que la culpa es suya.»

Algo raro estaba ocurriendo, y no sólo en Cervera de Buitrago, sino en todo aquel emplazamiento, pero en el caso de las malformaciones no creemos que tenga nada que ver con el tema ovni. De hecho, en otros lugares de nuestra geografía también se están dando estas rarezas.

Sin ir más lejos, el 13 de diciembre de 1997, cerca de Benalup (Cádiz) fueron hallados veinte esqueletos a tan sólo un metro de profundidad junto a la cuneta de la carretera que lleva a Medina Sidonia. En Benalup, antes llamado Casas Viejas, se desataron toda suerte de especulaciones. Y es que en 1933 se produjeron disturbios en los que murieron muchas personas. Entre ellas se encontraba un hombre apodado el *Seisdedos* —seguro que pueden imaginarse por qué—, que se encerró en su casa con toda su familia. Poco después, la Compañía de Asalto del capitán Rojas incendió su casa y los acribilló a balazos. Uno de los vecinos, Paco Sánchez, tenía entonces once años y recuerda lo siguiente: «[...] El Seisdedos se llamaba Silva, creo que Juan Silva [...]. Lo de los seis dedos era de verdad: aquí, al lado del dedo pequeño, le salía otro así como de lado, más pequeño. Todavía hay familia suya por el pueblo, y también tienen las manos así [...]».[203]

Cuando se habló de los gatos alados que se presentaron en Madrid y en otros puntos de la geografía española en 1950 ya se reconoció nuestra ignorancia sobre ese complejo fenómeno, que se produjo sólo aquel año. En este caso volvemos a manifestarla, aunque es justo reconocer que accidentes como el que se produjo en la central nuclear de Chernobil han producido a la larga consecuencias espantosas en los nacimientos de las generaciones posteriores: niños con dos cabezas, con tres piernas, o a los que les faltaban miembros... Sin entrar a comparar, lo que queremos resaltar es que este tipo de casos, que en muchas oportunidades se asocian al fenómeno ovni, la mayoría de las veces pueden tener una explicación más terrenal y por desgracia, en el caso de Chernobil, mucho más cruel.

EL PROYECTO FAECOM

Este proyecto, cuyas siglas significan Fenómenos Aéreos Extraños de la Comunidad de Madrid, fue coordinado por el licenciado en Derecho José Juan Montejo. Pese a que este proyecto ya no está vigente, estuvo dedicado varios años al estudio y la investigación de supuestos casos ovni ocurridos en la Comunidad de Madrid. Durante el tiempo que estuvo en activo recopiló más de trescientos casos acaecidos en los cielos madrileños desde mediados del siglo XIX, de los cuales doscientos cincuenta fueron calificados como positivos (inexplicados). Hablamos, pues, del primer catálogo específico de ovnis avistados en Madrid.

Dentro de los primeros resultados estadísticos obtenidos por el FAECOM se llegó a las siguientes conclusiones:

1. El 36% de los avistamientos ocurrieron en domingo, lunes y martes (siendo el jueves el día con menor porcentaje, el 9,52%).

2. Los meses en los que se registraron mayor número de observaciones fueron marzo, julio, agosto y noviembre, destacando agosto con más del 15%.

3. Atendiendo a la distribución horaria, y dividiendo el día en cinco etapas, el 63% de los casos tuvieron lugar desde las 20:00 hasta las 06:00 horas (noche-madrugada).

4. Como conclusión, se podría decir que el avistamiento-tipo de Madrid ocurre en la madrugada del domingo al lunes y en el mes de agosto. Aquí vemos cómo el sentido común se alía con la estadística, puesto que ese resultado podía ser fácilmente previsible, ya que agosto es el mes vacacional por excelencia, cuando la gente tiene más tiempo para el ocio y para salir de noche.

5. La cadencia de observaciones por años alcanzó los picos

más altos en 1968-1969 (51 casos) y 1978-1979 (36 casos), así como los más bajos entre 1958 y 1964 (uno o ningún caso) y desde 1983 en adelante, con alguna excepción como 1990, con cuatro avistamientos.

6. Las zonas ufológicas más «calientes» de la Comunidad han sido sobre todo dos: la sierra de Madrid, abarcando la amplia zona comprendida entre los pantanos del Vellón y el Atazar, y de otro lado el sector de la Casa de Campo-Pozuelo-Boadilla del Monte.

Zona J
Piedras de Galapagar

ॐ

Fenómenos actuales

«Lluvia» de piedras en Galapagar

El 25 de julio de 1984 algo muy extraño comenzó a suceder en un taller de carpintería cercano a Galapagar. ¡Enormes piedras comenzaron a caer causando agujeros en el tejado! Puede resultar increíble, pero lo cierto es que la revista *Tiempo* se hizo eco de la noticia, que les llegó precisamente a través del psiquiatra al que acudieron los afectados —tres jóvenes hermanos huérfanos: Francisco, Andrés y José Rubio—, que en vez de acudir a parapsicólogos o curanderos fueron directamente al médico, al que la historia le resultó tan sorprendente que prefirió contar el caso y permanecer en el anonimato. Posteriormente un periodista de la citada revista (Luis Reyes) localizaría y hablaría con los jóvenes, comprobando que el fenómeno en cuestión no sólo había sido observado por ellos, sino por otros muchos vecinos del pueblo.

Las «lluvias» de animales como peces, sapos, ranas, lagartos y demás no son algo nuevo. Se han producido en todas las épocas y en diversos lugares de los que daremos una pequeña relación, pero conviene aclarar que en este caso no se puede hablar de «lluvia»

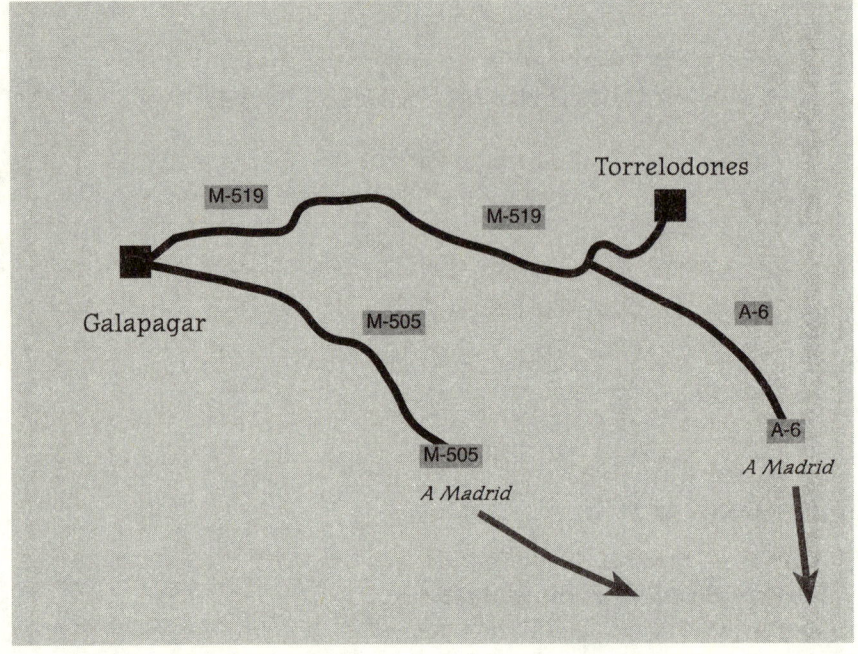

(como algo aislado), sino de «lluvias», puesto que se produjeron durante varios días. Quizás sería más apropiado el término de «tormentas». También hay que señalar que el psiquiatra que estudió el caso explicó asimismo lo siguiente: «[...] El triángulo Galapagar-El Escorial-La Navata está considerado por muchos parapsicólogos como una especie de Triángulo de las Bermudas en versión española, por la cantidad de fenómenos inexplicables que suceden en esta área [...]».[204]

Antes de relacionar este caso con otros acaecidos por todo el globo terráqueo, conozcamos cómo comenzó todo: «[...] Estábamos trabajando cuando empezaron a caer piedras sobre el tejado. Salimos a ver quién nos apedreaba y le echamos la culpa a unas niñas gitanas que andaban jugando por aquí, aunque ellas dijeron que no habían sido. La verdad es que eran piedras demasiado grandes para que las lanzara nadie sobre el tejado [...]. Durante cuatro días anduvimos locos, buscando al que nos tiraba las piedras, porque no dejaban de caer [...]».[205] Caían con tanta fuerza que el tejado empezó a agujerearse. Se escondieron por los alrededores, pero las piedras caían de la nada. Incluso llegaron a subirse al tejado y comprobaron que éstas se materializaban justo antes de caer, más o menos a medio metro del tejado, pero les resultaba imposible comprobar su procedencia.

❧ La última «lluvia» de la que se ha tenido conocimiento en nuestro país (en este caso de jureles y algas) tuvo lugar el 18 de septiembre de 1997 en la localidad de Moncelos (Lugo), como nos explicó la investigadora Pilar Abeijón, que estudió el caso.

Veamos otros ejemplos, sólo los más llamativos, pues existen muchos más:

❧ 1969, Maryland (EE UU). «Lluvia» de patos muertos.
❧ 1892, Paderborn (Alemania). «Lluvia» de miles de mejillones.
❧ 1857, Montreal (Canadá). «Lluvia» de pequeños lagartos grises.
❧ 1838, Londres (Inglaterra). «Lluvia» de ranas y renacuajos.
❧ 1578, Bergen (Noruega). «Lluvia» de ratones vivos.

Se trata de un fenómeno que efectivamente se viene produciendo desde antaño, aunque para el que todavía no existe una explicación convincente. Se apunta la posibilidad de que durante las tormentas se desencadenen fuertes corrientes de viento y remolinos que serían capaces de arrastrar animales y objetos que se hallaran a su paso, produciendo que se izaran en el aire para terminar finalmente cayendo en lugares muy lejanos una vez que el viento perdiera su furia. Lo más sorprendente del caso de Galapagar es que el fenómeno se reprodujera tantas veces seguidas y siempre sobre el tejado del taller. Lo ya expuesto constituye un suceso extraño en busca de solución.

Entrada a la cueva rupestre de Torrelodones.

El curioso hallazgo de las cuevas rupestres de Torrelodones

«Yo te llevaría, pero no tengo ni idea de dónde están», nos decía una amiga que nos había puesto tras la pista de unas cuevas que un niño de corta edad había descubierto, por casualidad, en Torrelodones, localidad que se halla por la carretera de La Coruña, a unos treinta kilómetros del núcleo urbano de Madrid. Era 1993 y el hallazgo se había producido hacía dos años, aunque no había trascendido.

De este pueblo, que hemos visitado en muchas ocasiones, guardamos varios recuerdos porque allí fue donde obtuvimos —en la casa abandonada de un pastor— la psicofonía más impresionante que hemos conseguido hasta la fecha. En ella, tres voces femeninas mantienen una conversación corta pero inquietante.

Volviendo a las cuevas, el niño, un tal Borja Aznar, no aparecía. No sabíamos dónde vivía, ni quién podía saberlo. Pero, lo que son las cosas, después de pasarnos toda la mañana bajo un sol de justi-

394

Borja Aznar (descubridor de las cuevas) con dos amiguitas.

cia preguntando si alguien lo conocía y cuando ya empezábamos a creer que el pequeño había sido tragado por la tierra, sucedió lo imprevisto.

Ya regresábamos para Madrid, enfadados por nuestra incapacidad para solucionar este caso —que en apariencia se presentaba simple—, cuando los «hados» quisieron que nos cruzáramos por la calle con la tía del niño, que amablemente nos condujo hasta el domicilio del pequeño, quien resultó ser, para colmo, un sobrino de José María Aznar... No nos pregunten por qué o cómo, pero así fue y así lo contamos.

Borja se encontraba además en casa, lo cual facilitaba mucho las cosas, pues estaba dispuesto a acompañarnos junto con una amiguita suya al lugar de las cuevas, a poca distancia del pueblo. El sitio en cuestión no está señalizado, así que si decide ir tendrá que preguntar en el Ayuntamiento. Pero no cometa nuestro mismo error. Es decir, meterse allí sin saber al menos lo que le espera...

Tras entrevistarnos con este inteligente y despabilado niño nos dirigimos al emplazamiento donde están las cavidades. Después, agarramos con fuerza nuestra cámara y nos dispusimos a entrar, siguiendo a Borja, que hacía las veces de cicerone. De pronto, cuando quisimos darnos cuenta, ¡Borja había desaparecido!, y por allí no se veía ninguna entrada.«¡Borja, Borja!», gritamos llamando al niño. De pronto, una débil vocecita respondió procedente de algún lugar indeterminado, que no éramos capaces de ubicar. «¡Estoy aquí!», dijo. «¿Dónde?», volvimos a inquirir. Entonces, desde una rendija que estaba ante nuestras narices y en la que apenas habíamos reparado, tomándola por la guarida de un lagarto, salió la cabecita de Borja. «¡Por aquí!», sentenció.

No sé cómo fuimos tan inconscientes, pero dejando la cámara a buen recaudo —porque era obvio que ambas no entrábamos— nos aventuramos a penetrar por la diminuta grieta siguiendo al niño, que avanzaba con rapidez. Para acceder tuvimos que tumbarnos literalmente en el suelo y arrastrarnos para conseguir ver las pinturas. Llegó un momento en que teníamos que girar pero no podíamos. «¡Sí que cabéis!», nos repetía Borja, animándonos a continuar. Como pudimos, tragando mucho polvo y pasando un insoportable calor, a la par que un poco preocupados por si finalmente no conseguíamos salir de aquel agujero, llegamos a ver las pinturas y pudimos salir dando marcha atrás, porque para dar la vuelta no había espacio suficiente. Cuando por fin llegamos a la salida, tomamos varias bocanadas de aire fresco... Todavía, sin haber recuperado el resuello, preguntamos tosiendo:

—¿Cómo diablos llegaste a descubrir esto?

—Fue a raíz de que en el colegio nos explicaron el arte rupestre, cuando tenía nueve años. Un compañero de clase sugirió hacer una excursión a unas cuevas cercanas al pueblo. Raúl y yo nos acercamos a esta zona, pues creíamos que podía haber algo, y ¡aquí estaban las pinturas!

—¿Cómo eran? Porque tenemos entendido que los vándalos, pese a que las cuevas han estado tapadas y vosotros lo habéis llevado en secreto largo tiempo, han destrozado algunas de las imágenes.

—Había varias pinturas que se encontraban en dos lugares diferentes. Una representaba una escena de caza, en la que aparecía un antropomorfo, un bóvido y un cáprido. En la otra había dos figuras, una de ellas parecía un bisonte, y un cáprido —explicó el niño con una soltura impropia de su edad.

Entonces se las enseñaron a su profesor y de ahí se desencadenaron unas investigaciones coordinadas por María Rosario Lucas Pellicer. Lamentablemente, lo que queda no puede verse muy bien y es necesario entrar con una linterna. Hacemos hincapié en que se trata de una visita no apta para cardíacos y recomendable sólo para los más aventureros o temerarios, según se mire. Lo que se nos antoja poco usual es cómo se realizó este descubrimiento por parte de los niños. ¿No les parece extraño?

Otros lugares de interés

ENCLAVE MARIANO

Colmenar Viejo

Rosa Moreno también asegura hablar y ver a la Virgen desde 1994, todos los últimos sábados de cada mes, en una zona conocida con el nombre de Los Rancajales, a la que se accede por una carretera comarcal que atraviesa el municipio. En este caso se trataría de la Milagrosa y de la Inmaculada Concepción, a las que antecede un fuerte olor a rosas. Sin embargo, Rosa asegura que la primera aparición habría tenido lugar cuando contaba trece años y residía en Sevilla.

MISTERIOS Y LEYENDAS

Rascafría (monasterio de Santa María del Paular)

A tres kilómetros de Rascafría se alza Santa María del Paular. Del siglo XIV (1390), se tiene como el monasterio cartujo más antiguo de Castilla, no de España, puesto que la cartuja más añeja es la de Scala Dei (Tarragona), fundada en 1163.

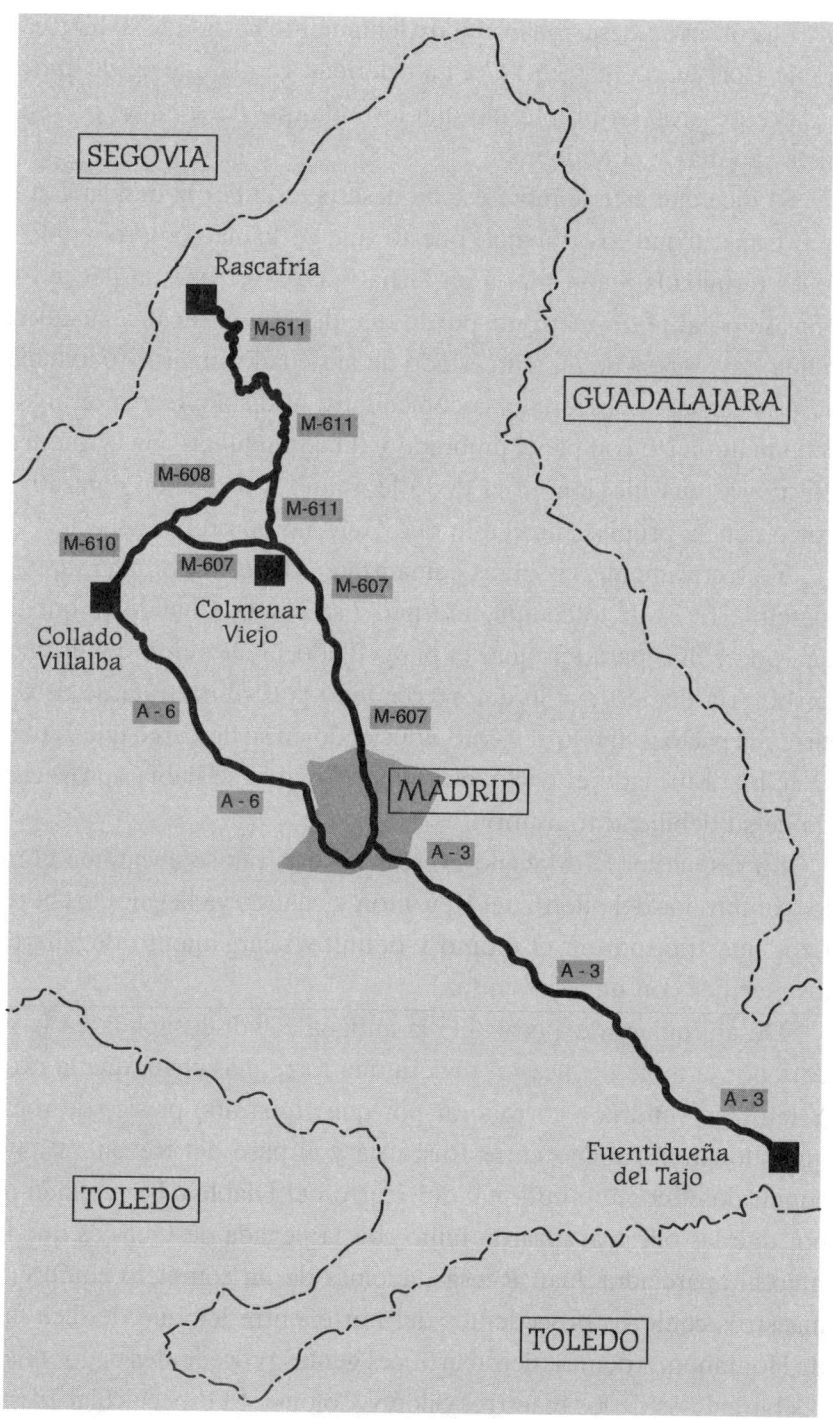

Las obras se desarrollaron muy lentamente hasta que se hizo cargo de ellas Juan Guas en 1475. La celeridad con la que desde entonces progresaron ha propiciado una leyenda que tiene como protagonistas a Guas y al Maligno.

Se dice que este hombre estaba desesperado por la desidia con la que transcurrían los trabajos, puesto que se había comprometido a tener terminada Santa María en fecha fija. Al ver que no llegaría ni por asomo al plazo marcado, por lo que debería pagar una cuantiosa multa, cayó presa de un gran estado de ansiedad y angustia que le llevó a hacer algo inesperado: encomendarse al diablo. Éste, presuroso, se le materializó con papel timbrado y un cortaplumas con el que tras efectuarle una incisión en el dedo le animó a firmar un contrato o pacto con su propia sangre, a lo que Guas no opuso resistencia.

Y efectivamente, las obras comienzan a discurrir con una rapidez increíble, fuera de lo común, infernal, si se quiere. Cuando ya quedaban pocos días para terminar el plazo fijado, Guas pensó que incluso le sobraría tiempo, por lo que recobrando la cordura trata de desdecirse del pacto gritando al viento, aduciendo en su descargo que él nunca hubiera firmado el pacto, pero que el diablo se había aprovechado de su debilidad transitoria.

La respuesta del Maligno no se hace esperar: se encarama entre los cambroños del puerto del Reventón y, cuando ve llegar a los boyerizos que transportan el último y definitivo cargamento de sillares, los petrifica con un rayo sin luz.

De ahí quieren explicar que la antigua catedral, suplida en larga data por la mole de alcázar, tuviera una torre más chata que la otra. Y también vendría a corroborar por qué el extraño paisaje de rocas que jalonan el camino entre Rascafría y el paso del Reventón haya adquirido el nombre informal del «carro del Diablo». La realidad de por qué las obras avanzaron tanto con la llegada de Guas es que se trajo al aparejador Juan Ruesga, además de un completo equipo de maestros canteros procedentes del norte, entre los que destaca Gil de Hontañón. Además fueron artífices gentes procedentes de los talleres burgaleses de los maestros Siloé y Colonia. El espectacular paisaje repleto de encanto y misterio, si queremos buscar respuestas racionalistas, se debe al resultado de miles de años de erosión glaciar en la vertiente meridional de los montes carpetanos.

Leyendas a un lado, merece la pena visitar el monasterio por otras curiosidades: por ejemplo, al entrar por una galería observamos que el suelo original está cubierto de huesos de animales incrustados en la propia piedra.

Ya en el «claustro de los monjes», de estilo gótico-mudejar, aunque con ventanales barrocos, se puede contemplar en el centro un templete de piedra. En sus doseles se encuentran grabados tres relojes de sol que miran a oriente, mediodía y poniente. Hay un cuarto, un poco más abajo, en el que se describen con trazos azules las horas acontecidas desde el alba *ab ortu,* y con rojos las transcurridas desde el crepúsculo *ab ocasu.* En una esquina, en otro templete, se encuentran las fosas de los seis benedictinos muertos en los últimos años.

Para completar las leyendas que envuelven a este monasterio damos cuenta de una que afirma que el monasterio podría estar «embrujado», porque a partir de las doce de la noche, a la hora en que las sombras toman más cuerpo que nunca y el silencio se «escucha» atronadoramente, dicen los campesinos que unos estremecedores aullidos de perro flamígero enviado por el diablo (o él mismo transformado en animal) rasgan la noche, procedentes del estanque de la huerta del monasterio. ¿Sería este enclave una de las llamadas «bocas del infierno»?

FIESTAS PAGANAS

Colmenar Viejo (la fiesta de «las mayas»)

Esta fiesta que se celebra el primer domingo de mayo tiene un origen pagano precristiano. La llegada de la primavera con el consiguiente florecimiento de la tierra es lo que quiere celebrarse. Para ello, las protagonistas son las denominadas «mayas», que son quince niñas seleccionadas cuidadosamente de entre todas las aspirantes. Las elegidas tienen como misión permanecer sentadas y quietas, con los brazos cruzados en posición hierática en un altar construido a propósito en la puerta de su domicilio, durante dos horas. El altar está adornado con flores silvestres. Los vestidos deben ser blancos (símbolo de pureza) y cubiertos con un mantón de manila. Lo que se pretende es que las «mayas» adquieran el aspecto de diosas.

Las aspirantes que no logren conseguir convertirse en una de las quince elegidas asistirán como doncellas a las mayas y tendrán una tarea bien definida: recolectar dinero entre las gentes que estén en la calle. Deben dirigirse a los transeúntes de la siguiente manera (aunque la fórmula puede variar algo):

> *Echad mano a la bolsa,*
> *cara de rosa, para obsequiar con ella*
> *mi dama hermosa.*

Pueden suceder dos cosas, que los avasallados den sus dineros gustosamente, en cuyo caso les limpiarán con un cepillo las vestimentas, o bien que se resistan a dar el óbolo, a lo que las sirvientas contestarán:

> *Pase el pelao*
> *que no lleva blanca ni cornao.*

El final de la fiesta se produce en la Plaza Mayor, en la que las mayas, felices, bailan dando la bienvenida a la primavera y todo lo que ella conlleva.

LEYENDAS Y FIESTAS PAGANAS

Fuentidueña del Tajo (cuevas)

Al igual que sucede en Tielmes, en Fuentidueña también encontramos cuevas acondicionadas en las que en la actualidad viven personas. Sus chimeneas las delatan, sobresaliendo como pequeñas setas, aunque probablemente no haya tantas como en la citada Tielmes. Además, se alza un castillo que fue construido por Alfonso VII en el siglo XII, como defensa sobre el Tajo en la época de la Reconquista, y que sería escogido por doña Urraca, a la que la leyenda atribuye la excavación de numerosos pasadizos escondidos que sólo eran conocidos por sus amantes moriscos (que según comentan eran muchos). Sin embargo, en el siglo XV, el castillo se puso bajo protección de la Orden de Santiago y en concreto en manos de don Álvaro de Luna, a quien ya se hizo referencia con relación al castillo de San Martín de Valdeiglesias. Más tarde, en el siglo XIX, los fragores de la guerra de la Independencia causaron mella en el recinto, aunque afortunadamente se conserva, dentro de lo que cabe, adecuadamente.

El segundo sábado de septiembre puede ser la fecha más idónea para visitar Fuentidueña, pues en esa noche se celebra la procesión de la Virgen de la Alarilla. Cuando llega el anochecer, se sitúa a la Virgen en una embarcación junto a numerosos fieles y el párroco. Multitud de bombillas se encargan de alumbrar la gran barca que desciende por el Tajo en la oscuridad, por lo que algunos jóvenes se adelantan nadando al tiempo que la sujetan con la mano para evitar que encalle, mientras que en la mano libre portan una antorcha que les sirve de guía.

Una vez que llegan a su destino, el antiguo puente de hierro, los jóvenes forman un círculo de fuego al que se tira valientemente otro muchacho desde el puente intentando caer justo en el interior. Se trata de una fiesta, sin duda, muy emocionante, que guarda las reminiscencias de un antiguo mito —que resultará del todo increíble al lector—, pero que no deja de tener su carácter romántico, y es que años ha (imposible precisar cuándo) dicen nada más y nada menos que ¡una ballena procedente del mar se adentró en el Tajo! En recuerdo de esta leyenda, durante las fiestas se nombra al Ballenero Mayor.

Apéndice 2
Cómo llegar

ZONA A: EL CASTILLO DE SAN MARTÍN DE VALDEIGLESIAS

- San Martín de Valdeiglesias: carreteras, a unos 67 km, por N-V, desvío en San José de Valderas, para tomar M-501.
- Pelayos de la Presa: carreteras, a unos 63 km, por N-V, desvío en San José de Valderas, para tomar M-501.
- Pantano de San Juan: carreteras, N-V, para tomar M-501, desvío un poco antes de llegar a Pelayos de la Presa.
- Rincón Safari Park: carreteras, M-507 hasta Aldea del Fresno, desvío a la reserva indicado.
- Cadalso de los Vidrios: carreteras, a unos 75 km, por N-V, desvío San José de Valderas, para tomar M-501 hasta Pelayos de la Presa. Desvío por M-541 que va a Cadalso.
- Cenicientos: carreteras, una vez en Cadalso, continuación por M-541, cogiendo carretera que lleva a Almorox, desvío por camino de tierra a la derecha hasta final del mismo. Andar unos quince o veinte minutos.
- Toros de Guisando: carreteras, provincia de Ávila, por M-501, pasando San Martín de Valdeiglesias, siguiendo los carteles de indicación a Ávila, N-403, bifurcación a la izquierda.

Zona B: El monasterio de San Lorenzo de El Escorial

- San Lorenzo de El Escorial: carreteras, a unos 51 km por N-VI, hasta Las Rozas, desvío por M-505.
- El Escorial: carreteras, a unos 50 km, por N-VI hasta Las Rozas, desvío por M-505.
- Navalagamella: carreteras, a unos 47 km, por M-501 hasta pasar Brunete, desvío Quijorna M-522. Al llegar, cruce a la izquierda hacia Navalagamella M-521.
- Robledo de Chavela: carreteras, a unos 65 km. Desde Navalagamella, se toma M-521.
- Fresnedillas: carreteras, desde Navalagamella, se sigue por M-521.
- Valle de los Caídos: carreteras, desde El Escorial M-600, desvío M-527.

Zona C: La Virgen de Leganés

- Leganés: carreteras, a unos 15 km, por N-IV.
- Navalcarnero: carreteras, a unos 31 km, por N-V.
- Cubas de la Sagra: carreteras, a unos 30 km, por N-401. En Torrejón de la Calzada, desvío hacia Griñón. A un kilómetro de Griñón, por M-404, se encuentra Cubas de la Sagra.
- Batres: carreteras, a unos 38 km por M-401. Al llegar a Torrejón de la Calzada, desvío para coger M-404, pasado Serranillos del Valle.
- Getafe: carreteras, a unos 13 km, por N-IV.
- Fuenlabrada: carreteras, A-5, desvío por M-506 hasta Fuenlabrada.

Zona D: La leyenda de la enigmática «Dama de Azul» (Majadahonda)

- Majadahonda: carreteras, por M-503.

- ❧ Boadilla del Monte: carreteras, a unos 14 km, por carretera de Extremadura. Luego se toma M-511.
- ❧ El Pardo: carreteras, a unos 9 km, por M-605.

ZONA E: LA CUEVA DE LA LUNA

- ❧ Titulcia: carreteras, a unos 39 km, por N-IV hasta el km 30. Tomar M-40 pasando por Ciempozuelos hasta Titulcia.
- ❧ Pinto: carreteras, a unos 21 km, por N-IV.
- ❧ Valdemoro: carreteras, a unos 27 km, por N-IV.
- ❧ Aranjuez: carreteras, a unos 45 km, por A-4.
- ❧ Toledo: carreteras, por A-4, y luego desviarse hasta N-400.

ZONA F: EL CRISTO DE RIVAS

- ❧ Rivas de Jarama: carreteras, desde M-203, pasado Vicálvaro, tomar la M-216.
- ❧ Morata de Tajuña: carreteras, a unos 35 km, por N-III, desvío a Perales de Tajuña, cogiendo la M-506.
- ❧ Perales de Tajuña: carretera, a unos 39 km, por N-III, desvío a Perales de Tajuña.
- ❧ Mejorada del Campo: carreteras, a unos 18 km, por M-203, pasado Vicálvaro, desvío a Mejorada del Campo.
- ❧ Loeches: carreteras, a unos 30 km, por carretera de Valencia a Arganda, desviándose a la izquierda, se indica el camino a Loeches.
- ❧ Coslada: carreteras, A-2, desviándonos por M-215 a San Fernando de Henares. Desde ahí, desvío a Coslada.
- ❧ Torrejón de Ardoz: carreteras, a unos 20 km, por N-II.

ZONA G: CASTILLO TEMPLARIO DE SANTORCAZ

- ❧ Santorcaz: carreteras, a unos 46 km y a unos 16 km de Alcalá de Henares. Por N-II hasta Alcalá de Henares, para tomar M-300 hasta El Gurugú, y allí tomar la M-227.

- Villalbilla: carreteras, desde El Gurugú, tomar M-204.
- Torres de la Alameda: carreteras, A-2 hasta Torrejón de Ardoz. Coger después M-206, antes de llegar a Loeches, desvío por M-225 hasta Torres de la Alameda.
- Los Santos de la Humosa: carreteras, desde El Gurugú, tomar M-227, al llegar a Hortalez, desvío por M-226 hasta Los Santos de la Humosa.
- Alcalá de Henares, carreteras, a unos 30 km por la A-2.
- Camarma de Esteruelas: carreteras, a unos 36 km, desde A-2, desvío por M-119 hasta Camarma de Esteruelas.
- Anchuelo: carreteras, desde El Gurugú, tomar la M-227 hasta Anchuelo.
- Corpa: carreteras, desde El Gurugú, tomar la M-204 hasta Villalbilla, cogiendo la M-233 se llega a Corpa.

Zona H: Carabaña

- Carabaña: carreteras, a unos 50 km por la N-III hasta Perales de Tajuña, y luego tomar la M-204. Autobuses: 326.
- Ambite: carreteras, a unos 60 km por la N-III. Se toma el desvío a Perales de Tajuña, para tomar la M-204 por Tielmes y Carabaña.
- Pezuela de las Torres: carreteras, a unos 50 km por la N-II hasta Alcalá de Henares, desde donde se toma la M-300 hasta El Gurugú y de allí, la M-204. Luego, a unos 6 km, se coge la M-225 hasta Pezuela de las Torres.

Zona I: Cueva del Reguerillo

- Patones: carreteras, a unos 60 km, por N-I hasta Venturada, para tomar N-320, y en Torrelaguna, coger M-102.
- Fuente el Saz de Jarama: carreteras, a unos 32 km, por N-I, desviación a Algete en Fuente del Fresno M-100, para tomar M-111.

- La Cabrera: carreteras, por N-I, pasar Cabanillas de la Sierra. Después desviarse a La Cabrera.
- El Molar: carreteras, por N-I, pasar San Agustín de Guadalix, continuar hasta desvío para El Molar.
- El Atazar: carreteras, por N-I, desvío a la altura de Venturada, coger N-320 hasta Torrelaguna, desvío por M-131, en bifurcación tomar M-133.
- Cervera de Buitrago: carreteras, desde El Atazar hay un camino que conduce a Cervera de Buitrago (precaución en invierno).

Zona J: Piedras de Galapagar

- Galapagar: N-VI, pasado Casaquemada, desvío por M-505 hasta Galapagar.
- Torrelodones: carreteras, a unos 30 km por N-VI.

Otros lugares de interés

- Colmenar Viejo: carreteras, a unos 28 km por M-607.
- Rascafría: carreteras, coger M-607 para después desviarse por M-611 hasta Rascafría.
- Fuentidueña del Tajo: carreteras, a 62 km por N-III.

Notas

1. Del griego *oneiros*, sueño, y *mancia*, adivinación. Intérprete de sueños premonitorios.

2. *Aproximación histórica a la Comunidad de Madrid*, volumen I, Consejería de Educación y Cultura de la Comunidad de Madrid.

3. Erigido con grandes piedras, estaba compuesto por una cámara sepulcral circular de unos treinta metros de diámetro.

4. Celtas + íberos = celtíberos, que en esta zona se llamaban carpetanos.

5. Museo Municipal (Madrid).

6. Museo Municipal (Madrid).

7. Cristianos que convivieron mezclados con los musulmanes.

8. Instrumento matemático que se utilizaba para observar la altura, lugar y movimiento de los astros.

9. Moneda de origen árabe, que se comenzó a emplear en Castilla en el siglo XI en sustitución de las monedas romanas. Hasta el siglo XV podía ser de oro o plata.

10. Isabel Fernández Hearn, *Las zonas astrológicas madrileñas.* Trabajo inédito.

11. En él se cazaban venados, tenía varias ermitas e incluso se podía navegar por sus canales.

12. Manuel Seral Coca, *Lucifer, símbolo oculto de la iniciación.* Ediciones Fausí.

13. Como dato curioso añadiremos que al final de la avenida de Bruselas, en el cruce con la avenida de América, se halla otra escultura en la que se ven unos ángeles precipitándose al suelo desde un pedestal. Visualmente también son ángeles caídos, aunque la escultura se denomina *Los ángeles de la paz*.

14. Director de Fontanería y Alcantarillado del Ayuntamiento en aquel año.

15. El patrono de Portugal es san Antonio de Padua.

16. R. H. Wilson, *El tarot, práctico y esotérico*, Doble-R.

17. Muñeco giratorio empleado en ciertos juegos.

18. M.ª del Carmen Simón Palmer, *El Retiro. Parque de Madrid*, La Librería.

19. Un chileno residente en España desde hace varios años, ex militante de izquierdas, que tuvo una experiencia que marcó su trayectoria, llevándole a dedicarse íntegramente a predicar el mensaje del evangelio de Cristo.

20. Declaraciones a Radio Amistad. Verano de 1996.

21. Algunos investigadores prefieren acuñar el término «parafonía» en lugar de «psicofonía» porque sostienen que el prefijo «psico» condiciona la interpretación del fenómeno, ya que se da por sentado que éste es provocado por la mente del sujeto que efectúa la grabación. Personalmente, preferimos el primero, aunque lo cierto es que el segundo es más conocido entre los profanos.

22. Del griego *tele*, lejos; *plasmein*, formar. Supuesta exteriorización, proyección y concreción de un pensamiento o imagen a distancia. Un ejemplo mundialmente conocido de teleplastias son las famosas caras que aparecieron en una casa de Bélmez de la Moraleda.

23. *Al otro lado del alma, Fuerza espiritual*. También estrenó en Madrid la obra teatral *El secreto de lady Margarita*.

24. BURU llegó a tener más de sesenta y cinco socios adscritos.

25. Saliano sería el nombre de un pequeño grupo de extraterrestres que se encontrarían supuestamente operando en nuestro planeta.

26. Durante una emisión especial histórica sobre UMMO, en la que participaron muchos de los implicados en el asunto, se difundió además, por vez primera, una grabación de José Luis Jordán Peña, que confesó ser el autor del fraude que mantuvo en jaque a la ufología española.

27. Perteneció al Partido Liberal Conservador. Fue varias veces ministro, alcalde y presidente del Congreso.

28. Pedro de Répide, *Las calles de Madrid*, La Librería, 1997.

29. Querían inaugurarlo el 12 de octubre, pero como no habían acabado los trabajos se aplazó hasta el 4 de enero de 1886, coincidiendo con el aniversario del regreso de Colón de su primer y arriesgado viaje. De nuevo, la «suerte» jugó una mala pasada al fallecer el rey.

30. Si eligieron a Venus para sus observaciones fue porque era el planeta más brillante de la bóveda celeste, visible desde la Tierra una vez que el sol se había puesto.

31. Cuenta con trescientos cuarenta y ocho puestos de lectura, aunque el acceso está restringido a investigadores. Además, organizan exposiciones sobre los temas tratados en este libro.

32. A este respecto, para los enamorados de la enigmática cultura egipcia existe un estudio radiológico sobre las momias egipcias que se hallan en este recinto realizado por el egiptólogo Esteban Llagostera Cuenca, que puede ser adquirido allí y que describe cómo son exactamente todas estas momias. No todas pertenecen a personas, también las hay de cocodrilos. Esteban Llagostera, *Estudio radiológico de las momias egipcias del Museo Arqueológico Nacional de Madrid*, 1978.

33. Astrónomo francés (1842-1925). Presidió la Society for Psychical Research en 1923. Escribió libros como *L'inconnu et les problèmes Psychiques* o *La mort et son mystère*, entre otros sobre astronomía.

34. *Crónica de Madrid*, varios autores, Plaza & Janés.

35. Persona que busca y persigue la caza en el monte o la ojea hacia un sitio determinado.

36. Por su descripción puede recordar a la llamada «Dama de Azul». Véase Zonas de Influencia de la Comunidad de Madrid.

37. El Oratorio del Santísimo Sacramento, hoy del Caballero de Gracia, tuvo como arquitecto a Juan de Villanueva. La obra escultórica que destaca de este oratorio es el Cristo de la Agonía, que anteriormente había estado en el hospital de Agonizantes (desaparecido) y que fue tallado a mediados del siglo XVII por Juan Sánchez Barba y está considerado como una de las obras cumbres del barroco madrileño.

38. Si esta versión fuese tal como nos ha llegado, lo más probable es que estuviéramos ante un caso de catalepsia o muerte aparente.

39. Anunciaban su presencia haciendo sonar una concha ondulada, a modo de trompeta. Sus sonidos pueden llegar hasta los confines más remotos del mar. Los tritones guiaban también los caballos de Tetis, la diosa de las aguas.

40. Es hijo de Neptuno. Según su estado anímico puede provocar las tempestades y las olas gigantes. Los tritones son sus subordinados. Todos juntos preceden y anuncian la llegada de Neptuno.

41. Un caso reciente en este sentido se produjo en la capital. Los testigos prefieren permanecer en el anonimato y lo respetamos, pero ello no les impidió contarnos cómo un familiar que había desaparecido misteriosamente se presentó una noche en casa de su hermana a altas horas de la madrugada. Tras llamar al timbre, su hermana le preguntó dónde había estado. El hombre no habló, sólo se despidió de ella. Días después, el hermano apareció muerto en un parque madrileño... Lo sorprendente es que la autopsia desveló que cuando él «fue» a la casa de sus familiares ya llevaba varios días muerto.

42. Sol-Venus-Mercurio en Aries muy cercanos a Marte, opuestos a Saturno y en sesquicuadratura a Plutón. Quincuncio exacto Marte-Plutón.

43. Marte en Aries en Casa XII, en la hipótesis ascendente Tauro (ensoñaciones violentas, visión brutal de la vida). También la T-cua-

drada Mercurio-Saturno-Neptuno (visiones negativas, perversas y pesadillescas, mentalidad agorera, imaginación melancólica, propensión a la intriga y a la paranoia), en configuración que, al hallarse conjunta al Sol y a Venus, tiñe la personalidad entera.

44. Isabel Fernández Hearn, *Atmósferas planetarias* (extractos de trabajo inédito).

45. Ángel del Campo Francés, *La magia de* Las Meninas, Colegio de Ingenieros de Caminos, Canales y Puertos.

46. *Margarita Coronae* es una estrella de segunda magnitud (2,31) y es la más importante de la *Corona Borealis*.

47. Toda una temeridad si se quiere, pero que otros mandatarios también lo han hecho a lo largo de la historia: Reagan, Hitler, el zar Nicolás II, por citar algunos ejemplos dentro de una larga lista.

48. A este respecto es interesante observar que José Echegaray, que fuera Premio Nobel, a quien se dedica esta calle, tenía un hermano, Eduardo de Echegaray y Eizaguirre, que fue jefe del cuerpo de Ingenieros de Caminos, Canales y Puertos y que perteneció a la logia Fraternidad Ibérica.

49. Los Cien Mil Hijos de San Luis entran en Madrid el 24 de mayo de 1823 con la intención de reponer al rey absolutista Fernando VII.

50. Muerto Juan I, fue sucedido en el trono por su hijo de corta edad, Enrique III el Doliente, por lo que el poder quedaba en manos de los tutores. Entre ellos, el conde de Benavente y los arzobispos de Toledo y Santiago.

51. Juan Antonio Cabezas, *Madrid y sus judíos*, El Avapiés.

52. En 1476 Madrid se hallaba dividido entre los partidarios de Juana la Beltraneja y los isabelinos. Pedro Núñez de Toledo, que era leal a Isabel, consigue vencer la resistencia después de varios días de lucha.

53. Se le suponía muerto en la batalla de Alcazarquivir en 1578.

54. En aquel momento, Felipe II ya reinaba sobre Portugal.

55. Pedro de Répide, *Las calles de Madrid*, La Librería, 1997.

56. Julio Caro Baroja, *Vidas mágicas e Inquisición*, tomo I, Istmo.

57. El trance puede englobarse dentro de los EAC (Estados Alterados de Conciencia). Es un período de inconsciencia más o menos profunda, en cuyo proceso puede desatarse actividad paranormal. Existen diversos tipos de trances: mediúmnicos, hipnóticos, etc. También se puede llegar a ellos a través de la ingestión de drogas o plantas de poder (enteógenos) como la ayaguasca.

58. Bajo la óptica paranormal, fray Bernardino podría ser considerado un sanador, que a través de la imposición de manos devolvió la vitalidad al niño agonizante.

59. En 1596. A consecuencia de la cual mueren 12.000 personas en Madrid.

60. *Diario 16*, 21 de abril de 1995.

61. Pedro de Répide, *Las calles de Madrid*, La Librería, 1997.

62. Francisco Azorín, en su libro *Leyendas y anécdotas del viejo Madrid*, p. 158, la coloca en el siglo IX.

63. Jesús Callejo, *Un Madrid insólito*, Complutense.

64. Miguel Ourvantzoff, *Los sesenta museos de Madrid*, 1962.

65. Editorial Magisterio Español, 1967.

66. *Doce cuentos peregrinos*, Narrativa Mondadori, 1992.

67. Autores como el doctor Arturo Perea y Prats en «La vida del Dr. Velasco, creador de un museo», defienden que enfermó de fiebres tifoideas y que fue su propio padre el que desencadenó su muerte suministrándole una pócima que le provocaría una hemorragia fulminante.

68. Para este mismo autor (Perea y Prats), el prometido se llamaba doctor Teodoro Núñez Sedeño, al que conoció personalmente, según explica en el trabajo ya mencionado.

69. No hay acuerdo entre los historiadores sobre la fecha de nacimiento de san Isidro (1080-1082).

70. Santa María de la Cabeza, de la que se cuentan diversos milagros. Después de tener un hijo decidieron convivir en castidad. Ha recibido el sobrenombre «de la Cabeza» porque al morir su cabeza fue separada del cuerpo y expuesta públicamente.

71. No se sabe a ciencia cierta dónde nació. Se especula que fue en Caraquiz, pero también se habla de Uceda, Madrid, Buitrago, Canillejas...

72. Con el tiempo se ha sabido que el que podría haber sido el auténtico pozo de San Isidro se halla bajo la iglesia de Nuestra Señora de la Antigua, en Carabanchel. El hallazgo fue realizado por José María Sánchez Molledo y Francisco Javier Faucha, quienes descubrieron bajo las entrañas de la citada iglesia una inscripción que reza «Pozo de San Isidro». *Abc*, 26 de octubre de 1997.

73. Luis Carandell, *El santoral de Luis Carandell*, Maeva Ediciones.

74. El nombre de Rastro, para los curiosos, proviene del rastro de sangre que dejaban los restos de las reses arrastradas desde el matadero que antiguamente había allí.

75. A. Fernández y M. Romero, *Relatos del viejo Madrid*, La Librería.

76. Lo cierto es que años más tarde, en 1939, una vez finalizada la guerra civil, el general Franco decidió instalar allí la Dirección General de Seguridad y convirtió los bajos en calabozos. Eran muy pequeños, de un metro de ancho por metro y poco de largo y sólo contenían un camastro. Allí estuvieron detenidos numerosos políticos que defendían la democracia. Por citar algunos, Juan Barranco fue detenido junto a su esposa en 1973, el día de su luna de miel; Francisca Sauquillo, Enrique Curiel, Agapito Ramos o José María Ruiz-Gallardón (el padre de Alberto Ruiz-Gallardón). Tras la restauración del edificio, a los calabozos se les dio un uso cultural y técnico, así como de archivo y almacén.

77. Ángel del Río López, *Duendes, fantasmas y casas encantadas de Madrid*, La Librería.

78. En marzo de 1998, por cuestiones que se desconocen, el animal ha sido tapado, no pudiendo ya ser contemplado por los visitantes.

79. Cosa del todo imposible, a no ser que los confundieran con

otros animales, ya que si bien es cierto que existen los cocodrilos marinos, que habitan principalmente en tierras australianas y que pueden llegar a alcanzar los diez metros de longitud, no se ven nunca en alta mar.

80. Este comportamiento (golpear el casco de las embarcaciones) se sabe positivamente que es propio de especies como el *Carcharodon carcharias* (tiburón blanco), que puede llegar a alcanzar doce metros de longitud y varias toneladas de peso. ¿Confundieron los Montalbán a estos animales con cocodrilos?

81. Esto recuerda un poco a lo que se cree que ocurrió a propósito del descubrimiento de la Virgen de la Almudena. La Virgen de la Almudena aparece después de llevar varios siglos escondida en el interior de la muralla de forma sobrenatural, al derrumbarse una parte de la misma. En este caso, la aparición de la talla de la Virgen de los Remedios no puede ser más providencial y desde luego sin explicación desde el punto de vista científico, ya que en este caso es muy difícil que alguien la hubiese colocado allí previamente, puesto que en el tiempo de los Reyes Católicos eran muy pocos los que se habían aventurado a viajar al Nuevo Mundo.

82. Indeterminada pero cuantiosa, ya que según la leyenda los reyes estuvieron a punto de dar su visto bueno.

83. El verdadero nombre del conde de Cagliostro era Giuseppe Balsamo. A este personaje se le han atribuido capacidades mágicas y relaciones con sociedades secretas. Parece que cuando estuvo en Madrid entabló amistad con los duques de Alba y con algunos judíos conversos. La Inquisición quiso procesarle, pero Cagliostro escapó hábilmente a Lisboa.

84. Sucedió en el siglo XIV. El protagonista, un campesino de la localidad madrileña de Navalcarnero, no fue juzgado pues la Inquisición aún no había nacido.

85. Oficio de la Casa Real a cuyo cargo estaban las llaves, muebles, enseres y su limpieza.

86. Varios autores, *Crónica de Madrid*, Plaza & Janés.

87. Que adivina por agüeros. Que predice males.

88. De *celemí*. Antigua medida de Castilla, de capacidad para áridos, que tiene cuatro cuartillos y equivale a 4.625 mililitros.

89. No olvidemos que aún estaba vigente una ordenanza de 1411, del rey Juan II, que prohibía las prácticas de hechicería.

90. La Villa jamás ha podido presumir de ser una de las ciudades europeas más limpias. Más bien todo lo contrario. El grito de ¡agua va! se venía practicando desde siempre, pues no existía un sistema adecuado de alcantarillado, ni basureros a los que dirigirse. Como anécdota, un año después de ser trasladada por Felipe II la corte a Madrid (1562) fue necesario establecer unas ordenanzas a este respecto, pues la costumbre de arrojar toda clase de basura, incluyendo a los animales muertos, hacía muy dificultoso dar un simple paseo por Madrid. Lo único que se limpiaba con ahínco eran los aledaños del Palacio Real, y ya en aquella época supuso un gasto de doscientos seis mil setecientos diecisiete maravedíes. Sin embargo, estas ordenanzas no sirvieron para mucho.

91. Todo ello no debería llevar a confusión con respecto a su hermana, doña María de Austria, que también residió con posterioridad en el convento y de la que se destacaron sus virtudes. Murió en el propio monasterio el 26 de febrero de 1603 víctima de una pulmonía. Su cuerpo quedó incorrupto, como queda reflejado en la relación que hizo Jerónimo de Quintana, en la que además da cuenta de que en Madrid, al menos en aquella época, se encontraban incorruptos ciento setenta cuerpos (cuarenta y ocho cuerpos completos y ciento veintidós cabezas). *Grandezas de Madrid. A la muy antigua, noble y coronada Villa de Madrid. Historia de su antigüedad, nobleza y grandeza*, en 1629, Abascal. Edición facsímil, 1980.

92. F. Márquez, C. Poyán, T. Roldán y M. J. Villegas, *La masonería en Madrid*, El Avapiés.

93. Pedro de Répide, *Las calles de Madrid*, La Librería.

94. Esta explicación es sospechosamente parecida a la que se ha dado a la aparición del cuadro de la Virgen de la Paloma.

95. El templo y el convento fueron alzados en el primer cuarto del siglo XVII.

96. Documentación entregada por las propias carboneras, a las que agradecemos su colaboración.

97. Suponemos que se refiere, en este caso, a su llegada en abril de 1910.

98. Por difícil que nos resulte hacernos a la idea, el Madrid que hoy conocemos era puro campo, y las cosechas dependían enteramente de la caprichosa meteorología.

99. Yolotl González Torres, *El sacrificio humano entre los mexicas*, Instituto Nacional de Antropología e Historia. Fondo de Cultura Económica, México.

100. Francisco Azorín, *Leyendas y anécdotas del viejo Madrid*, primera parte, El Avapiés.

101. La campana que hoy puede verse data de 1801.

102. Cordón con que el sacerdote se ciñe el alba (vestidura sagrada).

103. Vampiros que chupan la sangre a los recién nacidos.

104. «Hyper», excesivo. Dinamismo, energía activa y propulsora. También se llama a este fenómeno comúnmente «sansonismo».

105. Granadino que había estudiado en las universidades de Alcalá de Henares y de Salamanca. Gran viajero, retirado a la vida eclesiástica. Muy aficionado a las letras, ejerció como cronista escribiendo unas cartas que él denominaba *Avisos*.

106. Julio Caro Baroja, *Vidas mágicas e Inquisición*, tomo I, Istmo.

107. Ricardo de la Cierva, *Historia total de España (del hombre de Altamira al rey Juan Carlos)*, Fénix.

108. Lamentablemente, todavía se asociaba la enfermedad de la epilepsia con la «posesión diabólica».

109. Julio Caro Baroja, *Vidas mágicas e Inquisición*, tomo I, Istmo.

110. Sol en Escorpio opuesto a Luna en Tauro, además de Marte en Cáncer opuesto a Urano en Acuario.

111. Marte en Cáncer opuesto a Urano en el grado cero de

Acuario, ambos en cuadratura a Júpiter en Libra. Las relaciones con este rey debían, a veces, ser irritantes, por su afán de controversia y debate.

112. Luna exaltada en Tauro, en trígono a Neptuno y en biquintil a Venus. No olvido la oposición al Sol, pero destaco los aspectos fortalecedores o compensatorios que provienen de la influencia lunar o materna.

113. Isabel Fernández Hearn, *El Palacio Real (de los musulmanes a los Borbones)*, parte de un trabajo inédito.

114. Usados como símbolo satánico. Consultar el Apocalipsis de San Juan, 13, 18, «Aquí la sabiduría. El que tenga inteligencia calcule el número de la bestia, un número de hombre. Su número es 666».

115. Fue consagrada por el papa Juan Pablo II el 15 de junio de 1993.

116. Actualmente no existe el número 119, porque la calle ha quedado reducida a un pequeño pasaje.

117. Rosa María Santidrián Padilla, *Mujeres malas y perversas de la historia*, M. E. Editores.

118. El Piadoso, apodado así por su gran religiosidad compartida por su esposa. Durante su reinado (1598-1621) fundaron numerosos conventos como el Caballero de Gracia, las Trinitarias Descalzas, los Capuchinos del Prado, San Basilio, etcétera.

119. La sangre no se ha licuado cuando se han producido tragedias de importancia: primera guerra mundial (1914-1918), guerra civil (1936)...

120. El papa Paulo V obsequió al virrey español de Nápoles —don Juan de Zúñiga— una ampolla, que llegó al monasterio gracias a que tenía allí a una hija profesando.

121. Como recoge muy acertadamente el padre Eugenio Ayape en su opúsculo *La sangre de san Pantaleón en Madrid*.

122. Entre 1080 y 1090.

123. El hallazgo se produjo en 1569, durante unas obras. Según López de Hoyos, esta culebra sería el origen del dragón del escudo de la Villa.

124. *Interviú*, semana del 27 de julio al 2 de agosto de 1992.

125. Ídem.

126. (Del griego *Kryptos*, oculto; zoología, parte de la historia natural que estudia a los animales.) En parapsicología se trataría del estudio de aquellas especies desconocidas o que se creían desaparecidas desde hace mucho tiempo.

127. Natural de Limoges, ciudad de Francia, o de la antigua provincia francesa de igual nombre.

128. También había sido trovador, hasta que se casó con una dama noble que le proporcionó el título.

129. Mal de ojo.

130. El Grande (1621-1665). Tuvo numerosos hijos, algunos fuera del matrimonio, como Juan José de Austria, nacido de la Calderona.

131. Julio Caro Baroja, *Vidas mágicas e Inquisición*, tomo I, Istmo.

132. Ídem.

133. Mariana de Jesús Pereira, *Beata Mariana de Jesús. La taumaturga madrileña*, Centro Coordinador Pro Centenario, 1961.

134. Ídem.

135. Según nos explicaron las religiosas, el cuerpo de la beata exuda un líquido que huele a manzana.

136. En *La masonería en Madrid*, de varios autores (consultar bibliografía), se habla de la poca incidencia de las mujeres en la masonería. Sin embargo, las escasas aventureras que se adentraron en la masonería lucharon por conseguir introducir a la mujer en este campo. Concepción Arenal era una de ellas. Parece que no se sintieron muy apoyadas por sus hermanos.

137. Existen otros templos además del de Debod fuera de Egipto: el de Dendur, que se halla en el Metropolitan de Nueva York, el de Taffa, en Holanda...

138. Martín Almagro, *El templo de Debod*, Instituto de Estudios Madrileños, 1971.

139. Para ello ya existen documentados trabajos como el de Juan José Benítez, *Materia reservada*, Planeta, Barcelona.

140. *Abc*, 25 de mayo de 1950.

141. *Abc*, 10 de junio de 1950.

142. Esta colección es quizás la más completa y numerosa de orfebrería prehispánica que se conoce. Fue elaborada por los quimbayas, que habitaban la región central del río Cauca, afluente del Magdalena, en la actual Colombia. No fue descubierta hasta el año 1891, momento en el que fue encontrada en dos tumbas.

143. Realizado en 1554, en castellano, bajo la dirección de un misionero español anónimo. Consta de ciento veintidós folios, de los cuales los cuatro primeros llevan figuras de indios pintadas por un artista español y el resto corresponde a la explicación de las fiestas, dioses, ritos y demás costumbres del pueblo azteca. Al final se observa una representación del Calendario Augural con sus doscientos sesenta signos correspondientes a los dioses y a otras figuras acompañantes.

144. María Isabel Gea Ortigas, *Curiosidades y anécdotas de Madrid*, 2.ª parte, La Librería.

145. Declaraciones hechas por la testigo a la autora.

146. Información facilitada por el Ayuntamiento de Madrid.

147. Fernando Sarrenes, «Ayer y hoy de la Cultura Megalítica. Dioses bajo las piedras», *Nueva Dimensión*, 278, enero de 1996.

148. Rabdomante (del griego *rhabdos*, vara; *manteia*, adivinación). Sensitivo capaz de percibir o detectar, no importa a qué profundidad en el interior de la tierra, la existencia de corrientes de agua, vetas de minerales, etc. ¿Serían Moisés y san Isidro rabdomantes sin saberlo?

149. De él se dice que estaba embrujado por Álvaro de Luna, famoso por sus prácticas mágicas.

150. Película inspirada en la vida del siniestro Gilles de Rais.

151. Asociación fundada para reclamar la conservación del castillo, pues se trata de un Monumento Histórico Artístico.

152. Juan G. Atienza, *Santoral diabólico*, Martínez Roca.

153. Altar en que se ofrecen sacrificios. Piedra consagrada sobre la que se extienden los corporales para celebrar la misa.

154. Lorenzo Gómez Gómez, *San Martín de Valdeiglesias. Geografía, historia, personajes*, Lorama.

155. *Génesis*, 28, 11.

156. *Génesis*, 28, 16-19.

157. Lorenzo Gómez Gómez, *El Tiemblo y el V Centenario del Descubrimiento de América*, Lorama.

158. Véase *Karma-7*, 252, 1993.

159. Los masais también hacen este tipo de ritual con las colas de las cebras.

160. Alfonso Espinet y Juan Manuel González-Cremona, *Diccionario de los reyes de España*, Mitre.

161. La orden fue dada el 18 de enero de 1568 y moriría en julio de ese mismo año. El príncipe Carlos ha sido definido como enfermizo, vicioso y rebelde.

162. *Espacio y tiempo*, 23 de enero de 1993.

163. Isabel Montejano, *II Crónica de los pueblos de Madrid*, Anjana Ediciones.

164. Federico Bravo Morata, *Historia de Madrid*, vol. I, Fenicia.

165. Dícese de la esfera movible que representa los círculos astronómicos.

166. Por todo el mundo existen lugares sobre los que se ha especulado lo mismo. En España también se encontrarían supuestamente otros como el Teide (Canarias), la calle Barea (en una casa embrujada de Barcelona), el Pico Sacro (Galicia), Santa María del Paular (Rascafría), los subterráneos toledanos e incluso, como ya se ha visto, la Real Casa de Correos de Sol, aunque la lista podría ampliarse algo más.

167. René Taylor, *Arquitectura y magia. Consideraciones sobre la idea de El Escorial*, Siruela.

168. Una placa moderna en bronce, a la derecha de la escalinata que nos lleva hasta arriba, recuerda unas palabras del rey pronunciadas al presidente del Consejo de Castilla en 1582: «...La conservación de los montes y aumento de ellos... es mucho menester... Temo que

los que vinieren después de nosotros han de tener mucha queja de que se los dejemos consumidos. Y plugue a Dios que no lo veamos en nuestros días». Poco imaginaba él que, junto a «su» silla, se instalaría posteriormente un quiosco de bebidas.

169. No confundir con San Lorenzo de El Escorial. La separación de los términos se realizó el 25 de junio de 1792, a través de una Real Cédula otorgada por Carlos IV.

170. Gabriel Carrión López, *El lado oscuro de María*, Aguaclara.

171. Mensaje recibido supuestamente el 4 de diciembre de 1993, en Prado Nuevo, y transcrito en el boletín *Madre de Dios y Madre Nuestra Virgen Dolorosa*, editado por la Asociación Internacional de Amigos de Prado Nuevo de El Escorial.

172. José Hermida y Silvia Nieto, *Viajes esotéricos*, Temas de Hoy.

173. (Del griego *psyché*, alma, y *gráphein*, escribir). Equivalente de «mediumnidad escribiente», conocida vulgarmente como «escritura automática».

174. Manuel Miranda, *El Santo Custodio y yo*, editado por él mismo.

175. Véase la revista *Karma-7*, 283, año XXV, 1/97.

176. «"Lights Out!" A Faxlore Phenomenon», *Skeptical Inquirer*, marzo-abril de 1995.

177. José María Pilón, *Lo paranormal ¿existe?*, Temas de Hoy.

178. Ídem.

179. Boadilla (Boadi-la), a la que se sumó «del monte» por encontrarse rodeada de encinas.

180. Hermano gemelo de Hipnos, dios griego del sueño; Tánatos, en cambio, es el dios de la muerte.

181. *Interviú*, 27-7, 2 de febrero de 1992.

182. Véase monográfico de la revista *Más allá de la ciencia*, 18.

183. En este sentido existe cierto paralelismo entre la muerte de Escobedo y la del siberiano Grigori Efimovich Rasputín, al que se le trató de asesinar en 1916 (acusado de tener al zar Nicolás II hechi-

zado) poniéndole grandes dosis de veneno en unos pasteles y en el vino, aunque no le hizo efecto, por lo que acabaron por tirotearlo y arrojarlo —aún vivo— al río Neva.

184. Recordemos que una obsesión parecida le sobrevino, a causa de unos sueños, a Isabel de Farnesio (véase *Zona 12*).

185. Isabel Montejano Montero, *II Crónica de los pueblos de Madrid*, Anjana Ediciones.

186. *El Mundo*, 28 de agosto de 1996.

187. Declaraciones en entrevistas grabadas con la familia.

188. Información *Historia de nuestro pueblo*, facilitada por el Ayuntamiento de Santorcaz.

189. Juan G. Atienza, *Los enclaves templarios*, Martínez Roca, Barcelona.

190. Juan G. Atienza, *Santoral diabólico*, Martínez Roca, Barcelona.

191. Declaraciones telefónicas el 9 de diciembre de 1993.

192. Información facilitada por la Concejalía de Cultura de Corpa.

193. Como se observa, no sólo los cuerpos de los santos o beatos quedan incorruptos.

194. *El País*, 19 de mayo de 1994.

195. Ídem.

196. «Existe un libro que, a pesar de ser enormemente popular, y de que podemos encontrarlo en todas partes, es el más desconocido y el más oculto de todos, porque contiene la llave de todos los demás [...] libro que hablando hace pensar [...]», Éliphas Lévi.

197. R. H. Wilson, *El tarot, práctico y esotérico*, Doble-R.

198. Carlos Fierro Hidalgo (coordinador), *La cueva del Reguerillo y su entorno: un estudio multidisciplinar*, editado por la Federación Madrileña de Espeleología.

199. Ídem.

200. En una fachada de Patones.

201. Supuesto rapto de un humano por parte de seres extraterrestres.

202. *Semana*, 2 de octubre de 1991.

203. *El País*, 16 de diciembre de 1997.

204. *Tiempo*, 30 de julio de 1984.

205. Ídem.

Bibliografía

ALMAGRO, MARTÍN, *El templo de Debod,* Instituto de Estudios Madrileños, 1971.

AMO, MONTSERRAT DEL, *Historia mínima de Madrid*, El Avapiés, 1992.

ANCLARES, GERÓNIMO DE, *Leyendas de Madrid*, M. E. Editores, 1995.

AYAPE, EUGENIO, *La sangre de san Pantaleón en Madrid,* Augustinus, 1987.

AZORÍN, FRANCISCO, *Leyendas y anécdotas del viejo Madrid, I y II*, El Avapiés, 1991, 1990.

BAEDEKER, *Guía Allianz de la ciudad. Madrid,* Sociedad General Española de Librería, 1984.

BRAVO MORATA, FEDERICO, *Historia de Madrid, tomo I.* Fenicia, 1984.

BUEZO, CATALINA, *El carnaval y otras procesiones burlescas del viejo Madrid,* El Avapiés, 1992.

CABEZAS, JOSÉ ANTONIO, *Madrid y sus judíos,* El Avapiés, 1987.

CALLEJO, JESÚS, *Un Madrid insólito. Guía para dejarse sorprender,* Complutense, 1997.

CARDONA, FRANCESC-LLUÍS, *Mitología griega*, Edicomunicación, 1987.

CARO BAROJA, JULIO, *Vidas mágicas e Inquisición*, Istmo, 1992.

CIERVA, RICARDO DE LA, *Historia total de España (del hombre de Altamira al Rey Juan Carlos)*, Fénix, 1997.

CORRAL, JOSÉ DEL, *Curiosidades de Madrid*, El País Aguilar, 1990.

—, *Madrid 1561. La capitalidad*, La Librería, 1990.

—, *Madrid en su mano*, En su Mano, 1984.

COSTA CLAVELL, XAVIER, *Museo del Prado. Pintura española*, Escudo de Oro, 1994.

DOMÍNGUEZ OLANO, ANTONIO, *Guía secreta de Madrid*, Al-Borak, 1975.

—, *Pecar en Madrid*, Ediciones 99, 1976.

DÍAZ-PLAJA, FERNANDO, *La vida cotidiana en la España de la Inquisición*, EDAF, 1996.

ESPINET, ALFONSO Y GONZÁLEZ-CREMONA, JUAN MANUEL, *Diccionario de los reyes de España*, Mitre, 1989.

FERNÁNDEZ, AMALIA Y ROMERO, MIRYAM, *Relatos del viejo Madrid. Leyendas de la A a la Z*, La Librería, 1997.

FERNÁNDEZ VEGA, PILAR, *Guía del Museo de América*, Dirección General de Bellas Artes, 1965.

FERRER, JOSÉ MARÍA, *Madrid paso a paso. Guía para recorrer y descubrir el viejo Madrid*, en colaboración con la Unidad de Turismo del Excmo. Ayuntamiento de Madrid, 1987.

GARCÍA ATIENZA, JUAN, *Santoral diabólico*, Martínez Roca, 1988.

GEA ORTIGAS, MARÍA ISABEL, *Curiosidades y anécdotas de Madrid*, La Librería, 1995.

—, *Curiosidades y anécdotas de Madrid (2ª parte)*, La Librería, 1996.

GÓMEZ GÓMEZ, LORENZO, *San Martín de Valdeiglesias. Geografía, historia, personajes*, edición del autor, 1995.

—, *San Martín de Valdeiglesias en el descubrimiento de América*, edición del autor, 1992.

HIDALGO MONTEAGUDO, RAMÓN, *Iglesias antiguas madrileñas*, La Librería, 1993.

JIMÉNEZ, MARGARITA, *Madrid en sus plazas, parques y jardines*, Ábaco Ediciones, 1977.

LÓPEZ SERRANO, L., *El Escorial*, Patrimonio Nacional, 1977.

MÁRQUEZ, F., POYÁN, C., ROLDÁN, T. Y VILLEGAS, M. J., *La masonería en Madrid*, El Avapiés, 1987.

MENA, JOSÉ MARÍA DE, *Leyendas y misterios de Madrid*, Plaza & Janés, 1992.

MESONERO ROMANOS, RAMÓN DE, *El antiguo Madrid*, Alymar.

—, *Escenas costumbristas*, Juventud, 1978.

MIRANDA, MANUEL, *El Santo Custodio y yo*, edición del autor, 1990.

MONTEJANO MONTERO, ISABEL, *II Crónica de los pueblos de Madrid*, Anjana Ediciones, 1989.

MOREL, HÉCTOR Y DALÍ MORAL, JOSÉ, *Diccionario de parapsicología*, Kier, 1977.

OTERO OCHAITA, JOSEFA, *Aproximación histórica a la Comunidad de Madrid. Vol I, de los orígenes a los Austrias*, Comunidad de Madrid (Consejería de Educación y Cultura), 1994.

OURVANTZOFF, MIGUEL, *Los 60 museos de Madrid*, edición del autor, 1962.

PÁEZ-CAMINO ARIAS, FELICIANO, *Aproximación histórica a la Comunidad de Madrid. Vol II, de la Ilustración a nuestro tiempo*, Comunidad de Madrid (Consejería de Educación y Cultura), 1994.

PEREIRA, MARIANA DE JESÚS, *Beata Mariana de Jesús, mercedaria*, Centro Coordinador Pro Centenario, 1961.

PILÓN, JOSÉ MARÍA, *Lo paranormal ¿existe?*, Temas de Hoy. Esoterika, 1996.

RÉPIDE, PEDRO DE, *Las calles de Madrid*, La Librería, 1997.

RICO, ARMANDO, *Titulcia y la cueva de la Luna*, edición del autor, 1984.

RIERA VIDAL, P., *Toledo*, Savir, 1985.

RÍO LÓPEZ, ÁNGEL DEL, *Duendes, fantasmas y casas encantadas de Madrid*, La Librería, 1995.

SANTAMARÍA GARCÍA, JOSÉ MARÍA, *Madrid rural. Sierras, vegas y páramos*, Sua Edizioak, 1996.

SANTIDRIÁN PADILLA, ROSA MARÍA, *Mujeres malas y perversas de la historia*, M. E. Editores, 1997.

SANZ GARCÍA, JOSÉ MARÍA, *El Manzanares, río de Madrid*, La Librería, 1990.

SIERRA, JAVIER Y CALLEJO, JESÚS, *La España extraña*, Edaf, 1997.

TAYLOR, RENÉ, *Arquitectura y magia. Consideraciones sobre la idea de El Escorial*, Siruela, 1992.

THOMAS, HUGH, *Goya, el tres de mayo-1808*, Grijalbo, Barcelona, 1979.

TORREMOCHA, MIGUEL ÁNGEL, *Guía pedagógica sobre la Comunidad de Madrid*, Comunidad de Madrid (Consejería de Educación y Juventud), 1987.

ULLOA, PALOMA Y LÓPEZ, ANDRÉS, *Madrid al detalle. La aventura de mirar hacia arriba*, Complutense, 1997.

VALCÁRCEL, REYES Y ÉCIJA, ANA MARÍA, *Fiestas tradicionales madrileñas*, La Librería, 1997.

VALDÉS FERNÁNDEZ, MANUEL, *Guía de Madrid*, Nebrija, 1983.

VARIOS AUTORES, *Goya. Los Caprichos. Dibujos y aguafuertes*, Central Hispano (Real Academia de Bellas Artes de San Fernando), 1994.

—, *Los genios de la pintura, Goya 1 y 2*, Gran Biblioteca Sarpe, 1979.

—, *Madrid, villa, tierra y fuero*, El Avapiés, 1989.

—, *Temas de Madrid*, Forum Cámara, 1988.

—, *Todo Madrid*, Escudo de Oro, 1987.

—, *Todo Madrid*, Espasa Calpe, 1994.

—, *Crónica de Madrid*, Plaza & Janés, 1990.

—, *Guía del Museo Municipal de Madrid. Historia de Madrid en sus colecciones*, Ayuntamiento de Madrid (Concejalía de Cultura y Medio Ambiente), 1995.

—, *La Comunidad de Madrid paso a paso*, Acción Divulgativa, 1991.

—, *Lo mejor de Madrid*, Moonshire Publicaciones, 1990.

VILLARÍN, JUAN, *La hechicería en Madrid (brujas, maleficios, encantamientos y sugestiones de la Villa y Corte)*, El Avapiés, 1993.

WALKER, MARTIN, *Curiosidades de la historia*, Edicomunicación, 1991.

WILSON, R. H., *El tarot, práctico y esotérico*, Doble-R, 1984.

Índice onomástico y toponímico